George Frederick Watts, *Die Hoffnung*, 1886

Jürgen Große

Der Tod im Leben

Philosophische Deutungen von der Romantik
bis zu den »life sciences«

Meiner

Jürgen Große (*1963) ist promovierter Historiker und habilitierter Philosoph, nach mehrjähriger Lehrtätigkeit im In- und Ausland lebt er heute als Buchautor in Berlin. Sein Hauptthema ist die europäische Metaphysik des Lebens und der Geschichte in ihrer alltäglichen kulturellen Präsenz. Jüngere Veröffentlichungen: *Kritik der Geschichte* (2006); *Phänomenologie des Unglücks* (2007); *Philosophie der Langeweile* (2008).

Im Digitaldruck »on demand« hergestelltes, inhaltlich mit der ursprünglichen Ausgabe identisches Exemplar. Wir bitten um Verständnis für unvermeidliche Abweichungen in der Ausstattung, die der Einzelfertigung geschuldet sind. Weitere Informationen unter: www.meiner.de/bod

Bibliographische Information der Deutschen Nationalbibliothek

Die Deutsche Nationalbibliothek verzeichnet diese Publikation in der Deutschen Nationalbibliographie; detaillierte bibliographische Daten sind im Internet über ‹http://portal.dnb.de› abrufbar.

ISBN 978-3-7873-1883-4

»In Fort Collins existiert eine Bank für Keimplasma von den Samen von Pflanzen aus aller Welt, denn die Pflanzen verschwinden, und man nimmt an, daß in wenigen Jahren die Keimplasmen, die nicht in den Banken gesammelt worden sind, für immer verlorengehen werden. Aus allem wird eine Bank, ein Museum, ein Archiv gemacht; alles, was wir LEBEN nennen, liegt schon unter Vitrinen; Besucher und Kunden, die Ex-Lebenden, die buchstäblichen *Refaim*, die Schwachen. Noch Lust auf dieses Nicht-Leben haben, das für viele schon der Normalzustand ist, ist wirklich etwas für tote Seelen, die ein elektrischer Draht zum Tanzen bringt, damit sie, während der Öffnungszeit, das Museum des Lebens besuchen können.«

G. Ceronetti, Das Schweigen des Körpers

Inhalt

Historischer Vorblick

Als ›Philosophie des Lebens‹ oder ›Lebensphilosophie‹ galt während der letzten 250 Jahre Verschiedenes.[1] Die ältesten Verwendungen zeigen den Terminus in der semantischen Nähe von ›praktische Philosophie‹, ›Philosophie für jedermann‹, ›Lebensweisheit‹, auch ›Lebenskunst‹. ›Praktisch‹ wollte die Lebensphilosophie des 18. Jahrhunderts nicht allein im Sinne der rationalistischen Schulphilosophie sein, die damit einen Themenbereich neben dem theoretischen benannt hatte. Die frühen Philosophen des Lebens, meist im Gefolge Rousseaus, wollten sich an den ›im Leben Stehenden‹ wenden, die Philosophie sollte ihm durch eine andere – spontan-unmittelbare, z. B. gnomische, aphoristische – Ausdrucksweise nicht mehr fremd und herrisch gegenüberstehen.

Um 1800 hatte sich dieser Philosophiestil in Deutschland institutionell etabliert in eigenen Zeitschriften (»Magazin der Philosophie des Lebens«) und Lehrtechniken. Gegen die drohende Verfestigung zur abrufbaren Lebensweisheit protestierte bald schon eine andere Strömung, die mit ›Philosophie des Lebens‹ ein Philosophieren *aus* dem Leben geltend macht (F. Bouterwek, F. Schlegel). Bei diesen Philosophen ist eine *Lebensweise* angezielt, die der reflexiven Selbstdurchdringung zugleich bedarf und fähig ist. Die Erhebung ›des Lebens‹ zum Maß und Medium des Denkens überhaupt ist schließlich ein Grundzug jener »Deutschen Bewegung«, die H. Nohl zufolge vom geschichtlichen Veränderungsgefühl und -glauben Hamanns und Herders zu Novalis und der frühen Romantik führt. Hier ist der antitheoretische Impetus gleichermaßen als Philosophiestil wie -ziel wirksam. Das Mißtrauen gegenüber ›Spekulation‹, ›Abstraktion‹, ›System‹ ist unübersehbar. Gegen ›Verstand‹ wird ›Erfahrung‹ aufgeboten, die gefühlshaft und individuell sein kann, aber auch – wie im Fall der Schellingschüler – Anleihen bei den Einzelwissenschaften (Physik, Psychologie, Biologie) nicht verschmäht.

Diese vielsinnigen und wirkungsgeschichtlich zerstreuten Ansätze systematisiert und synthetisiert später eine historisch ihrer selbst bewußte ›Lebensphilosophie‹, für die in Frankreich die Namen Guyau und Bergson, in Deutschland vor allem Dilthey, Yorck von Wartenburg, Simmel stehen. Keine *philosophische* Schule bezeichnet dagegen jener ›Vitalismus‹, der im ausgehenden 18. Jahrhundert eine der konkurrierenden Hypothesen über die Entstehung und Entfaltung der organischen Lebensvorgänge bildet. Der Vitalismus und Neovitalismus des 19. Jahrhunderts will freilich wissenschaftliche oder in Auseinandersetzung mit den Wissenschaften fundierte Philosophie sein. Im beginnenden 20. Jahrhundert wird sichtbar, daß und wie ein von den ›Lebenswissenschaften‹ her gedachtes Seinsverständnis zur naturwissenschaftlichen Alternative der akademischen wie der populären ›Lebensphilosophien‹ aufsteigen kann.

Die historisch aufgetretenen Bedeutungsfacetten von ›Lebensphilosophie‹ sind nicht restlos aufeinander reduzierbar, etwa in einer ›Geschichte des Lebensproblems‹. Von einer kontinuierlichen Begriffsgeschichte kann im deutschsprachigen Raum ohnehin erst ab ca. 1800 die Rede sein, als nämlich Wort- und Bedeutungsgeschichte sich in einer Weise überschneiden, die fortan die typische Spannung von lebensphilosophischen Ansprüchen bezeichnen wird: nämlich *einerseits*, zunehmend akademisiert und verwissenschaftlicht, ein spezifisches *theoretisches Fragengebiet* zu bearbeiten, dies aber *andererseits* in einer Weise zu tun, die aus dem Fächerkanon von philosophischen Unterdisziplinen, Spezialmetaphysiken u. ä. hinaustreibt in eine *charakteristische Form von* – zunächst gewiß nur intellektueller – *Praxis*.

›Lebensphilosophie‹ ist zu einem beträchtlichen Teil Polemik, zehrt vom Bekämpften, dem sie aber nicht simpel Gegenposition, sondern Sinndeutungs- und Sinnbegrenzungsmacht bedeuten will: Lebensphilosophie hält stets auch Deutungen bereit, wie es zu den philosophischen, metaphysischen, theoretischen Verstellungen und Verfälschungen von ›Leben‹ kommen konnte. Die Möglichkeit des falschen, reduzierten, scheinhaften Lebens bildet eine ihrer dauerhaften Fragen. Diese Ambivalenz, aus der Zweiheit von Opposition gegen jegliche Lebensverengung *und* Sachwaltungsanspruch für ein ursprüngliches, alles Einseitige generierendes, wenn auch unergründliches Lebensganzes, massiv erstmals aufgeboten gegenüber der philosophisch-literarischen ›Klassik‹ um 1800, ist durchgängig. Die Herkunft aus der geistesgeschichtlichen Gemengelage von absolutheitssüchtiger Verstandesspekulation und einhergehender Nihilismusangst, von europäischen Revolutionen und nationaler Romantik bleibt auch den späteren, akademischen Varianten der ›Philosophie des Lebens‹ anzumerken. Deshalb hat sie, anders als z. B. die Existenzphilosophie, terminologisch wie denkstrategisch nicht auf die schroffe Entgegensetzung zur Profession und Institution gewordenen Philosophie gebaut. Mit dem ›Leben‹ glaubte sie sich jener Macht unmittelbar versichert, die binden und lösen kann und worauf konkurrierende Denkrichtungen in ›System‹ und ›Schule‹ gewiß gleichfalls abzielen, nur eben über den gefährdeten Umweg von ›Form‹, ›Vergegenständlichung‹, ›Geist‹, ›Objektivation‹.

Eine beachtliche Freiheit der Methode und Weitläufigkeit der Themen waren dadurch, zumindest auf den ersten Blick, verheißen. ›Philosophie des Lebens‹ schien in die lange Reihe der Genitivphilosophien zu gehören, zu jenen Philosophien der Technik, des Geldes, des Wissens, der Kultur usw., die ein selbsterteiltes Placet zu lockerer Reflexion zwanglos erweitern konnte. Die Freiheit des Denkens reichte hierbei so weit wie die Zahl der Themen, die ihm als Lebensphänomene begegnen mochten. Für die Brisanz eines Denkens, das ›lebensphilosophisch‹ sein will, kommen fraglos beide Formen des Genitivs in Betracht: ›Lebensphilosophie‹ enthält als strukturelle Möglichkeiten gleichermaßen das Ausgehen *aufs* Leben wie den Ausgang *vom* Leben. Die Komplikationen, Ambivalenzen, Verwerfungen ihrer Denkgeschichte sind kaum verstehbar ohne diese doppelte Hinsicht.

Allerdings gibt es hier einige Möglichkeiten, die nie ganz entfaltet wurden, die *Denkmöglichkeiten* blieben, damit aber auch den Ausblick auf eine Strukturgeschichte[2] der Lebensphilosophie entlang strikten Alternativen eröffnen: *Merkwürdig ist die Beziehung der ›Philosophie des Lebens‹ zum Toten bzw. das Ausbleiben, zumindest die schwache Dokumentiertheit dieser Beziehung.* Diese Merkwürdigkeit könnte für ein Phänomen erst unserer Tage gelten: Das Versiegen traditionell lebensphilosophischen Theoriebemühens vor den Problemexpositionen der kommerziell und politisch forcierten ›Lebenswissenschaften‹ ist augenfällig. Doch auch in den Blütezeiten der Lebensphilosophie um 1800 und um 1900, im weiteren von Denkformationen, die ohne normative und theoretische Privilegierung des Terms ›Leben‹ schwer vorstellbar wären, spielen der Tod bzw. das Sterben in ihrer alltäglichen Erfahrbarkeit eine nur geringe Rolle. An Aussagen über Tod und Sterblichkeit ist zwar kein Mangel, doch treten diese in einer merkwürdigen Versteckheit bzw. Vermitteltheit, zumeist hinter tradierten Topoi der Metaphysikgeschichte (z. B. als Untersterblichkeitsfrage) auf. Das fällt vor allem beim Vergleich mit den verschiedenen Varianten der Existenzphilosophie ins Auge. Man könnte meinen, ein Theorietyp oder Denkstil, der, wenngleich oft erst postum, ein Oppositionsglied wie ›Leben‹ zu seinem Titel erhob, sollte begrifflich und argumentativ einen Bezug zu dem entgegengesetzten Oppositionsglied besitzen. Nun wäre es sicherlich eine ›substraktive Täuschung‹ (Quine), bei einer ›Philosophie des Lebens‹ besondere Nähe zu Erfahrungsgegenständen namens ›Leben‹ und ›Tod‹ zu vermuten. Das zeugte allenfalls von einem Denken, das vergleichsweise dem Theologen eine besondere Gottesnähe zuschriebe. Bei den diversen ›Philosophien des Lebens‹ liegt der Fall offensichtlich anders; hier fällt gerade die fast betonungslose Geläufigkeit des Genitiv-Gegenstandes auf. Die begriffliche Bestimmung von ›Leben‹ erschöpft sich vielfach in emphatischen Tautologien bzw. Wiederholungen; viel aussagekräftiger ist meist die Polemik gegen die Fehl- und Verfallsformen von ›Leben‹. Was Lebensphilosophie gegenüber anderen philosophischen Theorietypen als auch in ihren historischen Varianten sei, wird sich demnach eher an Ausschließungen bzw. Restriktionen des Lebensbegriffs bestimmen lassen, die unterhalb der vertrauten Schlagworte zu suchen sind, die auch andere philosophische Strömungen verwenden. Hier allerdings liegt der Bezug zum Tod nahe. Lebensphilosophie muß, auch um ihr eigenes Überleben als Genitivphilosophie zu sichern, die von etwas Übergreifendem spricht, ein Verhältnis zu Tod und Sterblichkeit haben. Man sieht nun leicht, daß trotz Vielfalt und Brüchen der Tradition, der Geschichte von Fremdbezeichnung und Selbstverständnis als ›Philosophie des Lebens‹, eine logisch überschaubare Anzahl von derartigen Beziehungen in Frage kommt. Das typenbildende Kriterium wird sein, ob ›Leben‹ *Gegenstand* oder *Prinzip* dieses Philosophierens sei. Lebensphilosophie wollte immer wieder das Leben ins Denken lassen, daher mußte dieses seinerseits sich auf ein bestimmtes Leben festlegen. Als ursprüngliche Typen von lebensphilosophischer Einstellung zeichnen sich somit eine praktische und eine theoretische ab: jene will ›aus dem Leben‹ heraus ›um des Lebens‹ willen philosophieren (I), diese nimmt es, um den Preis semantischer Einschränkungen, als Gegenstand selbst in den Blick (II). Begriffsgeschichtlich ist diese Doppeldeutbarkeit aus der Differenzierung in Leben als Faktum und als Werthorizont, in (organisches) ›Leben‹ und (soziokulturell bestimmte) ›Lebensweise‹, in zoé und bíos notorisch.[3] Diese Unterscheidung wäre lebensphilosophisch sehr simpel und durch den Bezug auf ›Tod‹ und ›Totes‹ nicht weiter zu komplizieren. Die spannungsvolle Interferenz der ›Philosophien des Lebens‹ liegt jedoch darin, daß diese zwei basalen Einstellungen ihrerseits einander thematisieren können. Das geschieht mit dem Aufgang der industriellen Welt, d. h. speziell mit der wissenschaftlich-technischen Durchdringung aller Lebensvollzüge, seit dem 19. Jahrhundert. So wird der theoretisch-wissenschaftliche Zugriff auf Leben und Tod (II) wiederum zum Gegenstand einer ›Lebensphilosophie‹, die nach dessen Sinnfundamenten, Geltungsgründen, ›lebensweltlich‹-prärationalen Vorleistungen u. ä. fragt (III). Umgekehrt kann aber auch der wissenschaftlich-technisch-ökonomische Primärzugang zum Lebensphänomen solche kulturelle Selbstverständlichkeit erreichen, daß Lebenssinn nicht nur theoretisch objektivierbar, sondern auch praktisch produzierbar erscheint. So ist heute das, worauf Lebensphilosophie (I) abzielte, nämlich eine – selbstbewußte und selbstbejahende, d. h. emphatisch-tautologisch als Selbsterfahrung sich äußernde – *Lebensweise*, zum Bearbeitungsgegenstand eines ›biowissenschaftlich‹ gespeisten Rechts- und Ethikverständnisses (IV) geworden. M. a. W.: der *bíos* erscheint als wägbar, gestaltbar, produzierbar nach Maßgaben wissenschaftlich-technisch bearbeiteter wie politisch-ökonomisch ergriffener *zoé*, die in ihrer praktischen, d. h. technischen Anwendung wiederum organisches Leben den Wertmaßstäben einer kulturspezifischen Lebensweise unterwirft.

Diese vier Einstellungen zu ›Leben‹ und ›Tod‹ gilt es im folgenden zu umreißen. Dann mag sich auch zeigen, was an Lebendem und Totem an der Lebensphilosophie selbst sei.

Lebensphilosophie (I):
Alleben und Vereinzelung

1. Leben ist hier etwas, wofür man Partei nehmen kann und soll; so umgekehrt auch gegen den Tod. Er erscheint damit auf kategorial verschiedener Ebene gegenüber dem Leben, worin der Philosophierende sich selbst verortet. Dieses ist ein Kampfplatz von Echtem und Unechtem, von Ursprünglichem und Abgeleitetem. Empirisch besteht es aus lauter zufälligen, sozial-historisch wandelbaren Tatsachen, ist gegenständlich als ›Konvention‹. Vom unphilosophisch Dahinlebenden einerseits, vom lebensvergessen Philosophierenden andererseits unterscheidet sich ein Lebensphilosoph dadurch, daß er ein Wissen um den agonalen Gesamtcharakter des Lebens bewahrt; ein Wissen allerdings, das seinerseits nicht abstrakt, sondern eine Erfahrung sein soll: nur der permanente Kampf der verschiedenen Lebensgestalten, nicht ausgezeichnete einzelne sind Repräsentanten der Wahrheit und des Seins und darin gegen den Tod gefeit. Eine eigenartige Asymmetrie im lebensphilosophischen Denken solchen Typs ergibt sich daraus. Die konkreten Bestimmungen des verteidigungswürdigen Lebens müssen nämlich nun diesem selbst in einer Unbestimmtheit entlehnt werden, die nur durch den Aspekt der *Intensität* spezifizierbar scheint. Es läßt sich nie in derselben Weise fassen (und verwerfen) wie das falsche, das gerade in seiner Bestimmtheit unechte Leben. Daher die häufige Rede vom wahren als dem ›lebendigem‹ Leben und dergleichen Pleonasmen mehr. Nicht so sehr *der Tod* als vielmehr *das Tote* bildet seinen Gegensatz. Aufgrund des kategorialen Ungleichgewichts mag solchen ›Philosophien des Lebens‹ dann schon die Betrachtung von Mensch und Welt unter einem anderen Blickwinkel als dem ›des Lebens‹ als thanatosverdächtig erscheinen. Der Entscheid für eine Leben stets regional differenzierende, dem Blick in analysierbaren Einheiten darbietende theoretische Philosophie wäre somit bereits ein Entscheid gegen die praktische Philosophie und vielleicht für etwas Totes. Die Unterscheidung zwischen dem theoretisch Vorstellbaren, dadurch Getöteten, und dem fühlend-wollend-handelnd Bewirkba-ren, d. h. in seiner Totalität verstandenen und verstärkten Leben, versteht sich in dieser Variante von Lebensphilosophie als genuin praktische. Philosophie des Lebens ist damit immer Parteinahme für eine *Lebensweise* – und einen entsprechenden Denkstil zugleich. Deren Gegensatz zu anderen wird als dynamisches Geschehen ins ›Leben‹ selbst hineinverlegt. ›Leben‹ ist hier verstanden als Ganz-heit, Allheit, All-Eines, nicht also primär als das Dasein eines indi-viduellen Lebendigen; der Gegensatz zu diesem Leben ist das Tote nicht als seine äußere Grenze, sondern vor allem als innere Ein-schränkung, aber auch als Tendenz zur Isolation. Wie kann sich eine Totalität artikulieren? Nur als Protest oder Klage gegen ihre Ein-schränkungen. Eine kulturelle Protestbewegung gegen die ›verein-seitigenden‹, ›atomisierenden‹ Tendenzen des Verstandes, die man ja gut und gerne als bloß emotives Komplement dazu begreifen könnte, muß sich zugleich als Sachwalter der Totalität verstehen. Die asymmetrische Entgegensetzung von Ganzheit und Teil ist das Grundmuster dieser Philosophie des Lebens, damit auch ihres Ver-hältnisses zum Tod. Er kommt kaum als Sachverhalt leibseelischen Daseins in den Blick, als Angst vor dem Sterben etwa. Was die Le-bensphilosophie (I) praktisch und theoretisch bekümmert, ist nicht Sterblichkeit, sondern Endlichkeit, Begrenztheit, Einschränkung. Faktisch kann dies nur als Einschränkung gewohnter Weisen des Lebendigseins erfahren werden. Darin besteht die regressive Mög-lichkeit des lebensphilosophischen Protests. Protestiert und provo-ziert wird von Anfang an. Wie anders soll sich eine Totalität inner-halb einer Totalität, etwa der kulturellen, sozialen usw., zur Geltung bringen? Man philosophiert ›aus dem Leben‹, und je nach geistes-geschichtlichem Machtverhältnis kann das eine *Vergewisserung* des tragenden Grundes alles Lebens und Sterbens oder seine *Befreiung* aus der Übermächtigung durchs Tote bedeuten. Bezeichnender-weise gilt das letztere auch als nur erstarrtes, also ehemaliges Leben. So Sitte, Tradition, Konvention. Es handelt sich um ein – sich selbst immer wieder anrufendes – Sprechen aus der 1. Person gegen jegli-che objektivierende, ›verdinglichende‹ Rede in der 3. Person, jedoch bei ständiger Versuchung, die Immanenz des Lebens selbst in die Perspektive letzterer Sprechweise zu rücken. Das Appellative, Auf-begehrende kann zum wissenssicheren Hochmut gerinnen. In diesem Geltendmachen der eigenen Lebendigkeit – Geborgenheit wie Gefangensein im Leben – liegt die oftmals gesehene Möglichkeit zur Ideologisierung.

2. Je nachdem, ob der besinnliche oder der protestierende Gestus überwiegt, kann ›Leben‹ Fundament oder Fluchtpunkt eines – unter Umständen sogar historisch herzuleitenden – Kampfes gegen das Tote sein. Schon früh haben die ›Philosophen des Lebens‹ über dessen tödliche Selbstentfaltung nachgedacht. So verortet F. H. Jacobi, von der Dilthey-Schule allgemein als Begründer der lebensphilosophischen Bewegung angesehen, sein eigenes Denken am End- und Umschlagpunkt eines jahrtausendelangen – schulphilosophisch vorangetriebenen – Abstraktionsprozesses, der den Menschen von den sinnlichen wie den sittlichen Realitäten gleichermaßen entfernt habe; ein Prozeß, der allein in der Mittelbarkeit der Wissenschaften sein Recht behalte (vgl. JW II, 11)[4]. Jacobi will mit dem Rekurs auf ›Leben‹ die unverkürzte moralische wie mundane Erfahrung wiederherstellen – d. h. die Gewißheiten einer Herzenslogik ebenso wie des Daseins von Sinnenwelt und welttranszendentem Sinn. Formalisierung, Idealisierung, ›Abstraktion‹ sind ›Einschränkung unserer Natur‹ (JW VI, 70), weder schaffen noch empfangen sie lebendigen Geist; sie produzieren ›toten Buchstaben‹. Das Nebeneinander von positiv-religiösem Fundamentalismus und bewußtseinsphilosophischen Konstitutionstheorien der Moral in der Entstehungsphase dieser ›Philosophie des Lebens‹ ist charakteristisch. Das *Tote* ist das Abgeteilte, immer wieder Integrationsbedürftige. Die *begriffliche* Integration gelang, wenn überhaupt, nur dann, wenn vom – z. B. systemisch deutbaren – ›Leben und Sterben‹, ›Werden und Vergehen‹ die Rede sein kann. Der *Tod* selbst, wo solchem metaphorisch überhöhten Leben sich selbst ergreifender Lebendigkeit gegenübergestellt, bietet keine Sinngrenze noch ein Sinnfundament. Als ontischer Sachverhalt fällt er in die Kompetenz regionaler Seinsauslegungen – der leibliche Tod in jene der Medizin, der seelische Tod in jene der metaphysica specialis Theologie. Die Lebensphilosophie (I) ignoriert seine Erfahrung. Die Konzeption von Menschlichkeit als leibseelischer Totalität mit den anhängenden Fragen (Unsterblichkeit, Tod von Teilen der Person – oder sterben alle zugleich?) gilt fast schon als Indiz todverfallenden bzw. todbringenden Denkens.

Das Lebendige soll ja prinzipiell unteilbar sein. Der Tod ist kein Teil davon, er ist vollkommen äußerlich. »Der Lebendige weiß den Tod und kann ihn doch nicht verstehen« (DGS VIII, 80 f.),[5] wird das später lauten.

3. Offensichtlich ist Lebensphilosophie (I) damit dem mystischen Pantheismus der Neuzeit sehr nahe. Auch wenn nicht, wie in der Alleinheitslehre des Giordano Bruno, der Tod vollkommen verschwindet zugunsten von ›Verwandlung‹ (»De l‹infinito«, 1584), so gehört er, wo Teil des Lebens, doch kaum zu dessen Wesensmerkmalen, etwa im Sinne einer unvermeidlichen Erschöpfung, einer ›Korruptibilität des Lebens‹ (W. Dilthey). Eher gehört er dessen *Ordnung* zu.[6] Begreift sich individuell-personales Leben als Teil, so bedeutet der Tod eher den Übergang von partikularer in umfassendere Daseinsform, damit aber Versöhnung mit ›dem Leben‹ und seinen Grausamkeiten gegen das Individuum auf höherer Ebene. So Fichte, so als ›Naturphilosoph‹ des Lebens Schelling.[7] Doch fordert solcherart integrativ-totalisierende Absetzung des Lebens gegenüber dem Tod die Einführung neuer Differenzen. Sie liegen in der semantischen Engführung dieses via mortis gewonnenen Begriffs ›höheren Lebens‹ seinerseits: ›wahres Esse‹, ›Geisterwelt‹, ›Versöhnung des Absoluten mit sich selbst‹ (J. G. Fichte).[8] Solche Restriktionen sind der Preis für die Verabschiedung der Todesproblematik aus dem traditionellen Leib-Seele-Gegensatz. Er spielt nun kaum mehr eine Rolle. Unter Umständen wird die Idee der Unsterblichkeit sogar als eitel subjektivistische Hoffnung denunziert. Die in ihr liegende Verheißung eines innerlich homogenen Seins, das alle historisch-sozial gewirkten Differenzen übergreift, behält freilich ihre Faszination. Die frühen ›Lebensphilosophen‹ denken ausgiebig darüber nach, welches Sein ›unsterblich‹ heißen dürfe – F. Schlegel nennt die Unsterblichkeit gar »das große Evangelium für unser Zeitalter« (»Philosophische Lehrjahre« II, 1806, FSKA XII, 399)[9]. Der Eingang des individuellen Lebens in ein allgemeineres durch den Tod bietet Möglichkeiten der ›Erlösung‹, die der – cartesianisch erneuerten – platonischen Tradition fremd waren. Nicht zufällig formiert sich diese frühe Lebensphilosophie zugleich mit dem Nationalismus der modernen Völker (›Tod fürs Vaterland‹).[10]

4. Das individuelle Leben fühlt sich dem Tode enthoben durch Rückgang in ein allgemeineres Leben bzw. Teilhabe daran. Es vergewissert sich seiner Abkunft aus diesem oder opfert sogar das todgeweihte, weil partikulare Leben in ihm auf. Fichtesche Wendung des Transzendentalismus und Romantik ziehen hier die Summe aus der älteren ›Philosophie des Lebens‹ und der Gefühlsphilosophie des 18. Jahrhunderts (F. H. Jacobi).[11] Der entsprechende Problemaufriß erweist sich als eher neuplatonischer denn platonischer Herkunft. In diesem Denkstil werden Fragen der Ethik mit solchen der Ontologie kurzgeschlossen. Das Leben als philosophisch ›fühlbar‹ werdende transzendentale Sphäre ist Grund und Wirkung, Noumenon und Phänomen aller seiner Bewegungen zugleich. Solange es sich seiner gewiß sein kann, gibt es keine gesonderte praktische Philosophie; das ganze Philosophieren über Leben und Tod in dieser Perspektive meint sich durch ein eminent praktisches Interesse überhaupt erst auf den Weg gebracht. Das bleibt noch in den schmaleren Seitenarmen dieses Motivstroms spürbar, etwa in H. Lotzes Fichte-Anknüpfung.[12] Hier soll praktische Philosophie die theoretische *ermöglichen*, so wie bereits bei Fichte Sittenlehre in eine Seinslehre, »in Lehre von dem wahren Sein der eigentlichen Realität« gemündet habe (FW VI, 34).[13] In der originären Lebensphilosophie (I) trifft eine Nivellierung ebenso die Grenze zwischen ontologischem und gnoseologischem Fragekreis. (Man kann hier von einem lebensphilosophischen Seitenstück zum Hegelianismus sprechen.) In der *lebensphilosophischen Gnoseologie* soll auch das Denken bzw. der Denkende durch seinen speziellen *Verhaltensstil* dem Tod entgehen können. Wieder sind ontologische Asymmetrien vorausgesetzt: das Leben ist Bewegung, Autonomie, Totalität, Unbegrenztheit des Sinns gegenüber jedem Gedanken. Dieser, als Resultat (Wissen), ist spirituell toter Buchstabe.[14] Man kann darin einen abermaligen Beleg für den ambivalenten Grundzug der ›Philosophie des Lebens‹ seit dem 18. Jahrhundert sehen, für ihre Entgegensetzung speziell zur Schulphilosophie. Auch übergreifende Tendenzen (Prozeßdenken vs. Naturgeschichte) kommen in Betracht. Novalis: »Wer weiß, was Philosophieren ist, weiß auch, was Leben ist, und umgekehrt«. (NS III, 403)[15] Doch die Überlegenheit gegenüber jeder strikt ›theoretischen‹ Philosophie wird selbst theoretisch aufs Tapet gebracht. Philosophieren kann Leben bedeuten, wo Denken Leben geworden ist.

5. F. Schlegel hat in seinen Vorlesungen über »Philosophie des Lebens« (1827) erstmals explizit die erforderlichen Gleichsetzungen vorgenommen. Sie sind zugleich auch wieder Verengungen, denn »eigentliche Region der Philosophie ist eben die des geistigen inneren Lebens zwischen Himmel und Erde« (FSKA X, 4). Den Zwiespalt des Denkens und des Lebens soll diese (Schlegelsche) Philosophie des Lebens selbst wieder versöhnen (12). Den Zwiespalt findet Schlegel gerade durch den integrativen Ehrgeiz des spekulativen Idealismus vertieft, vor allem in seiner Hegelschen Ausprägung. Schlegel sieht das Problem des Hegelschen Theorietypus, daß er für seine dialektischen Vermittlungen zwischen Denken und Erfahrung einen Ort über beidem benötigt, was eine ins Unendliche führende Vermittlungsproblematik ergibt und so nicht mit den Evidenzen des sich selbst fühlenden Lebens vereinbar ist. Diese sind je unmittelbar. Wann aber fühlt sich das Leben? Im Sinne Fichtes und Novalis' (s. u.) antwortet Schlegel: in der Liebe. »Wenn nicht das abstrakte Denken und die dialektische Vernunft, im Mittelpunkt des Bewußtseins, sondern die denkende und liebende Seele« spreche, dann falle »die eingebildete Scheidewand zwischen Philosophie und Leben« hinweg (89). Kulturell freilich sei ihre Differenz eine Tatsache. Zwei Wege ihrer Annäherung kommen in Frage, denn »in jetziger Zeit neigt sich alles dahin, daß entweder das Leben durch das wahre, gute und göttliche Wissen wieder hergestellt oder durch falsches, irriges Wissen zerstört und für immer zugrunde gerichtet« werde (224): »Entweder also ist das Wissen ein zum Gedanken gesteigertes und eben dadurch zum Denken umgewandeltes Leben; oder aber ein wirklich ausgeführter, ins Leben eingetretener und übertragner, und eben dadurch und durch das Leben selbst bewährter und nun vollkommen gewiß gewordner Gedanke; also ein zum Leben gewordnes Denken.« (224 f.) »Dann hört auch der Verstand auf ein toter, kalter und abstrakter zu sein; er wird ein lebendig erwachter, d. h. eben ein Geist, ein in diesem neuen Leben freier und wirkender Geist.« (302) Die Probleme dieses Argumentationstypus – er bleibt für die Lebensphilosophie (I) verbindlich – sind struktureller Art, sie liegen in ihrem Paradigma-Prinzip: ein ›Punkt‹ im Leben soll das Ganze repräsentieren, ohne davon ontisch getrennt zu sein. Das ist ohne theologisch-sakramentale Voraussetzungen einer privilegierten Beziehung zwischen gedachtem Gesamtleben und gelebtem

Denken, zwischen Ganzem und Teil, individuell-partikularem und himmlisch-allumfassendem Leib des Denkens nicht zu machen. Ein Jahr nach der »Philosophie des Lebens«-Vorlesung, in der Vorlesung über »Philosophie der Sprache und des Wortes« (1828/29), räumt Schlegel ein: »Die Philosophie des Lebens, d. h. (die) von dem Standpunkte des Lebens und des lebendigen Geistes ausgehende, kann ... nicht in dem Sinne eine allumfassende seyn oder seyn wollen, wie jene andere von der Voraussetzung oder dem Schein des nothwendigen Denkens anfangende« (457).

6. Schlegels »Philosophie des Lebens« scheint die Frage nach der wahren Vitalität in die Schranken positiv-dogmatischer (speziell katholischer) Religiosität zurückgewiesen und damit das lebensphilosophische Denken dieser ersten Epoche wieder an seinen Ausgangspunkt geführt zu haben: Auch F. H. Jacobis Gefühlsphilosophie einer volleren Lebendigkeit, im Protest gegen die toten Festsetzungen des Verstandes, war ja Glaubensphilosophie und damit zumindest Komplementärbewegung, wenn nicht Antithese gegenüber der Vernunftkritik Kantischen Typs.[16] Während bei Jacobi eine dogmenfreie Gläubigkeit auf das Leben-Thema drängte (der lebendige Gott vs. Buchstabenfrömmigkeit!), schien dessen philosophische Bewahrung bei Schlegel umgekehrt in einen überlieferten Kirchenglauben zurückzuführen. Der Eindruck bleibt zurück, daß dualistische Lösungen (Glauben und Wissen, geistiges und natürliches Leben) sich oftmals als die stabileren Formen erweisen werden, das Verhältnis von Denken und Dasein, von Einzel- und Alleben zu ordnen. Zwischen Jacobi und Schlegel liegt jedoch ein halbes Jahrhundert lebensphilosophischen Denkens, das weitaus wirkmächtigere Lösungen entwickelt hat, Vitalität und Intellektualität miteinander ins Verhältnis zu setzen. Ihren inneren Zusammenhang bildet die *Unsterblichkeitsfrage*. Die Möglichkeiten, sich in diesem Denken noch als Christ zu verstehen, werden bis ins Letzte aus- und nicht selten auch überschritten. Den Ausgangspunkt all dieser Denkwege bildet die Unzufriedenheit mit Kants Dualismen. Gegen eine Vernunft, die sich selbst einschränkt (für viele Lebensphilosophen: ›ertödtet‹), um dem Glauben Platz zu schaffen, bzw. gegen einen Glauben, der von der Jovialität vergänglicher Selbstkritik des Verstandes abhängt, wird die Erfahrung eines reicheren, gefühlsbestimmten Glaubenslebens ins Feld geführt – das dann freilich auch die dogmatisch abgesteckten Grenzen einreißt. Unsterblichkeit sucht man in jenem Alleben, dessen Leistungen denen der transzendentalen Subjektivität ebenbürtig sind; das Unbehagen an deren ausschließlich kognitiver oder volitiver Bestimmung bei Kant führt oft in die Nähe eines Pantheismus, demzufolge das Ich in mystisch-gefühlshaften Erfahrungen mit dem All in Direktberührung kommt. Mystische Verschmelzung und dualistische Restriktion sind jedoch lediglich die extremen Möglichkeiten des lebensphilosophischen Denkens, die dieses in der Regel zu vermeiden sucht; die naheliegende Ordnung des Verhältnisses von empirischer Subjektivität und einem allerfüllenden ewigen Leben war der *neuplatonische Emanationsgedanke*. Im Neuplatonismus ist die menschliche Individualität Teil und ebenso Gegen-Teil eines höheren und zugleich umfassenderen Lebens – in dieser Spannung bewegt sich das Denken aller herausragenden Vertreter der frühen Lebensphilosophie.

7. Ihr Inaugurator und ständiger Stichwortgeber seitens der akademischen Philosophie ist J. G. FICHTE. Seine immer wieder neu ansetzenden Systementwürfe artikulieren die Unzufriedenheit mit der Grenze, die in Kants Transzendentalismus einer Exploration ›lebendiger Erfahrung‹ jenes intelligiblen Ich gezogen scheint. Die Frage nach der Empirizität und der Beschaffenheit dieses Ich, von strikt Kantischen Voraussetzungen aus ja unzulässig, mußte in Bereiche religiöser Erfahrung und vor die Alternativen von Theismus, Pantheismus oder Neuplatonismus führen: Wenn »das wahrhaftige Leben und die Seligkeit« dasselbe sind und beide weder Anfang noch Ende haben, dann scheint ein sich rein als theoretische oder praktische *Vernunft* bestimmendes empirisches Ich von geradezu göttlicher Natur und der Unsterblichkeit teilhaftig – dann entsteht freilich auch die Frage nach dem Status seiner irdischen Existenz. Zwei paradigmatische, viele Geistesverwandte und Nachfolger inspirierende Lösungsversuche findet man je in Fichtes Vorlesungen »Die Bestimmung des Menschen« (1800) und »Anweisung zum seligen Leben« (1806), beide gehalten zur hohen Zeit religiös-politischer Erregung und nationaler Verzweiflung in Deutschland. Diese Entstehungsumstände verliehen der Frage, was am Menschen sterblich sei, also notfalls auch geopfert werden könne, zusätzliche Brisanz.

8. In »Die Bestimmung des Menschen« treibt Fichte den Kantischen Dualismus von praktischer und theoretischer Vernunft, von Moral- und Naturordnung ins Extrem, um darauf einen neuen Monismus der Unsterblichkeit errichten zu können. Das Mißverhältnis des ›guten Willens‹ zu dessen empirischen (welthaft-diesseitigen) Folgen fällt ins Auge, sobald man diesen ›guten Willen‹ als eine Erfahrung eigener Art stark macht, ja eine ›inneres Wissen‹ von dieser behauptet. Dies ist bei Fichte der Fall: »Daß unser guter Wille an und für und durch sich selbst Folgen haben müsse, wissen wir schon in diesem Leben, denn die Vernunft kann nichts Zweckloses gebieten; *welches* aber diese Folgen seien, ja wie es nur möglich sei, daß ein bloßer Wille etwas wirken könne, darüber können wir auch nicht einmal etwas denken, solange wir noch in dieser materiellen Welt befangen sind«. Der Glaube verbürgt jetzt, was später ein Wissen, ja ein Bewußtsein sein wird: die Homologie von Wille und Wirkung (Tat). Das empirische Leben ist Mittel zum Zweck jenes künftigen, in sich ›seligen‹, nur als solches hat es überhaupt Sein und Recht: »Und nun erscheint das gegenwärtige Leben nicht mehr als unnütz und vergeblich; dazu, und nur allein dazu, um diesen festen Grund in einem künftigen Leben zu gewinnen, ist es uns gegeben, und allein vermittelst dieses Grundes hängt es mit unserem ganzen ewigen Dasein zusammen.« Die Teilhabe am ewigen Leben aber scheint um den Preis einer äußersten Reduktion erkauft, nämlich der Gleichsetzung der menschlichen Willensnatur mit der ›menschlichen Bestimmung‹ überhaupt. In der Unbegrenztheit des *Willens*, nicht in unserem ›endlichen‹ *Verstand* und *Wissen*, so heißt es bereits bei Descartes und im weiteren in der gesamten voluntaristischen Theologie-Tradition,[17] sind wir Abbilder von Gottes Sein. Fichte führt das radikal aus, wenn er sagt: »Dies ist sonach meine ganze erhabene Bestimmung, mein wahres Wesen. Ich bin Glied zweier Ordnungen; einer rein geistigen, in der ich durch den bloßen reinen Willen herrsche, und einer sinnlichen, in der ich durch meine Tat wirke. Der ganze Endzweck der Vernunft ist reine Tätigkeit derselben, schlechthin durch sich selbst und ohne eines Werkzeuges außer sich zu bedürfen, – Unabhängigkeit von allem, das nicht selbst Vernunft ist, absolute Unbedingtheit. Der Wille ist das lebendige Prinzip der Vernunft, ist selbst die Vernunft, wenn sie rein und unabhängig aufgefaßt wird; die Vernunft ist durch sich selbst tätig, heißt: der reine Wille, bloß als solcher, wirkt und herrscht. Unmittelbar und lediglich in dieser rein geistigen Ordnung lebt nur die unendliche Vernunft.« Offenbar bedeutet für Fichte dieses Wissen vom Willen eine positive Erfahrung, die durch sich selbst einen Geschmack der Unsterblichkeit gibt; vorerst bleibt diese aber doch axiomatischer Natur, als ein Setzen von Unendlichkeit: »Ich *bin* unsterblich, unvergänglich, ewig, sobald ich den Entschluß fasse, dem Vernunftgesetze zu gehorchen; ich soll es nicht erst *werden*. Die übersinnliche Welt ist keine zukünftige Welt, sie ist gegenwärtig; sie kann in keinem Punkte des endlichen Daseins gegenwärtiger sein, als in dem andern; nach einem Dasein von Myriaden Lebenslängen nicht gegenwärtiger sein als in diesem Augenblicke. Andere Bestimmungen meiner sinnlichen Existenz sind zukünftig; aber diese sind ebensowenig das wahre Leben, als die gegenwärtige Bestimmung es ist. Ich ergreife durch jenen Entschluß die Ewigkeit und streife das Leben im Staube und alle andern sinnlichen Leben, die mir noch bevorstehen können, ab, und versetze mich hoch über sie. Ich werde mir selbst zur einigen Quelle alles meines Seins und meiner Erscheinungen; und habe von nun an, unbedingt durch etwas außer mir, das Leben in mir selbst. Mein Wille, den ich selbst, und kein Fremder, in die Ordnung jener Welt füge, ist diese Quelle des wahren Lebens und der Ewigkeit.« In der Konsequenz dieser unerhörten Restriktionen liegt es, wenn alle sinnenvermittelte Unsterblichkeits- qua Intelligibilitätsgewißheit mit dem Makel des Akzidentellen behaftet scheint. »Andere, welche außer der uns allen angeborenen sinnlichen Handlungsweise auch noch durch ihr Denken in der Sinnlichkeit sich bestärkt und in sie verwickelt haben, und mit ihr gleichsam zusammengewachsen sind, können nur durch fortgeführtes und bis zu Ende gebrachtes Denken sich dauerhaft und vollkommen über sie erheben; außerdem würden sie selbst bei der reinsten sittlichen Gesinnung immer wieder durch ihren Verstand herabgezogen werden, und ihr ganzes Wesen würde ein stets fortgesetzter unauflöslicher Widerspruch bleiben.« Doch gerade *sie* hat Fichte zu seinem philosophischen Publikum auserkoren. Die Naiveren, Glücklicheren sind »ohne künstliches Denken, lediglich durch ihr großes Herz und durch ihren rein sittlichen Instinkt zu dieser Ansicht erhoben worden, weil sie überhaupt vorzüglich nur mit dem Herzen und in der Gesinnung lebten.« Sie sind »praktisch transzendentale Idealisten«. Das ist der Sache, zum Teil auch der Sprache nach ›Philosophie des Lebens‹ à la Jacobi. Fichte aber will für diejenigen sprechen, welche eine – seine – *Philosophie* als Mittel zur Selbstabschaffung jener Verständigkeit nötig haben, die Menschen in dem falschen Leben sinnlich-endlicher Zwecke festhält: »Für diese wird jene Philosophie, die ich erst jetzt durchaus verstehe, die erste Kraft, welche Psychen die Raupenhülle abstreife, und ihre Flügel entfalte, auf denen sie zunächst über sich selbst schwebt, und noch einen Blick auf die verlassne Hülle wirft, um sodann in höheren Sphären zu leben und zu walten.« (FW III, 381 ff.)

9. Ein mit Emphase sich verleugnender Dualismus im Stile Fichtes – wie wird er mit der individuellen Sterbeerfahrung und Todesangst verfahren? Der Tod kann für das Ich, welches sich als ›Wille‹ selbst bestimmt hat, eigentlich gar keine Erfahrung werden – der Tod ist ihm ein ausschließlich natürliches Faktum, das sich deswegen nur in der Äußerlichkeit der sinnlichen Welt beobachten läßt. »Ich werde überhaupt nicht für mich sterben, sondern nur für *andere* – für die Zurückbleibenden, aus deren Verbindung ich gerissen werde; für mich selbst ist die Todesstunde Stunde der Geburt zu einem neuen herrlicheren Leben.« Dieses neue, herrliche Leben ist durch Deperspektivierung, weil Entsinnlichung gekennzeichnet, es führt unmittelbar ins ›Universum‹, die ›tote lastende Masse‹ fiel von ihm ab. Die weiteren Deskriptionen dieses ins Ewige freigesetzten Lebens des Ich sind wenig plausibel, denn Fichte überträgt nun lediglich die irdischen Widerstandserfahrungen des Willens, der ja immer fortschreiten will zum Besseren, ins Überirdisch-Universelle. Es heißt da: »Das Universum ist mir nicht mehr jener in sich selbst zurücklaufende Zirkel, jenes unaufhörlich sich wiederholende Spiel, jenes Ungeheuer, das sich selbst verschlingt, um sich wieder zu gebären, wie es schon war; es ist vor meinem Blicke vergeistigt, und trägt das eigne Gepräge des Geistes: stetes Fortschreiten zum Vollkommnern in einer graden Linie, die in die Unendlichkeit geht.« Es sind positive Beschreibungen der Unsterblichkeit, worin christlicher Spiritualismus mit modernem Fortschrittsglauben übereingeht, damit Fichte der Vorwurf des Pantheismus bzw. Atheismus erspart bleibe.[18] Was aber *bewirkt* der Tod? Hier entschließt sich Fichte zu einem radikalen Perspektivenwechsel. Nicht mehr dem Ich, das sich qua intelligibler Wille selbst entsinnlicht, sondern einer allumfassenden Natur gilt nun die Aufmerksamkeit. »Aller Tod in der Natur ist Geburt, und gerade im Sterben erscheint sichtbar die Erhöhung des Lebens. Es ist kein tötendes Prinzip in der Natur, denn die Natur ist durchaus lauter Leben; nicht der Tod tötet, sondern das lebendigere Leben, welches, hinter dem alten verborgen, beginnt und sich entwickelt.« »Es ist gar kein möglicher Gedanke, daß die Natur ein Leben vernichten solle, das aus ihr nicht stammt; die Natur, um deren willen nicht ich, sondern die selbst nur um meinetwillen lebt. Aber selbst mein natürliches Leben, selbst diese bloße Darstellung des inneren unsichtbaren Lebens vor dem Blicke des Endlichen, kann sie nicht vernichten, weil sie sonst sich selbst müßte vernichten können; sie, die bloß für mich, und um meinetwillen da ist, und nicht ist, wenn ich nicht bin. Gerade darum, weil sie mich tötet, muß sie mich neu beleben; es kann nur mein in ihr sich entwickelndes höheres Leben sein, vor welchem mein gegenwärtiges verschwindet; und das, was der Sterbliche Tod nennt, ist die sichtbare Erscheinung einer zweiten Belebung.« (FW III, 381 ff.)

Gewiß steht auch hierin – wie in der romantischen Natur- und Geschichtsphilosophie jener Zeit allgemein – die Zyklik der Natur letztlich im Dienste geistigen Wachstums, einer ›Bildung‹ spirituellen oder jedenfalls intelligiblen Typs, aber es zeichnet sich doch auch der Gedanke eines konsistenten Lebensganzen, eines Systems ›Natur‹ oder ›Alleben‹, ab. Die am Progressismus des Willens und seiner Wirkkräfte Verzweifelten (Novalis, K. v. Günderrode) werden bald Trost in diesem naturhaften Alleben suchen. Bei Fichte ist die Seins- und Sinnsouveränität der Natur noch auf die ›belebenden‹ Leistungen einer Subjektivität bezogen. Zwar heißt es vom – wechselnd als ›göttlich‹ oder ›natürlich‹ apostrophierten – Alleben, es verweile in ›immanenter Äußerung‹. Aber diese ontologische Selbstgenügsamkeit ist positiv dann doch beschrieben als ein Außen, worin ein Innen waltet – die dem intelligiblen, sinnlich gestorbenen Ich sich eröffnende Natur erscheint ›beseelt‹, ›belebt‹, ›begeistigt‹. Es gibt hier keine – pantheistische, etwa spinozistische – Durchdringung, sondern nur ein Beieinandersein im Wissen, im ›Geiste‹.[19] Dies ist das Band, so Fichte, »das Geister mit Geistern in Eins verschlingt, also Luft und Äther der Einen Vernunftwelt, undenkbar und unbegreiflich, und doch offenbar daliegend vor dem geistigen

Auge. In diesem Lichtstrome fortgeleitet schwebt der Gedanke, unaufgehalten und derselbe bleibend von Seele zu Seele, und kommt reiner und verklärt zurück aus der verwandten Brust. Durch dieses Geheimnis findet der Einzelne sich selbst, und versteht und liebt sich selbst nur in einem anderen; und jeder Geist wickelt sich los nur von anderen Geistern, und es gibt keinen Menschen, sondern nur eine Menschheit, kein einzelnes Denken und Lieben und Hassen, sondern nur ein Denken und Lieben und Hassen in und durch einander.« (FSW II, 315 ff.)

10. »Die Bestimmung des Menschen« hinterließ schon bei Zeitgenossen einen zwiespältigen Eindruck. Zwei Extreme der Thanatologie, im speziellen philosophischer Trostmotive über Tod und Unsterblichkeit, schienen hier nebeneinandergestellt. Zum einen jene bis auf Anaximander zurückgehende Vorstellung von einem Werden und Vergehen umgreifenden Unendlichen, worauf sich die Überzeugung gründen konnte, der Tod als individueller Identitätsverlust sei in einem Großenganzen aufgehoben.[20] Zum anderen ein Spiritualismus, wonach »die Seele das wahre Wesen des Menschen ausmacht und ihre Verbindung mit dem Körper eine Verunreinigung der Seele mit sich bringt«[21], also letztlich eine auf Pythagoras zurückgehende Konzeption[22]. Die Frage nach dem Status des empirischen Ich bzw. des Einzellebens und all seiner welthaften Bezüge blieb ungelöst, die Frage also danach, wie dieses – wenn auch ›unwahre‹, ›scheinhafte‹ – Leben zu denken sei. Solchen Fragen hatte ein Gutteil des Platonischen Spätwerks gegolten und erst recht die Anstrengungen der Neuplatoniker, den prekären Status des sterblichen Lebens mit dem unsterblichen ›Einen‹ zusammenzudenken. Auch Fichtes Denken räumt derlei Fragen immer mehr Platz ein. »Die Anweisung zum seligen Leben« – Fichte nennt sie alternativ auch ›Lebenslehre‹ – wendet sich explizit dem Problem des Scheinlebens zu: »Daß inzwischen bei weitem nicht alles, was da als lebendig erscheint, selig ist, beruht darauf, daß dieses Unselige in der Tat und Wahrheit auch nicht *lebet*, sondern, nach seinen mehrsten Bestandteilen, in den Tod versenket ist, und in das Nichtsein.« Der harte Dualismus von geistigem Leben und Todverfallenheit weicht einer Privationslehre. »Nicht alles, was als lebendig erscheine, sei lebendig in der Tat und Wahrheit, sagte ich ferner. Es gehet daraus hervor, daß, meines Erachtens, das Leben aus einem doppelten Gesichtspunkte angesehen werden kann, und von mir angesehen wird; nämlich teils aus dem Gesichtspunkte der Wahrheit, teils aus dem des Scheins. Nun ist vor allem voraus klar, daß das letztere bloß scheinbare Leben nicht einmal zu erscheinen vermöchte, sondern völlig und durchaus in dem Nichts bleiben würde, wenn es nicht doch auf irgendeine Weise von dem wahrhaftigen Sein gehalten und getragen würde; und wenn nicht, da nichts wahrhaftig ist, als das Leben, das wahrhaftige Leben auf irgendeine Weise in das nur erscheinende Leben einträte, und mit demselben sich vermischte. Es kann keinen reinen Tod geben, noch eine reine Unseligkeit; denn indem angenommen wird, daß es dergleichen *gebe*, wird ihnen das Dasein zugestanden; aber nur das wahrhaftige Sein und Leben vermag da zu sein. Darum ist alles unvollkommene Sein lediglich eine Vermischung des Toten mit dem Lebendigen.« Tod bzw. Scheinleben sind Mißverständnisse, die von der vitalisierenden Kraft noch im falschen Verstehen bzw. ›Setzen‹ zeugen. Pathetische Gleichsetzungen beinahe parmenideischen Typs, die diesen Übertritt des vollen Lebens in seine Verfälschung rätselhaft scheinen lassen, gibt es zwar weiterhin: »Sein, – *Sein*, sage ich, und Leben ist abermals Eins und dasselbige. Nur das Leben vermag selbständig, von sich und durch sich selber, da zu sein; und wiederum das Leben, so gewiß es nur Leben ist, führt das Dasein bei sich.« »So wie Sein und Leben Eins ist und dasselbe, ebenso ist Tod und Nichtsein Eins und dasselbe. Einen reinen Tod aber und reines Nichtsein gibt es nicht, wie schon oben erinnert worden. Wohl aber gibt es einen *Schein*, und dieser ist die *Mischung* des Lebens und des Todes, des Seins und des Nichtseins. Es folgt daraus, daß der Schein, in Rücksicht desjenigen in ihm, was ihn zum Scheine macht, und was in ihm dem wahrhaftigen Sein und Leben entgegengesetzt ist, Tod ist und Nichtsein.« Die Frage nach der Sterblichkeit scheint nun aber entmoralisiert insofern, als Fichte – in Übereinstimmung mit seiner Egologie, also seiner Lehre vom Ich und von dessen Selbstbeschränkung als Genese eines Nicht-Ich – Individuation und Selbsteingrenzung als Wesensmerkmale des Lebens auffaßt. Damit muß Fichte jedoch auch die Sphäre der inneren Erfahrung des Willens, der Subjektivität usw. verlassen und umgekehrt vom ›Sein‹ her das individuelle Ich denken, um es in seinem Leben und Sterben deduzieren zu können. Die scholastische (thomistische) Wendung des Platonismus, wonach das individuelle Leben eine Essentia sei, der das Dasein »von außen zugesetzt werde«, verwirft Fichte. Das irdische – und damit individuelle – Leben scheint vielmehr eine Art Allegorie oder lebende Metapher des ewigen, so wie bereits gut kantisch die scheinhafte Sphäre des Wandels als Natur (phainoménon) gegenüber dem Sein des intelligiblen Ich (nouménon). »Das Sein ist einfach, unveränderlich, und bleibt ewig sich selbst gleich; darum ist auch das wahrhaftige Leben einfach, unveränderlich, ewig sich gleichbleibend. Der Schein ist ein unaufhörlicher Wechsel, ein stetes Schweben zwischen Werden und Vergehen; darum ist auch das bloße Scheinleben ein unaufhörlicher Wechsel, immerfort zwischen Werden und Vergehen schwebend, und durch unaufhörliche Veränderungen hindurchgerissen. Der Mittelpunkt des Lebens ist allemal die Liebe. Das wahrhaftige Leben liebet das Eine, Unveränderliche und Ewige; das bloße Scheinleben versucht zu lieben, – wenn nur geliebt zu werden fähig wäre, und wenn seiner Liebe nur standhalten wollte – das Vergängliche in seiner Vergänglichkeit.« Ist das Scheinleben also ein schlechtes Abbild des Ewigen, belebt und gerechtfertigt allein durch den guten Willen, diesem zu gleichen? »Die Möglichkeit alles – Genusses, Freude, Seligkeit, oder mit welchem Worte Sie das allgemeine Bewußtsein des Wohlseins fassen wollen, – gründet sich auf Liebe, Streben, Trieb.« Der seinsphilosophisch Belehrte weiß: »Dieser Trieb, mit dem Unvergänglichen vereinigt zu werden und zu verschmelzen, ist die innigste Wurzel alles endlichen Daseins, und ist in keinem Zweige dieses Daseins ganz aufzutilgen.« Fichte spricht hier von »*Sehnsucht nach dem Ewigen*«. Zur Realität der Ewigkeit bedarf es nur die rechte philosophische Informiertheit dieses Triebs. Doch ist der Trieb zum unendlichen Leben schon für die bloße Seinsmöglichkeit des endlichen Lebens notwendig. Allerdings kann ein solches Leben in vollkommener Selbstverkennung befangen sein, insofern es in seiner eigenen Sphäre – der endlichen, hinfälligen – einen *Sinn* sucht. Fichte nennt als Beispiel eine Art von faustischen Unzufriedenen, die endlos im Endlichen unterwegs sind; doch gerade das, »daß nichts Endliches und Hinfälliges sie befriedigen kann, das ja gerade ist das einzige Band, wodurch sie noch mit dem Ewigen zusammenhängen und im Dasein verbleiben; fänden sie einmal ein endliches Objekt, das sie völlig zufriedenstellte, so wären sie eben dadurch unwiederbringlich ausgestoßen von der Gottheit, und hingeworfen in den ewigen Tod des Nichtseins.« Unsterblichkeit wird somit eine Sache des rechten *Begreifens*, des wahren Seins als des wahren Seins und zugleich des hinfälligen als dessen Privation. »Das Eine und Unveränderliche wird begriffen, als der Erklärungsgrund unserer selbst und der Welt; als Erklärungsgrund in doppelter Rücksicht: teils nämlich, daß in ihm gegründet sei, daß es überhaupt sei, und nicht im Nichtsein verblieben; teils, daß in ihm und seinem inneren, nur auf diese Weise begreiflichen und auf jede andere Weise schlechthin unbegreiflichen Wesen, begründet sei, daß es also und auf keine andere Weise da sei, als es daseiend sich vorfindet. Und so besteht das wahrhaftige Leben und seine Seligkeit im Gedanken, d. h. in einer gewissen bestimmten Ansicht unserer selber und der Welt, als hervorgegangen aus dem inneren und in sich verborgenen göttlichen Wesen: und auch eine Seligkeitslehre kann nichts anderes sein, denn eine Wissenslehre, indem es überhaupt gar keine andere Lehre gibt, außer der Wissenslehre.« Solche waghalsige Intellektualisierung als Remedium aller Sterblichkeits- und Todesangst scheint eine überraschende Wendung. Dieser Anschein verflüchtigt sich aber, wenn man bedenkt, daß ein positives Wissen vom ewigen Leben ja ohnehin nur als Medium der Selbstbewegung des Geistes, also im Denken abstraktester Seinsbestimmungen, zu haben war. Fichtes Perspektivenumkehr vom hinfälligen Subjekt zur intelligiblen Substanz, was einer Tendenz des Deutschen Idealismus insgesamt entspricht, ist eben darum eher *Intellektualisierung* denn *Spiritualisierung* des Lebensproblems. Zwar heißt es, wie später bei dem Spiritualisten F. Schlegel: »Im Geiste, in der in sich selber gegründeten Lebendigkeit des Gedankens, ruhet das Leben, denn es ist außer dem Geiste gar nichts wahrhaftig da. Wahrhaftig leben, heißt wahrhaftig denken und die Wahrheit erkennen.« Aber diesem Geist und seiner Ewigkeit kann sich das individuelle Leben eben nur im *Denken* anverwandeln. Wie gegen Jacobis Gefühlsphilosophie gerichtet, sagt Fichte: »Worin sollte denn das Leben und seine Seligkeit sonst sein Element haben, wenn es dasselbe nicht im Denken hätte? Etwa in gewissen Empfindungen und Gefühlen; in Rücksicht welcher es uns gar nichts verschlägt, ob es die gröbsten sinnlichen Genüsse seien, oder die feinsten übersinnlichen Entzückungen? Wie könnte ein Gefühl, das, als

Gefühl, in seinem Wesen vom Ohngefähr abhängt, seine ewige und unveränderliche Fortdauer verbürgen; und wie könnten wir, bei der Dunkelheit, welche aus eben demselben Grunde das Gefühl notwendig bei sich führt, diese unveränderliche Fortdauer innerlich anschauen und genießen? Nein: nur die sich selbst durchaus durchsichtige und ihr ganzes Innere frei besitzende Flamme der klaren Erkenntnis verbürgt, vermittelst dieser Klarheit, ihre unveränderliche Fortdauer.« (195) Allein im Denken ist das Sein bzw. Leben sich selbst durchsichtig, weil ewig. Die Lebenslehre muß hierdurch zu einer Thanatologie des Nicht-Intelligiblen erweiterbar werden. Nicht-intelligibel ist aber außer dem Fühlen auch das Streben, das ja stets des Anhaltes an Begrenztem, also Sinnlich-Erdverhaftetem bedarf. Das ewige Leben via Vergeistigung ist ein Loslassen-Können, ein Sich-selbst-Überlassen des Irdischen – »der Mensch soll nur das Hinfällige und Nichtige, mit welchem das wahrhaftige Leben nimmer sich zu vereinigen vermag, fahren lassen; worauf sogleich das Ewige, mit aller seiner Seligkeit, zu ihm kommen wird.« Der Gang zum ewigen Leben ist ein *Absterben*lassen des alten. Der überwältigende Eindruck, daß Leben ein Sterben sei, ergibt sich allein aus der irdischen Befangenheit: »Doch ist dies das der Endlichkeit nie abzunehmende Schicksal; nur durch den Tod hindurch dringt sie zum Leben. Das Sterbliche muß sterben, und nichts befreit es von der Gewalt seines Wesens; es stirbt in dem Scheinleben immerfort; wo das wahre Leben beginnt, stirbt es, in dem Einen Tode, für immer und für alle die Tode in die Unendlichkeit hinaus, die im Scheinleben seiner warten.« (197) Nicht mehr Streben (Wollen), sondern Verzichten ist nunmehr gefragt. Erst nach »geschehener Verzichtleistung auf den sinnlichen Willen« wird der menschliche mit dem göttlichen eines, »fällt das gewesene Ich hinein in das reine göttliche Dasein«. »Solange der Mensch noch irgend etwas selbst zu sein begehrt, kommt Gott nicht zu ihm, denn kein Mensch kann Gott werden. Sobald er sich aber rein, ganz und bis in die Wurzel vernichtet, bleibet allein Gott übrig, und ist alles in allem. Der Mensch kann sich keinen Gott erzeugen; aber sich selbst, als die eigentliche Negation, kann er vernichten, und sodann versinket er in Gott.« (198) Ist *dies* noch der Gott der Liebe – der christliche Gott der Erlösung von irdischer Schuld und Sterblichkeit? Zweifellos mußten Fichtes Beschreibungen der Seligkeit als eines mystischen

Versinkens im Göttlichen die Orthodoxen seiner Zeit genauso provokativ anmuten wie gewisse Psychosekten heute die Verwalter jedweder Volkskirchlichkeit. Doch ist die Seligkeit und Todlosigkeit, die dem Loslassenkönner versprochen wird, ihrerseits nur wünschens- und erlangenswert mit Blick auf eine vorgängig erbrachte Reduktion, nämlich auf die Geist-Natur des individuellen Lebens selbst. Die Liebe beschreibt Fichte als eine gegenständlich nicht gebundene Vernunft, eine Bereitschaft fürs ewige Leben, die sich an nichts Irdischem verausgabt und vergibt – strukturell nicht anders als Jacobi einst die Vernunft als ein sinnlich-übersinnliches Vernehmen der Transzendenz. Diese Vernunft steht bei beiden Denkern in scharfem Gegensatz zur ins Gegenständliche ziehenden und im Sinnlichen fesselnden ›Reflexion‹: Es »ist nicht eine kühne Metapher, sondern es ist buchstäbliche Wahrheit«, was »Johannes sagt: wer in der Liebe bleibet, der bleibet in Gott, und Gott in ihm. Seine Reflexion nur ist es, welche dieses sein eignes, keineswegs ein fremdes Sein ihm erst entfremdet und in der ganzen Unendlichkeit zu ergreifen sucht dasjenige, was er selbst, immer und ewig und allgegenwärtig, ist und bleibt.« (FW V, 113 ff.)

Fichtes Gleichsetzung von Liebe, Seligkeit, Leben mit dem intelligiblen Ich, das alle Gegenständlichkeit erst setzt, ist durch keine Anschauung mehr gedeckt, es ist von der Perspektive des anonymen Allebens her gedacht. Alle Materialität, Objektivität, Dinghaftigkeit denkt Fichte als Verfallsprodukt der Leistungen des ›setzenden‹ Ich – sofern es seine ›setzende Leistung‹ darüber vergißt. Wodurch könnte sich ein solches Ich aber auch seines empirischen Daseins gewiß werden?

11. Für Fichte hatte diese Frage, die von anderen lebensphilosophisch motivierten Denkern und Dichtern an ihn gerichtet wurde, keinen Sinn. Die Existenz eines ›wahren Lebens‹ jenseits des individuellen ist ihm ein Wissen und sein Glauben; der Versuch, sich auf den Standpunkt einer Subjektivität aus sinnlicher Gewißheit und ihren Abstützungen zu stellen, bedeutet ihm umgekehrt die Ursache aller Mortalität. Fichte polemisiert gegen die ›totgläubige Seynsphilosophie‹, die an Substanz unabhängig von der transzendentalen Intelligibilität glaubt; diese aber hat er jenseits aller sinnlich erfahrbaren Lebensvollzüge verortet. Es ist ein Intellektualismus, der ge-

gen die Wissenschaften und ihr Eigenleben argumentiert – ein Mortalitäts- und Verdinglichungsvorwurf, erhoben seitens eines abstrakten ›transzendentalen Lebens‹.

Ähnlich wie später die – in manchem von Fichte inspirierte – Husserlsche Phänomenologie des transzendentalen Lebens aufgrund ihrer Abstraktheit mannigfache materiale Konkretisierungsversuche in Wissenschaft und Dichtung provozierte,[23] wirkten auch Fichtes Unsterblichkeitsbehauptungen auf viele empfindsamere Zeitgenossen als unglaubwürdig oder zumindest der Ergänzung bedürftig.

12. Zwei dramatische Fälle sind hierfür einschlägig. H. v. KLEIST, für dessen Selbstmord 1811 vielfach eine radikale, aber falsche, nämlich fichteanische Kant-Deutung mit verantwortlich gemacht worden ist, durchlitt die Unvereinbarkeit von Empirizität und Intelligibilität des Lebens existentiell: Die Immanenz des Lebens als einer Sphäre empirischen Wissens schien allein den Prospekt auf ein Sein ohne Sinn, die Denaturierung des Geistigen einen Sinn ohne Sein übrigzulassen. »Also wage Dich mit Deinem Verstande nie über die Grenzen Deines Lebens hinaus. Sei ruhig über die Zukunft. Was Du für dieses Erdenleben tun sollst, das kannst Du begreifen, was Du für die Ewigkeit tun sollst, nicht« (an Wilhelmine v. Zenge, 15. November 1800). Der Perspektivismus aller diesseitigen Erkenntnis wird v. Kleist zu einer Erfahrung des Nihilismus: »Wir können nicht entscheiden, ob das, was wir Wahrheit nennen, wahrhaft Wahrheit ist, oder ob es uns nur so scheint. Ist das letzte, so ist die Wahrheit, die wir hier sammeln, nach dem Tode nicht mehr – und alles Bestreben, ein Eigentum sich zu erwerben, das uns auch in das Grab folgt, ist vergeblich –. Ach, Wilhelmine, wenn die Spitze dieses Gedankens Dein Herz nicht trifft, so lächle nicht über einen andern, der sich tief in seinem heiligsten Innern davon verwundet fühlt. Mein einziges, mein höchstes Ziel ist gesunken, und ich habe nun keines mehr.« (an v. Zenge, 22. März 1801) Die Redlichkeit v. Kleists versagte ihm jede Hoffnung, auf dem Seil eines Fichteschen »Wissens vom Seyn« aus dem Diesseits ins Jenseits zu gelangen. Reflexivität, Bewußtheit ist bei Fichte als Schuld und Verhängnis begriffen, die zum spirituellen Tode führen müssen und dadurch auch den physischen erzwingen; die geschichtsphilosophische Hoffnung einer durch Reflexion selbst wieder zu erlangenden zweiten Naivität des Lebens – wie von Fichte projektiert und von Hegel in großem Stil ausgeführt – war für v. Kleist nur eine literarische Möglichkeit (»Über das Marionettentheater«), sie blieb ihm eine existentielle Unmöglichkeit. Das »traurige Geschenk des Lebens« (an v. Zenge, 21. Juli 1801) ist ein solches als pures *Dasein*, eigentlich bloß: Vorhandensein in der Welt, von wo aus keine ›Bildung‹ und ›Vervollkommnung‹ über den Tod hinausführen kann (an v. Zenge, 23. März 1801).[24] In dieser Daseinsdeutung ist, was Fichte ›Bild‹ und ›Wissen‹ des ewigen Lebens nannte, in die Selbständigkeit und damit in eine tödliche Scheinhaftigkeit gestellt. Religiösen Trost hingegen vermochte v. Kleist in Fichtes Intellektualismus nicht zu finden – wer sein Leben derart radikal in seiner Abgetrenntheit vom göttlich-geistigen Sein erfuhr, der hatte es nach Fichtes Ontologie ja bereits verwirkt.

13. In jenem Jahr, da Fichte seine »Anweisung zum seligen Leben« gab, hatte sich eine Fichte-Leserin von hohem intellektuellen Optimismus den Tod gegeben: KAROLINE V. GÜNDERRODE glaubte an ›Bildung‹ als an einen Weg, vom individuellen zum Alleben zu finden. Ihr schmales Werk liest sich wie ein Kompendium lebensphilosophischer Denkmotive des Jahrhundertanfangs. Möglichkeiten einer konkreteren, von individuellen Erfahrungen wie den Resultaten der positiven Wissenschaften gesättigten Theorie des Lebens deuten sich an – Vorgriffe auf die romantische Naturphilosophie. Doch auch Karoline beschäftigt das Problem des Scheinlebens, des geistig-geistlichen Todes gerade aus der Ambition eines in die selbstbestimmte und selbstbewußte Subjektivität gestellten Lebenswissens. Wie man in einem überindividuellen Alleben zunächst Sicherheit finden, schließlich aber allen Halt am Konkreten verlieren kann, ist in Karolines realer und fiktiver Korrespondenz zu studieren. In den »Briefen zweier Freunde« – aus »Melete von Ion« (geschrieben in ihrem Todesjahr 1806) – liest man: »Aber was ist es doch, das Leben? dieses schon aufgegebene, wiedererlangte Gut! so frag' ich mich oft: was bedeutet es, daß aus der Allheit der Natur ein Wesen sich mit solchem Bewustseyn losscheidet, und sich abgerissen von ihr fühlt? Warum hängt der Mensch mit solcher Stärke an Gedanken und Meinungen, als seyen sie das Ewige? warum kann er sterben für sie, da doch für ihn eben dieser Gedanke mit seinem Tode verlohren ist? und warum, wenn gleichwohl diese Gedanken und Begriffe dahin sterben mit den Individuen, warum werden sie von denselben immer wieder aufs neue hervorgebracht und drängen sich so durch die Reihen des aufeinander folgenden Geschlechtes zu einer Unsterblichkeit in der Zeit? Lange wust' ich diesen Fragen nicht Antwort, und sie verwirrten mich; da war mir plötzlich in einer Offenbarung Alles deutlich, und wird es mir ewig bleiben. Zwar weiß ich, das Leben ist nur das Produkt der innigsten Berührung und Anziehung der Elemente; weiß, daß alle seine Blüthen und Blätter, die wir Gedanken und Empfindungen nennen, verwelken müssen, wenn jene Berührung aufgelößt wird; und daß das einzelne Leben dem Gesetz der Sterblichkeit dahin gegeben ist, aber so gewiß mir Dieses ist, eben so über allem Zweifel ist mir auch das Andre, die Unsterblichkeit des Lebens im Ganzen; denn dieses Ganze ist eben das Leben, und es wogt auf und nieder in seinen Gliedern den Elementen, und was es auch sey, das durch Auflösung (die wir zuweilen Tod nennen) zu denselben zurück gegangen ist, das vermischt sich mit ihnen nach Gesetzen der Verwandtschaft, d.h. das Ähnliche zu dem Ähnlichen. Aber anders sind diese Elemente geworden, nachdem sie einmal im Organismus zum Leben hinauf getrieben gewesen, sie sind lebendiger geworden, wie Zwei, die sich in langem Kampf übten, stärker sind wenn er geendet hat als ehe sie kämpften; so die Elemente, denn sie sind lebendig, und jede lebendige Kraft stärkt sich durch Übung. Wenn sie also zurükkehren zur Erde, vermehren sie das Erdleben. Die Erde aber gebiert den ihr zurückgegebenen Lebensstoff in andern Erscheinungen wieder, bis durch immer neue Verwandlungen, alles Lebensfähige in ihr ist lebendig geworden. Dies wäre, wenn alle Massen organisch würden. – So gibt jeder Sterbende der Erde ein erhöhteres, entwickelteres Elementarleben zurück, welches sie in aufsteigenden Formen fortbildet; und der Organismus, indem er immer entwickeltere Elemente in sich aufnimmt, muß dadurch immer vollkommener und allgemeiner werden.« (KvG, 116 f.)[25] Das sind Überlegungen, die von der lebensphilosophisch-romantischen Verdinglichungskritik ausgehen und bis auf die Unsterblichkeitstheorie G. T. Fechners vorausweisen: Das ewige Leben wird menschenmöglich im Prozeß einer Individualisierung, des ›Allebens‹ nämlich, das in seinen selbständig werdenden Formen zugleich auch weltfreier, geistiger, sinnhaltiger wird. Fichtes Idee einer im Welt-Wissen stattfindenden, schuldhaft-todbringenden Individuation gewinnt dadurch eine Pointe, die mit einem durchaus weltzugewandten ›Bildungs‹vertrauen im mehrfachen Sinne verträglich ist. Geist gibt dem Leben seine individuelle Form und befreit es zugleich von seiner vergänglichen Hülle; Leben ist in dieser Perspektive gedacht als Lebendigkeit durch Intellektualisierung, als geistige Intensivierung. Der virulente Platonismus solcher Gedankengänge ist bei Karoline wie bei fast allen ihren romantischen Zeitgenossen wahrnehmbar. An Bettina Brentano heißt es 1802: »Geist steigert die Welt, durch ihn allein lebt das wirkliche Leben, und durch ihn allein reiht sich Moment an Moment, alles andre ist verflüchtigender Schatten, jeder Mensch, der einen Moment in der Zeit wahr macht, ist ein grosser Mensch, und so gewaltig auch manche Erscheinungen in der Zeit sind, so kann ich sie nicht zu den Wirklichkeiten rechnen, weil keine tiefere Erkenntnis, kein reiner Wille den eignen Geist zu steigern sie treibt, sondern die Leidenschaft, ganz gemeine Motive. Napoleon zum Beispiel.« (205) Die Intensivierung des Lebens im Zeichen eines Willens, der es zugleich vergeistigt und erhebt zum Mittel für höheren Zweck – hier ist der Fichte der »Bestimmung des Menschen« zu vernehmen. Karoline aber sieht und erleidet den Preis des leibseelischen Dualismus, der für ein solches monistisches Kontinuum des Lebens in der Idee erbracht werden muß. Der Wille schafft wohl eine geistige Form – kann diese aber über den Tod hinaus dauern? Ist Form nicht überhaupt Gebildetes, Wesen (des Menschen) dagegen das Bildende? Wenn das Einzelleben aus seiner Hingabe an ein Alleben Trost und Hoffnung schöpfen soll, dann muß es sich in seinem Wesen irgendwie unmittelbar zu diesem fühlen können, schon jetzt – das aber führt auf jene pantheistische Mystik, deren nächste Nähe Fichte zu meiden gesucht hatte. Sie verwirklicht sich am angemessensten in einer dogmenfreien Religiosität, denn selbst die zeitgenössische Philosophie scheint in ihren Überlegungen zu Erdenleben und Unsterblichkeit noch zu sehr von Mittel-Zweck-Erwägungen, von heimlichem Utilitätshoffen geleitet. »Es ist eine unendliche Kraft, ein ewiges Leben, das da Alles ist, was ist, was war und werden wird, das sich selbst auf geheimnißvolle Weise erzeugt, ewig bleibt bey allem Wandeln und Sterben. Es ist zugleich der Grund aller

Dinge, und die Dinge selbst, die Bedingung und das Bedingte, der Schöpfer und das Geschöpf, und es theilt und sondert sich in mancherley Gestalten, wird Sonne, Mond, Gestirne, Pflanzen, Thier und Mensch zugleich, und durchfließt sich selber in frischen Lebensströmen und betrachtet sich selber im Menschen in heiliger Demuth. Diese Anschauung der Dinge, die Anschauung ihres Urgrundes, ist die innerste Seele der Religionen, verschieden individualisiert in jedem Individuum; aber durchgeht sie selbst, die Religionssysteme alle, in allen wirst du finden ein Unendliches, Unsichtbares, aus dem das Endliche und Sichtbare hervorging, ein Göttliches, das Mensch wurde, ein Übergehen aus dem zeitlichen Leben in das ewige. Der Sinn für dies ewige Leben ist mir schon hier aufgegangen in religiöser Betrachtung, darum ist mir das Zeitliche in gewissem Sinne so gering geworden, und mein Geist hat die Dinge ganz anders geordnet. Verhaßt ist mir nun die Philosophie geworden, die jeden Einzelnen als Mittel für das Ganze betrachtet, die immer fragt, was dies oder jenes nütze für die Andern? und die jeden als eine Frucht betrachtet, die geblüht habe und gereift sey, um von dem Ganzen verzehrt zu werden; die die verschiedensten Naturen in einen Garten pflanzen, und den Eichbaum und die Rose nach einer Regel ziehen will.« (124)

Man sieht, wie gut im Zeichen der Unmittelbarkeit ein radikaler Individualismus mit pantheistischem Urgrunddenken verträglich ist. In den depressiven Verstimmungen, die ihrem Selbstmord vorausgingen, beschreibt Karoline sich als ein Wesen, das, obzwar »lebensmüde«, doch »fortlebe durch einen Irrthum der Natur« (250), also schon jenes ewigen Lebens teilhaftig sei, das in der puren Stofflichkeit des menschlichen Daseins gründet. In solchen Überlegungen zeigen sich naturphilosophische Weiterungsmöglichkeiten der romantischen Lebensphilosophie überhaupt. Sie hatten nicht selten zu einem materialistischen Hylozoismus, zu einer Autopoiesis-Theorie des ›Weltganzen‹ als des großen Organismus und dergleichen geführt. Kurz vor ihrem Tode hat Karoline v. Günderrode dem eine weitgreifende Spekulation gewidmet und den fiktiven Briefschreibern ihrer »Melete von Ion« in den Mund gelegt: »So wird die Allheit lebendig durch den Untergang der Einzelheit, und die Einzelheit lebt unsterblich fort in der Allheit, deren Leben sie lebend entwickelte, und nach dem Tode selbst erhöht und mehrt, und so durch Leben und Sterben die Idee der Erde realisiren hilft. Wie also auch meine Elemente zerstreut werden mögen, wenn sie sich zu schon Lebendem gesellen, werden sie es erhöhen, wenn zu dem, dessen Leben noch dem Tode gleicht, so werden sie es beseelen. ... alle bis jetzt hervorgebrachten Formen müssen aber wohl dem Erdgeist nicht genügen, weil er sie immer wieder zerbricht und neue sucht; die ihm ganz gleichen würde er nicht zerstören können, eben weil sie ihm gleich und von ihm untrennbar wären. Diese vollkommene Gleichheit des innern Wesens mit der Form kann, wie mir scheint, überhaupt nicht in der Mannigfaltigkeit der Formen erreicht werden; das Erdwesen ist nur Eines, so dürfte also seine Form auch nur Eine, nicht verschiedenartig seyn; und ihr eigentliches wahres Daseyn würde die Erde erst dann erlangen, wann sich alle ihre Erscheinungen in einem gemeinschaftlichen Organismus auflößen würden; wann Geist und Körper sich so durchdrängen daß alle Körper, alle Form auch zugleich Gedanken und Seele wäre und aller Gedanke zugleich Form und Leib und ein wahrhaft verklärter Leib, ohne Fehl und Krankheit und unsterblich; also ganz verschieden von dem was wir Leib oder Materie nennen, indem wir ihm Vergänglichkeit, Krankheit, Trägheit und Mangelhaftigkeit beilegen, denn diese Art von Leib ist gleichsam nur ein mißglückter Versuch jenen unsterblichen göttlichen Leib hervorzubringen. – Ob es der Erde gelingen wird sich so unsterblich zu organisiren, weis ich nicht. Es kann in ihren Urelementen ein Misverhältniß von Wesen und Form seyn das sie immer daran hindert; und vielleicht gehört die Totalität unsers Sonnensystems dazu um dieses Gleichgewicht zu stand zu bringen; vielleicht reicht dieses wiederum nicht zu, und es ist eine Aufgabe für das gesammte Universum.« (117)

14. Der Versuch, die Selbstidentität und Selbstgenügsamkeit des Universums zu erreichen, indem man ihm weder leiblich noch seelisch entgegen ist, sich also ontologisch zum Nichts daran macht, scheint direkt aus der Verzweiflung am – langwierigen, stufenreichen, mittelbaren – *Bildungs*weg entsprungen. »Dämonischen Pantheismus« hat der Postromantiker Kierkegaard diese Verzweiflung genannt. Ihre Dämonie liegt gerade in dem schwer erfüllbaren Wunsch nach Unmittelbarkeit; ein typisches Motiv von Weltschmerz und schwarzer Romantik, die auch magische Techniken nicht verschmähten, wenn es den Urgrund der Dinge *direkt* zu ergreifen galt. Der *lange* Weg jener Unsterblichkeitsaspirationen, die überall im Werk der Karoline v. Günderrode durchscheinen, führt hingegen über die romantische Periode weit hinaus, er wird von philosophierenden Naturwissenschaftlern wie G. H. Schubert, C. G. Carus und G. T. Fechner begangen. In Karolines Todesjahr 1806 waren SCHUBERTS »Ahndungen einer allgemeinen Geschichte des Lebens« erschienen, durch den Freund J. W. Ritter verlegerisch vermittelt und sogleich von Schelling gelobt. Der junge Mediziner und Naturphilosoph Schubert gehörte zum romantischen Jenaer Kreis, mit dem auch K. v. Günderrode viele Fäden verbanden. Man suchte die Ganzheit des Lebens in der Natur, mittels einer nicht-mechanistischen Naturauffassung – der Mediziner und Naturphilosoph Lorenz Oken sollte die herausragende gleichwie umstrittene Gestalt dieser Bewegung werden. Schuberts Spekulationen über ein unsterbliches Leben beginnen in diesem Kreis, der durch sein stark spekulatives Vokabular vielfach noch den Dialekt des Deutschen Idealismus spricht. Doch bereits die 1807 veröffentlichten »Ansichten von der Nachtseite der Naturwissenschaft« zeigen Zweifel an den idealistischen Lösungen. Die lebenslängliche Obsession v. Schuberts, nämlich die Kontinuität des Organischen und des Anorganischen sowie der verschiedenen Grade des Lebens, treibt ihn auf Forschungen zur ›Nachtseite‹ der menschlichen Psyche, worin dieser von der wissenschaftlichen Vernunft geleugnete kategoriale Übergang nachvollziehbar sein soll. Okkulte Phänomene (Somnambulismus, Magnetismus) werden erwogen – das Buch hat auf v. Kleist nicht weniger als auf E. T. A. Hoffmann stark gewirkt. Im Spätwerk v. Schuberts ist die Verzweiflung an der aufgeklärt-optimistischen Bildungsidee durch Rückgriff auf ältere – namentlich Leibnizsche – Metaphysikbestände kompensiert: Ein ›Bildungsprinzip‹, ein ›ätherischer, unsichtbarer Leib‹ bildet den Keim der Unsterblichkeit, der schließlich immer wieder für das Ganze des menschlichen Lebens aufkommen kann. Das Eingangstor in die Unsterblichkeit sowie für die Wanderung der ätherischen Formzelle bildet der physische Tod im Sinne der christlichen Doktrin.

Die Ängste und Sorgen um alles, was mit dem leiblichen Sterben zusammenhängt, stehen auch im Mittelpunkt der »Ahndungen« von 1806. Vieles, was gegen seine Furchtbarkeit vorgetragen wird, findet sich ähnlich in Fichtes Spekulation sowie im Trostarsenal des kirchlichen Christentums. Doch v. Schubert hat die Sterblichkeit des Leibes bzw. die leiblich sich manifestierende Sterblichkeit des Menschen ungleich ernster genommen als seine spekulativ-idealistischen Zeitgenossen. Nicht das Tote als Privation des Lebendigen, sondern das Leben als Erfahrung aus der Todesnähe bildet den Ausgangspunkt seines Philosophierens. »Von dem Tod, von dem endlichen Untergang des Besonderen, müssen wir zuerst handeln, damit hernach der wahre Grund des Lebens erkannt werde. Denn das Leben gehet erst aus dem Tode hervor, und seine Elemente ruhen auf scheinbarer Vernichtung. Seine Glut verzehrt die starre Besonderheit, und hebt endlich das Dasein des einzelnen auf, indem es dieses mit dem Ganzen vermählt. Und diese Vermählung ist es, welcher alle Dinge mit innigem Verlangen entgegengehen. Darum steht den glühendsten, schönsten Augenblicken des Lebens der Tod am nächsten, und das irdische Dasein vergeht immer mehr, je lebendiger sich die höheren Kräfte regen. … Es geht das endliche Streben aller nach der Befreiung von jenen Banden, welche das einzelne an der Basis aller Besonderheit, der Erde, festhalten, und welche es an der Vereinigung mit seinem ewigen Ursprunge, dem Weltganzen, verhindern.« (AGL I, 20 f.)[26] Die Akzentverschiebung gegenüber Fichte, der *solche* innerweltlichen Augenblicke der Transzendenz-Nähe nicht kennt, als auch gegenüber der Günderrode ist deutlich, denn für diese war es gerade die Vergeistigung, die in eine ›Besonderung‹ führte und vom allgemeinen, irdisch-überirdisch wirkenden ›Lebensgrund‹ hinweg. Bei v. Schubert finden sich, im Gewande naturphilosophischer Spekulation, Ansätze zu einer Dekadenztheorie, die für die späteren Lebensphilosophen wie Nietzsche, Spengler, Ortega y Gasset, H. v. Keyserling bedeutsam werden sollte: Das ›gesteigerte Leben‹ ist physisch gefährdet. Im lebensphilosophischen Evolutionismus v. Hartmanns bildet dies eine Grundfigur der Todesdeutung (s. II.7). Der Akzent ist bei v. Schubert noch anders gesetzt: Das höhere Leben verdankt sich nicht – wie von Fichte behauptet – einer willensgewirkten Ich-Konsistenz, sondern der Nähe zu ichauflösenden Mächten – des Eros, des Geistes. Im Menschen kommt die Todestendenz des Lebens ihrem Ziel nahe, weil hier die Möglichkeit falscher Selbst-Bildung besonders groß ist. Die Selbst-Aufgabe wird demgemäß als kleiner oder großer, als symbolischer oder realer Tod erfahren. Dies freilich ist eine Erfahrung, die in der Struktur des kosmischen Lebens selbst liegt – v. Schubert konstatiert ein »scheinbares Streben aller Dinge nach ihrer eigenen Vernichtung«; bereits »bei den Tieren zeigt sich die nahe Verwandtschaft des höchstens Lebens mit dem Tode, immer deutlicher«. Der ›körperliche Genuß‹ bei der Begattung rückt so in die Nähe des ›geistigen‹ – in beiden nämlich verlöscht das Bewußtsein oder gar das Dasein. »Auch bei den Menschen sind die höchsten Augenblicke des körperlichen Genusses ... den körperlichen Kräften feindlich, aber noch weit mehr, und allmächtiger vermögen die geistigen Genüsse die Momente des glühendsten Gebets, die Wonne der Andacht, sein Dasein zu untergraben. ... Und doch sind dies die heiligen Quellen des Lebens und der Genesung, wenn sie uns ihres Einflusses in dem Maße würdigen, in welchem wir ihn ertragen mögen. Sie sind das Erblicken, das augenblickliche Erscheinen eines höheren geistigeren Seins, die Offenbarung des Weltalls an das einzelne. Welchen diese Offenbarung in ihrer ganzen Fülle und Gewalt geschehen, die sterben, als ob sie das Angesicht Gottes gesehen hätten.«[27] Christlicher Glaube verschränkt sich mit Genieästhetik in einer Weise, die Konsequenzen à la Klages (s. III.5) ausschließt: Der Geist ist hier nicht Widersacher, sondern Retter und Bewahrer des ansonsten sterblichen Lebens. Ein paganer Zug in diesen Spekulationen ist dennoch nicht zu übersehen: »Das Streben aller Lebendigen geht dahin, daß sie das All, das Weltall in sich empfingen, ihm gleich würden, jene Augenblicke der höchsten Lebenswonne sind es aber, in denen sie die innigste Gemeinschaft mit dem Universum erfahren, in denen sie das Weltall selber sind. So vergehen alle Lebendigen an panischen Schrecken, wenn ihnen *Pan*, das Weltall, in den flammendsten Augenblicken ihres Daseins offenbar worden. ... Von den ersten Regungen des Lebens, oder der wechselseitigen Neigung, auf den tiefsten Stufen des Seins, bewegt sich alles nach der Gemeinschaft mit den Weltkräften, aus welcher allein Leben kommt.« Mit christlichen Unsterblichkeitslehren ist auch die konkrete Konzeption des Ersterbens nicht verträglich. Nicht wird ein Leib als ›caput mortuum‹ auf der Erde zurückgelassen, sondern als ein ›Stoff‹ des jetzt ›allgemein‹ gewordenen Lebens mitgenommen. Der Abschied von der Erdverbundenheit ist zwar – realer oder symbolischer – Tod: »Der Tod, das Wegscheiden von der Erde geschah, als sie ein mächtigeres Leben als das der Erde anrührte.« Aber die Liebe, worin es die individuellen Organismen – v. Schubert nennt sie »die einmal Lebendigen« – in »die Nähe des mächtigeren Lebens« führt, ist endlich auch das, »was die Stoffe von dem Boden erhebt. Die Atmosphäre ist ein schöner Wundergarten der Liebe, der Inbrunst. Liebe aber ist immer nur das Streben nach dem innigsten Ergreifen des allgemeinen Lebens, des Geistes des Universums. In jenem Streben besteht das Leben aller Dinge, und wo es sich am vollkommensten, am innigsten ausspricht, da ist auch das vollkommenste Leben. So ist die Atmosphäre, welche all jene Einflüsse der Gestirne in sich aufnimmt, von ihnen allen ergriffen wird, ein Bild des Weltalls, mit allen seinen Wandeln und Wechseln.« Todesangst ist unbegründet: »Alles Leben kömmt ja dem einzelnen in jedem Augenblick nur aus den Einwirkungen des Alls, aus der Verbindung mit ihm. Darum streben alle Dinge, von dem ersten Augenblick des erwachenden Lebens an, so innig nach der Vermählung, nach der Umarmung der Atmosphäre, damit ihnen diese die belebenden Einflüsse des Weltalls vermittle.« (AGL I, 20 ff.) »Und was ist das organische Leben, von seinen tiefsten Anfängen, welche als einzelne der Erde noch ganz untergeordnet sind, bis zu seiner höchsten Vollendung, wo es sich zur Freiheit und Selbständigkeit erhebt, anders, als eine stete unaufhörliche Offenbarung des Alls? Nur indem das organische Wesen auf seine Weise Universum geworden ist, wird es Organ, bleibender Träger des allgemeinen Lebens.« (AGL I, 121)

Solche handstreichartigen Lösungen hatten ähnlich Fichtes Vorlesungen von 1800 und 1806 geboten. Die Lebenslehre v. Schuberts kommt ihnen vielfach nahe durch die identifikatorischen Behauptungen, etwa diese: »Es ist nur eine Substanz, und alle Dinge sind nur Modifikationen derselben; alles was ist, ist seinem Wesen nach diese einige Substanz.« (AGL I, 381) »Die herrschende und ursprünglich schaffende Substanz, welche die Einheit eines organischen Wesens (z. B. eines Menschen) ist, nennen wir Seele« (382). Von Fichtes Bildern des ewigen bzw. seligen Lebens unterscheiden sich v. Schuberts »Ahndungen« durch zahlreiche Deskriptionen von Lebens- und Sterbeerfahrung, konzeptionell aber durch den naturphilosophischen Entwicklungsgedanken, in den jene eingebettet sind. Leben und Sterben sind einander analoge, kontinuierliche Prozesse. Das Alter ist kein Niedergang nach dem Höhepunkt des Lebens, dem

Erwachsenenalter, sondern der Reifezustand der Vergeistigung. Die Stetigkeit des Lebens qua Sterbens, ihre ›Linearität‹, ist – hierin liegt die Umkehrung gegenüber Fichtes Konzeption – aber Binnenfigur innerhalb der Zyklik des ewigen Lebens. »Jene scheinbare Entkräftung, welche nun in der letzten Zeit des Lebens eingetreten, ist daher vielmehr Zeuge, daß der Keim höherer Kräfte, die Hülle des jetzigen Daseins zu zerreißen strebt, daß die Bedürfnisse und der Dienst des Lebens erfüllt, die Schuld des jetzigen Daseins bezahlt sei, und daß nun das Individuum der Freiheit und dem Genuß eines höheren Daseins entgegenreift.« »Es ist dieser hilflose Zustand eines schwachen Alters ein sanfter – allmählicher Übergang durch eine neue Kindheit in den Leib der Mutter – in die Erde. Und dieser neue Zustand des Ungeborenen, wo in stiller Auflösung der letzten Banden, in des Grabes tiefem letztem Schlummer, die Keime eines höheren Daseins aus der Gährung des Alten bereitet werden, entläßt jene schon bei scheinbarem Leben Eingeschlummerten, früher und leichter zur neuen Erzeugung.« Eine Reinkarnation in niedere Lebewesen ist durch den thanatologischen Entwicklungsgedanken ausgeschlossen – »der Wahn, daß unser unsterbliches Wesen nach dem Tode in andere niedere, z. B. tierische Naturen sich verirren könne, oder selbst immer von neuem in die verlassene Beschränkung zurückkehre«, werde »mit Recht für unwürdig, und nach allem Gesetz der Natur für unmöglich gehalten«. (AGL I, 381 ff.)

Die »Ansichten von der Nachtseite der Naturwissenschaft« bekräftigen die Endgültigkeit der Wiedergeburt in einem *höheren* Leben durch die diesseitigen Evidenzen der ›Geistesbildung‹. ›Geist‹ fungiert bei v. Schubert, wie bei vielen Lebensphilosophen der christlichen Romantik, doppeldeutig als ›spiritus‹ und als ›intellectus‹. Die thanatologische Utopie ist eine von irdischen Hindernissen unbelastete Existenz im Geiste bzw. in der Bildung: »Im allgemeinen scheint sich der Geist des höheren künftigen Daseins, jener geistigen Welt, welche an die jetzige angrenzt, in dem menschlichen Wesen als Religion oder als Begeisterung, es sei der Künste oder des Wissens auszusprechen. Dieses höchste und seligste Eigentum des Menschen, scheint auf der Erde nicht völlig einheimisch zu sein. Wir sehen das tiefe Streben nach religiöser Vollendung, und nach der Nähe des göttlichen Ideals, welches dem Gemüt beständig vorschwebt, meist vergeblich mit der Zeit und Außenwelt ringen, und diese Eigenschaft unsrer Natur gewinnt auf Erden kaum die ersten Knospen, nur selten einige frühe Blüten.« Natürlich weiß v. Schubert, wie tief selbst die geistigste Arbeit die Seele profanieren kann – bereits durch ihre Monotonie, ihre Forderungen der Regelhaftigkeit, ihre mittelbaren Verpflichtungen gegenüber nicht-geistigen Gönnergewalten. Derlei als Prüfungen auszuhalten, meint v. Schubert, vergeistige (und vitalisiere) letztlich aber ebenso. Wie später v. Hartmann zur ›Mitarbeit im Weltprocess‹ (s. II.7), ruft auch v. Schubert zur vollen Entfaltung aller ›Anlagen‹ im *jetzigen* Sein auf, um das höhere zu gewinnen: »Nicht ein Verachten des irdischen Tagewerks und ein untätiges unsrer Natur nicht ziemendes Schmachten nach dem höheren, nicht die allzu einseitig nach innen gerichtete Beschauung, ruft jenes echte hohe Sehnen, jenes Streben, welches über die Grenzen der Zeit hinausgeht, in dem Gemüt hervor, vielmehr wird dieses nur in einem fröhlichen Fördern des jetzigen Tagewerks gefunden.« (ANN, 381 ff.)[28]

15. Das Spätwerk v. Schuberts – vor allem »Die Geschichte der Seele« (1830) – vertraut den lebenspendenden Effekten der Geistesbildung in Alltags- wie Ausnahmemomenten ungleich weniger. Das Buch läßt sich tief in Spekulationen über die Seelenwanderung und die Ursache des leiblichen Todes ein, es bietet darüber hinaus eine Geschlechtermetaphysik, die v. Schubert als Geistesverwandten J. J. Bachofens erscheinen läßt. In »Die Geschichte der Seele« hat v. Schubert vor allem mit den kontrafaktischen Evidenzen einer Beziehungslosigkeit von diesseitiger psychischer Erfahrung und den Prospekten des ewigen Lebens zu ringen. Fichte hatte diese mit dem Gewaltstreich einer Ich-Reduktion auf den unendlich wirkenden Willen, die Raum-und-Zeit-Ungebundenheit der Intelligibilität weggefegt. Dagegen fragt sich v. Schubert: »Die Seele, das Ende, das kommen soll, beachtend, forschet zugleich nach dem Anfang, welcher war. Die Erinnrung aber antwortet, ich finde ihn nicht, der Verstand saget, ich kenne ihn nicht.« (GS II, 419 f.)[29] Die »alte Lehre der Heiden und Völker, nach welcher die Seele, ehe sie zu diesem Leibe kam, schon öfter und mehrfach im Leibe gewesen«, gewinnt da an Attraktivität. Das belebende Prinzip mußte erst ›mein‹ werden (420). Die Verleiblichung der Seele ist nicht die Ursache ihres Todes. Im Gegenteil, so v. Schubert, sei es »ein hoch bedeutender und heilbringender Zug, welcher die Seele zu dem eignen Leibe führt; es ist der alte, natürliche Bund des Gehorsams gegen Gott, die Unterwürfigkeit unter ein ewiges, höheres Gesetz. Hierzu sind Kräfte da, fest und stark wie die Kräfte der Liebe, welche nur durch eine Kraft von entgegengesetzter Art: eine Kraft des Ungehorsams und des irrenden Eigenwillens zerstört werden konnten.« Die Sterblichkeit erscheint als »Ungehorsam«, »Empörung des inneren Strebens gegen das Gebot der oberen Ordnung«. Grund der Sterblichkeit ist allein die physische Individuation. Wer aber ist ihr Akteur? Hierzu entwickelt v. Schubert einen interessanten Gedanken, der mit deutlich anti-christlicher Akzentuierung durch Klages wieder aufgenommen werden soll: »das männliche Prinzip« einer souveränen Willenshaftigkeit – das nunmehr kaum noch vom absoluten Ich Fichtes zu unterscheiden ist. Leben besteht in der Polarität, im ›Wechselverkehr‹ – was auch durchaus stofflich zu verstehen ist als materiell-energetischer Austausch eines Lebendigen mit seiner Umgebung. Tod ist der Zerfall dieser Beziehung durch versuchte Selbständigkeit. »Im Verlauf der Entwicklungsgeschichte des Leibes wird das eigenwillig selbsttätige, das männliche Prinzip über das andre, über das weiblich empfangende, so mächtig vorwaltend, daß hierdurch jenes naturgemäße Verhältnis zwischen beiden, worauf sich in der ganzen Sichtbarkeit die Erneuerung und das Fortbestehen des Lebens gründet, gänzlich aufgehoben wird.« Die Thanatologie v. Schuberts nimmt hierbei eine Wendung, woran anderthalb Jahrhunderte später bestimmte Richtungen des Feminismus wie der ökologischen Zivilisationskritik anknüpfen können, nämlich in der These von einer tödlichen Vermännlichung der Evolution. »Die allmählich sich entfaltende, und darum minder augenfällige Bewegung der Seele, von ihrer Leiblichkeit hinweg: die Bewegung, wodurch zuletzt die Trennung vom Leibe herbeigeführt wird, ist im Grunde von ganz gleicher Natur und von gleicher Wirkung mit jener einseitig kranken.« Die ›Fortdauer des Lebens‹ sei aber auf dessen ›Empfänglichkeit‹ gegründet. Offensichtlich erscheint v. Schubert das einseitig selbsttätig gewordene männliche Leben hoffnungslos an seine tödliche Tendenz verfallen, alles sich selbst verdanken zu wollen. Dieses Leben ist erstarrt, weil ohne alle ›innere Erregbarkeit‹: »Diese ist in ihrem Kreis« – also organisch – »dasselbe, was die Hoffnung im Krcise des geistigeien Lebens ist. Hoffnung, welche auf ein Neues und Künftiges gerichtet und dieses aufzunehmen bereit ist; Hoffnung, welche beständig den gegenwärtigen und vergangenen Augenblick an den kommenden anfüget, und so, mit fruchtbarem Bemühen, das Leben erhält und weiter spinnet.« (GS II, 434 ff.)

16. Spekulativ radikaler sind die v. Schubertschen Gedanken über die innere Verwandtschaft von Leben und Tod bei dem Physiker J. W. RITTER und dem Dichter Friedrich von Hardenberg alias NOVALIS ausgeführt. Diese beiden Frühvollendeten – Ritter starb 34jährig 1810, Novalis 29jährig schon 1801 –, wie v. Schubert Mitglieder des Jenaer romantischen Kreises um die Schlegels, philosophierten in Fragmenten über »den ungeheuren Bildungstrieb der Natur«. ›Natur‹ ist ihnen oftmals Synonym für ›Leben‹, als solche kann dieses nicht vergehen. Die Natur ist ein Ganzes, heißt es immer wieder bei Ritter, die prekäre Stellung des Individuallebens besteht darin, daß dieses zugleich abgesonderter Teil in mikrokosmischer Widerspiegelung jener Lebensganzheit sein muß. In dieser Anschauungsweise bekundet sich die epistemologische Leitdifferenz von Partizipation und Repräsentation, gefaßt als eine Differenz von Teil und Ganzem, unter der nach Einschätzung von N. Luhmann das gesamte alteuropäische Denken stand. Es zerfiel zusammen mit der hierarchisch stratifizierten Adelsgesellschaft. Das alte Denken im neuen, durch die quantifizierende Naturwissenschaft und Gesellschaftslehre geprägten Kontext, bedeutete aber, so Luhmann, »den Einbau von Mystifikationen bzw. Restbeständen an Unerklärbarkeit, die auf eine religiöse Weltsetzung verwiesen.«[30] Die romantischen Lebensphilosophen erfuhren diese Spannung zwischen Denkmotiven und Denkmitteln um so stärker, als sie direkt auf die naturphilosophischen und kosmogonischen Spekulationen der Frühneuzeit (J. Böhme, Paracelsus, G. Bruno) zurückgriffen. Neu ist der Entwicklungsgedanke. Im geistigen Umfeld der frühen idealistischen Spekulation nimmt er die Form einer Autopoiesis der Natur inklusive ihrer Selbsterkenntnis an: in der menschlichen Seele repräsentiert bzw. ›spiegelt‹ sich der Stufengang der Natur. Im Unterschied zu etlichen bald nach 1800 entstehenden idealistischen Systemen verlieren Ritter und Novalis nie den Blick fürs religiös-christliche Problem der individuellen Unsterblichkeit. Als Naturwissenschaftler suchen sie es freilich monistisch abzuhandeln.[31] Das bedeutete letztlich die Behauptung stofflicher Identität von Menschen- und Alleben. »Alles Leben ist identisch«, heißt es in Ritters »Fragmenten aus dem Nachlasse eines jungen Physikers« (1810). Die spezifische Differenz des menschlichen Lebens, seine Gefährdung gleichwie Erhabenheit liege in seiner inneren ›Relativität‹, einem Spiel polarer Kräfte. »Im Tode reißt sich das Spiel der höhern Kräfte los«, lautet es im selben Fragment Nr. 418. Auch hier ist der Begriff eines ›eigentlichen‹, ›höheren‹, in der Regel ›geistigen Lebens‹ unabdingbar. Es wird mit dem physischen Tode angetreten. »Lebendig wird man, wenn das Leben endigt.« (Nr. 697) Jede Stufe des individuellen Lebens ist der nächsthöheren mittelbar, das gilt auch für das Verhältnis der Gesamtheit dieser Stufen zum Tod. ›Liebe‹, ›Sehnsucht‹ sind die seelischen Erfahrungsweisen dieser Entwicklung: »Die Indifferenz wird immer mehr zur Differenz gestaltet. In Sehnsucht wird das ganze Wesen aufgelöst, es fällt zurück in Nacht, und *liebt*. Aber die neue Liebe geht in höhere Sehnsucht über; eine unsichtbare Sonne entfaltet die Liebe in unendliche Farben und Blätter; ganz in Sehnsucht aufgelöst fällt es abermals zurück und *stirbt*. So wird jede Liebe zu Leben, jedes Leben fällt in höhere Liebe zurück, und aus Abend und Morgen wird der andere Tag, – die Nacht nach beiden. So geht jedes Wesen in Nacht hinunter.« (Nr. 490) Damit erscheint ähnlich wie bei Fichte das Begehren als eine Verhüllung seiner selbst – bei Ritter (wie bei der Mehrzahl der romantischen Naturphilosophen) fehlt aber die sinnenfeindliche Pointe dieses Gedankens. Was die irdische Liebe will, ist nicht illegitim, nur findet es sich eben nicht ›hier‹: »Das *Individuum* auf Erden scheint erst im Tode die irdische Liebe zu empfangen. Die irdische Liebe in bezug auf die himmlische gebiert Sehnsucht. Es wird dies eine *neue* Art von Individuum, und alle seine Geschichte eine besondere, *eigene*. Stirbt von der Gattung ein Individuum, so ist es Sehnsucht der Liebe nach der *Bekannten*. Stirbt das Individuum als solches, so ist es Sehnsucht der Liebe nach der *Unbekannten*.« (Nr. 493)

17. Spiritus rector dieser Ritterschen Fragmente ist vielfach – bis in die Formulierungen hinein – NOVALIS gewesen, der auch den Stil solches Philosophierens selbstbewußt als »Philosophie des Lebens« apostrophiert hat (NS II, 599). Die Ausgangsfragen sind fichteanisch: Leben ist alles, das All ist Leben, wie also kommt sein

falscher Schein zustande? Für die Essenz des Lebendigen steht seine Prozeßnatur. »Alles Leben ist ein überschwänglicher Erneuerungsproceß, der nur von der Seite den Schein eines Vernichtungsproceßes hat.« (556) Ähnlich Fichte ist auch Novalis geneigt, Vernichtung als Schein, Schein aber als Repräsentationssphäre von Sein aufzufassen, die im Moment ihrer ontologischen Autonomie tödliche Wirkung aufs Lebendige zeitigt. Im ›Schein‹ vereinzelt sich dieses gewissermaßen zum Tode. »Die Vereinzelung und der falsche Glaube an die Realitaet der Elemente ist die Quelle der meisten, vielleicht aller, bisherigen Irrthümer.« (557) Daneben hat Novalis einen weniger emphatischen Begriff des Lebens, worin dieses das getreue Abbild des Ewigen, seine Allegorie in der Zeit ist – und mit dieser vergeht. Dies ist ganz und gar im Sinne neuplatonischer Ewigkeitsmetaphysik gedacht: »Wer das Leben anders als *eine sich selbst vernichtende Illusion* ansieht, ist noch selbst im Leben befangen.« (563) Doch gilt es auch die andere Seite dieses Novalis-Fichteschen non-emphatischen Begriffs vom Leben zu sehen, nämlich die Implikation stofflicher Immanenz. Viele der naturphilosophischen Romantiker hatten hieran ihre Unsterblichkeitshoffnungen geknüpft – so auch Novalis' Freund Ritter, der an die »innere Unendlichkeit« der Welt (Fragmente aus dem Nachlasse, Nr. 585) und an die Kontinuität zwischen »Materie und Geist« (Nr. 389) glaubte. Bei Novalis heißt das: »Alles Leben ist *ununterbrochener* Strom – Leben kommt nur vom Leben und so fort. ... Nur wenn wir uns, als Menschen, mit andern Vernunftwesen *vergleichen* könnten würden wir wissen, was wie eigentlich sind, auf welcher Stelle wir stehn.« (NS II, 575 f.). Doch solche verheißungsstarken Formeln können nicht die Schwierigkeiten beiseite schieben, die mit der christlich tradierten als auch mit der transzendentalidealistischen Auffassung des empirischen Ich als ›endliches‹ Sein gegeben sind. Die hierum kreisende naturphilosophische Polaritätslehre der Romantiker steigert sich bei Novalis zu kühnster Spekulation: Als absolutes Ich (im Fichteschen Sinne) gehe das Eine des Lebens bzw. Seins vom Unendlichen ins Endliche, als empirisches Ich strebe es aus dem Endlichen ins Unendliche zurück. Hierbei muß Novalis auf eine Erfahrbarkeit des absoluten Ich setzen – und alle Lebensphilosophen werden es ihm nachtun –, die für Transzendentalisten strengerer Observanz anstößig blieb. Die Gewagtheiten der Novalis'schen

Egologie sind deren wichtigste Evidenzen: »Selbstentäußerung ist die Quelle aller Erniedrigung, so wie im Gegentheil der Grund aller ächten Erhebung. Der erste Schritt wird Blick nach Innen, absondernde Beschauung unsers Selbst. Wer hier stehn bleibt, geräth nur halb. Der zweyte Schritt muß wirksamer Blick nach Außen, selbstthätige, gehaltne Beobachtung der Außenwelt seyn.« (NS II, 423) Die Fähigkeit zu solchen Blickwendungen ist nicht mehr – wie bei Kant – eine rein methodisch-prozedurale Angelegenheit, sondern ein vitales Geschehen, das somit die Transzendentalität des Ego selbst mit einbezieht. »Die höchste Aufgabe der Bildung ist, sich seines transcendentalen Selbst zu bemächtigen, das Ich seines Ich's zugleich zu sein. Um so weniger befremdlich ist der Mangel an vollständigem Sinn und Verstand für Andre. Ohne vollendetes Selbstverständnis wird man nie andere wahrhaft verstehn lernen.« (425) Die Problematik lebensnotwendigen Austauschs des Selbst mit seiner Umgebung, die bei Ritter ihre Analogie in der Lehre von der männlich-verkümmerten Selbst-Sucht hat, wird von Novalis auf das Verhältnis von empirischem Ich und absoluter Egoität (Natur, Sein, Allgemeinheit, Alleben) bezogen. Dann kann es heißen: »Unser Ich ist Gattung und Einzelnes – allgemein und besonders. Die zufällige, oder einzelne Form unsers Ich hört nur für die einzelne Form auf – der Tod macht nur dem *Egoïsmus* ein Ende. Die einzelne Form bleibt nur für das Ganze, insofern sie eine Allgemeine geworden war. Wir sprechen vom Ich – als Einem, und es sind doch Zwey, die durchaus verschieden sind – aber absolute Correlata. Das Zufällige muß schwinden, das Gute muß bleiben. Das Zufällige war zufällig, das wesentliche bleibt wesentlich.« (248 f.)

Novalis' Lehre vom Tode ist facettenreich. Sie geht den vielfältigen Bezügen des individuellen Lebens zu etwas ihm Fremden oder Übergeordneten nach, ist jedenfalls niemals Spekulation um ihrer selbst willen, sondern steht immer im Dienste praktischer Vollzüge. Selbst die romantische Fiktionalisierung der Sphäre empirischer Ich-Existenz gehört darunter. »Der Tod ist das romantisirende Princip unsers Lebens. Der Tod ist – das Leben +. Durch den Tod wird das Leben verstärkt.« (III, 559) Verstärkung also, nicht Entgeistung oder Entsinnlichung ist gewollt. Daher das provokatorische Diktum: »Die Welt muß romantisirt werden. So findet man den ursprünglichen Sinn wieder. Romantisiren ist nichts als eine qualitative Potenzirung. Das niedre Selbst wird mit einem bessern Selbst in dieser Operation identificirt. So wie wir selbst eine solche qualitative Potenzenreihe sind. Diese Operation ist noch ganz unbekannt. Indem ich dem Gemeinen einen hohen Sinn, dem Gewöhnlichen ein geheimnißvolles Ansehn, dem Bekannten die Würde des Unbekannten, dem Endlichen einen unendlichen Schein gebe, so romantisire ich es.« (II, 545) Das ›geistige Leben‹, das eine Analogie der Unsterblichkeit bildet, soll sich nicht – wie bei Fichte – voluntativen Gewaltakten verdanken, sondern aus dem Wechselspiel von theoretischen und praktischen, geistigen und körperlichen Lebensvollzügen entspringen. »Ein Mensch der Geist wird – ist zugleich ein Geist, der Körper wird.« (III, 62) Von außen erscheint dies als Potenz des Lebens, sich selbst hervorzubringen bzw. zu steigern. Novalis hat die hierfür notwendige Spannung (Polarität) alles empirischen Lebens nicht als Verhängnis empfunden, sondern als Wachstumsbedingung bejaht. Die Polarität übergreift selbst das Verhältnis von Leben und Tod. Auch wenn dieser Gedanke im Dienste eines christlichen Unsterblichkeitsversprechens steht, ist doch die Abfolge von Leben und Tod als immanenter Prozeß beschrieben. »Leben ist der Anfang des Todes. Das Leben ist um des Todes willen. Der Tod ist Endigung und Anfang zugleich – Scheidung und nähere Selbstverbindung zugleich. Durch den Tod wird die Reduktion vollendet.« (II, 416) »Der Tod ist eine Selbstbesiegung – die, wie alle Selbstüberwindung, eine neue, leichtere Existenz verschafft.« (414) Der Körper ist Medium und Movens dieses Wechselspiels – die polarisierende Argumentation verhindert hier eine dualistische Beziehungslosigkeit und Abwertung. »Tod ist nichts, als Unterbrechung des Wechsels zwischen innrem und äußerm Reitz – zwischen Seele und Welt. Das Mittelglied – das Product gleichsam dieser beyden unendlichen veränderlichen Größen ist der Körper, das Erregbare – oder besser das Medium der Erregung. Der Körper ist das Product und zugleich das Modificans der Erregung – eine Function von Seele und Welt – diese Function hat ein Maximum und Minimum, ist dies erreicht, so hört der Wechsel auf.« (III, 314)

Entsprechend reserviert stand Novalis all jenen Auffassungen des Ewigen gegenüber, die es nach dem Bilde der Stetigkeit, der sich-selbst-gleichen Dauer bzw. linear fortschreitenden Zeit dachten. Mit J. Paul, J. G. Hamann und F. H. Jacobi teilt er den Gedanken der älteren Lebensphilosophie, wonach das Unendliche als Erfahrung nur ein Derivat bzw. eine Hypostase des Endlichen sein kann. Auch der frühe Schelling hat so gedacht. Die Ewigkeit, die ewige Seligkeit usw. wären, als kontinuierliche psychische Zustände aufgefaßt, Bilder des Todes bzw. der Langeweile. Ihre Selbstgenügsamkeit nähert sie dem nicht-kreativen Sein an. »Alles ist von selbst *ewig*. Die Sterblichkeit – Wandelbarkeit ist gerade ein Vorzug höherer Naturen. *Ewigkeit* ist ein Zeichen, sit Venia Verbis, *geistloser* Wesen.« (NS III, 436) Überaus irdisch wird das ›ewige Leben‹ in Analogien des Stoffwechsels konzipiert – ansonsten bliebe es unerfahrbar. Geradezu sarkastisch gegenüber allem Spiritualismus klingt es, wenn Novalis notiert: »Das vollkommne Leben ist der Himmel. Die Welt ist der *Inbegriff* des unvollkommnen Lebens. Das Insensible propter *Harmoniam* ist die Substanz – Das vollkommne Leben ist also die Substanz – die Welt ist der Inbegriff seiner Accidenzen. Was wir hier Tod nennen, ist eine Folge des absoluten Lebens, des Himmels – daher die *unaufhörliche Zerstörung* alles Unvollkommnen Lebens – diese fortwährende Verdauung, dieses unaufhörliche Bilden *neuer Freßpuncte* – neuer Mägen – dieses beständige Fressen und *machen* – Absolutes Leben – absolutes Genießen.« (60 f.) Das Geistesleben kann weder Ebenbild des ewigen Lebens noch irdischer Selbstzweck sein. Wie später Heidegger[32] faßt auch Novalis die Philosophie als eine Bewegung zu ihrer eigenen Abschaffung auf. Das ist konsequent aus der Idee einer wechselseitigen Spannung her entworfen, worin Prozeß und Produkt, Sinnlichkeit und Ewigkeit stehen. Das Ideelle als Analogon dieser Spannung kann sie unmöglich überdauern, kann nicht jenes Reich des ›objektiven Geistes‹ begründen, mit dem sich der szientistisch ernüchterte Idealismus der Hegelnachfolge schließlich begnügen sollte. Der Austausch zwischen Leben und Tod, Individualität und Allheit ist absolut, seine Mittel können – recht verstanden – kein Eigenleben entfalten. »Der Act des sich selbst Überspringens ist überall der höchste – der Urpunct – die *Genesis des Lebens*. So ist die Flamme nichts, als ein solcher Act – So hebt alle Philosophie da an, wo das Philosophirende sich selbst philosophirt – d. h. zugleich verzehrt (bestimmt, benöthigt) und wieder erneuert (nicht bestimmt, freyläßt) – Die Geschichte dieses Processes ist die Philosophie. So hebt alle lebendige Moralitaet damit an, daß ich aus Tugend gegen die Tugend handle – damit beginnt das Leben der Tugend, durch welches vielleicht die Capacitaet ins Unendliche zunimmt, ohne je eine Grenze – d. ist die Bedingung der Möglichkeit ihres *Lebens*, zu verlieren.« (NS II, 556) Novalis' Denken ist hierin komplexer als später dasjenige Nietzsches, das auf Dialektik und Polaritätsidee verzichtet, wenn es beispielsweise Moral oder Wissenschaft als einfache, einmalig – tödlich – rückwirkende Perversionen des Lebens faßt. Die Alternative: tödliche Überfeinerung vs. zweites, wiederzuerlangendes Kraftmaximum des Lebens stellt sich dem frühromantischen Philosophieren nicht, im Gegenteil – eine vitalistische Gewaltästhetik ist als Versuchung durchschaut und als sachfremd abgewiesen: »Das Ideal der Sittlichkeit hat keinen gefährlichern Nebenbuhler, als das Ideal der höchsten Stärke – des kräftigsten Lebens – was man auch das Ideal der ästhetischen Größe, im Grunde sehr richtig, der Meynung nach aber sehr falsch, benannt hat – Es ist das Maximum des Barbaren – und hat leider in diesen Zeiten der verwildernden Kultur gerade unter den größesten Schwächlingen, sehr viele Anhänger erhalten. Der Mensch wird durch dieses Ideal zum ThierGeiste – eine Vermischung, deren brutaler Witz eben eine brutale Anziehungskraft für Schwächlinge hat.« (576)

18. Die romantische Entfremdung vom Lebensbegriff des absoluten Idealismus, so könnte man den Rundgang durch diese frühen Lebensphilosophien resümieren, ist gekennzeichnet durch Skepsis gegenüber einem sterilen Vollkommenheitsbegriff des Vitalen. Das Fichtesche Sprechen vom Leben als einer Analogie des Seins, die Anforderungen seiner Unsterblichkeitslehre: Vergeistigung und Äternisierung des Lebens – all dies ist von Novalis in metaphorischer Rede flexibler gemacht und mit alltäglicher wie wissenschaftlicher Erfahrung vermittelt. In der Skepsis gegen die systembildende Philosophie kommt es – nicht zum ersten Mal, man denke an Pascal oder Hamann – zum Bündnis von tradierter Frömmigkeit und wissenschaftlicher Erkenntnis. In der romantischen Lebensphilosophie ist das Todesthema motivisch und argumentativ vielfältig verarbeitet. Für Fichte bedeuteten Sterblichkeit und Tod nur Zeugenschaft beim Sterben anderer, für Novalis und seine Freunde ist der Tod die Essenz des Lebens – was freilich hohe begriffliche Sublimierungen erforderte. Von der akademischen Philosophie wurden diese gar

nicht erst erhofft. Der tastende, experimentelle, dann wieder kühn mit Thesen hervorschießende Denkstil ist daher typisch für das romantische Philosophieren, ebenso wie das Nebeneinander von Bausteinen aus ganz verschiedenen Systemgebäuden. Bei Novalis und seinen Freunden ist dieses Verarbeiten von Verschiedenem in wenige Lebens- und Arbeitsjahre gedrängt, bei F. SCHLEGEL ist es ins Nacheinander einer geistigen Biographie ausgefaltet. Schlegels Gedankengänge zu Tod und Unsterblichkeit haben sehr verschiedenartige lebensphilosophische Möglichkeiten ausgeschritten – Schlegel galt einst als Prophet pantheistischer Ich-Auflösung im Alleben und verwies am Ende ein um sich besorgtes empirisches Ich an die Tröstungen eines ›geistigen Lebens‹.

19. Die innere Kontinuität des Schlegelschen Denkweges liegt in ihrer Metaphysik der Präsenz, der Möglichkeit eines unmittelbaren Verhältnisses zum ewigen Leben. Als Schlegel sich hierzu fragmentarisch äußerte, in seinen »Philosophischen Lehrjahren« im ausgehenden 18. Jahrhundert, ist von ›Individualität‹ ebenso häufig wie von ›Unendlichkeit‹ bzw. ›Ewigkeit‹ die Rede. Dies ist ganz fichteanisch. Etwas ist im empirischen Ich, was ihm erst zum zeitlosen Zusammenhang verhilft, umgekehrt aber auch Ewigkeit positiviert, als personales Sein, geistige Form u. ä. »Unsterblichkeit ohne Individualität ist nichts rechtes. Der Gedanke ist sehr philosophisch, aber gar nicht religiös. Wir haben vor diesem Leben existiert, und nach dem Tode wird uns das einfallen, wieder in unser Bewußtsein treten. Dies gibt die Analogie der irdischen Bildung, besonders mit Rücksicht auf Philosophie Poesie Ethik. – Das künftige Leben wird auch ganz menschlich sein. Man denkt sichs gewöhnlich so unmenschlich abgeschnitten. – Kein Augenblick des Lebens ist der Vergangenheit oder Zukunft näher wie das andre.« (FSKA XVIII, 132) Omnipräsenz des Lebens liegt in der Kontinuität ihrer Formen. Dieser Gedanke ist anthropozentrisch abgesichert. »Es gibt nichts als Menschen. Tiere sind herabgelassne, zersetzte Menschen. Apologie des Hylozoismus und der Vorsehung über die Leiden der Tiere. Das künftige Leben wird Himmel und Hölle zugleich sein. Wahrscheinlich extremer wie das jetzige, nicht so harmonisch, oder beides.« (ebd.) Die Kontinuität des Lebens stuft den Tod zu dessen bloßer Privation herab: »Sollte der Tod nicht bloße Täuschung sein?

Aller Tod ist partial, aber es gibt ein totales Leben und das Totale kann nur leben. Die Sonnenfinsternis kann nur ganz scheinen, Sonne ist ganz.« (150) Die *Erfahrung* der Ewigkeit allein ist es, die noch des Rückgriffs auf die religiösen Instanzen bedarf. »Das ewige Leben und die unsichtbare Welt ist nur in Gott zu suchen. In ihm leben alle Geister, er ist ein Abyssus von Individualität, der einzige unendlich Volle.« (II, 257) Daher auch die – von Novalis, Ritter und v. Schubert her vertraute – Bewertung des Todes: »In der Begeisterung des Vernichtens offenbart sich zuerst der Sinn der göttlichen Schöpfung. Nur in der Mitte des Todes entzündet sich der Blitz des ewigen Lebens.« (390 f.) Den bloßen Wunsch nach individueller Unsterblichkeit nennt Schlegel freilich ›gemein‹. Dies wäre ja nur »*ein unbestimmtes Fortdauern des empirischen Daseins. Diesen Wunsch können wir gar keiner höhern Achtung würdigen. Im Gegensatz mit diesem Wunsch steht die Spekulation, die die Unsterblichkeit aus der Natur der Seele erklären will.*« (76) Schlegel spricht hier als Fichtescher Transzendentalphilosoph. »Es kommt nämlich darauf an, *ob die Fortdauer der Persönlichkeit nur bedingt, relativ gewünscht wird, oder absolut und unbedingt. Letzteres ist die Forderung von* absoluter Irreligion. Denn wenn wir in alle Ewigkeit unsere Persönlichkeit behalten, so wird dadurch alle Religion unmöglich gemacht, denn Religion besteht ja in der Vereinigung mit dem Ganzen, und ihr letzter Zweck ist die Gottheit, oder die absolute Identität, wo also alle Persönlichkeit wegfällt. Religion ist gleichsam die Sehnsucht nach dem Tod. Aber ganz anders verhält es sich, wenn diese Fortdauer der Persönlichkeit *bedingt* und *relativ* ist. Hier ist sie rein moralisch, und entspringt *aus dem Interesse, das der Mensch an seiner Bildung nimmt*; denn wie kann er streben sich zu idealisieren, wenn er glaubt, daß sein Wesen mit einem Mal verlöschen *wird*.« (ebd.) Als absolutes Ich aus sittlichem Wollen ist der Mensch ewigkeitsfähig. Bleibt er dabei Mensch? Als zum Katholizismus Konvertierter durfte Schlegel hieran keinen Zweifel haben, in seinen transzendentalphilosophisch bewegten Reflexionen um 1800 dagegen war die Auferstehung des Fleisches auf die Seite des Unwesentlichen gedrängt und sogar eine Seelenwanderung erwogen. Ihre Voraussetzung, so Schlegel, ist, daß die Seele »mancherlei Formen gewechselt«: »Wir nehmen hier die Seelenwanderung im allgemeinen Sinne als Fortdauer des Geistes bei abwechselnden Formen und Organen, nicht etwa wie in der ältesten mystischen Ansicht als eine Strafe und immer fortgehende Verschlimmerung; sondern die Seele geht nur nicht gleich in die Gottheit über, sie durchwandert noch andere Formen und Entwicklungen, ehe sie sich mit dieser vereinigt.« Man sieht, daß Schlegel hier – anders als Novalis, aber ähnlich Fichte – noch ganz fern der *Erfahrbarkeit* von Tod und Sterblichkeit räsoniert. Die ontologische Spekulation wird von einer Ethik der sittlichen Selbstverwirklichung assistiert, die die ›Unsterblichkeit der Seele‹ aus der ›passiven‹ Auffassung befreit. »Hat der Mensch sowohl die negative Freiheit, durch alle Hemmungen und Schranken durchzubrechen, alle Hindernisse und Beschwernisse, die seiner Entwicklung sich entgegenstellen, besiegen zu können, als die positive, auf die Welt selbst tätig zu wirken, in ihre Entwicklung lebendig einzugreifen, so hat er auch die Kraft, sich über die Grenzen dieses irdischen Daseins hinaus eine Existenz in der Welt zu sichern, der irdischen Beschränktheit ungeachtet, durch alle möglichen Stufen der Entwicklung, durch seine geistige Fortdauer sich zu erhalten, und so oft auch neue Hindernisse sich ihm in den Weg stellen sollten, durch verdoppelte Kraft diese immer wieder zu besiegen. Die wahre Philosophie hat also die Unsterblichkeit als eins anzusehen mit der Freiheit und Kraft des Menschen ...« Es ist geistige Anverwandlung ans Göttliche. »Der Mensch, der für alles Göttliche, Unsterbliche, immer mehr und mehr stumpf wird, muß natürlich in irdischer Beschränktheit und Unvollkommenheit befangen bleiben, in Körperlichkeit und Starrheit, in Irrtum und Finsternis vergraben. Die Behauptung, daß ganz unsittlich gewordene Menschen zur Stufe der Tierheit herabsinken, so daß dann für solche Menschen die geistige Fortdauer nicht statthabe, ist gar nicht so leicht zu verwerfen.« (FSKA XIII, 10 ff.)

20. Ewigkeit ist geistige Fortdauer und Schlegels »Philosophie des Lebens« demgemäß eine Philosophie des geistigen Lebens. Ewigkeit bedeutet, formalontologisch betrachtet, dauerhaftes Sein, endlose Zeit der Seele. So kann man Schlegels Überlegungen aus den »Philosophischen Vorlesungen insbesondere über Philosophie der Sprache und des Wortes« (1828/29) zusammenfassen, die er in systematischem wie geistesbiographischem Anschluß an die »Vorlesungen über Philosophie des Lebens« hielt. Die reichhaltigen Spekulationen, wie sie etwa Schelling oder Baader zu Zeit und Ewigkeit als einander begrenzenden *Prinzipien* gepflegt hatten, sind bei Schlegel zugunsten einer fast ›linear‹ anmutenden Zeit-Auffassung verworfen. Die zeitliche Existenz entsteht nicht durch Verneinung der Ewigkeit, z. B. deren Selbsteinschränkung (Schellings »Weltalter«). Vielmehr sei Ewigkeit als eine Art sublimierter Zeit und damit eigentlich bloß als das Andauern eines vormals innerzeitig Seienden anzusehen. Schlegel erklärt: »Gewöhnlich oder wenigstens sehr oft wird die Ewigkeit so erklärt und verstanden, als sei es bloß das gänzliche Aufhören, die vollkommne Abwesenheit oder die unbedingte Verneinung aller Zeit; dann würde darin aber zugleich auch die gänzliche Verneinung des Lebens und alles lebendigen Daseins liegen, und es würde nichts übrigbleiben, als der nichtige Begriff eines durchaus leeren Seins, oder des eigentlichen Nichts.« Das verwirft Schlegel als ›unbegreiflich‹. Verständlicher und richtiger sei es, »wenn man sagt: Die Ewigkeit sei die volle, vollständig umfassende, vollendet vollkommne Zeit, nämlich die nicht bloß nach außen unendliche, nämlich ohne Anfang und Ende fortlaufend immerwährende, sondern auch innerlich unendliche, wo also in der unendlich lebendigen, durchaus lichten Gegenwart, und in dem seligen Gefühl derselben, die ganze Vergangenheit, und auch die ganze Zukunft ebenso lebendig, ebenso klar und hell, ja ebenso gegenwärtig wäre als die Gegenwart selbst.« Die ›Seligkeit‹, wie Fichte als auch die frühromantische Philosophie zumeist das Fortleben nach dem Tode umschrieben, sei nicht anders zu denken. Es ist eigentlich eine Omnipräsenz der Zeit. Der Tod ist als Differenz darin ebenso unmerklich geworden wie die Unterschiede der Zeitdimensionen Vergangenheit, Gegenwart, Zukunft. »Wenn nun die Ewigkeit an sich und ursprünglich nichts ist als die lebendig volle, noch unverdorbne und wesentlich wahre Zeit; die irdisch gefangene oder gebundene Sinnenzeit aber eine aus den Fugen gerückte oder in Unordnung geratene Ewigkeit: so ist denn wohl begreiflich, wie beide nicht ganz außer aller Berührung stehen und wie es manche Übergangspunkte aus der einen Sphäre in die andre geben kann; wenigstens ist uns ein solcher Übergang in der allgemeinen Erfahrung durch den Tod gegeben.« Die traditionellere Auffassung der »frommen Gemüter«, wonach der Tod eine »Rückkehr in die Heimat« sei, steht dem entgegen. Schlegel will sie aber trotzdem gelten lassen mit dem Zusatz: »Es ist die eine und zwar die schöne Seite des Todes, welche durch diesen Übergang aus der Zeit in die Ewigkeit, oder aus der gebundenen und zerrissenen Zeit, in die volle, wahre und selige Zeit bezeichnet wird; doch liegt allerdings noch mehreres andre darin, und ist der Tod überhaupt keine einfache Begebenheit, sondern sehr komplizierte Erscheinung. Was im allgemeinen meist am schreiendsten dabei hervortritt, und wodurch die andern höhren und mehr geistigen Elemente der ganzen Begebenheit nicht selten völlig verdeckt und verdunkelt werden, das ist das Leiden der oft so qualvollen Krankheit, der Schmerz einer sich auflösenden, auseinandergehenden Organisation, im letzten angestrengten Kampf der sich so äußerst schwer vom Leben losreißenden Natur.« Das ist die Todesangst. Schlegel deutet sie als eine Art metaphysischen Entsetzens, das durchaus dem Vorgang der Vergeistigung bzw. Ewigkeitswerdung (Äternisierung) angemessen, ja »als eine leise geistige Scheu vor dem ganz Ungewissen und Unbekannten« dem Menschen »natürlich« sei. Schlegel überhöht den Vorgang des Sterbens metaphorisch zu einer Angleichung des Daseins ans Kontinuum der ›geistigen Zeit‹, wodurch die Angst vor dem Tode bemerkenswert leibesfern erscheint. Der Zerfall des organischen Lebens in seine ›Elemente‹ ist vom Sorge- in einen Trostgrund umgedeutet, Sterben dadurch Eingang in die Ewigkeit bei ›vollem Bewußtsein‹. Dieses zittert nur bei falscher Auffassung des Übergangs als eines Sprungs oder Bruchs zwischen Diesseits und Jenseits. »Wo aber bei einem schon lange dorthin gerichteten Gemüt an die Stelle dieser dunkeln Ungewißheit eine vertraute und innige Bekanntschaft mit dem Gedanken der Ewigkeit, eine höhere Klarheit im hoffnungsvollen Glauben gefunden wurde, und zugleich in dem organischen Leben, nach dem Kampfe und vor der Auflösung ein Intervall des letzten erquickenden Aufatmens der scheidenden Naturkraft eintritt; da zeigt sich eigentlich der Tod von der schönen Seite, die allerdings auch in ihm liegt.« (FSKA X, 389 ff.)

21. F. Schlegels »Philosophie des Lebens« zeigt jenes Zurückbiegen ins ewige qua ›geistige Leben‹, das am ehesten zur Popularisierung lebensphilosophischer Thanatologie taugte – was lange heißen sollte: zur Akkommodation an christlich tradierte Dualismen. Die ursprüngliche Funktion dualistischer Motive in der Lebensphilosophie schien somit pervertiert: Bei F. H. JACOBI hatte der Gegensatz von Glauben und Wissen gerade gegen die Hybris einer monistischen Logifikation des Allebens schützen sollen. Daher das wachsende Mißtrauen Jacobis gegen Fichtes Radikalisierung der Transzendentalphilosophie. Auch die Skepsis gegen deren romantische Popularisierung gehört dazu und war von Jacobischen Voraussetzungen her gesehen durchaus berechtigt. Jacobis epistemologisch-axiologischer Dualismus von Glauben und Wissen galt ausdrücklich der ontologischen Integrität des »Unwandelbar Ewig Lebendigen«, das »im Bilde meines Forschens«, also des logifizierenden Verstandes, »verlorenzugehen« drohe (JW III, 477 f.). Dieser Verlust sei im – ob materialistischen oder idealistischen, ob pantheistisch-schwärmerischen oder fichteisch-deduktiven – Monismus der ›neueren Philosophie‹ gerade eingetreten. Die neuere Philosophie sei »immanente Philosophie«, »eine Philosophie *aus Einem* Stück« (26); diese Einheit sei aber eben immer nur durch Einseitigkeiten des Verstandes gewirkt. Jacobis Polemik im »Sendschreiben an Fichte« (1799) trifft die gesamte spiritualistische gleichwie intellektualistische Tendenz der frühen lebensphilosophischen Romantik – »denn außer dem Dualismus ist nur Egoismus, als Anfang oder Ende – für die *Denkkraft, die ausdenkt*« (11). Der philosophische Zeitgeist ist »aufgeblasener Geist«, der Fichteanismus Schlegels und anderer ein »bloß logischer Enthusiasmus«, »*ein nur sich selbst vorhabendes und betrachtendes Handeln, bloß des Handelns und Betrachtens wegen, ohne anderes Subject oder Object; ohne in, aus, für, oder zu*« (27). Mit anderen Worten: eine Scheinlebendigkeit. Für Jacobi ist *Kontinuität* des Lebens, wie vom absoluten Ich im Denken nachgebildet, nur eine depravierte Form von *Ganzheit*; die innere Kohärenz, die in der ›Dauer‹, der Ursachen-Folgen-Unendlichkeit u. ä. Verstandestaten zu liegen scheint, »verbirgt Gott« ebenso wie den Grund des menschlichen Lebens selbst (425). Dessen endliche Verfaßtheit sei der Unendlichkeit logisch-idealisierter Formzusammenhänge grundsätzlich inkongruent und konfrontiere mithin unmittelbar mit dem auf ganz andere Weise, nämlich aktual unendlichen Leben Gottes (»Von den göttlichen Dingen«, 1811). Jacobis lebensphilosophische Rationalitätskritik ist Wissenschaftskritik aus der Position alltagsweltlicher Horizontgebundenheit gleichwie frommen Verlangens nach dem ewigen Leben. Denn unauflöslich ist »das Geheimnis des Nichtseins« – »das Geheimnis des Endlichen«; es »liegt schwer auf uns allen« nicht zuletzt in der Todesfurcht (JW I, 246). Jedes endliche Sein ist ein Mysterium, das seines Grundes nimmer in wissenschaftlich-technischem Kausalismus habhaft werden kann.

22. Wie aber wird die Lebensphilosophie (I) sich zu dem individuell-personalen Tod stellen, wenn dieser gravierende Formwandlungen aus einer *Lebensweise* erfährt, die sich ihrerseits als Politik des Lebens, wissenschaftlich-technische Melioration des Lebens, Biopolitik, fundiert in ›Lebenswissenschaften‹, gibt?

Der Denkstil, den man um 1900 rückblickend als Lebensphilosophie bezeichnen sollte, hatte sich zum Ende des 18. Jahrhunderts herausgebildet, zu einer Zeit in der Geschichte von Leben und Sterben, da sich allmählich die Konzeption des ›natürlichen Todes‹ durch Versagen der Körperfunktionen durchsetzt, Leben als Vollbesitz der Gesundheit, Verfügbarkeit aller Kräfte gilt.[33] Diese Gleichsetzung von Leben und Potenz (vs. Faktizität) erkennt man bis in die ›Biophilosophien‹ unserer Tage (s. IV.9). Dagegen schienen die frühen Lebensphilosophen fast völlig immun gegen die ihrerzeit herrschenden Formen der Todeswahrnehmung (Scheintodhysterie – lebendiges Begrabensein, säkularisierte Hölle als Lohn eines falsch gelebten Lebens).[34] Viele Formen des damals populären Nachdenkens über Leben und Tod trugen das Signum von Leib-Seele-Dualismen, welche die Lebensphilosophen erklärtermaßen hinter sich zu lassen suchten. Die Vorstellung einer Zusammengesetztheit der Person aus Teilen paßte nicht ins neue, romantische Konzept der Totalität des Vitalen; daher vielleicht auch die Unempfindlichkeit von Romantik und Lebensphilosophie um 1800 gegen die soziale Frage des Todes (arm = krank) – als Konsequenz der spürbar werdenden Geteiltheit des Menschen in verschiedenartig verwaltete ›Körper‹ (physisch, seelisch, sozial). Auch die – stets nur dem Einzelnen zugedachte – ars moriendi Alteuropas liegt dieser frühen ›Philosophie des Lebens‹ fern. Der leibliche Tod – der sichtbare, ›phänomenale‹ Einspruch gegen die Immanenz der subjektiven Lebendigkeit – gilt als äußerlich oder als Teilgeschehen eines subjektanalog deutbaren Gesamtprozesses. Wenn der Leib, etwa im medizinischen Sinne, Körper wird, ist er lebensphilosophisch uninteressant. Was kann eine Thanatologie im Rahmen von Lebensphilosophie (I) aber dann angesichts eines Lebens zu sagen haben, das sich in lebenswissen-schaftlich-technologisch verwalteten Körpern darbietet?

Zwei Zuspitzungen wären denkbar. Zum einen die – verdeckte oder selbstbewußte – Neueinführung von Differenzen, die den an einer bestimmten *Lebensweise* gebildeten, pragmatisch brauchbaren Begriff von ›Leben‹ aufrechtzuerhalten gestatteten. Aus Lebensphi-losophen würden so vornehmlich praktische Philosophen, vielleicht Kantianer, denen das Leben in seiner körperhaften Erscheinung (Materialität) bestenfalls Verfügungsmasse wäre, wie einst in Kants Anti-Selbstmord-Argument die Person sich selbst verfügbar und verpflichtet war.[35] Das würde letztlich besagten Rückzug von ›Leben‹ – emphatisch und speziell – in eine Sphäre der Spiritualität bedeu-ten; naheliegende Reduktion angesichts eines sozialweltlich mas-senhaften, offenbar nicht zu irgendeinem (›lebensfähigen‹, ›organi-schen‹) Ganzen gehörenden, mithin ›mechanisch‹-teilbaren Lebens. Zum anderen, wo ›Leben‹ bereits durch (transzendental)pragmati-sche Symbolisierungen gegangen wäre und sich, aus deren Codes, nurmehr als ›intersubjektiv‹ bzw. aus ›Intersubjektivität‹ verstehen wollte, eine Grenzziehung zwischen dieser Sphäre des praktischen Menschenverhältnisses und einer theoretischen Einstellung, der alles (Leben) verfallen muß, das *nicht* symbolisch ›interagieren‹ kann – nicht selbstreflexiv sein, nicht ›Selbstachtung‹, ›Würde‹ usw. empfinden und bekunden kann.[36] In beiden Fällen behielte ein von ›Lebensphilosophie‹ (I) angeleiteter Umgang mit dem Leben jene Unbekümmertheit, die ihr Verhältnis gegenüber Tod und Sterben von Anbeginn aufwies.

Lebensphilosophie (II):
Evolution des Lebens und Wille zum Tod

1. In einer zweiten Perspektive auf ›Leben‹ erscheint dieses als Objekt von regionalen Ontologien (darunter auch: ›Lebenswissenschaften‹).[37] ›Leben‹ interessiert primär – nicht ausschließlich! – als fachwissenschaftlich erschließbares, etwa biologisches Faktum, als *zoé* unterhalb von höherstufigen Deutungskontexten, d. h. nur mittelbar als *bíos*. Die Rede vom Leben aus der Perspektive der 1. Person weicht einer Rede aus der Perspektive der 3. Person, Leben im Sinne der Lebensphilosophie (II) kann sich nicht selbst aussagen. Es ist thematisch als Lebendiges, erscheint also mit dem Toten bzw. Unlebendigen auf gleicher kategorialer Ebene. Es liegt im Phänomenbereich der Wissenschaften. Sollten sich also Leben und Tod als Phänomene eines höheren oder transphänomenalen Seins erweisen, so kann dieses nicht gleichfalls – wie in Lebensphilosophie (I) – ›Leben‹ genannt werden. Tod und Sterben sind in dieser Perspektive dem Betrachter mithin nicht ferner als Leben und Lebendiges. Die Betrachtung verortet sie auf der gleichen Ebene, der Betrachter steht zu ihnen in der sicheren Distanz des Wissens und der Technik. Leben und Tod sind innerweltliche Sachverhalte von methodisch klar umreißbarer Gegenständlichkeit. Das ändert sich auch nicht in den Variationen bzw. Entwicklungen dieser Position, die jenes innerweltliche Leben/Tod-Phänomen dem Aufbau induktiver Metaphysiken am Leitfaden einzelner Wissenschaften zugrundelegen, um deren Erkenntnisbereich zu übersteigen. Da aber ›Lebendiges‹ nur in singulären, eben einzelwissenschaftlich erschließbaren Formen erscheint, wirkt der Lebensbegriff einer darauf gegründeten Theorie bzw. Philosophie leicht über- oder unterbestimmt: Bildet das konkrete, ›vergehende‹ Leben zusammen mit dem neuen, ›entstehenden‹ die Teile eines übergreifenden Seinszusammenhangs? Oder ist es Teil einer kosmischen Verfallsbewegung, die aus einer unendlichen Vergangenheit des Lebendigen in die Zukunft eines vielleicht ewigen Todes führt? Wenn die Zukunft als umfassendster Horizont möglicher Retrospektiven erscheint, worin der Sinn des Lebens, verwirklicht und vollendet im Toten, erst vollständig zu erforschen sei, wäre da nicht jene als veränderungsfest imaginierte Beobachterposition vor einem Auf und Ab von Totem und Lebendigem – Relikt älterer Metaphysiken von Werden und Vergehen (Vanitas-vanitatum-Rede) – unangemessen und deshalb aufzugeben? Um derartige Fragen kreisen vielfach Philosophien des Lebens, die durch Popularisierung des Metaphysikpotentials der Naturwissenschaften im 19. Jahrhundert entstanden (Dühring, Schopenhauer, E. v. Hartmann, Nietzsche, Mainländer).

2. Fragen nach der Schöpferkraft des Lebendigen, die vielleicht sogar eine Selbstreflexion der theoretisch-distanzierenden Einstellung – sie heißt abwertend oft ›mechanisch‹ – erfordere, entstehen im metaphysischen Gefolge namentlich der Biologie, jedoch auch einer speziellen Variante der Psychologie im 19. Jahrhundert. An dessen Ende ist es zu Gleichsetzungen von Lebensphilosophie (II) und ›Vitalismus‹ bzw. ›Neovitalismus‹ gekommen. Zweifellos haben die *biologischen Wissenschaften* günstigere Voraussetzungen für ein Denken geboten, das Lebendiges und Totes auf derselben ontologischen Ebene ansiedeln will. Die prominentesten Ausprägungen dieses Denkstils finden sich gegenwärtig in manchen Anwendungen der *Evolutionstheorie*, wie sie von K. LORENZ, R. RIEDL und G. VOLLMER geschaffen worden ist. Letzterer spricht von *Biophilosophie*.[38] Sie ist Philosophie im Anschluß an Expertenwissen – eine scharfe und durchgängige Abgrenzung gegenüber der Lebensphilosophie (I). Deren – oft pantheistisches – Ganzheitsideal erscheint den ›Biophilosophen‹ als obsolete Natursehnsucht und Gefühlsschwärmerei: »*Jeder glaubt hier mitreden zu können*, weil er oder sie sich mit der Natur ja so verbunden fühlt.« (Bp, 13)[39] Die biophilosophischen Experten halten am Anspruch immanenter Weltdeutung fest, wollen jedoch einen anderen Weg gehen: nicht über die intuitive Versenkung in eine *Totalität*, sondern durch Aufweis einer *Kontinuität* zwischen vormals streng getrennten Seinsbereichen. In Gegenstandsbestimmung wie Methodik konzentriert die Lebensphilosophie (II) sich auf möglichst weitreichende Kontinua, die dann z. B. auch die philosophischen Disziplinunterschiede übergreifen.[40] Das ›Lebendige‹ ist Paradefall, sozusagen Paradigma der Evolution, die »in der realen Welt keine Ausnahme« zulasse – was bereits »Heraklits hellseherische Feststellung« gewesen sei (Bp, 26).

Die Brisanz solcher Universalitätsansprüche liegt natürlich auf historisch-kulturellem Feld. Im Anschluß an den naturwissenschaftlich fundierten Evolutionsgedanken hat sich eine ›Soziobiologie‹ gebildet, die mittels einer Evolutionären Ethik (›EE‹ – nicht zu verwechseln mit der gleichfalls ›EE‹ abgekürzten Evolutionären Erkenntnistheorie!) von den Genen bis ins Sozialverhalten hinein auch Moraldeskription und Moralbegründung in ein Kontinuum zu bringen verspricht. Als Beispiele seien E. O. Wilsons »Sociobiology: The New Synthesis« (1975) und R. Dawkins' »The Selfish Gene« (1976), aus dem deutschsprachigen Raum E. Jantschs »Die Selbstorganisation des Universums« (1979) genannt.[41] Diese Werke greifen tief in die naturphilosophischen Diskussionen des 19. Jahrhunderts zurück, etwa zwischen Lamarckisten und Darwinisten um die ›teleologische‹ oder ›kausalistische‹ (›mechanistische‹) Auslegung des Entwicklungsprinzips. Der Berührungspunkt mit dem philosophischen Vitalismus bzw. der Lebensphilosophie besteht in der Hoffnung auf ein Denken, das seiner eigenen Herkunft aus dem Leben inne werden, ja sich als Selbsterkenntnis der Evolution des Lebens verstehen könne. Gleiches soll für alle ›geistigen‹ und überhaupt kulturellen Leistungen gelten – egal, ob diese nun direkt nach dem Vorbild der Teleologie des Lebendigen gedacht werden oder dessen Evolution nur als notwendiger Bedingung bedürfen (in der Art einer ›Subvenienz‹ oder ›Emergenz‹). Derartig ausgreifende Theorien mußten und müssen die Frage nach den Grenzen des Lebendigen anders stellen als eine Lebensphilosophie, die sie noch durch überindividuelle Mächte (Gott, das Unendliche, das Spirituelle u.ä.) gezogen sah.

Die *Selbstbescheidung* der modernen Evolutionstheorie beschränkt sich auf den *Ursprung* des *Lebens*, nicht auf die *Transformationen* des *Lebendigen*[42] – der Heraklitischen Welt des Werdens und Vergehens: »Deshalb erklärt die Evolutionstheorie, erklärt auch [Darwins] *Der Ursprung der Arten* nicht den Ursprung des Lebens, sondern nur die Entstehung lebender Systeme *aus lebenden Systemen*, die Umwandlung bestehender Arten in neue, die Prozesse, bei denen Lebendiges *aus Lebendigem* entsteht, *vivum ex vivo*, Organismen aus Organismen.« (Bp, 74) Doch bleibt der paradigmatische

Status dieser ›Biophilosophie‹ für die »Kette evolutionärer Prozesse« davon unberührt: »Es stellt sich heraus, daß das Selektionsprinzip nicht auf die Welt des Lebendigen beschränkt ist; es kann sogar aus physikalisch-chemischen Überlegungen allein *abgeleitet* werden. Es überbrückt somit die scheinbare Kluft zwischen unbelebter Materie und lebendigen Systemen.« (76)[43] Einer der schwerwiegenden Einwände gegen eine solche Biophilosophie betrifft nun ihren Status als Theorie. Läßt sich nicht allein vollendetes, also eigentlich ›totes Leben‹ *erklären*? Läßt sich die prognoseermöglichende *Kontinuität* des Gegenstandsbereichs Leben nicht allein durch Vernachlässigung der Zeitlichkeit des Lebendigen gewährleisten – durch Absehen vom individuellen Tod?[44] Das Für und Wider zum Theoriestatus der Evolutionstheorie führt ins fachwissenschaftliche Detail. Unübersehbar ist jedenfalls, wodurch der Aufschwung der ›Lebenswissenschaften‹ dem genannten lebensphilosophischen Denkstil entgegenkommt und welche Restriktionen das umgekehrt diesem auferlegt. Die Symmetrie zwischen Leben und Tod, die typisch für die regionalontologische Perspektive ist, entspricht einer aus Theoretikerposition entworfenen ›Philosophie des Lebens‹. Nicht zu Unrecht gibt sie sich als *Philosophie der Biologie*. Was lebt, das stirbt: Dies ist ein Wissen aus verallgemeinerter Beobachtung, nicht aus Selbsterfahrung. Das Medium von Leben und Sterben bildet ein auch ontologisch deutbares Kontinuum transformatorischer Prozesse, die der biophilosophische Theoretiker aus gleichbleibender Entfernung registriert (und über die er als Biotechnologe praktisch verfügt): Leben und Sterben vollziehen sich vor einem theoretisch-fixierenden Auge. Diese Sicht ist auch bei nicht durchgängig den biologieorientierten ›Lebensphilosophen‹ zuzurechnenden Vorläufern wie Schopenhauer spürbar.[45] Die *Psychologie* hat es schwerer gehabt als die Biologie, etwa das ›Bewußtseinsleben‹ einer dazu äquivalenten Gesamtheit tendenziell lebloser (toter) Objektivationen entgegenzusetzen. Letztlich bildet – beispielhaft verfolgbar in der ›deskriptiven Psychologie‹ W. Diltheys – die Einsicht in die unterschiedlichen Gegebenheitsweisen von ›seelischem Leben‹ und ›objektiv-geistigen Gebilden‹ das Eingangstor zur Lebensphilosophie (III). ›Lebendig‹ in einem elementaren Sinne heißt dabei stets das Prozeßhafte. So kann auch von sozialem, kulturellem, historischem Leben usw. die Rede sein. Man mag daher im Griff nach dem ›Leben‹-Terminus eine semantische Verlegenheit, Zufälligkeit oder ein allgemeines Sprachgeschick sehen, das für die Frage nach Leben und Tod nicht viel hergibt.

3. In einem Gedankenexperiment mit diesem Philosophietyp könnte man die semantische Ersetzbarkeit von ›Leben‹ durch ›Dasein‹ erproben. Am leichtesten wäre ›Leben‹ da ersetzbar, wo man es auf die schlichte Vorhandenheit eines ›So-Seienden‹ reduzierte. Lebendiges wäre hier mithin genausogut zu beschreiben wie Nicht-Lebendiges, sprich: tote Gegenstände, überhaupt Sachliches. Von einem *existential*ontologischen Standpunkt her gesehen, verflüchtigte sich der Eigensinn der ›Leben‹-Problematik.[46] Dieser besteht in der – ob historisch vorgefundenen oder durch Vorurteile verschuldeten – unbedingten Verbindlichkeit einer *regionalontologischen* Auslegung des Lebensphänomens: Lebensphilosophie (II) ist stets fundiert in Einzelwissenschaft. Dem primär wissenschaftlich-methodischen Zugriff auf ›Leben‹ sind Ontologie und praktische Philosophie nachgeordnet. Dieser ›Positivismus‹ (in mehrerlei Sinne) kann an all jene Lebensphilosophien, -techniken und artes moriendi anknüpfen, die das individuelle Sterben als ein komplexes, in Elemente auflösbares Phänomen ansahen, z. B. nach Art einer Dasein-Sosein-Trennung. Insofern gehören Demokrits Seinsauffassung und Epikurs Todestheorie – »Solange wir da sind, ist er nicht da, und wenn er da ist, sind wir nicht mehr« (Brief an Menoikeus 124–126) – genauso zur Vorgeschichte von Lebensphilosophie (II) wie die Platonische Todesdefinition »zweier Dinge Trennung voneinander« (Phaidon 524 b 2–4; Gorgias 67 d 3 f.). Bei dieser objektivierenden, kontemplativen, theoretischen Einstellung aufs Einzelleben ist der Sinn für die physische – sukzessive und lokalisierbare – Sterblichkeit des Organismus, für die Frage nach Todeskriterien naturgemäß stärker entwickelt als in Lebensphilosophie (I). Unsterblichkeitsfrage und die Anerkennung von Partialtoden des Organismus, m. a. W.: Spiritualismus und materialistischer Atomismus (Körper = Zellhaufen unterschiedlicher Lebensdauer) erweisen sich in der Lebensphilosophie (II) als zwei Seiten einer Medaille. Der (noch nicht lebens*philosophische*) ›Vitalismus‹ des 18. und 19. Jahrhunderts hatte die der Lebensphilosophie (I) so wichtige Vorstellung vom Individuum als Totalität bereits vor aller ›biopolitischen‹ Zuspitzung

in das Konzept eines Zellen- und Organverbandes zuzüglich Seele aufgelöst.[47] Die Frage nach dem Subjekt des Todes beginnt sich erst dann zu stellen, wenn man die konsequent objektsprachliche Einstellung verläßt; logischer Behaviorismus, Sprachendualismus, d. h. die wechselseitige Irreduzibilität der Innen- und der Außensicht individuellen Lebens werden als intellektuell redliche Lösungen offeriert. Metaphysische und ethische Problematik des Sterbens entwirft die Lebensphilosophie (II) als primär regionalontologische Fragen. Was in der Existentialontologie »Umschlag eines Seienden aus der Seinsart des Daseins (bzw. des Lebens) zum Nichtmehrdasein« (Sein und Zeit, § 47), das ist in der regionalontologisch angeleiteten Sicht »der nackte Sachverhalt, daß beim Tode eines Menschen eine *Leiche* zurückbleibt«.[48] Das Leben ist etwas, woran das Individuum (d. h. auch der übers Leben kontemplierende Philosoph) sich ›bindet‹. Als verfügbares Dasein erscheint es einem personalen Sosein als Posten in möglichen Kosten-Nutzen-Kalkulationen. Die Lebensweise (bíos) bestimmt, wie mit dem Dasein des Lebendigen (zoé) umzugehen sei. Das Vorhandensein von ›Leben‹ überhaupt wie die Genese des eigenen Soseins rücken hingegen ins Nicht-Rationalisierbare kulturell-historischer Kontingenz oder des Mysteriums ab. Allein auf der Objektebene des epistemisch-technisch verfügbaren Lebens sind zweckrationale Abwägungen möglich. Sie können auch die kritischen Ränder der Philosophie von Leben und Tod: Unsterblichkeitsfrage und Selbstmord, einbeziehen. In der Utopie eines ausschließlich wissenschaftlich-technischen Umgangs mit dem Lebendigen ist dem Individuum sein vitales Daseinsfaktum nicht näher als seine Umwelt qua Gesamtheit aller Lebensnormen. In jedem Fall handelt es sich ja um Positivitäten, also Vergleichbares, Verrechenbares. Im weltgeschichtlichen Endreich von A. COMTES Positivismus ist die Entscheidung zwischen Leben und Tod in die vollständige ontologische Immanenz verlagert. Eine gewisse Art von Sinnkrisen, wie sie im Konflikt aus Dasein und Sosein, Lebensbedingungen und Lebensteleologie entstehen können, scheint dadurch abgeschafft. »Je mehr das zukünftige Leben von seiner moralischen Wirksamkeit« – in bezug auf das Leben vor dem Tode – »notwendig verliert, um so wichtiger ist es offenbar, daß alle Individuen so viel als möglich in unwiderstehlicher Weise an das reale Leben gekettet werden, ohne seinen schmerzlichen Konsequenzen durch eine unerwartete Katastrophe ausweichen zu können, die jedem die gefährliche Möglichkeit läßt, die unumgängliche Rückwirkung, welche die Gesellschaft auf ihn auszuüben gedachte, nach seinem Belieben zu vernichten, so daß der Selbstmord eines Tages aus rein menschlichen Gründen unter dem positiven Regime, als den allgemeinen Grundlagen der menschlichen Sittlichkeit direkt zuwider, nicht minder vollkommen verworfen werden wird.«[49] Was den leiblichen Tod betrifft, so zeichnet sich mit dem lebensphilosophischen Positivismus des 19. Jahrhunderts ebenfalls eine charakteristische Rückung ab. Der Tod verblaßt zu einer *Krankheit*, seinen Platz nehmen tödliche Leiden ein, die dem Lebendigen – als Menschen: dem Besitzer eines Leibes – zustoßen.[50] Man kann hier jene, aus (I) vertraute Äußerlichkeit des physiologischen Todes beobachten, der sich nun allerdings entlang der Linie Tätigkeit / Untätigkeit, Körper / Leiche, Subjekt / Objekt des Lebens vollzieht. Leben ist aufgefaßt als Dasein im Prozeß; sozial z. B. im Arbeitsprozeß, da die Arbeit das realisierte Wesen des Menschen bilde; das arbeitsame Leben aber ist ohne intrinsischen Hinweis auf den Tod. Wer arbeitet, verzweifelt nicht (T. Carlyle) – auch nicht an Todesfurcht! Hierfür waren freilich Umwälzungen notwendig, die tiefer und früher platzgriffen als Vitalismus und Positivismus des 19. Jahrhunderts, die von jenen aber als geistige Tradition bewußt aufgenommen und vergewissert wurden: bereits mit der frühen Neuzeit war etwas wie der »bürgerliche Tod« entstanden, zugänglich zunächst nur einem (neuen Typ des) Reichen, »der Tod mitten aus der Arbeit«[51]. Bacon bezeichnete als erster die Verlängerung des Lebens als die neue Aufgabe der Ärzte. Dessen hat man sich im 19. Jahrhundert erinnert, wenn das idealerweise durch ›Ordnung und Fortschritt‹ (Comte) regulierte Leben als quantitative Erweiterung eines intrinsisch werthaften Soseins erscheint. Als Dasein des Lebendigen hat es die fraglose Zugänglichkeit eines regionalwissenschaftlichen Gegenstands.

4. Auch das individuell geführte Leben, also den *bíos*, als einen solchen Gegenstand anzusehen, ist – im Zeitalter der Wissenschaften vom Lebendigen – keineswegs eine dem Einzelnen äußerlich gebliebene Zumutung. Vielmehr hat er es gelernt, Leben und Lebensvollzüge mit und aus fachwissenschaftlichem Vokabular zu verstehen und zu bestimmen. Lebensphilosophie (II) entsteht und

wirkt unter Bedingungen, da der Begriff des ›natürlichen Todes‹ sich soziokulturell durchsetzen konnte. Die Vorstellung von einem weder durch Krankheit noch durch Unfälle inklusive Kriege/Konflikte gehinderten ›Ausleben‹, der sogenannte Alterstod also, ist an die daseinsbestimmende Macht von Psychologie und Soziologie, von wissenschaftlichem Verstehen und bald auch therapeutisch-technischem Zurichten des Lebens geknüpft. Der ›natürliche Tod‹ übersetzt am handfestesten die naturwissenschaftliche und -philosophische Metaphysik des Lebens ins Alltägliche und Populäre.[52] Diese Metaphysik ist, als erklärtermaßen induktiv vorgehende, am Einzelorganismus ausgerichtet, fußt – im Unterschied zur platonistisch tendierenden Lebensphilosophie (I) – auf Ideen einer Selbstorganisation des Lebendigen, die sich bis auf Aristoteles zurückverfolgen lassen.[53] Mit dem Ideal einer Entfernung aller Bedingungen, die die Laborsituation des Sterbens stören, wird der Tod jenseits seiner ›kontingenten‹ Qualitäten zum puren, anstößigen Faktum – das dann leicht als »unmenschlich, irrational, unsinnig wie die Natur« (J. Baudrillard) erscheinen kann und jedenfalls so lange wie möglich zu verhindern ist.[54] Für das Leben vor diesem Tod bedeutet dies umgekehrt eine Auffassung, die von allen thanatologisch induzierten Eigenschaften und Fähigkeiten (der Seligkeit fähig durch Vergeistigung, der Unsterblichkeit würdig durch Todesbereitschaft – s. I.14) gereinigt ist und am Leben die Homogenität, die ontologische Immanenz hervorhebt. Der Vitalismus bzw. Neovitalismus des späten 19. und des frühen 20. Jahrhunderts überträgt die idealen *Beobachtungs- und Denkbedingungen*, mit denen sich die Entwicklung eines Einzelorganismus erfassen ließe, ins soziokulturelle Feld als eine *Forderung*. Mit Recht ist bemerkt worden, daß der ›natürliche Tod‹ als kulturelle Realität äußerst künstlich erscheint, ja vielleicht der »künstlichste Tod« aller Zeiten sei – »die Frucht der kunstvollen Selbstmanipulation des Menschen und seiner Lebensumstände« (J. Schwartländer).[55] Die Idee des ›natürlichen Todes‹, am Ende des 20. Jahrhunderts zur Schreckensvision eines durch ›lebenserhaltende‹ Apparaturen geregelten Verendens geworden, hat ihre metaphysikgeschichtlichen Wurzeln ebenso in der Naturphilosophie des frühen 19. Jahrhunderts – Individuationsgedanke – als auch in dem materialistischen Protest gegen das Jenseits als Hindernis vitaler Selbstachtung. Es war L. FEUERBACH, der den Freitod für den Fall einer gestörten Immanenz des Auslebens rechtfertigte und gleichzeitig deren Gewähr zur politisch-sozialen Forderung erhob. Der ›natürliche Tod‹ entspricht dem bürgerlich-arbeitsfrommen Wunsch, tätig bis zum letzten Tag zu sein, also allein durch physische Schwäche aus dem Leben, das Tun ist, genommen zu werden.[56] Daraus spricht ein Protest gegen die pantheistisch verträumte Unsterblichkeitsidee ebenso wie gegen den christlichen Auferstehungsgedanken in vielen Lebensphilosophien (I). Der an die Biologie anschließende Vitalismus vermittelt gleichsam zwischen dem ›säkularen‹ Weltbild und den weiterhin bestehenden Aspirationen auf ewiges Leben. Er verweist den Einzelnen an Prinzipien, die in der wissenschaftlichen Beobachtung indirekt gegeben sind – Vitalismus kann somit zur metaphysischen Überbauung eines ansonsten mechanistisch geordneten Universums werden. Die vitalistischen ›Philosophien des Lebens‹ betonen durchweg, daß sie die Kausalgesetzlichkeit, beschränkt auf den Zusammenhang des Anorganischen, anerkennen; doch sei das Anorganische nur eine Binnenordnung des Organischen. Für ihre philosophischen Gegner, die ›Mechanisten‹ der Natur, klang das anstößig idealistisch, für das Populärverständnis hingegen bedeutete der Vitalismus das Angebot eines wissenschaftlichen Weltbilds, das religiöse Bedürfnisse mit abzudecken versprach. Die Überhöhung der alltäglichen Erfahrungen mit Leben und Sterben vollzog sich im populär werdenden Vitalismus seit dem ausgehenden 19. Jahrhundert als eine Herabstufung jener Vorgänge ins monistische Kontinuum natürlicher Prozesse – Prozesse eigener, durch Wissenschaft erforschbarer, durch Philosophie zu deutender Teleologie.

5. Der ›metaphysische‹ Grundcharakter von Lebensphilosophie (II) besteht in der *ontologischen Entwertung des Einzeltods*, der *individuellen Todeserfahrung* – besteht also gerade in ihrem ›Positivismus‹. Dieser behandelt nicht nur Lebendiges und Totes als epistemisch gleichermaßen zugängliche und ontisch gleichrangige Gegenstände, sondern tendiert auch dazu, die Erscheinungsbedingungen von Tod und Leben aus jedweder fundamental-ontologischen, transzendentalen, numinosen Sphäre herauszuholen in die Gegenständlichkeit regionalontologisch umgrenzter Forschungsbereiche. Begründungstheoretisch evident ist dies in den zahlreichen

Bemühungen um ›Materialisierung‹ etwa des kantischen Apriori (zum physiologischen, historischen, psychologischen Apriori) im 19. Jahrhundert. ›Leben‹ zumal ist dann, wie schon ›Natur‹, Name für einen ontischen *Bereich*, nicht mehr für ein göttliches (transzendenzbezogenes) *Artefakt*. Die Autonomisierung des Bereiches vollziehen die verschiedenen Metaphysiken des Lebens. Existentialontologie und Lebensphilosophie (III) haben später moniert, daß es sich dabei um verkürzende, ontisch-ontologische Gleichsetzungen gehandelt hätte. Tatsächlich haben die Metaphysiken des Lebens ihren Ausgang bei mundanen Fakta oder Strukturen genommen, denen dann auf verschiedene Weise selbsterzeugende Kraft zugeschrieben wurde. Biologisch (élan vital), historisch (évolution créatrice durch Werden und Vergehen von Völkerorganismen), soziologisch (das kollektive Leben), kulturmorphologisch (ein ›Gesamtleben‹, das Leben und Sterben der Kulturen ermöglicht und erzwingt). Sicherlich kommt es hier zu ähnlichen Äquivokationen wie in Lebensphilosophie (I): ›Leben‹ bezeichnet sowohl den Gegenstandsbereich wie die Erscheinung darin. Anders geschieht jedoch die Abwertung des individuellen Sterbens. Sie liegt *theoretisch* in der Selbstobjektivierung, hinein in den zum Ontum erhobenen kategorialen Rahmen der Lebensphänomene (z. B.: Partikel werden im Strom des Völkerlebens) und *praktisch* in der angesonnenen Gleichsetzung mit der generativen Substanz (materiales und formale Kontinuitätsprinzip in Positivismus, Materialismus, Evolutionismus; Selbstschöpfung durch Selbsterhaltung)[57]. Die vitalistische, vornehmlich an Psychologie und Biologie orientierte Variante von ›Lebensphilosophie‹ hat bereits im 19. Jahrhundert jene Metaphysiken des Lebens entwickelt, die bis heute fortwirken. Sie stellen sich, nicht anders als die moderne ›biophilosophische‹ Evolutionslehre, als Überbauten oder Grundlagenreflexionen an einzelwissenschaftlich gesicherten Aussagen über das Lebensphänomen dar. Sie wollen durchweg ›induktive Metaphysik‹ – ›immanente Philosophie‹, ›konkreter Monismus‹, ›empirische Anschauung‹ – sein, also keineswegs mit den Wechselfällen empirischer Forschung in Konflikt geraten. Dahinter steht ein hoher philosophischer Ehrgeiz: Man sucht, zwar erklärtermaßen anti-spekulativ, noch einmal im ›System‹ die theoretischen Möglichkeiten des naturwissenschaftlichen Zugangs zum ›Leben‹ zu bündeln. Das tradierte metaphysische Motiv, dabei auch die Todeserfahrung zu relativieren bzw. zu integrieren, sieht sich anfangs noch in Konkurrenz zum deutschen Idealismus mit seinem Pantheismus des allumfassenden Geistes wie zur christlichen Religion. Namentlich Schellings Philosophieren bildet Ärgernis wie Ansporn der späteren, vom Erfolg der empirischen Naturwissenschaften beeindruckten Generation (s. II.7–11). Noch augenfälliger nehmen *Schopenhauer und seine Schüler* die Ansprüche, Probleme und Lösungen moderner ›Biophilosophie‹ vorweg. Sie sind in ihrer spekulativen Radikalität jedoch weitaus kühner und scheuen das Bizarre, ja Verstiegene nicht.

6. A. Schopenhauer will Leben und Tod aus dem fraglosen Vorhandensein von ›ewiger‹ Form und Substanz denken. Der 1844 erstmals erschienene Zusatzband zu »Die Welt als Wille und Vorstellung« zieht die Summe der dazu möglichen Überlegungen. Seine Gedanken »Über den Tod und sein Verhältnis zur Unzerstörbarkeit unsers Wesens an sich« stehen in Konkurrenz zu religiösen Trostangeboten durch persönliche Unsterblichkeit. Schopenhauer bietet als Trost eine theoretisch-distanzierte Haltung zum Leben und Sterben selbst an, die jene des ›Lebenswissenschaftlers‹ praktisch vorwegnehmen wie philosophisch begründen kann. Geboten wird induktive Metaphysik, die »vom empirischen Standpunkt ausgehn« will (WWV II, 592)[58]. Dieser Standpunkt ist gleichzeitig der biologisch-elementare, der das Bewußtseinsphänomen zunächst unterläuft: »Von der Unzerstörbarkeit unsers wahren Wesens durch den Tod werden wir so lange falsche Begriffe haben, als wir uns nicht entschließen, sie zuvörderst an den Tieren zu studieren, sondern eine aparte Art derselben unter dem prahlerischen Namen der Unsterblichkeit uns allein anmaßen.« (615) Leben und Sterben lassen sich *wegen* der Definitheit aller menschentypischen *Sinn*setzungen, der Perspektivität, der ›Endlichkeit‹ des Bewußtseins gerade *nicht* adäquat erfassen und meistern. Gefordert ist vielmehr ein Blick, der Schein wie Sein des Lebens als etwas veränderungslos *Vorhandenes* nimmt. Dessen Zeit*form* ist die Gegenwart, die – als Form – ewige: »Es gibt keinen größeren Kontrast als den zwischen der unaufhaltsamen Flucht der Zeit, die ihren ganzen Inhalt mit sich fortreißt, und der starren Unbeweglichkeit des wirklich Vorhandenen, welches zu allen Zeiten das eine und selbe ist. Und faßt man von diesem

Gesichtspunkt aus die unmittelbaren Vorgänge des Lebens recht objektiv ins Auge; so wird einem das Nunc stans im Mittelpunkte des Rades der Zeit klar und sichtbar.« (ebd.) Auch ›die Reflexion‹ erscheint in dieser Perspektive (der Perspektive eines metaphysisch aufgeweckten Naturwissenschaftler-Bewußtseins, in unseren Tagen etwa: eines radikal-konstruktivistischen) als Ereignis *in* der Natur, als Störung instinktiver Lebensabläufe zwar, die jedoch ihr Remedium gleich bei sich führt. »Wie aber durchgängig in der Natur jedem Übel ein Heilmittel oder wenigstens ein Ersatz beigegeben ist; so verhilft dieselbe Reflexion, welche die Erkenntnis des Todes herbeiführte, auch zu *metaphysischen* Ansichten, die darüber trösten und deren das Tier weder bedürftig noch fähig ist.« (591) Die individuelle, im Bewußtsein sich selbst gegebene Lebenseinheit rückt also auf die Ebene der Erscheinungen (›Vorstellungen‹). Hiermit hat Schopenhauer die Voraussetzung der regionalontologischen (z.B. psychologischen) Einstellung zum Lebens- und Todesphänomen sowie seinen wichtigsten Trostgrund benannt. ›Unsterblich‹ ist allein der – überindividuelle – *Wille* (zum Leben). Daher gewährt die bloße Teilhabe an überpersonalen, aber individuierten Lebenseinheiten, anders als in der Lebensphilosophie (I), keine spezifische Unsterblichkeitsaussicht. In Geschichte und Soziologie herrschen dieselben Regeln wie in Botanik und Zoologie, sie sind mithin in derselben Erkenntniseinstellung – in der lebensphilosophisch auf den Willen als das Wesen der Welt gerichteten nämlich – reflexiv zugänglich. »Jederzeit grünt und blüht die Pflanze, schwirrt das Insekt, steht Tier und Mensch in unverwüstlicher Jugend da, und die schon tausendmal genossenen Kirschen haben wir jeden Sommer wieder vor uns. Auch die Völker stehn da als unsterbliche Individuen; wenn sie gleich bisweilen die Namen wechseln: sogar ist ihr Tun, Treiben und Leiden allezeit dasselbe; wenngleich die Geschichte stets etwas anderes zu erzählen vorgibt; denn diese ist wie das Kaleidoskop, welches bei jeder Wendung eine neue Konfiguration zeigt, während wir eigentlich immer dasselbe vor Augen haben.« (611) Der Tod an sich, ein bloßes Nicht(Vorhanden)sein, bleibt ohnedies unbegreiflich. Zugänglich sind allein *Leben und Sterben.* Sie lassen sich analog zu ›Werden und Vergehen‹ begreifen. Die objektivierende Außensicht der Erkenntnis wie die innere Phänomenalität des blinden Willens (er vermittelt den Tod auf ungegenständliche Weise, durch die Angst vorm Sterben) erbringen denselben Befund. Konsequenter Materialismus und absoluter Idealismus, Epikurs und Berkeleys Reduktion des Lebensphänomens sind darum zwei Seiten derselben Gegebenheit. Der eine stützt sich auf die Unvergänglichkeit der Materie, der andere auf die der Erscheinungsform des Willens (vgl. 603).[59] Man findet in Schopenhauers Lebensmetaphysik das Placet für eine physikalistische Auffassung menschlichen Lebens, die dann um transzendentalidealistische Erbaulichkeiten bereichert wird. Der Aspektdualismus ermöglicht darüber hinaus die gleichberechtigte Deutung des Todesphänomens mittels Naturwissenschaft *und* Religion – sofern diese auf die Idee individueller Unsterblichkeit verzichtet. Für Schopenhauer kommt in den indischen Religionen eine Art Naturstandpunkt, ein »den Weisen wie dem Volke einleuchtender Glaube« (647) zum Ausdruck. »Brahmanismus und Buddhaismus, die den Menschen lehren, sich als das Urwesen selbst, das Brahm zu betrachten, welchem alles Entstehn und Vergehn wesentlich fremd ist, werden darin viel mehr leisten als solche, welche ihn aus nichts gemacht sein und seine von einem andern empfangene Existenz wirklich mit der Geburt anfangen lassen.« (591) »Demnach ist sodann der Tod das Verlieren einer Individualität und Empfangen einer andern, folglich ein Verändern der Individualität unter der ausschließlichen Leitung seines eigenen Willens.« (641) Der Tod als Phänomen, als Vorstellungsinhalt, ist nurmehr der Tod der anderen – jener Tod, dessen Zeuge allein Arzt und Forscher werden. Daraus entspringt die – tröstliche – Symmetrie aus Noch-Nicht und Nicht-Mehr des Lebens: »Soviel aber geht aus dem Gesagten hervor, daß über die Zeit, da man nicht mehr sein wird, zu trauern ebenso absurd ist, als es sein würde über die, da man noch nicht gewesen: denn es ist gleichgültig, ob die Zeit, welche unser Dasein nicht füllt, zu der, welche es füllt, sich als Zukunft oder Vergangenheit verhalte.« (596) »Tod und Geburt sind die stete Auffrischung des Bewußtseins des an sich end- und anfangslosen Willens, der allein gleichsam die Substanz des Daseins ist« (639). Diese »Ordnung der Dinge« (605) ist aber Oberflächenphänomen, da »ein solches beständiges Entstehn und Vergehn keineswegs an die Wurzel der Dinge greifen, sondern nur ein relatives, ja nur scheinbares sein« kann, »von welchem das eigentliche, sich ja ohnehin überall unserm Blick entziehende und durch-

weg geheimnisvolle innere Wesen jedes Dinges nicht mitgetroffen«
wird (606). Das Ende der Person bzw. der individuellen Lebenseinheit besteht im Bewußtsein (in einem nicht metaphysisch beruhig-
ten, genaugesagt). »Das Bewußtsein hingegen besteht im Erkennen:
dieses aber gehört, wie genugsam nachgewiesen, als Tätigkeit des
Gehirns, mithin als Funktion des Organismus der bloßen Erscheinung an, endigt daher mit dieser: der Wille allein, dessen Werk oder
vielmehr Abbild der Leib war, ist das Unzerstörbare.« (633)[60] Der
praktischen, experimentalwissenschaftlichen Zerschlagung der personalen Lebenseinheit präludiert theoretisch ihre aspektdualistische
Zerlegung in eine Ich- und eine Es-Perspektive aufs Leben, deren
jede für sich bereits Trost verheißt. Der Blick auf ›den Willen‹, dessen ›Objektitäten‹ ja die lebenswissenschaftlichen Gegenstände ab-
geben, erfaßt eine vom Wechsel der »Zustände und Formen« unbe-
rührte »Materie und andererseits die Naturkräfte: denn beide sind
die Voraussetzung aller jener Veränderungen« (601 f.). Diese Metaphysik einer betragsidentischen, weil energetischen Gesamtheit des
Lebens (auch: der Lust) ist eine verbreitete Vorstellung des philosophischen Naturalismus wie des darauf bauenden Moral- und Rechts-
begriffs seit der Jahrhundertmitte (E. Dühring: ›Lebensbilance‹, E.
v. Hartmann: ›Lustbilance‹). Ihm zur Seite tritt Schopenhauers Deutung der transzendentalen Erkenntnisform als eines zeitüberdau-
ernden, allgegenwärtigen Prinzips. Es ist von der ewigen Vorhandenheit einer ›Platonischen Idee‹: »Es gibt nur eine *Gegenwart*, und
diese ist immer: denn sie ist die alleinige Form des wirklichen Daseins.« Bunteste Mannigfaltigkeit und Abwechselung »als *auf einmal
und zugleich* und immerdar vorhanden, im Nunc stans« (613, Anm.
F). »Nun denke man sich jenen Wechsel von Tod und Geburt in
unendlich schnellen Vibrationen, und man hat die beharrliche Objektivation des Willens, die bleibenden Ideen der Wesen vor sich,
fest stehend wie der Regenbogen auf dem Wasserfall. Dies ist die
zeitliche Unsterblichkeit. Infolge derselben ist trotz Jahrtausenden
des Todes und der Verwesung noch nichts verlorengegangen, kein
Atom der Materie noch weniger etwas von dem innern Wesen, welches als die Natur sich darstellt.« (612) »Wie die zerstäubenden Trop-
fen des tobenden Wasserfalls mit Blitzesschnelle wechseln, während
der Regenbogen, dessen Träger sie sind, in unbeweglicher Ruhe fest-
steht, ganz unberührt von jenem rastlosen Wechsel; so bleibt jede

Idee, d. i. jede *Gattung* lebender Wesen ganz unberührt vom fortwährenden Wechsel ihrer Individuen. Die *Idee* aber oder die Gattung ist es, darin der Wille zum Leben eigentlich wurzelt und sich manifestiert …« (617) Die Zeit als Anschauungsform muß in dieser Betrachtung selbst transzendiert werden; das geschieht, sobald sie als bloßes Akzidens gilt, »als unvermeidliche Akkommodation zu der Beschränkung unsers Intellekts« (642). Unvermeidlich ist der Aristokratismus dieser Erkenntnislehre, da »die Ideen der Wesen das reine Subjekt des Erkennens zum Korrelat haben, folglich die Erkenntnis derselben nur ausnahmsweise unter besondern Begünstigungen und vorübergehend eintritt« (619).

Schopenhauer und die ihm folgenden induktiven Metaphysiken des Lebens sinnen dem angstvollen oder trostbedürftigen Menschen eine Zerlegung der Person schon zu Lebzeiten an. Diese Zerlegung in Willensmaterie und Erkenntnisform, in Kräfte und Idee des Lebendigen kommt einer biowissenschaftlich und -polizeilich geprägten Kultur entgegen, die einerseits alle Lebensfunktionen strikt auf gegenständlich-objektiv zu erbringende Leistungen beschränkt und andererseits eine darüber verfügende Intellektualität zum Unzerstörbaren bzw. unantastbar Personalen erklärt. Strukturell ist das lebensphilosophische Trostangebot Schopenhauers an die todgeängstigte Person nicht gar zu verschieden von der bourgeoisen Moralökonomie, dem Beieinander von sonntäglicher Spiritualität und werktäglichem Dienst am individuellen, sozialen, politischen Körper: das Individuum möge – gelegentlich – den *Egoismus* der Individualität fahrenlassen, sich seines Prinzipienstatus besinnen, sich selbst in der 3. Person, als »Manifestation des Lebens« sehen. Denn mit »dem Tode geht demnach zwar das Bewußtsein verloren, nicht aber das, was das Bewußtsein hervorbrachte und erhielt: das Leben erlischt, nicht aber mit ihm das Prinzip des Lebens, welches in ihm sich manifestierte.« (634)

Schopenhauers Anspruch, mit dem Trostangebot der christlichen ars moriendi zu konkurrieren, ist offenkundig. Das ›Prinzip des Lebens‹ ersetzt die geistige – aber bewußtseinstranszendente –, zeitlose Instanz. Der ›Wille zum Leben‹ differenziert sich zur Todverfallenheit nur im individuellen Dasein. Was aber, wenn man, zum einen, eine ontologische Verwandtschaft von Wille und Vorstellung, von Lebensdrang und Bewußtsein und, zum anderen, eine nicht mehr ausschließlich auf Selbsterhaltung gerichtete Prozeßhaftigkeit des Lebensprinzips unterstellt? Der Einfluß des *naturwissenschaftlichen Evolutionismus* drängte auf die Ausarbeitung dieser Möglichkeiten, und in der unmittelbaren Schopenhauer-Nachfolge sind auch sogleich entsprechende Systeme entstanden. Die Vitalismen E. v. Hartmanns und P. Mainländers bringen beim Nachdenken über Leben und Tod das *Prozeßdenken* ins Spiel und markieren damit Bedingungen, unter denen die Lebensphilosophie (II) noch heute steht.

7. E. V. HARTMANNS philosophisches System ist als ›teleologischer Panpneumatismus‹, als ›Panpsychismus‹ und ›Neovitalismus‹ bezeichnet worden; er selbst nennt es ›konkreten Monismus‹. Es soll sich um ›Metaphysik nach induktiver Methode‹ handeln, den Ausgangspunkt bildet die einzelne – ›konkrete‹ – Lebenseinheit. ›Monist‹ ist v. Hartmann unterm Auspizium des Evolutionismus, und das bedeutet für ihn, »in Natur und Geschichte nur einen einzigen, großartigen und wundervollen Entwickelungsprocess erkennen« und »an einen endlichen Sieg der heller und heller hervorstrahlenden Vernunft über die zu überwindende Unvernunft des blinden Wollens«, an »Erlösung von der Qual des Daseins« glauben zu müssen (Ubw, 743)[61]. Dieser Weltprozeß übergreift auch die Differenz von Organischem und Anorganischem, von Leben und Nichtleben – eine Sichtweise, die moderner Biophilosophie ebenfalls nicht fremd ist (vgl. Bp, 44–46, 71 ff.). Das ›Unbewußte‹, nach dem v. Hartmanns Hauptwerk fragt, bildet ontologische Basis wie teleologisches Wirkprinzip aller Vitalwirklichkeit. ›Physisches‹, ›psychisches‹ und absolutes (›metaphysisches‹) Unbewußtes formen ein Kontinuum, das Phänomen des menschlichen Bewußtseins läßt sich bis in unendlich kleine psychische Einheiten des Kosmos zurückverfolgen. Auch die menschlichen Empfindungen von Lust und Unlust sind in einer kosmischen Ökonomie fundiert (vgl. Ubw, 697), wobei die ›Lustbilance des Universums‹ negativ ausfällt (Pess, 78)[62] – daher v. Hartmanns ›metaphysischer Pessimismus‹. Dieser wurde von Schopenhauer ebenfalls vertreten; um das Konzept aber über bloßen Stimmungspessimismus herauszuheben, bedürfe es, so v. Hartmann, einer Dynamisierung (vgl. Pess, 71 ff.). Die ›Thätigkeit‹, das *Vitalprinzip* jedes Einzelexistierenden, sei selbst schon Unlust,

qualifiziere damit jedes Streben zum Ausweis von etwas, das eigentlich nicht sein sollte (vgl. Pess, 82). ›Process‹ besage, auch für die Welt im Ganzen, daß es nicht sein Sollendes gebe. Das Nichts der Welt wäre also ihr besseres Anders-Sein. Im Individual- wie im Weltdasein bilden Wille und Vorstellung zwei Seiten einer bipolaren Essenz, bedeuten somit keine selbsttätigen Prinzipien.[63] Im Prozeß der Welt stellen sie sich als Opposition des Unlogischen und des Logischen dar (Ubw, 743), die v. Hartmann, nicht ganz kohärent, zuweilen als Kampf, andermal als Evolution beschreibt. Logisches, Vernunft bestimmt das So-Sein der Welt, Unlogisches, Wille ihr Dasein. Dieses ist grundlos, unvernünftig, rechtfertigt sich in der Selbstaufhebung – hier folgt v. Hartmann der Weltalter-Philosophie Schellings und nimmt Gedanken M. Schelers vorweg (Leben verhilft Geist zu triebfernem Sein). Weltfortschritt ist »Steigerung des Bewusstseins« nach seinen beiden Seiten Instinktleben und Geistigkeit – »es wächst mithin *sowohl* das Elend *als auch* das Bewusstsein des Elendes« (Ubw, 733). Die innerweltliche *Zyklik* von Leben und Sterben kann für diese Teleologie des Gesamtprozesses nur untergeordnete Bedeutung haben. Die ontologische Homogenität des ›Weltprocesses‹ läßt alles Wollen, Streben, Handeln, kurz: alles Leben selbst als einzig möglichen Ort des Sterbens erscheinen. »Die *Ewigkeit* des *Wollens* bedingt die *Unendlichkeit* des *Processes*, und zwar nach vorwärts *und* rückwärts.« (771) Über der so entworfenen Teleologie des ›Weltprocesses‹ verschwinden viele andere, metaphysisch-tradierte Differenzen. Im Rahmen seines evolutionären Vitalismus lehrt v. Hartmann ›Autosoterie‹ (Selbsterlösung) des ganzen Menschen als Einheit des geistlichen und natürlichen Menschen – im vollständigen Verlöschen.[64] Die Äquivalenz von Leib und Geist ist, wie in Lebensphilosophie (II) überhaupt, in strikter systematischer Zweipoligkeit verwirklicht – das Hauptwerk behandelt nacheinander »A. Die Erscheinung des Unbewussten in der Leiblichkeit«, »B. Das Unbewusste im menschlichen Geiste«, »C. Metaphysik des Unbewussten«. Die Homologie-Behauptung hinsichtlich individueller und überindividueller, menschheitsgeschichtlicher und natürlicher Evolution nimmt alle Aspirationen des positivistischen Entwicklungsdenkens auf, um sie, in einer Synthese aus Schopenhauers, Schellings und Hegels Vokabularien,[65] noch einmal in Systemform zu gießen. Die Sinnprobleme einer auf Leben als selbstexplikativen

Höchstwert fixierten Zivilisation zeichnen sich hierbei deutlich ab. Denn auf einem solchen Reflexionsniveau fallen alle »Lustempfindungen« fort, »welche in dem hoffnungsvollen Vorgenuss der illusorischen, d. h. irrthümlich erwarteten Glückseligkeit bestanden, und die instinctiven Triebe thun zwar noch ihren Dienst, doch ohne jene Freudigkeit, welche im unreflectirten Naturmenschen mit demselben verbunden ist« (Pess, 77). In der Geistwerdung des Wollens, d. h. in der Intensivierung des Wissens um negative Lustbilanzen, stelle sich so etwas wie eine Posthistoire-Situation des Weltprozesses her. In den bewußtseinsstärksten Zivilisationen weiß man: »Das *höchste* Erreichbare wäre doch die *Schmerzlosigkeit*, denn wo sollte das positive Glück noch gesucht werden? Etwa in der eitlen Selbstgenügsamkeit des Wissens, dass Alles eitel ist, oder dass im Kampfe mit jenen eitlen Trieben die Vernunft nunmehr gewöhnlich Sieger bleibt! O nein, solche eitelste von allen Eitelkeiten, solcher *Verstandeshochmuth* ist dann längst überwunden! Aber auch die Schmerzlosigkeit erreicht die greise Menschheit nicht, denn sie ist ja kein reiner Geist, sie ist schwächlich und gebrechlich, und muss trotzdem arbeiten, um zu leben, und weiss doch nicht, *wozu* sie lebt; denn sie hat ja die Täuschungen des Lebens hinter sich, und hofft und erwartet *nichts* mehr vom Leben.« (Ubw, 735) Während im heidnisch-altertümlichen und im christlich-mittelalterlichen »Stadium der Illusion« die Enttäuschung am Glück je in dessen individuell inner- und außerweltlicher Positionierung wurzelte, muß der innerweltlich-kollektive Glückswunsch der neuzeitlichen Menschheit den Blick auf den ›Werth des Lebens‹ selbst lenken. Alle materiell-kulturellen Fortschritte würden »die Frage um so brennender in's Bewusstsein treten lassen, was denn nun mit diesem Leben anzufangen, mit welchem Inhalt von absolutem inneren Werthe es zu *erfüllen* sei« – da ja nun alle »Last des Lebens« nurmehr den Mühen der Zivilisationsarbeit geschuldet sei (732). Je mehr »die handgreiflichen äußerlichen Missstände des menschlichen Lebens durch den Weltfortschritt gehoben werden, und in demselben Maasse, als diese Ausflucht vor der pessimistischen Einsicht in das Wesen des eignen Willens durch Abwälzung nach aussen versperrt wird, in demselben Masse wächst die Erkenntniss, dass der Schmerz dem Willen *immanent*, dass die Jämmerlichkeit des Daeins in dem Dasein selbst begründet und von den äußern Verhältnissen mehr scheinbar als in Wahrheit abhängig ist. Somit muss alle Annäherung an das Ideal des besten auf Erden erreichbaren Lebens die Frage nach dem absoluten Werth dieses Lebens nur zu einer *immer brennenderen* machen ...« (ebd.) Der eudämonologisch induzierte Pessimismus aus einer vergegenständlichenden Abschätzung des Lebens führt also systematisch auf die Ansetzung des bloßen Daseins (Vorhandenseins) von Leben als Höchstwert. Was der Philosoph jetzt schon absehen kann, nämlich die vernichtende Antwort auf die Frage nach dem ›Werth des Lebens‹ (Dühring und Nietzsche stellen sie wenig später ähnlich), das muß die leidende und sich durch Bewußtwerdung vom Leid distanzierende Menschheit erst als historischen Lernprozeß durchmachen. Das aller seiner Transzendenzen entledigte Leben bildet nach v. Hartmann das ›dritte Stadium‹ welthistorischer Desillusionierung. Dort ist das Leben Selbstzweck und somit aber auch als solches fragwürdig geworden. Die Menschheit kann ihre Devitalisierung endlich in die eigenen Hände nehmen. Der Philosoph des Unbewußten nennt die Bedingungen hierfür – die fortgeschrittensten Zivilisationen stellen alle *Mittel* für die Auflösung des Willens zum Leben bereit (vgl. Ubw, 750 ff.).

Das methodologisch wie metaphysisch gemeinte ›Immanenzprincip‹, zu dem v. Hartmann sich bekannte, hat sein Philosophieren nicht zufällig in den Umkreis der Selbstmord-Problematik geführt. Wo alles von vitalem Prozeß erfüllt ist, kann sich das Denken nur durch dessen Verneinung Raum schaffen. Das Sein der Welt ruht in einem Nichts als ihrem Sinn. Alle noologische und ontologische Bewegung müßte ersticken, wenn nicht der Prozeß sein eigenes Dementi bildete. Das weltdurchwaltende Unbewußte wird nur denkbar – und Vitalwirklichkeit! –, weil es seiner Selbstaufhebung in der Bewußtheit zustrebt. Eine analoge ›List der Vernunft‹ muß auch den Egoismus des individuellen Lebendigen mit einer tödlichen Paradoxie schlagen. Von Hartmann fand sich mit Anwürfen konfrontiert, daß er einen Egoismus à la Stirner lehre, der im Ich ontisch und normativ seine Letztbegründung finde. Das weist der Philosoph des Unbewußten zurück. Denn nicht auf Selbstbejahung und Weltvernichtung, sondern auf Selbstverneinung treibe ein dem Ich als höchster Idee verpflichteter Daseinsentwurf wie der Stirners: »Ausrottung des Geschlechtstriebes« bzw. Selbstmord sei »die *allein folgerichtige Consequenz des Egoismus* oder Individual-Eudämonismus«.[66] Als Schüler Schopenhauers argumentiert v. Hartmann gegen den Selbstmord aus individuellem Egoismus als gegen eine Scheinlösung, die den unvernünftigen Willen zum Leben unangetastet lasse. Stirners Individualismus behalte trotzdem gegenüber allen *konkreten* Glückseligkeitshoffnungen seinen heuristischen Wert wegen der Brutalität ihrer Desillusionierung: er zermalmt »in seiner geistreichen und pikanten Weise mit schlagenden Gründen die idealen Bestrebungen des politischen, socialen und humanen Liberalismus, und zeigt, wie auf den Trümmern all' dieser in das Nichts ihrer Ohnmacht zusammengebrochenen Ideen nur das Ich der lachende Erbe sein kann.« (Ubw, 716) Doch die Einsicht, »dass vom Standpuncte des Ich oder des Individuums aus die Willensverneinung oder Weltentsagung und Verzichtleistung auf's Leben das *einzig vernünftige* Verfahren ist, fehlt Stirner gänzlich, sie ist aber das sicherste *Heilmittel* gegen die Grossthuerei mit dem Standpunkt des Ichs« – das unmittelbar auf die Unlustbilanz für Individualleben führe (715). Als Schüler Hegels verurteilt v. Hartmann das Individualistische der Stirnerschen Todessehnsucht – eine aktive Lebensverneinung entziehe den Menschen dem allein kollektiv zu bewerkstelligenden Erlösungsprinzip; das sei ein Egoismus, »der nur durch instinctwidrige Lebensanschauung eine instinctwidrige Richtung genommen« habe (719). Der Selbstmörder hinterläßt eine empfindlich spürbare Lücke im ›Weltprocess‹, da nämlich das Fehlen eines »noch leistungsfähigen Individuums nicht nur dem Ganzen keinen Schmerz spart, sondern ihm sogar die Qual vermehrt, indem er dieselbe durch die zeitraubende Nothwendigkeit verlängert, für das amputirte Glied erst einen Ersatz zu schaffen« (719 f.) Das wünschenswerte Nichts des Willens sei nur »durch active Production, durch rastloses Schaffen, durch selbstverläugnendes Hineinstürzen in den Strudel des Lebens und Theilnahme an der gemeinsamen volkswirthschaftlichen und geistigen Culturarbeit zu leisten« (720). *Wie* aber ist »das letzte Ende dieses Kampfes, die schliessliche Erlösung vom Elend des Wollens und Daseins zur Schmerzlosigkeit des Nichtwollens und Nichtseins«, »die gänzliche Aufhebung des Wollens durch das Bewusstsein zu denken«? Der Philosoph stellt sich die Frage selbst (Ubw, 744). In einer wagehalsigen Korrektur Schopenhauers mittels Hegel besteht v. Hartmanns Antwort: Schopenhauer habe zwar mit Recht erklärt, »dass im Selbstmord die Verneinung des Willens nicht erreicht werde, aber im freiwilligen Verhungern soll sie im denkbar höchsten Masse erreicht sein« (ebd.). Doch wer »seinen Leib erst *durch Versagung der Nahrung tödten muss,* beweist eben damit, dass er *nicht im Stande ist,* seinen unbewussten *Willen* zum Leben zu verneinen und *aufzuheben.«* Darum sei »das Streben nach individueller Willensverneinung *ebenso thöricht und nutzlos,* ja noch thörichter als der Selbstmord, weil es langsamer und qualvoller doch nur dasselbe erreicht: Aufhebung dieser Erscheinung, ohne das Wesen zu alteriren.« Askese und individuelle Willensverneinung haben jedoch negativen Lehrwert, weil sie zeigen, wie sie »den Weltprocess zur Stagnation« bringen und dadurch »das Elend des Daseins zu perpetuiren« drohen. »Was hälfe es z. B., wenn die Menschheit durch geschlechtliche Enthaltsamkeit ausstürbe, die arme Welt bestände weiter, ja sogar das Unbewusste würde die nächste Gelegenheit benutzen müssen, *einen neuen Menschen oder einen ähnlichen Typus zu schaffen,* und der ganze Jammer ginge von vorne an.« (745) Das Bewußtsein des Selbstmörders wäre gegenüber dem Weltwillen also epiphänomenal, bloße Individuationsform. Deshalb bleibt es bei der geforderten »*vollen Hingabe der Persönlichkeit an den* **Weltprocess** *um seines Zieles, der allgemeinen Welterlösung willen* (nicht mehr, wie im dritten Stadium der Illusion in der Hoffnung auf ein positives Glück im späteren Verlauf des Processes)«. Das Prinzip der praktischen Philosophie müsse darin bestehen, »die Zwecke des Unbewussten zu Zwecken seines Bewußtseins zu machen«. Im gegenwärtigen weltgeschichtlichen Stadium der Illusion müsse der Egoismus »*wieder in seine Rechte eingesetzt und die Bejahung des Willens zum Leben als das vorläufig allein Richtige proclamirt*« werden, »*denn nur in der vollen Hingabe an das Leben und seine Schmerzen, nicht in feiger persönlicher Entsagung und Zurückziehung ist etwas für den Weltprocess zu leisten.*« (748)

8. Auch für P. MAINLÄNDER bildet die Selbstmord-Problematik einen Brennpunkt alles Nachdenkens über das Leben, sie bildet den Anfang und das Ende seiner überdies existentiell beglaubigten »Philosophie der Erlösung« (1876/86).[67] Wie in der »Philosophie des Unbewußten« ist die Wirklichkeit ein Vernichtungsprozeß; was sich selbst aufhebt, heißt nun aber nicht ›Unbewußtes‹, sondern abwechselnd ›Gott‹, ›Überscin‹, ›vorweltliche Einheit‹. Die Welt ist der

Umweg Gottes ins Nichtsein; was Gott so schwer falle, nämlich die Selbsterlösung vom Sein, sei dem Menschen seit je in die Hand gegeben. In metaphysisch interessierter Verarbeitung naturwissenschaftlicher Theoreme und Erklärungsmuster seiner Zeit kommt Mainländer zu dem Schluß, daß aller Wille zum Leben direkt (dem Einsichtigen) oder indirekt (dem Uneinsichtigen) Wille zum Tode sei. Wie für Nietzsche bezeichnet also auch für Mainländer der Selbstmord gegenüber dem Leben keinen Bruch in dessen ›Natur‹;[68] die bewußte Entscheidung dafür ist gerade ein menschliches Privileg. Allgemeinere Bedingung solcher Gedankengänge ist abermals die ontologisch vollständige Erfülltheit der Wirklichkeit – phänomenologisch unmittelbar zugänglich als Wollen – durchs Lebensprinzip; eine Reihe tautologischer Bestimmungen, die sinnhaltig nur durch Totalaufhebungen werden kann: Wille = Leben = Bewegung. »Leben ist vom Willen nicht zu trennen, selbst nicht im abstraktesten Denken. Wo Wille ist, da ist Leben und wo Leben Wille. Andererseits erklärt das Leben den Willen, wenn Erklärung die Zurückführung eines Unbekannteren auf ein Bekannteres ist; denn wir nehmen das Leben als ein continuirliches Fließen wahr ... Auch ist Bewegung die Erklärung des Lebens; denn Bewegung ist das erkannte oder gefühlte Merkmal des Lebens.« (PhE I, 49)[69] Die suizidale Tendenz des Lebens ist allerdings nicht, wie bei v. Hartmann, durch Blick auf das *Ziel* des Weltprozesses ›Bewußtwerdung‹, sondern durch – metaphysische – Erinnerung von dessen *vorweltlichem Grund* plausibel gemacht. Was innerweltlich Vielheit, Differenz, Zerstreuung, Schwächung sei, müsse vorweltlich Einheit, An-sich und Selbstgegründetheit gewesen sein. Darin liegt eine gewisse Schwierigkeit für einen Philosophen, der – zeitgenössischen empiristischen Postulaten getreu – durchweg ›immanent‹ verfahren will, an »der Natur im weitesten Sinne und dem Selbstbewußtsein« orientiert (219), also »weder außerweltliche Mächte, von denen man absolut Nichts wissen kann, noch Mächte in der Welt, welche jedoch ihrem Wesen nach nicht zu erkennen wären«, beanspruchend (3). Mainländer hilft seinem metaphysischen Interesse am Seinsgrund der Welt mit kantischen Unterscheidungen von konstitutiver und regulativer Erkenntnis auf (vgl. PhE I, 325; II, 506). Die Erkenntnis der vorweltlichen Verursachung des innerweltlichen Lebens und Sterbens sei Vernunftinteresse, vom Immanenten in jenes Transzendente hätten seit je die vornehmsten Geister der Menschheit gestrebt (II, 507). Die ontologische Problemexposition operiert ähnlich wie die v. Hartmanns – offensichtlich inspiriert durch Schelling[70] – mit der Unterscheidung von Da-sein und So-sein der Welt. Die in letzterem beheimatete Vernunft stehe vor dem Rätsel des ersteren:»Die Welt selbst ist weder wunderbar, noch irgend eine Erscheinung in ihr. Auch widerspricht keine einzige Action in ihr den Denkgesetzen. Räthselhaft bleibt nur die Art und Weise, *wie* die einfache Einheit, Gott, *vor* der Welt existirt hat.« (83) Über den Weltgrund heißt es:»Es ist ein vergangenes, gewesenes, untergegangenes Gebiet, und mit ihm ist auch die einfache Einheit vergangen und untergegangen.« (I, 27) Den einzigen Verbindungsweg von der sterblichen Jetztwelt in die unsterbliche Vorwelt sieht Mainländer in der Existenz (107). Sie bildet den Gewißheits-, noch nicht den Erkenntnisgrund der Vorwelt. Diese läßt sich nur in Negationen mundan-›immanenter‹ Erfahrung beschreiben. Denn »alles Sein, das wir kennen, ist *bewegtes* Sein, ist ein *Werden*, während die einfache Einheit bewegungslos, in absoluter Ruhe, war. Ihr Sein war *Übersein*.« (320) An Schellings Formel von Gott als Herrn des Seins erinnert Mainländers Behauptung, daß die Freiheit Gottes sich nur in der einzigen Wahl geltend machen konnte, zu sein, wie er war, oder nicht zu sein (vgl. I, 323 f.). Doch »nicht durch sich selbst« konnte Gott aufhören zu sein (323). Daher sei die Welt »das *einzig mögliche* Mittel zum Zweck« des Nichtseins (325) und »das ganze Reich der Organismen nur eine bessere Form für die Abtödtung der im Weltall thätigen Kraftsumme« (338). Immanentes Philosophieren bedeutet für Mainländer strikten Nominalismus hinsichtlich der Erkenntnis von Lebensphänomenen: Gott sei kein lebendiges Sein mehr, er habe sich in die Welt übergeben, die in jedem ihrer Individuen besagtem Gesetz der Schwächung der Kraftsumme verpflichtet sei (326 f.). Den Ausgang vom individuell-organismischen (dabei nicht aufs Humane beschränkten) Lebensphänomenen sieht Mainländer als seine eigentümliche Stellung gegenüber der dazu komplementären v. Hartmanns an, der mit dem Unbewußten letztlich ein überweltliches Prinzip statuiert habe; die allein konsequente Fortbildung des – hier unentschiedenen – Schopenhauerschen Denkansatzes liege nach seiner, Mainländers, als »nach der Seite der realen Individualität« hin (vgl. PhE II, 533 f.). Alles Lebendige aber unterliegt einer

Schwächung seiner Kraft. Dieses ›Weltgesetz‹ hat Mainländer, wie er meint, ›inductiv‹ erschlossen. Seine ›immanente Philosophie‹ führt so zeitgenössische naturwissenschaftliche Überlegungen (Entropiegesetz) mit kulturkritischen Dekadenzlehren zusammen. Die starke Betonung der ontologischen Homogenität alles Lebendigen, ja Seienden überhaupt verhindert dabei, ähnlich wie in der »Philosophie des Unbewußten«, Sinn-Verheißungen aus zyklischer Rückbindung, etwa in einem ›Stirb und Werde‹. Derlei tröstliche Deutung des Individualtodes als Eingang in einen – womöglich höheren – Lebenszyklus verwirft Mainländer wie alle vitalistischen Evolutionisten.[71] Jeglichem ›Willen zum Leben‹, so Mainländer, sehe man seine Abkunft aus dem göttlichen Selbstvernichtungsentschluß an. Zumal im individuell »gestalteten Weltall« könne man das Leben »gehemmtes Streben nach Nichtsein nennen und sagen, daß es sich darstelle als Mittel zum Zweck des *Ganzen*« (I, 335). ›Wille und Vorstellung‹ sind dabei gleichermaßen individuiert: »Jeder Mensch will das Leben in einer bestimmten Weise, weil er einen bestimmten Willen und einen bestimmten Geist, d. h. eine bestimmte Bewegung hat.« (115) Wie alle auf die ›Immanenz‹ ihrer Gedankenführung bedachten Lebensphilosophen muß auch Mainländer so etwas wie eine mögliche ›Achsendrehung des Lebens‹ (G. Simmel) unterstellen, wodurch dieses sich selbst fraglich werde; Drehpunkt ist der Mensch. Sein durchschnittliches Dasein sei von Selbsttäuschung über den Sinn seines Lebens bestimmt, das ja einem fremden Sein zum Sterben dienen muß: »Beim Menschen wird demnach der Wille zum Tode, der Trieb seines innersten Wesens, nicht mehr vom Willen zum Leben einfach verdeckt, wie beim Thier, sondern er verschwindet vollständig in der Tiefe, wo er sich nur, von Zeit zu Zeit, als tiefe Sehnsucht nach Ruhe äußert. Der Wille verliert seinen *Zweck* vollständig aus Sinn und Augen und *klammert* sich lediglich an das *Mittel*.« (334) Hierdurch ergibt sich eine Schwierigkeit hinsichtlich des Verhältnisses von Individual- und Kosmossterben, die als Strukturproblem der Lebensphilosophie (II) insgesamt eigentümlich ist. »Die Menschheit ist zunächst ein Begriff; ihm entspricht in der Wirklichkeit eine Gesammtheit von Individuen, welche allein real sind und sich, vermittelst der Zeugung, im Dasein erhalten. Die Bewegung des *Individuums* aus dem Leben in den Tod giebt, in Verbindung mit seiner Bewegung aus dem Leben in das Leben, die

Bewegung aus dem Leben in den *relativen* Tod, welche jedoch, da in diesen continuirlichen Uebergängen der Wille geschwächt und die Intelligenz gestärkt wird, auf dem Grunde die spiralförmige Bewegung aus dem Leben in den *absoluten* Tod ist. ... Die Bewegung der Menschheit aus dem Sein in das Nichtsein deckt nun alle, alle besonderen Bewegungen.« (314 f.) In solchen und ähnlichen Formulierungen ist ›Leben‹ (wie auch ›Sterben‹) äquivok gebraucht. Nicht zufällig muß Mainländer, um die ontologische Konformität von Selbstmord und Virginität[72] gegenüber dem kosmischen Vernichtungsprozeß plausibel zu machen, auf mythische Vorstellungen, etwa vom ›unerlösten Weiterleben‹ der Lebenseinheit, zurückgreifen.[73]

Geschichts- und Naturprozeß folgen demselben thanatologischen Determinismus, der in ihrer Prozeßhaftigkeit selbst liegen soll. Denn Prozeß, Leben, Sterben bedeute immer, auf einen exzentrischen Punkt hin zu existieren. Nur dem göttlichen Sein wäre Existenz im Mittelpunkt eigenen Wesens möglich gewesen. Die ›immanente Philosophie‹ führe notwendig auf diese Teleologie: »Es ist die Bewegung nach der völligen Vernichtung, die Bewegung aus dem Sein ins Nichtsein.« (I, 215) Diese Teleologie ist verstanden als regulatives Prinzip, um die gelebte Erfahrung des Existierenmüssens transparent zu machen. Weder Naturwissenschaft noch Religion vermögen dies. Die thanatologische Teleologie muß also die metaphysischen Alternativen einer richtungslosen, bloß kausal beschreibbaren Bewegtheit und einer theologisch-transzendent bestimmten Finalität gleichermaßen ausschließen (vgl. PhE I, 336 f.). Die ›Bewegung‹ führt aus der anorganischen Welt der Physik kontinuierlich in die Sphäre der Politik bzw. des Völkerlebens. Auch in letzterem besteht ein Kontinuum, nämlich im Telos des Egoismus, der in den höchstentwickelten Zivilisationen schließlich alle (materiellen) Ziele verwirklicht, somit Lebenssinn aufgezehrt habe. Die liberalen und sozialistischen Konstruktionen eines ›idealen Staates‹ – »Wenig Arbeit, viel Vergnügen« (vgl. PhE I, 204 ff.) – haben für Mainländer heuristischen Wert, denn sie illustrieren die Todverfallenheit des Lebens eindrücklich. Indem dort als sein Sinn explizit ›Glück‹ beansprucht ist, läßt sich das Unglück der bloßen Existenz jenseits ihrer Sorgen erst wahrhaft ermessen. Nur die satte – und vom *Bewußtsein* ihrer Sorgenfreiheit erfüllte – Menschheit ist zur Erlösung reif. ›Vernunft‹ ist der Wunsch danach – wie in der gesamten vitalistischen Denktradition ist bei Mainländer Vernunft mit Bewußtwerdung des triebhaften Seins gleichgesetzt. Die ›Erlösung‹ stellt sich in strikter Homologie von individueller wie völkerkollektivischer Existenz ein, denn das Telos des Lebens drängt auf Steigerung und Expansion, schwächt sich somit durch (innere) Fäulnis und Integration (des Fremden) – alle Völker werden in den Abgrund der sich selbst erlösenden Zivilisation gerissen. Damit geschieht ihnen nichts Wesensfremdes: »Die Zivilisation ist nicht der Gegensatz zur Bewegung der Naturvölker; denn beide Bewegungsarten haben eine Richtung. Erstere ist nur eine beschleunigte Bewegung. Die Bewegung eines Naturvolks ist der einer Kugel auf einer fast horizontalen Fläche, die Bewegung eines Culturvolks dagegen dem Sturze dieser Kugel in den Abgrund zu vergleichen. Bildlich geredet, hat nun die Civilisation das Bestreben, alle Völker in ihren Kreis zu ziehen; sie hat die ganze Menschheit im Auge und übersieht auch nicht die kleinste Genossenschaft im verborgensten Winkel der Erde.« (I, 240 f.) Der Sieg der Vernunft ist hier der – durch sozialdemokratisches Engagement tatkräftig zu befördernde – Sieg der Einsicht in die Dezentriertheit, Grund- und Wertlosigkeit des Lebens selbst.[74] Die individuelle Erlösung ist dann eine Möglichkeit, die ohne existentielle Gewalt aus der weltgeschichtlichen Einsicht hervorgehen kann. Mainländer nimmt die menschliche Todesangst ernst und fordert, daß eine Philosophie, die »an die Stelle der Religion treten will«, »vor allem den Trost der Religion, den erhebenden, herzstärkenden, daß jedem seine Sünden vergeben werden können, und daß eine gütige Vorsehung die Menschheit zu ihrem Besten leitet, erteilen können« müsse (600). Doch ist der Sinn von ›Todesangst‹ auf der Basis vitalistischen Prozeßdenkens ein grundsätzlich gewandelter. Nicht der Tod, das Nicht-Sein und eventuelle Schicksal der Seele nach dem leiblichen Ende ist das Ängstigende, sondern das als Sterben gedachte Leben. Seine Vernunft weiß, daß es nicht sein soll, in seinem Sein leidet es ununterbrochen. Am Ende kulminiert dieses Sein nicht in irgendeiner Prüfung oder Erlösung, keine Einsicht leitet es in einen anderen Zustand über. »Deshalb auch kann die immanente Philosophie der *Todesstunde* nicht die allergeringste Wichtigkeit und Bedeutung beilegen.« (219) Diese Einstellung zum Sterben werde objektiv durch ›Intelligenz‹

und ›Wohlleben‹ gefördert (vgl. PhE I, 204 ff.). Ihre tatsächliche Wirksamkeit ist individuelle Leistung.[75] Der faktische Entschluß zur Selbsttötung bedürfte aber eigentlich niemals einer evolutionären Vorbereitung, denn der Unwert des Lebens ist ja keine Tatsache, die sich sukzessive erst aufbauen müßte. Der Lebensunwert ist dem Leben bereits als purem organischen Faktum seit je anzusehen – der Vernichter eines seit je sterbenden Lebens muß diesem also nicht, wie etwa in Nietzsches Euthanasie-Erwägungen durchgespielt, erst ab einem ästhetisch, kulturell o. ä. fixierten Dekadenz-Niveau zu Hilfe kommen.[76]

Mainländers »Philosophie der Erlösung« steht inmitten des im 19. Jahrhundert formierten Evolutionismus und Positivismus, dem sich die Todesproblematik vom Aufhören des Lebens hin zu den tödlichen Krankheiten, d. h. geminderter Qualität des Lebens, verschoben hat. Nicht das Jenseits, sondern das Diesseits des Lebens beunruhigt; die philosophische Beruhigung muß somit ihrerseits aus der ›Immanenz‹ des Lebens kommen. Darum kann Mainländer auch Schopenhauers Umgang mit der Selbstmord-Problematik nur wenig abgewinnen. Es ist vor allem der – christlich-platonisch geerbte – Dualismus, der ihn stört und in dem er mit Recht eine elitäre Erkenntnisanmaßung wittert: »Wie Mephistopheles, sitzt Schopenhauer am Ufer des Menschenstromes und ruft höhnisch den in Schmerzen sich Windenden, nach Erlösung Schreienden zu: eure Vernunft hilft euch nichts. Nur die intellectuelle Anschauung kann euch retten, aber nur dem, welcher von einer räthselhaften Macht dazu prädestinirt ist, kann sie zutheil werden.« (I, 600)

9.   In ihren Thanatologien erweisen sich v. Hartmann und Mainländer nicht nur als Schüler Schopenhauers, sondern vor allem Schellings: Obwohl erklärtermaßen ›monistisch‹ bzw. ›immanent‹ verfahrend, ist in diesen Metaphysiken der ›Grund‹ des Lebens nicht ohne weiteres zugänglich – die Rückkehr geschieht auf dramatische, bewußt forcierte (Mainländer) oder unbewußt-unsteuerbare Weise (v. Hartmann). In der logischen Absurdität, die dem Daß des Lebens hier zugebilligt ist, setzen sich beide Schellingianer von der allzu versöhnlichen Behauptung vieler anderer Vitalisten ab, man habe nicht nur die Zweckmäßigkeit, sondern auch den Zweck des organischen Seins erweisen können. ›Was‹ und ›Daß‹ des Lebens bleiben

– getreu der Lehre des späten Schelling – in den vitalistischen To-
deslehren v. Hartmanns und Mainländers voneinander geschieden.
Eine weniger spektakuläre Anknüpfung an Schellings Philosophieren gilt dessen Frühphase, der pantheistischen Naturphilosophie,
die wirkmächtig von L. Oken und anderen Schellingschülern der
ersten Stunde vertreten worden war. G. T. FECHNER war in seiner
Jugend ein begeisterter Hörer dieser Naturphilosophen gewesen.
Auch er vertritt, wie ein Menschenalter später v. Hartmann, einen
›Panpsychismus‹, dessen Anliegen durchgehend »der Schluß vom
Diesseits auf das Jenseits« und von »bekannten Tatsachen auf höhere Tatsachen« ist.[77] Fechner geht in der Unsterblichkeitsfrage
weiter als die romantischen Lebensphilosophen des ersten Jahrhun-
dertdrittels. Die tiefgreifende Umformung des Seelischen im Ster-
ben wird von ihm nicht geleugnet. Eine Fortdauer der Seele à la
Fichtes Willensprinzip ist ausgeschlossen. Das muß nicht beunru-
higen: Alles Lebendige steht in einem Kontinuum, so auch alles
Psychische. Aber nicht die Unterscheidung von Einzelleben und
Alleben, sondern die von Geist und Materie ist die thanatologische
Leitdifferenz. Fechner ist Physiker, will nicht außerhalb der wissenschaftlichen Diskussion seines Jahrhunderts stehen. Die Annahme
einer wandernden Seelensubstanz, wie etwa bei Ritter oder v. Schubert, ist ihm unterm Eindruck des mächtig andrängenden Materialismus vom Schlage L. Feuerbachs unmöglich. Weithin berühmt
wird Fechner zunächst nicht als spekulativer Naturphilosoph – das
ist er freilich von Anbeginn! –, sondern als Theoretiker des psycho-
physischen Parallelismus, einer monistischen, nicht-reduktiven
Alternative zum Cartesischen Substanzendualismus (»Elemente der
Psychophysik«, 1860). Die Seele ist unsterblich als mitwirkend und
mitlebend in der ›geistigen Welt‹, die ihre exakt meßbaren Entsprechungen in der materiellen hat. In dieser Lehre hat Fechner die
schwärmerischen Intuitionen seiner naturphilosophischen Lehrjahre einer inzwischen naturwissenschaftlich formierten Populär-
kultur anzutragen gesucht. Der späte Fechner kommt ihrem Evolu-
tionsglauben sogar mit einer Theorie der Selbstorganisation entgegen (»Einige Ideen zur Schöpfungs- und Entwicklungsgeschichte
der Organismen«, 1873). Entwicklungsgedanke und Geistlehre entfalten jedoch Ideen, die bereits Fechners »Büchlein vom Leben nach
dem Tode« (1836) enthält. Die drei Stufen des Lebens – das embryo-

nale vorgeburtliche, das irdisch-personale, das geistige nach dem Tode – gehen kontinuierlich ineinander über. Die jeweils spätere ist Zweck der vorangehenden, die jeweils frühere bildet die Mittel für die nachfolgende Stufe. So wie im vorgeburtlichen Leben der Körper als Werkzeug der ›äußeren Anschauung‹ fürs Erdenleben sich bildet, so in diesem wiederum der Geist als Werkzeug der ›inneren Anschauung‹ für das Leben nach dem Tod. Dieses ist Leben im Geiste und nicht mehr wachstümlich. Von Unsterblichkeit kann metaphorisch weiterhin die Rede sein, denn der Mensch wirkt an einer göttlichen Welt durch Ideen (des Guten, Wahren, Schönen), die selbst unentstanden und unvergänglich sind. Fechners Konzeption scheint auf die Lehren der hermeneutischen Lebensphilosophie von einem ›objektiven Geist‹ vorauszudeuten, der von Windelband und Dilthey bis hin zu K. R. Popper als eine ›dritte Welt‹ des Sachlich-Bedeutungshaften neben dem Physischen und dem Psychischen gedacht worden ist. Tatsächlich ist für Fechner das – gelingende – Leben ein »Weg in die dritte Welt«. Dieser Prozeß einer Geistwerdung wird sich auch in v. Hartmanns Konzept finden – mit der ganz anders gesetzten Pointe einer Verneinung jenes Lebenswillens, der zum Geistsein führte. Solche problematische Rückwendung des Geistes zum Leben, dem er entwuchs, ist bei Fechner nicht vorgesehen. Die Geistwerdung betrifft ja den ohnehin »ewigen, unvergänglichen Teil der Menschheit«, also das, »was an ihm wahr, schön und gut ist«; die objektiv seienden ›Werte‹ gewissermaßen. Ewiges Leben ist von den Erfahrungen der Einzelseele her nicht zu erschließen, es ist ein *Beieinandersein* der Geister. Doch Fechner denkt dies nicht in epistemologischer Absicht, im Sinne eines Malebranche-Berkeleyschen Seins in Gott als Ort der Geister, wie das noch bei Fichte anklang (s. I.10). Die *evolutive* Rückbindung der Geister ist entscheidend für ihre dauerhafte Lebensfähigkeit. »Das Erfassen der ewigen Ideen von den höhern Geistern ist daher ein Zusammenwachsen derselben durch diese Ideen zu größern geistigen Organismen; und wie alle individualen Ideen in allgemeinen und diese in allgemeinern wurzeln, so werden zuletzt alle Geister als Gliedmaßen mit dem größten Geiste, mit Gott, zusammenhängen. Die Geisterwelt in ihrer Vollendung wird daher nicht eine Versammlung, sondern ein Baum von Geistern sein, dessen Wurzel in dem Irdischen eingewachsen ist und dessen Krone in den Himmel reicht.«[70]

Ist das Leben als Sterben der Einzelorganismen also etwas, das ihnen völlig äußerlich bleibt – bildet sich ihre vitale und letale Kontinuität allein in einer von ihnen unsteuerbaren Evolution? Kann der Vitalismus mit seinen Konzepten der Autopoiesis des Lebendigen dessen Intersubjektivität für die Deutung von Lebensprozessen mit einbeziehen – wie es etwa die Lebensphilosophie (I) im Konzept eines Austauschs von Idee und Leben, von All- und Einzelseelischem versuchte? An dieser Frage muß der Vitalismus ›metaphysisch‹ werden, will er nicht Leben und Sterben des Organismus nach der Weise des von ihm bekämpften (Sozial)Darwinismus ›mechanistisch‹ als bloß faktischen Zusammenstoß, als Kampf aller gegen alle interpretieren. Inmitten des Siegeszugs der vitalistischen Erklärungsweise erhebt sich die Frage, *was im Einzelleben* sterblich sei. »Hinter allem Leben lauert wie ein Gespenst der Tod. Warum? Warum muß alles Geborene sterben, da doch das Leben selbst nicht stirbt, sondern in neuen Geschlechtern weitergeht?« (PL, 218)[79]

10. Eduard v. Hartmann stellt sich diese Frage am Ende seines Lebens und angesichts eines – zu seinem Leidwesen außerhalb philosophischer Begründung – blühenden Vitalismus in der Biologie. Seine 1906, im Todesjahr, vollendete Arbeit »Das Problem des Lebens« will diesem Mangel abhelfen. »Es dämmert die Einsicht, daß die Lehre vom Leben nur eine aus Naturphilosophie und Naturwissenschaft *gemischte* Disziplin sein kann, wenn sie ihres Namens nicht spotten will.« (PL, 283) Nach dem verbreiteten, aber verschämten spekulativen Teleologismus bei vielen Lebensforschern des 19. Jahrhunderts verspricht v. Hartmann eine »Naturphilosophie des Organischen« (1). Die zeitgenössische Kulturmenschheit lebe in einer Art Schizophrenie – sie glaube an die Zweckmäßigkeit in der Ordnung der organischen Welt und wolle doch nichts von deren Zweck wissen. Die Erforschung dieses Zwecks sei Sache der Philosophie. Der Konkurrenzsituation Naturwissenschaft – Philosophie ist v. Hartmann sich durchaus bewußt. Er versichert, »daß die teleologische Betrachtungsweise die ätiologische zwar in keiner Weise stört oder durchbricht, dafür aber nicht bloß mit ihr gleichberechtigt, sondern sogar ihr übergeordnet ist, und daß ein naturphilosophischer Vitalismus das Arbeitsgebiet und die Methoden der exakten Wissenschaften *weder berührt noch einschränkt*« (2 f.). Freilich seien

Genese und Beschaffenheit des Lebens nicht mehr in der Art des naturphilosophischen Pantheismus vorstellig zu machen. »Niemand denkt heute mehr daran, wie Schelling aus dem Begriff des Allorganismus die niederen organischen Stufen der Natur abzuleiten und auf vage Analogien weitgehende Folgerungen zu bauen.« (284) Der umfassende historische Teil des v. Hartmannschen Buches behandelt diesen älteren Vitalismus, der sich der Irrtümer des Materialismus, des Anthropomorphismus und des Individualismus schuldig gemacht habe (284). Scheinbar gilt v. Hartmanns Zurückweisung allen Arten von Substanz-Gläubigkeit und Reduktionismus, wenn er das ›Lebensprinzip‹ als immateriell, unbewußt und supraindividuell definiert (286 f.). Das Leben müsse keine Kenntnis von den physikalischen und chemischen Gesetzen – also seinem anorganischen und mechanischen Unterbau – haben, die es durchwalten (288). Wie erklärt v. Hartmanns Naturphilosophie den Tod? Bezeichnenderweise gesteht der ›konkrete Monist‹ nur der Frage nach dem natürlichen Tod metaphysische Dignität zu – »das Rätsel ist der Alterstod« (219). Eine materialistische Erklärung (Plasmazerstörung) verwirft v. Hartmann als tautologisch und reduktionistisch, denn diese würde nicht das Problem des Individualtodes erfassen. Eine »lebende Substanz ohne Individualisierung würde eben damit zugleich aufhören, *lebende* Substanz zu sein, und wäre bloß noch ein Gemenge chemischer Substanzen. Der Tod tritt ein, wenn dieses wirkliche Individuum als solches zu existieren aufhört, also nicht nur, wenn sein Plasma aufhört zu leben und lebensfähig zu sein, sondern auch, wenn diese Individualität aufhört da zu sein.« (223) Und auch »angenommen, das Altern des Körperplasmas wäre die wahre Ursache des spontanen Todes, so wäre damit doch nur ein Problem an die Stelle des anderen gesetzt.« (224) Mithin »sind alle bisherigen Versuche der Biologie zur Erklärung des Alterstodes als völlig gescheitert zu betrachten.« Die im Tode sich manifestierende Zweckbezogenheit des Lebens sei »auf anderem Gebiet als dem biologischen zu suchen«, das könne »nur das psychologische sein.« (232) Psychologie jedoch ist bei v. Hartmann nicht empirische und Individualseelenlehre, sondern Geist-Metaphysik im Sinne seines Panpneumatismus (s. II.7). ›Seele‹, ›Geist‹, ›Bewußtsein‹ sind hierbei – wie übrigens in den Evolutionsmetaphysiken, etwa des Radikalen Konstruktivismus, bis auf den heutigen Tag – terminologisch kaum voneinander abgegrenzt, weshalb ja auch die v. Hartmannsche Evolutionsdeutung von einer ›Zunahme des Bewußtseins in der Welt‹ qua ›Vergeistigung‹ ausgehen kann. Daneben aber verwendet v. Hartmann ›Bewußtsein‹ im geläufigen Sinn von ›etwas bewußt haben‹ – und dieser kommt für die Bezüge eines Einzelorganismus zu seiner Umwelt auf: Je individueller (geistnäher) das Sein, desto mehr Bewußtheit. Derlei »Bewußtseinsmauserung« ist »um so nötiger, je höher die Individualitätsstufe ist« (232 f.). Doch als Vitalessenz erschöpft sich Bewußtsein tendenziell. Populär: Der Alte versteht die Jungen nicht mehr, der Geist fühlt sich irgendwann lebensmüde. Von Hartmann denkt dies nun nicht vom Einzel-, sondern vom Weltorganismus aus: »Die Welt bedarf immer neuer Geschlechter, die sich in die veränderten Zeitumstände mit frischem, unbefangenem Bewußtsein einzuleben vermögen, um ihrerseits die Entwickelung um eine Stufe weiter zu befördern.« (233) Wie man weiß, ist dieser v. Hartmannsche ›Weltprozeß‹ der Vergeistigung ein Vernichtungsprozeß, worin »das Naturleben nur Staffel und Durchgangsstufe zum geistigen Leben ist. Zugleich aber mahnt uns die Tatsache des Alterstodes an die andere Einsicht, daß jedes Einzelwesen nicht für sich und um seinetwillen da ist, sondern nur da ist, um sich zum Opfer zu bringen auf dem Altar der Gesamtnatur, deren Sinn wieder im Geistesleben der Gesamtheit liegt.« (234 f.) Im Alterstod drückt sich diese Vernichtungstendenz aus, die nichts anderes als die Tendenz des Unbewußten ist, das Leben in sich zurückzunehmen. Die ungestörte Autopoiesis des Lebens zeigt diese Todestendenz am unverfälschtesten. Nicht ›Dauer‹ und ›Selbsterhalt‹, sondern ›Reaktivität‹, also Umweltbezogenheit, halte einen Organismus aktual im Leben. Die Autonomietendenz, die strikte Bezogenheit auf eine ›objektiv-geistige‹ Welt, verwirklicht dagegen das tödliche Telos des Lebens. »Der spontane Tod« – v. Hartmanns Wort für den natürlichen bzw. Alterstod – »zeigt uns die Grenzen der Zweckmäßigkeit des individuellen Selbsterhaltungstriebes und Dauerstrebens.« Das Individualbewußtsein mag zwar »etwas davon ahnen, wo es sich für die Zwecke der Brut, des Stockes, der Herde, des Staates, des Stammes oder der Art mit Bewußtsein opfert«. Doch »die hinter dem Bewußtsein vor sich gehende Zurückziehung des Lebensprinzips und die Herabsetzung seiner Reaktivität sorgt« ohnehin – also metaphysisch garantiert – »dafür, daß die supraindividuellen Zwecke trotz des beschränkten Zweckhorizontes des Individualbewußtseins erreicht werden« (235). Den Tod als obersten Zweck alles Lebens sieht nun v. Hartmann bei den historischen wie den seelischen Verlierern des Daseins wirken. Die Grenzen zur Trivialität und zur Geschmacklosigkeit hat v. Hartmanns metaphysische Deutungslust dabei mehr als einmal überschritten: »Die Arten sterben wie die Individuen oft genug daran, daß die Reaktivität ihres Lebensprinzips nicht mehr ausreicht, um vorhandene Hemmnisse und Schwierigkeiten zu überwinden. Der spontane Tod läuft auch bei den Arten neben dem gewaltsamen einher; so sterben viele Naturvölker aus, nicht weil sie von Kulturvölkern bekämpft und ausgerottet werden, sondern weil das Lebensprinzip sich aus ihnen zurückzieht und sie die Fortpflanzung ihrer Rasse nicht mehr instinktgemäß leisten. Ihr spontanes Aussterben ist für die Entwickelung des Ganzen auf der Stufe, wo es stattfindet, nützlicher als ihre fortdauernde Selbsterhaltung; sie ist ein Akt der Selbstregulation der die Arten umfassenden Gattung, ähnlich wie der Selbstmord eines Geisteskranken oft genug einen Selbstregulationsakt der Natur darstellt.« (235) Hier weht dieselbe Kälte, die man aus Schopenhauers Reflexionen über die lebensregulative Arbeit der großen Seuchen kennt.

11. Die Schopenhauer-Schüler Mainländer und v. Hartmann sind in der Rezeptionsgeschichte der Lebensphilosophie (II) weit weniger populär geworden als der Meister selbst, der vielen Interpreten als Inspirator der modernen Lebensphilosophie oder wenigstens einer ihrer Phasen gilt. Das eine Hauptwerk des Philosophen der Erlösung und die 60 Bücher des Philosophen des Unbewußten zeigen jedoch deutlicher und im Detail die thanatologischen Konsequenzen einer naturwissenschaftlich inspirierten Lebensphilosophie. Sie sind für die zeitgenössischen Varianten einer evolutionistischen Biophilosophie großenteils noch gültig und leiten sich vor allem aus dem Monismus-Anspruch dieser Denkansätze her.[80] ›Immanente Philosophie‹, ›Panpsychismus‹, ›Panvitalismus‹, ›teleologischer Vitalismus‹, ›konkreter Monismus‹ usw. usf. hatten sich anheischig gemacht, die geistmetaphysischen Restbestände in Schopenhauers Philosophie des Willens zum Leben zu tilgen. Der Schopenhauersche Dualismus ist dabei in leibseelische Aspekt-Polaritäten oder ins Prozeßhafte aufgelöst. Ein ontologisches Kontinuum

von ›Process‹ bzw. ›Entwickelung‹ wird unterstellt, das gewisse Erfahrungen mit dem individualorganismischen Lebendigen aufs Kosmische abbildet. Damit werden auch Tod und Sterben zu Prozessen, die dem Leben nicht qualitativ entgegengesetzt sind, sondern inhärieren oder – in den Extremdeutungen Mainländers und v. Hartmanns – sogar das Ziel der Prozeßwirklichkeit bilden. Hierbei müssen die für andere Varianten der Lebensphilosophie so wichtigen Differenzen zwischen Ich, Seele, Geist, Bewußtsein eingeschmolzen werden – besonders auffällig ist dies an der Meinung, Bewußtsein ließe sich steigern.[81] Sie bilden weder Instanzen, die ein höheres oder ewiges Leben versprechen können, noch mögliche Sphären der Erstarrung, der totengleichen Kristallisation in irgendeinem prozeßenthobenen Sein. Die vitalistischen Fortbildungen der Schopenhauerschen Lebensmetaphysik stehen damit zwischen der älteren Lebensphilosophie mit ihren theologisch-transzendenten Hoffnungen auf ewiges Leben im geistigen Sein (F. Schlegel) und der Leben-und-Geist-Philosophie etwa eines L. Klages (vgl. III.5). Die Ausweitung der Denkfigur ›Dekadenz durch Bewußtwerdung‹ in der Geschichts- und Gesellschaftslehre nimmt Fragestellungen O. Spenglers vorweg, versagt sich jedoch die Einbettung des kulturellen Niedergangsgeschehens in übergreifende, quasi-naturzyklische Seins- und Sinnstrukturen. Bewußtwerdung, Vergeistigung, egozentrische Tendenz alles Vitalen werden als dem Weltprozeß immanent angesehen. Der Tod entspricht dem ›Ausleben‹, im doppelten Wortsinne. Die strikte Gerichtetheit des Prozesses und seine ontologische Homogenität über alle Leib-Seele-, Natur-Kultur-, Kosmos-Mensch-Differenzen hinaus erfordert den Rückgriff auf begründungsmetaphysische Setzungen an anderer Stelle. Sie betreffen den *Ursprung* des ganzen Lebens- bzw. Vernichtungsgeschehens (vgl. PhE II, 83). Hier geht die thanatologische Argumentation bis auf Muster der antiken Gnosis und des Neuplatonismus zurück. Aber auch die Idee einer inneren Kohärenz von anorganischem und organischem Sein, von organischem und Bewußtseinsleben wurzelt tief in der metaphysischen Tradition,[82] wie etwa v. Hartmanns Panpsychismus zeigt. Vergleichbare Erklärungsansprüche hat die evolutionistische ›Biophilosophie‹ der Gegenwart zu bewältigen, wenn sie nach den unteren Grenzen des Organischen fragt (vgl. Bp, 76 f.) oder das kosmische Kontinuum in einem bewußtseinsneutralen Begriff von ›Information‹ findet.[83] Qualitative Differenzen in der Lebensdauer, wie sie etwa der Begriff eines ›objektiven Geistes‹ nahelegt und für Lebensphilosophie (I) und (III) wichtig sind, spielen in der Lebensphilosophie (II) kaum eine Rolle. Das Individuum ist in seiner Todesangst unmittelbar einem ›biowissenschaftlich‹ homogenisierten Kosmos konfrontiert, dessen Sinnverheißungen die induktiven Metaphysiken Schopenhauers, v. Hartmanns, Mainländers, z. T. und phasenweise auch Feuerbachs, Dührings, Nietzsches herauszuarbeiten versucht haben. Das zeigt sich besonders in der Frage nach der möglichen Selbstverneinung des Lebens. Die Vernichtungs- oder Todestendenz des Weltprozesses ist der individuellen Sinnlosigkeitserfahrung strukturanalog, die sich aus der Ansetzung des Lebens- als Höchst- und Selbstwert ergibt. Schopenhauers Entmoralisierung der Selbsttötung stellt einen Meilenstein in der ›immanenten‹ Behandlung der Lebenssinnfrage vorm Horizont des Nichtseins dar;[84] der evolutionistisch geprägte Vitalismus will noch über Schopenhauer hinausgehen: Nur die individuelle Form, nicht der Lebenswille werde bei Schopenhauer verneint – hinter dieser Inkonsequenz seien Leib-Seele-, Stoff-Form-Dualismus christlicher Provenienz zu vermuten. Die vitale Selbstverneinung mußte in dem Moment in den Blick rücken, da das Leben, als Symbol des Weltprozesses, gleichsam nichts außer sich hatte und die Selbstmord-Thematik vom individuellen aufs kulturelle Leben ausgeweitet, d. h. sozial- und geschichtsphilosophiewürdig werden konnte.[85] Die *ontische Möglichkeit* der Erkenntnis von Weltprozeß, thanatologischer Vitalwirklichkeit, Lebenswille gerät problematisch wegen der Gleichsetzung von ›Geist‹, ›Seele‹, ›Bewußtsein‹, die im homogenen Kontinuum des Prozesses stehen sollen, den sie erkennen (und schwächen); diese Problematik verbindet die frühen Philosophen des Lebens (II) mit dem Evolutionsbegriff der modernen ›Biophilosophie‹. Schopenhauer hatte hier auf ein epistemologisches Elitekonzept zurückgegriffen (privilegierte soziale Standorte begünstigten Augenblicke der Wollensbefreitheit des Erkennens), v. Hartmann fand in dem stillen Leben des Erkennenden ein ontologisches Exil gegenüber dem noch nicht vollendeten Weltprozeß (vgl. Ubw, 749). Einzig Mainländer, der ähnlich der modernen Chaos-Theorie eine Art Weltorganismus annahm, worin »ein Pistolenschuß auf der Erde seine Wirkungen auf dem Sirius haben muß« (PhE I, 342 f.), konnte die Objektivität seiner Erkenntnis nur in der Auslöschung ihres Subjekts finden.

12. Der quantitative, mit Kräftemengen und energetischen Bilanzen rechnende Lebensbegriff, der für den Tod keinen rechten Ort hat, ist auch in den komplexeren *Verarbeitungen und Überformungen des Vitalismus* allenthalben aufweisbar. NIETZSCHE im Nachlaß der 1880er Jahre: »Eine Vielheit von Kräften, verbunden durch einen gemeinsamen Ernährungs-Vorgang, heißen wir ›Leben‹« (NW III, 874)[86], »Leben lebt immer auf Unkosten andern Lebens« (478). Alle Qualitäten des Lebens sind auf quantitative Verhältnisse zurückzuführen, die freilich evolutionär unbegrenzt sind; Leben wäre demnach zu »definieren als eine dauernde Form von Prozessen der Kraftfeststellungen« (458). Die ontologische und axiologische Immanenz des Lebens führt sofort auf ›lebensfeindliche‹ Konsequenzen, wenn sie durchbrochen werden soll – Moral, Erkenntnisobjektivität und dergleichen seien tödliche Selbsttäuschungen des Lebens (1243). Muß dieses in vitalistischer Sicht also per definitionem unsterblich sein? Sicherlich nicht. Doch die Erfahrung des Todes ist entweder in die Immanenz dieses ›naturwissenschaftlich‹ beschreibbaren Prozesses mit hineingeholt (s. u., II.7 ff.) oder als ihr kommensurabel gedacht, also letztlich als phänomenologische Tatsache abgedrängt. Die Abdrängung auch nur des Gedankens an den Tod kann auf verschiedene Weise geschehen – etwa, wie eben gezeigt, durch Auflösung des Phänomens in einer absolutgesetzten Prozessualität oder durch seine Verrechnung in einem Kräftegesamt.[87] Im Ausgang von der psychologischen Deutung des Themas ›Leben‹ findet man dagegen *Integrationen* der Sterblichkeitserfahrung in einen objektivistisch anmutenden Deutungsrahmen. So etwa in den Vitalismus-Verarbeitungen S. FREUDS und M. SCHELERS. Für Freud ist die Resignation gegenüber dem Tod im Gedanken der Vergänglichkeit begründet, der seinerseits durch die wissenschaftliche Einsicht in die allgemeinen Naturgesetze von Werden und Vergehen vermittelt sei.[88] Zwischen erlebter und gemessener Zeit des Daseins ist somit kein unüberwindlicher Qualitätsunterschied. Die Analogie von Individual- und Sozialorganismus, wie sie dem positivistischen Evolutionsgedanken des 19. Jahrhunderts entsprach, ist ein kulturphilosophisches Seitenstück dieser Überlegungen. Derlei findet sich

in Freuds Annahme eines gesonderten Todestriebes, der zu primitiven Zuständen des Lebens, ja schließlich zum Anorganischen zurückdränge.[89] Die Frage, wie im Horizont naturwissenschaftlicher Erklärungsimmanenz mit dem Sterbeerlebnis umzugehen sei, hatten sich im ausgehenden 19. Jahrhundert die Außenseiter des Vitalismus P. Mainländer und E. v. Hartmann gestellt (s. II.7/8); die Tendenz, sich zumindest theoretisch dem Fatalismus eines ›unbewußt‹ wirkenden Prinzips zu fügen, weist von Freuds Spätwerk auf v. Hartmanns »Philosophie des Unbewußten« zurück (s. II.7). Auch Scheler ist den Arbeiten v. Hartmanns in mehrfacher Hinsicht verpflichtet,[90] kulturphilosophisch vor allem in der Lehre vom Menschen als Asketen des Lebens, als eines Triebwesens, das ›wahres‹, d. h. mehr als biologisches Sein erst in den objektiven Gebilden des ›Geistes‹ finde. Als Thanatologe ist Scheler bekanntgeworden durch die Lehre von der intuitiven Todesgewißheit, die ihre kulturphilosophische und vor allem -kritische Intention kaum verbergen kann. In ihr sind objektiv-meßbare und phänomenologische Zeit wie folgt einander angeglichen: Beide zusammen ergäben eine ›Todesrichtung‹, denn im Prozeß und im Bewußtsein des – lebenslänglichen – Alterns sei ein intuitives Wesenswissen gegeben, wonach die Gegenwart ›zusammengepreßt‹ werde und die Zukunft abnehme.[91] In dieser Theorie zeigt sich Scheler noch vielfach dem Positivismus der Lebensphilosophie (II) verpflichtet, der gerne mit naturwissenschaftlichen Analogien operiert. Schelers Theorie bildet ja die Struktur des gelebten Augenblicks auf die »Struktur des organischen Lebens als Ganzen a priori« ab.[92] Diese Argumentation – ohne Umweg der Induktion bzw. der Beobachtung des Sterbens anderer – macht das Wissen um die persönliche Sterblichkeit letztlich zu einer organischen Tatsache. Die »Gewißheit von der menschlichen Sterblichkeit unter Ausklammerung der ontischen Erfahrung«[93] ist die Schwäche dieser Theorie und bildet ihre – von Scheler nicht gesehene und sicherlich nicht gewollte – Nähe zu den vitalistischen Metaphysiken eines Seins, das seine eigene Erkenntnis produziert. Scheler selbst verstand seine Thanatologie, die er vor allem im zweiten Jahrzehnt des 20. Jahrhunderts entwickelte, als kulturkritischen Einspruch gegen das vorherrschende Konzept des ›natürlichen Todes‹. Für Scheler bedeutet der Tod »eine langsame Erschöpfung einer als selbständiges Agens anzunehmenden Lebenskraft«, die sich im Bewußtsein als ›Todesidee‹ manifestiere. Die Verleugnung dieser – im normativen Sinne – ›natürlichen‹ Dekadenz, die ihre eigene Spiritualität in sich trage, erklärt die kulturelle Dekadenz des ›modernen Menschen‹, der die Todesidee »durch seine Lebensweise und Beschäftigungsart aus der klaren Zone seines Bewußtseins zurückdrängt«. Als Massentypus habe er die ›vitalen Werte‹ dem Maschinenhaften, also Technisch-Nutzbringenden, also Toten untergeordnet; die Geschäftigkeit des Fortschritts wurde Lebensersatz. Die Unsterblichkeitsambition ist durch den »Trieb zu grenzenlosem Arbeiten und Erwerben« ersetzt, der seinerseits »Folge eines tiefen Bewußtseins der Seinsunwürdigkeit und der metaphysischen Verzweiflung dieses Menschentyps« sei. Diese Verzweiflung ist also nach Scheler gerade erfahrungslos, ihr entgeht die ›intuitive Todesgewißheit‹, die in der Inkorporiertheit des Spirituellen wurzelte. Der ›moderne Mensch‹ hat es tatsächlich geschafft, aus einem – u. a. von Todesangst – bewegten Leibseelenwesen zu einem bloßen Körper zu werden und als solcher zum »Teil des universalen Mechanismus der Körperwelt« (vgl. SGW X, 28–30). Freud und Scheler sind freilich schon Denker an den Rändern dessen, was ein lockerer Wortgebrauch als ›Lebensphilosophie‹ faßt.[94] Ihr denkerischer Impetus speist sich aus anderen Problemstellungen als denen des naturwissenschaftlichen oder naturphilosophischen Vitalismus.

Lebensphilosophie (III):
Erstorbene Objektivation und tötender Geist

1. Die vitalistische Lebensphilosophie (II) hatte ein ausgeprägtes Bewußtsein für die systemischen und selbsterhaltenden Potenzen des Lebendigen entwickelt. Dieses war als organismisches Faktum thematisch, als zoé, nach dessen Analogie auch komplexere, z. B. soziokulturelle Sachverhalte gedeutet wurden. Wie würde sich dieser Umgang mit dem Leben im Blick der nicht primär (natur)wissenschaftlich induzierten Lebensphilosophie (I) darstellen? Die Frage war und ist keine rein akademische, denn die Lebensphilosophie (I) bestand – wie beispielsweise am Schellingianismus im späten 19. Jahrhundert zu sehen – während der Genese des Vitalismus fort; ihre Motive – Ichüberwindung, Ganzheitssehnsucht, Aversion gegen allen ›mechanistisch‹-isolierenden Umgang mit dem All-Einen – sind bis auf den heutigen Tag wirksam. Die Antwort ist: Selbstlaufende Prozesse, wie in Lebensphilosophie (II) konzipiert, können zu Metaphern eines lebensfeindlichen Verhängnisses, eines vom lebensspendenden Urgrund losgerissenen Seins, eines Machtgewinns aus vitaler Reduktion, kurz: eines tödlichen Geschehens werden. Hierfür mußte lediglich der *biologische* Sinn der Autopoiesen, den der Vitalismus entwickelt, aber oft genug selbst überschritten hatte (E. v. Hartmann!), in den Hintergrund treten. Die in Lebensphilosophie (I) erörterte Problematik eines Scheinlebens bzw. einer innerlich leblosen Bewegtheit stellt sich dann erneut. Wenn die Erfahrung einer scheinbar grundlosen ›Selbstbewegtheit‹ wissenschaftlicher, technologischer, ökonomischer Prozesse gegenüber dem menschlichen Dasein mit solchen lebensphilosophischen Wertungen zusammenstößt, dann bildet sich eine komplexere ›Philosophie des Lebens‹ als die bislang behandelten. Sie kann und wird den seelischen wie den leiblichen Tod nicht mehr als unmittelbare, individuelle Erfahrungen diskutieren, sondern allein als wissenschaftlich, technisch oder anderweitig überformte Prozesse. Der Wiedergewinn der Unmittelbarkeit bleibt allerdings das Motiv ihrer denkerischen – und bald auch praktischen – Bemühungen. Sie vollziehen sich im Angesicht eines wissenschaftlich-technisch sowie wachstumsökonomisch geprägten Kulturlebens. Das Dasein scheint von Produkten einer Scheinlebendigkeit überwältigt, die ihm heterogen oder sogar feindlich, als ›tote Materie‹ oder aktiv als ›Widersacher‹ begegnen. Zwei Grundvarianten, dieses Problems Herr zu werden, zeichnen sich ab.

Zum einen kann die Überwältigung durch ›Totes‹ als eine Entfremdung – eine Verselbständigung und Objektivierung – genuiner Lebensvollzüge durch ihre Symbolisierungen erscheinen, die eigene Realität gewannen. Das Hauptbeispiel hierfür ist die Wissenschaft, deren immanentes Produktionsgesetz eine von keiner Subjektivität mehr einholbare Aufreihung von ›totem‹ Sachwissen, von Buchstabengelehrsamkeit, alltagsfremden Spezialismen usw. erscheint. Die Problematik wurde auch in Lebensphilosophie (I) gesehen und rief den bekannten romantischen Protest – gefühlshafte Ganzheit des Lebens gegen verstandesgewirkte Vereinseitigung – hervor. Nunmehr versucht man diese Spannung jedoch transzendental-genealogisch zu lösen, durch Re-Präsentation des in dem ›Erstarrten‹, ›Verkrusteten‹, ›Verknöcherten‹ der objektiv-geistigen Welt einst wirksam gewesenen Lebens. Das Hauptmittel dafür ist eine geisteswissenschaftliche Hermeneutik, worin einer transzendentalen Subjektivität sowohl sie selbst als auch ihre entfremdeten Objektivierungen (›Setzungen‹ hieß das hundert Jahre früher) erschlossen sind. Die lebensphilosophische Hermeneutik (Dilthey) entfaltet sich, fortgeführt in der lebensphilosophischen Anthropologie (O. F. Bollnow) und Kulturphilosophie (H. Freyer) sowie in existenzphilosophischen und phänomenologischen Strömungen, über das ganze 20. Jahrhundert.

Zum anderen kann das ›Lebensfremde‹ als gar nicht mehr ins Leben einholbare, weil prinzipiell andersartig verfaßte Macht interpretiert sein. Namentlich eine bestimmte Technik- und Kapitalismuskritik sieht lebensfeindliche Kräfte am Wirken, denen mit keinerlei hermeneutischem ›Verstehen‹ mehr beizukommen ist. Auch hier wird das aus (I) bekannte kosmische oder Alleben angerufen, das in Zerspaltungen stirbt. Doch kann es nicht mehr oder nur in Bildern sich selbst transparent werden, da *Unbewußtheit* gerade der Ausweis seiner Gesundheit bzw. Ganzheit ist. Diese Ganzheit wird nach dem

Vorbild des leiblich gegebenen, organismischen Lebens beschrieben. Von L. Klages über die konservative Technikphilosophie (O. Spengler) bis zur ökologischen Kritik an der kapitalistischen Wachstums- und Nützlichkeitsrationalität findet man im – durch politikersetzende Wissenschaft, Technik, Ökonomie inzwischen handfest ›beschädigten‹ (G. Mitscherlich) oder nahezu ›zerstörten‹ (G. Anders) – Leben eine Gegenevidenz zu den nur scheinbar natürlichen Selbstläufen der zivilisatorischen Mächte.

Beide Grundvarianten von Lebensphilosophie (III) entstehen um 1900 und existieren, mit Unterbrechungen und Renaissancen, bis in die Gegenwart.[95] Die ihnen gemeinsame Erfahrung ist und bleibt die starke Vermitteltheit vitalen Geschehens, das gemeinsame Denkmotiv der Unmittelbarkeitswunsch. Synthesen zwischen ihnen sind immer seltener geworden. Die epistemologischen und ethisch-praktischen Ansätze waren hierfür seit Anbeginn zu verschieden. Der geisteswissenschaftlich-hermeneutischen Lebensphilosophie eignet ein friedvoll-beschwichtigender Gestus im Umgang mit dem entfremdeten Leben, das in der Verkrustung der kulturellen Objektivationen tragisch eingeschlossen und durch Anamnesen bzw. Genealogien wieder zu befreien sei; die ökologische Zivilisationskritik dagegen nimmt gegenüber den thanatologischen Mächten – Geist, Technik, Kapital – eine fast gnostische, jedenfalls unversöhnliche Haltung ein: Sie sind gedeutet als lebensfremde Übergriffe aufs Leben, die, obwohl nur dessen Parasiten, den Anschein der Lebendigkeit gewannen. Allenfalls die zum Ende des 20. Jahrhunderts mit Husserlschen Denkmitteln entworfene »Radikale Lebensphänomenologie« M. Henrys könnte als Zusammenführung beider Strömungen aufgefaßt werden.[96]

2. Zunächst aber zur älteren von ihnen: Die lebensphilosophische Auslegung bzw. Erneuerung des Transzendentalismus um 1900 nimmt den Lebensbegriff (I) wieder auf und wendet ihn gegen die regionalontologische Verengung in (II). Diese neue ›Philosophie des Lebens‹, die auch der ersten Form historisch rückwirkend den gleichen Namen verleiht und sich so in eine Motivtradition stellt, ja von einer philosophischen ›Bewegung‹ (Dilthey/Bollnow) spricht, ist abermals von einem primär praktischen Impuls geleitet. Nur interessiert das ›Leben‹, diese Ganzheit, der man zu ihrem Recht gegen allerlei Totes, Erstarrtes, Kristallisiertes verhelfen will, vor allem als ein Problem theoretischer Menschen, theoretischer Einstellung: Die Lebensphilosophie (III) ist eine praktische Philosophie für Geisteswissenschaftler. Sie will damit auf eine Krise reagieren, die in einer Überproduktion von nicht mehr zu belebenden bzw. zu ›beseelenden‹ Artefakten besteht. Diese erscheinen als endlos fortsetzbare Reihung toter Objekte aus geistiger Lebensaneignung. Leben bringt ›geistige Gebilde‹ hervor, die es überformen und schließlich fast unsichtbar machen. Allerdings sei die Vergeistigung des Lebens diesem struktureigentümlich, ebenso wie die Autonomie der Lebensobjektivationen in einer Art Sonder- oder Scheinleben (W. Dilthey: »Antinomie alles Lebendigen«; G. Simmel: »Tragödie der Kultur«). Auch die professionelle wissenschaftliche Arbeit verfällt dieser Sicht. ›Leben‹ ist überwiegend, wie in (I), nicht seinem ontisch-biologischen Sinne nach genommen, sondern als Lebensweise oder -gefühl, als Sinngebung aus dem Lebendigsein. Doch erscheint dergleichen jetzt enger aus der Erfahrung mit der einzelwissenschaftlichen Auslegbarkeit des Lebens selbst motiviert, nicht mehr umfassend und undifferenziert kulturkritisch gegen allerlei ›Konvention‹, ›toten Buchstaben‹ usw. gerichtet wie in (I). Die ›Geisteswissenschaftler‹, die für ihr Philosophieren aus dem Leben über das Leben kulturell sinnkonstitutive und -deutende Relevanz beanspruchen (Dilthey, Yorck, Misch), müssen den entsprechenden Bezugsrahmen erst herbeischreiben. Das geschieht in Form von Theorien über das Geist-Leben-Verhältnis. Ersichtlich ist ›Geist‹ hier in der Lage, zum Widerpart, zum Toten bzw. Ertötenden des ›Lebens‹ zu geraten, sobald er sich nicht auf es ›zurückführen‹ läßt in ›geisteswissenschaftlicher Analysis‹. Ganz gleich, wie das Verhältnis von ›Geist‹ und ›Leben‹ im einzelnen ausfällt: es bleibt prinzipiell ein asymmetrisches. Das Leben ist das aus sich heraus Verständliche, das alles andere erst verstehbar macht. Damit werden die aus Lebensphilosophie (I) ererbten Äquivokationen erneut problematisch. Der ›globus intellectualis‹, der laut Dilthey den in Wissenschaften erschließbaren Kosmos des Lebens umfaßt, teilt sich in eine sich selbst durchsichtige und eine ihm fremd bzw. äußerlich bleibende, erst qua Objektivation des Lebens oder naturwissenschaftliche Idealisierung begreifbare Hälfte (»Einleitung in die Geisteswissenschaften«, 1883). Lebensphilosophie (III) ist Sinngebung, Sinnrekonstruktion, Beseelung dieses für sich genommen totenähnlichen Seins. Sie beginnt methodisch bei der ›Gewißheit‹, Vertrautheit, ›Selbstgegebenheit‹ des Bewußtseinslebens, seiner Immanenz im ›Erleben‹. Diese bildet eine Totalität, ›aus der heraus‹ philosophiert werden soll. Das klingt ähnlich der Anrufung des in der Menschenseele selbstbezüglich gewordenen Allebens, wie verbreitet in Lebensphilosophie (I). Tatsächlich reproduziert Lebensphilosophie (III) die Asymmetrien zwischen Alleben und Einzelleben, zwischen intelligiblem und empirischem Ich, wie sie für den lebensphilosophisch tendierenden Transzendentalismus etwa J. G. Fichtes typisch waren. Nur liegt inzwischen die Erfahrung der ertötenden Wirkung der Wissenschaften vor, zumal wo diese sich dem ›Lebensphänomen‹ selbst zugewandt hatten. ›Tötend‹ scheinen die Wissenschaften einmal in ihrer Reduktion des ›ganzen, wollend-fühlend-vorstellenden‹ Lebens auf Wille und Vorstellung (so Diltheys Befund), namentlich durch den Machtwillen in ›Abstraktion‹ und ›Okularisierung‹ (so Yorcks Begriffe für eine hemmungslose Theoretisierung des Erlebens), zum anderen in der dadurch geleisteten Distanzierung lebensweltlicher Zusammenhänge zu wissenschaftlichen Gegenständen (so die Lebensphänomenologie M. Henrys). Das ethisch-praktische Problem liegt also in einer *Lebensweise*, nämlich der durch wissenschaftlich-technische Welt- und Selbstauslegung bestimmten, die ›das Leben‹ rational gängelt und dabei tendenziell schwächt bzw. sterbenskrank macht. Umgekehrt – dies im Ergebnis der hermeneutisch-lebensphilosophischen Rekonstruktion – läßt sich aber auch sagen: ›Leben‹ überschreitet alle Lebensweisen, inklusive die Leben primär biologisch auslegenden und vernutzenden (s. IV), ist dem Denken freilich nicht anders zugänglich als in solchen Auslegungen. Hier eröffnet sich das ›geisteswissenschaftliche‹ Arbeitsfeld, wie von Dilthey umrissen (»Der Aufbau der geschichtlichen Welt in den Geisteswissenschaften«, 1910/11). ›Geisteswissenschaft‹ ist wesentlich historische Wissenschaft, Heimholung der scheinbar toten Ausscheidungen vergangenen Lebens (gewesener Lebensweisen und Lebensdeutungen) in eine omnipräsente Lebendigkeit. Ähnlich wie zur Zeit des Kantischen Transzendentalismus und wie bei Jacobi lautet die Frage nicht auf ein Ob, sondern ein Wie – wie war es möglich, daß ›Leben‹ sich in ›Geist‹ verlor? Die Primärerfahrung des Lebensphilosophen ist der Anblick brüchig gewordener Formen, die dem Leben weltanschaulichen Halt geben sollten – etwa einer Philosophie als Philosophiegeschichte, als ›Trümmerfeld der Systeme‹ (W. Dilthey). Man meint freilich aus der unverlierbaren ›Immanenz des Lebens‹ heraus zu philosophieren, die meist eine des Bewußtseinslebens sein soll.[97] Die lebenserneuernde Arbeit der hermeneutischen Geisteswissenschaften ist somit die Vergewisserung, daß all dies Vorfindliche dem gegenwärtigen Geiste wesensgleich, weil ehemaliges Leben sei. Der Sieg bzw. das Überwiegen der Artefakte, z. B. im ›antiquarischen‹ Zugang, der ›Mumifizierung‹ zu unveränderlichen ›Gegenständen‹ der philologisch-historischen Wissenschaften, wäre der geistige Tod. Man findet ihn sowohl in den historisch entleerten ›Gehäusen‹ der dogmatisch-transzendierenden *Metaphysik* wie in der Scheinlebendigkeit *positivistischer* Faktenproduktion, deren weltimmanente Fruchtbarkeit sich bloß technologischen Kniffen verdanke. Dagegen kämpft – durchaus mit dem Anspruch auf Kulturführerschaft – lebensphilosophische ›Selbstbesinnung‹.[98] In ihr muß das Leben alles aus sich hervorholen können, was ansonsten totenschwer drückte oder scheinlebendig dauerte. ›Objektiver Geist‹ ist stets in dieser Gefahr. Er muß möglichst *rückführbar* sein auf das Leben, die Geisteswissenschaften *bauen* ihn geschichtlich *auf*. Hier verschlingen sich Gnoseologie und Deontologie sehr eng: Sinnhaft ist eigentlich nur ein Leben im vollen Bewußtsein all seiner Auslegungen (›Objektivationen‹) als solcher. So bestände volle ›Lebendigkeit‹, ›lebende Lebendigkeit‹, ›Existentialfreudigkeit‹ (Yorck von Wartenburg) gerade in einem Zugleich von selbstbesinnlichem Innehalten und praktischem Sichverausgaben des Lebens. Mit der originären Transzendentalphilosophie würde damit Lebensphilosophie (III) das bessere Bewußtsein um die lebensperspektivisch ›unvermeidlichen‹ Verkürzungen des Erkennens teilen – und ihren lebensfälschenden Dogmatismen somit gerade entgehen.[99]

3. Leben ist konkrete Ganzheit jedoch nur als perspektivisch individuiertes ›Lebendiges‹, wie ein jüngerer Zeitgenosse von Dilthey und Yorck einwandte: »jedes Lebendige kann nur innerhalb eines Horizontes gesund, stark und fruchtbar werden« (NW I, 214), »es bestünde gar kein Leben, wenn nicht auf dem Grund perspektivischer Schätzungen und Scheinbarkeiten« (II, 599). NIETZSCHES Tonfall dramatischer Enthüllungen pflegten Yorck und Dilthey zwar mitunter selbst; auch teilten sie die Überzeugung, daß »Leben allein das Organon für das Leben sei« (Yorck an Dilthey, 25. Oktober 1895). Wegen der Bindung an die transzendental-erkenntniskritische Tradition mußte ihre lebensphilosophische Hermeneutik aber vom puren Perspektivismus abrücken.

Dadurch gerät – in Umkehrung von Lebensphilosophie (I) – das volle und ganze Leben zu einer Angelegenheit vornehmlich des *theoretischen* Nachvollzugs. Die Lebensphilosophie (I) hatte sich seit jeher als Befreiung und Erweiterung des Lebens verstanden, ihre Motive und Gesten finden sich darum in allen Jugend- wie Reformbewegungen. Die geisteswissenschaftliche Rekonstruktion der Lebensphilosophie (III) folgt dagegen dem Leben auf seinem Weg in die Selbstbeschränkung. Ist sie damit nicht selbst in gewisser Weise Abtötung? Nietzsche hat das erwogen – »Geist ist das Leben, das selber ins Leben schneidet; an der eignen Qual mehrt es sich das eigne Wissen« (NW II, 361). Nicht alle ›Lebensphilosophen‹ folgen ihm in dieser Sicht. Die Frage, ob bzw. wie Totes überhaupt *sein könne*, treibt die lebensphilosophische Position (III) in folgende Alternative: völlige epistemische *Ausgrenzung* des Todes aufgrund der vorauszusetzenden ›Totalität des Lebens‹ oder *Einführung* des Todes als lebensfremder, u. U. aber auch lebenstrukturierender Macht, vornehmlich über das Vehikel des ›Geistes‹. Das Denken Diltheys und Klages' bildet jeweils Ausarbeitungen dieser Alternativen.

4. Bei W. DILTHEY ist die Abdrängung des Todes ins Feld des Nicht-Ratioïden, hermeneutisch Unzugänglichen notorisch. Das Lebensganze muß sich vereinzeln, um zu sein und denkbar zu werden. Wäre es aber, wo ungedacht, nicht mehr Ganzheit?[100] Der »Grundpunkt der Tragik« des Lebens – »Leben ist Mehrseitigkeit, Übergang in realen Gegensätzen, Streit der Kräfte« (DGS VIII, 69), »Denken: Verhältnis von Bestandteilen«, »Vereinzelung«, weshalb auch der »Lebensbegriff nur in dieser Form zu haben« (71) – bleibt doch stets innerhalb des Lebens. Dilthey steht in jener Linie der philosophischen Thanatologie, die an Heidegger vorbei zu Sartre führt. Der Tod, als bloße Nicht-Lebendigkeit und dem Leben äußerlich, so wie die ›Naturwissenschaften‹ den ›Geisteswissenschaften‹ – »Die Natur erklären wir, das Seelenleben verstehen wir.« (V, 144) –, gilt diesem

Denken nicht einmal als Regulativ, Fluchtpunkt, transzendentale Bedingung oder dergleichen Sinngebung. Er entgeht schlicht dem lebenshermeneutischen Verfahren einer »Interpretation der Welt aus ihr selber« (IV, 211, 262). Das macht dem Lebensphilosophen theologische wie naturwissenschaftliche Todesdeutung entbehrlich. Das – der Totalität versichernde – »Gefühl des Lebens« »kann den Tod nur als äußeres Faktum hinnehmen, aber nicht wirklich fassen« (VIII, 45). Wenn dann, in der existenzphilosophischen Reformulierung des Themas, der Tod als »dem Leben entzogen«, daher sinnlos, absurd usw. heißt, ist der Abstand zur Lebensphilosophie (I) voll zu ermessen: im ›Alleben‹ konnte der Tod bzw. das Sterben als transformierendes oder gestaltendes Prinzip wirken, als »Kunstgriff der Natur, viel Leben zu haben« (so Goethe, ähnlich formuliert es Herder); dem ›Bewußtseinsleben‹ dagegen, für die akademische Lebensphilosophie (III) meist methodischer Ausgangspunkt, ist der Tod schlicht ein me-on.

5. Das alles ändert sich, wenn – wie bei L. KLAGES – die bewußtseinsphilosophische Voraussetzung hinfällig wird. Sie selbst gilt diesem Denker nur noch als Machtanspruch thanatologischer Gewalten. Der Titel ›Geist‹ versammelt sie. Geist steht der leibseelischen Einheit des Lebens feindlich, als ›akosmische Macht‹, gegenüber, im Menschen findet sie eine Einbruchstelle. Die »Urtrias, von der sich alle echten Triaden herschreiben, ist das nach *Leib und Seele* polarisierte *Leben*; in sie ist mittelst des Menschen, genauer des Menschen auf der Schwelle der ›Weltgeschichte‹, eine außerraumzeitliche (akosmische) Macht namens *Geist* eingebrochen, mit der Tendenz, Leib und Seele auseinanderzuspalten und dergestalt die Lebenszelle zu töten« (KSW III, 565)[101]. Der Tod wird lebensphilosophisch denkbar, weil die transzendentalpsychologische Analogisierung von Welt und Bewußtseinsfeld entfällt. Gegenüber dem konstitutionsanalytischen, am Ausdrucksphänomen geschulten Denkstil Diltheys – wie wird aus dem Leben seine vergängliche (›korruptible‹) Objektivation, wie drückt sich ›strömende‹ Lebendigkeit in festen Formen aus? – verfährt Klages also umgekehrt: er denkt dem *Einbruch* der tödlichen Entität ins Leben nach. In seinem Hauptwerk »Der Geist als Widersacher der Seele« (1929–32) heißt es: »Das absolute Sein ist der Geist und der Ort, vermöge dessen der

Geist in der Welt *existiert*, das persönliche Ich oder kürzer die *Person*. Nähme man der Person den wesenhaft vergänglichen Ort, so entschwände auch der Geist, und es wäre mit ihrem Sein wie aber auch mit ihrem Existieren vorbei.« (I/II, 1411) Von hier aus nimmt Klages die – Dilthey vornehmlich unterm Aspekt der Bewußtseinsimmanenz wichtige – Frage der persönlichen Unsterblichkeit auf. Sie ergibt sich für ihn erst im Rahmen eines spezifisch geistinfizierten, nämlich des christlichen Lebensentwurfs. Der christlichen Unsterblichkeit gegenüber steht die Todlosigkeit »in urtümlichen Bräuchen« (1411 f.). Auf Diltheys »Burgfreiheit der Person« als Voraussetzung individuellen Lebens und Selbstbewußtseins wie adäquaten Philosophierens darüber fällt von hier aus folgendes Licht: »Christliche Ewigkeit ist Zeitlosigkeit und Wahngedanke endlosen Dauerns der *Person*; heidnische Ewigkeit ist Ewigkeit seinsloser Wandlung von Vergehendem in Entstehendes und uralternde Prägekraft des *Bildes*.« (1412) Klages denunziert die christlich erhoffte Seelenfortdauer als »falsche Unsterblichkeit aus dem selbstwidersprüchlichen Wunsch nach Sempiternität der Person« (vgl. I/II, 27 ff., 448 f., 730, 1357, 1410). Die naturwissenschaftlich reformulierbare ›ewige Wiederkunft‹ sei nur eine Abart davon (1350). Sie ist ein Versprechen an den Individualegoismus, der als organische ›Verballung‹ des kosmischen Lebens im Einzelwesen aber von Anfang an dem Tode geweiht sei. Klages' Vorstellungen eines solchen vorindividuellen Lebens stehen in scharfem Widerspruch zu Grundannahmen des naturwissenschaftlichen Vitalismus, dessen Vertreter E. v. Hartmann denn auch eigentlich ein ›Mechanist‹ gewesen sei (vgl. I/II, 790). Für den Vitalismus ist die Welt von sich selbst erhaltenden Einzelorganismen erfüllt, hier lassen sich Unsterblichkeitsansprüche und ethische Forderungen anhand von Interdependenz- und Kontinuitätsvorstellungen erheben. Der Mensch steht an der Spitze einer geistbildenden Formenentwicklung – bei Klages hingegen ist er lediglich die ›Urstörungsstelle‹, worin das lebensfeindliche Geistprinzip Eingang findet (vgl. I/II, 999). ›Seele‹ hat Klages dem ›Geist‹/ ›Sein‹ scharf gegenübergestellt, um damit das Lebensprinzip von allen Stabilisierungen willensgewirkter, das heißt für ihn: willkürlicher Art abzugrenzen; so wird begreifbar, wie sich eine ›seelenlos‹- tödliche Macht inmitten eines beseelten Alles etablieren kann. Klages betont hiermit die Diskontinuität des Menschseins gegenüber dem Gesamtphänomen des Lebens, reformuliert also auch – freilich unter umgekehrtem Wertvorzeichen – die neuzeitlich-mechanische Subjekt-Objekt-Metaphorik für das Mensch-Natur-Verhältnis. Nach Einbruch des Geistes in die Gesamtheit des Lebens ist die Mensch-Natur-Beziehung grundsätzlich in einem Ungleichgewicht, der Mensch als ›Täter‹ des Geistes ist ›Mörder und Henker‹ der gesamten nicht-menschlichen Lebensumwelt.[102]

Die sachliche Nähe zur lebensphilosophischen Geistproblematik (III) im weiteren Sinne steht außer Frage, wenn man auf Klages' fundamentale, asymmetrische Begriffspolaritäten blickt – »der Geist offenbart sich mittelbar und zwar durch Akte, das Leben unmittelbar in Vorgängen« (»Geist und Leben«, 1933 – KSW III, 567). Leben ist dem Denken vorgeordnet, ein sich – in Gedanken – selbständig stellendes Denken höchst ertötend bzw. abgeleitet (572, 598). Die anthropologisch unvermeidliche Koinzidenz von Vitalität und Intellektualität, das sieht auch Klages, ist noch im intellektuellen Aufbäumen dagegen gewährleistet, in der Tatsache nämlich, »daß *echte* Erkenntnis vom Geist zum Leben führen würde, wohingegen das vermeinte Erkennen, auf dessen Spuren wir umgekehrt vom Leben zum Geist gelangen, sich vielmehr als Wollen, genauer als der Wille erwiesen hat, sofern er Erlebnisinhalte zum Werkzeug seiner Absichten umschmiedet« (600).

6. Als Querschnitt Klagesscher wie Diltheyscher Thanatologie-Motive kann das Kapitel »Tod und Unsterblichkeit« in G. SIMMELS »Lebensanschauung« (1918) angesehen werden.[103] Simmel faßt die lebensphilosophische Begriffsasymmetrie in die Polarität »Lebensmaterie« und »Form« (vgl. L, 133). Das »Geheimnis der Form liegt darin, daß sie Grenze ist; sie ist das Ding selbst und zugleich das Aufhören des Dings«, ein »Bezirk, in dem Sein und Nichtsein eines Dinges Eines sind« (96). Die für Simmels Denken typische Vielfalt der Perspektiven schließt einen Vorgriff auf die existentialistische Todesdeutung ein: Die »Begrenztheit des Lebensganzen durch den Tod wirkt auf jeden seiner Inhalte und Augenblicke vor« (99), »Leben fordert den Tod als sein Anderes« (108). Wie in der Lebensphilosophie (I) der Tod, so sind nun die apriorischen Formen eine Art lebensgestaltenden Strukturprinzips, das sich aber immer erst nach dem Ableben als solches zeige (102). Mit dem Kontrast von zeitli-

chem (begrenztem) Leben und zeitlosem Eigensinn der Lebens*inhalte*, *-werte* usw., als Voraussetzung einer Teilhabe-Relation, steht Simmel in der Nähe Schelers:[104] »... wo die ewige Form sich nur an diesem Stück Lebensmaterie verwirklicht, verzeitlicht, verstofflicht hat, da bedeutet der Untergang des Gesamtgebildes den unwiderruflichen Abschied der Form von der Wirklichkeit« (133). Jedoch: »Lebten wir ewig, würde das Leben voraussichtlich mit seinen Werten und Inhalten undifferenziert verschmolzen bleiben« – »gerade mit diesen zeitlos bedeutsamen Inhalten gewinnt das zeitliche Leben seine eigene reinste Höhe« (109). Simmels Analyse des Unsterblichkeitsgedankens weist gleichermaßen zurück auf die Begeistungskonzeption Klages' wie voraus auf die Unterscheidungen zwischen transphänomenalem Bewußtsein und psychischem Ich beim frühen Sartre: Der Unsterblichkeitsgedanke setze bei der »Herausbildung des Ich« aus »fließenden Zufälligkeiten« ein, dieses gewinne, »immer reiner«, dadurch »objektiven Sinn« (113). Die Oppositionen der neukantianischen Wertphilosophie schimmern durch Simmels Gedanken über Leben und Tod anläßlich des Rätsels von Wert-*Realisation*: So »empfinden wir die Vernichtung des Individuellen als einen Verrat, platonisch zu reden, im Reiche der Idee, obgleich natürlich diese, das heißt die Form, nicht verloren gehen kann, wohl aber ihre einzige Möglichkeit, sich zu realisieren; und darum ist der Tod für ein Wesen sozusagen um so gründlicher, je individueller es ist« (132).

Stellt man Simmels »Tod und Unsterblichkeit« vor den Hintergrund der älteren Lebensphilosophien, so zeigt sich, daß daraus verschiedene Aspekte synthetisiert worden sind, indem Simmel individuelles Dasein der Todesfrage aussetzt. Der Tod erst macht begreiflich, wie sich Leben zu ›Lebendigem‹ konkretisieren könne. Die allfälligen Äquivokationen des Lebensbegriffs auch bei Simmel liegen sachlich im Schwanken zwischen den Präsenzen des »fließenden Lebens« und der »zeitlosen Inhalte« begründet. Mit seiner ontologischen Hierarchisierung von Sein – Materie – Leben als einander spezifizierender evolutionärer Sonderfälle (128, Anm.) überschreitet Simmel zudem den erkenntnistheoretischen Rahmen der etablierten Lebensphilosophie.

6. Simmels Todesjahr 1918 markiert auch ein Ende des exklusiv akademischen Nachdenkens über Leben und Tod. Der Weltkrieg bildet die oft und schon zeitgenössisch als solche wahrgenommene Zäsur. Die Mechanik des Tötens in den vier Kriegsjahren, überhaupt der neue, technologisch assistierte und exekutierte Tod, drängt mit Macht und doch oft vergebens in ein Reden vom Leben, das, wo bereits universitätsphilosophisch eingeübt, sich am liebsten in endlosen Variationen bewußtseinsphilosophischer Analysen bzw. Abschiebungen solcher Phänomene erschöpft hätte. Dahin gehört auch noch die freudig begrüßte Gelegenheit, im faktischen Verlöschen des Individualbewußtseins dessen Rückkehr in seinen Lebensgrund zu erfahren: der Tod fürs Vaterland als Eingangstor in die Unsterblichkeit. Hat man es hierbei mit einem konstitutiven Mißverhältnis zwischen Erfahrung und Denken des Todes zu tun, war die Lebensphilosophie (III) vom Weltkrieg phänomenologisch überfordert? Die Kriegsbegeisterung führender Lebensphilosophen haben zunächst nur akademische Außenseiter wie der Pazifist T. Lessing mit Abscheu und Entsetzen registriert. Der systematisch interessante Punkt ist freilich weniger der Nationalismus, mit dem – von Schreibtisch und Katheder aus – Mobilmachung, Aufopferung, Gemeinschaftsbildung begrüßt wurden, als vielmehr die Heiligung von individuellem Tod und Sterben aus der beanspruchten Perspektive eines überindividuellen ›Gesamtlebens‹. In solchen und vergleichbaren Termini finden sich Begriffsexpositionen aus der Lebensphilosophie (I) wieder, man denke etwa an Fichtes Aufhebung des Ich/Nicht-Ich-Gegensatzes durch Steigerung in ein ›höheres‹, zunächst transzendentalphilosophisch, dann ontologisch qualifiziertes ›absolutes Leben‹. Ein überindividuelles Leben erzeugt und steigert sich aus seinem Gegensatz, dem Tod; das führt auf Äquivokationen, die auch in der Lebensphilosophie (III) das Nachdenken über Leben und Sterben bestimmen. Anders als in der Lebensphilosophie (II), wo individuelles Leben und Sterben Transformationen vor einem hiergegen ganz gleichgültigen kosmischen Hintergrund bilden, bezeugt sich in den Lebensphilosophien (I) und (III) ein Lebenssinn durch Aufopferung des individuellen Seins, der individuellen Lebenseinheit in der überindividuellen. Statt Konvention, Tradition, Ständeschranken, wie um 1800, ist es um 1900 aber der ›Geist‹, der zur schuldhaften, zumindest als schmerzlich empfundenen Individualabspaltung aus ›dem Leben‹ geführt haben soll. Das kranke, schwächelnde Leben ist Anheimfall an die tödliche Macht des Geistes, der aber lediglich ein Rest-Leben, das blutleere Ich, stabilisieren kann. Der egoistische Abwärtstrend des solcherart reduzierten Lebens kennt in sich kein Halten. Lebensphilosophie im Zeichen der Dekadenzproblematik kann darum nur gewalttätige Auflösungen der Leben-Geist-Spannung in Betracht ziehen.[105] Es ist ausgerechnet der feinsinnige Simmel, in dessen Denken sich der Übergang von lebensphilosophischer Thanatologie zu vitalistischer Weltkriegsbegeisterung am glattesten vollzieht: »Das Leben fordert von sich aus den Tod, als seinen Gegensatz, als ›das Andere‹, zu dem das Etwas wird und ohne das dieses Etwas überhaupt seinen spezifischen Sinn und Form nicht hätte. Insoweit stehen Leben und Tod auf *einer* Staffel des Seins, als Thesis und Antithesis. Damit aber erhebt sich über sie ein Höheres, Werte und Spannungen unseres Daseins, die über Leben und Tod hinaus sind und von deren Gegensatz nicht mehr berührt werden, in denen aber das Leben eigentlich erst zu sich selbst, zu dem höchsten Sinne seiner selbst kommt.«[106] »Und wenn, wie ich überzeugt bin, allerdings der Tod dem Leben von vornherein einwohnt, so ist auch dies ein Hinausschreiten des Lebens über sich selbst. In seiner Zentriertheit verbleibend, streckt es sich sozusagen nach dem Absoluten des Lebens hin und wird in dieser Richtung Mehr-Leben – aber es streckt sich auch nach dem Nichts hin und, wie es sich erhaltendes und sich steigerndes Leben in *einem* Akt ist, so ist es auch sich erhaltendes und sinkendes Leben in *einem* Akt, *als* ein Akt.«[107] Das Leben geht über sich hinaus, indem das Individuum in es einkehrt unter Abwerfung seiner kulturellen und intellektuellen Überformungen: »Man kann es ... als die prinzipiellste alle Einzelinhalte übergreifende Schicksalsformel der hochgesteigerten Kultur bezeichnen, daß sie eine fortwährend aufgehaltene Krisis ist. Das heißt, daß sie das Leben, aus dem sie kommt und zu dessen Dienst sie bestimmt ist, in das Sinnlose und Widerspruchsvolle auflösen will, wogegen die fundamentale, dynamische Einheit des Lebens sich immer wieder zur Wehr setzt, die lebensfremde, das Leben von sich abführende Objektivität wieder von der Quelle des Lebens selbst her zusammenzwingt. Und darum stehen wir in dieser Epoche an einem Höhepunkt der Geschichte, weil jene Auflösung und Abirrung der kulturellen Existenz ein gewisses *Ma-*

ximum erreicht hat, gegen das sich das Leben mit diesem Kriege und seiner vereinheitlichenden, vereinfachenden, auf einen Sinn konzentrierenden Kraft empört.«[108]

7. Der massenhafte, industriell gefertigte Tod, aber auch schon das hospitalisierte Sterben seit dem Ende des 19. Jahrhunderts waren Tatsachen, denen eher beunruhigte Zeitgenossen unter Journalisten und Literaten, später auch: Kriegsheimkehrern, sich sachlich gewachsen zeigten denn die Professorenschaft des Wilhelminischen Reiches. Nicht, daß die hermeneutische Lebensphilosophie (III) keine außerordentliche akademische Fruchtbarkeit in den 1920er und 1930er Jahren gezeigt hätte! Die von Dilthey und seinen ersten Schülern abgesteckten Felder der ›Geisteswissenschaften‹ wurden nun beackert.[109] Aber Leben und Tod, zunächst in erneuter transzendentaler Wendung zu ›Dasein‹ und ›Endlichkeit‹, gingen unwiderruflich in die Kompetenz der *Existenz*philosophie über. Man kann dem Urteil H. Ebelings zustimmen, daß »in der jüngsten Moderne seit Heidegger die vollständig leergeräumte Stelle der Unsterblichkeit zunächst ganz durch den Tod ersetzt« worden sei.[110] Heideggers Schüler K. Löwith reklamierte freilich, daß Heidegger die »Freiheit zum Tode« nur als existentialontologische Möglichkeit erörtert und von ihrer ontischen abgesehen habe.[111] Mit der Selbsttötung ist, neben der Unsterblichkeit, die andere lebens- wie todesphilosophisch brisante Frage angesprochen.

8. Im selben Jahr wie »Sein und Zeit« erschien ein Werk, das genau diese Fragemöglichkeit innerhalb des Denkrahmens von Lebensphilosophie (III) ausschritt, und zwar ›ontisch‹ *und* ›ontologisch‹. »Bewußtsein als Verhängnis« (1927)[112] ist eine Veröffentlichung aus dem Nachlaß; der Autor, A. SEIDEL (1895–1924), fand, daß der Tod »die einzige Sühne« für ein Werk wie seines wäre: »wer es gelesen hat, wird selbst sagen, daß damit kein Mensch leben kann« (Brief vom 20. Oktober 1924, in: BV, 45). Die Nachlaßfragmente enden, jedenfalls im Arrangement des Herausgebers, in verschiedenen Anläufen zu lebensphilosophischer Exposition des Themas Selbstvernichtung; die Dichotomie von ›Werk‹ und ›Leben‹ hatte sich Seidel offensichtlich zu jener Alternative zugespitzt, die von ihm als eine Grundverfassung aller Vitalwirklichkeit angesetzt worden war. Bei

Seidel sind die terminologischen Leitdifferenzen der Diltheyschen, ›geisteswissenschaftlichen‹ und der Klagesschen, ›biozentrischen‹ Variante von Lebensphilosophie (III) zu der einen Relation Leben – Bewußtsein zusammengezogen, die wiederum auf zeitgenössisch populäre Begriffsoppositionen, namentlich aus Psychoanalyse und Spenglerscher Kulturmorphologie, abgebildet werden. Der ›Geist‹ aus den etablierten Lebensphilosophie-Varianten Diltheys und Klages' ist durch ein – zu selbstdarstellerischen *Werken* treibendes – ›Bewußtsein‹ ersetzt, was bestimmte Möglichkeiten der intellektuellen Distanzierung vom Todesproblem ausschließt. Der Lebensphilosoph ist nun unmittelbar mit dem – entgleitenden, gefährdeten, beschädigten – Gegenstand seines Philosophierens konfrontiert: Ein *Bewußtsein* ist immer bei seiner Sache, eben dem Sein, hier also dem Leben und zugleich in der erfahrenen Distanz zu diesem. Einem lebensentfremdeten ›objektiven Geist‹ (Dilthey) war der sinngebende Vitalgrund wenigstens in historischer Rekonstruktion nachzuweisen, einem ›Geist als Widersacher der Seele‹ (Klages) konnte diese sich, wenn auch vergeblich, widersetzt haben als einem wesensfremden Eindringling. Mit dem Term ›Bewußtsein‹ ist jedoch die Spannung von Lebendigem und Lebensfeindlichem ins reflektierende Subjekt geholt, es sieht sich seinem Oppositum direkt gegenüber und kann sich nur in unendlicher Selbstdifferenzierung, nämlich durch *Werke*, behaupten. Denken macht alles Leben als solches erfahrbar und zugleich viel schlimmer – so und ähnlich lauten bei Seidel argumentative Erblasten aus der Fichteschen Subjektphilosophie. Strukturell finden sich derart schroffe Entgegensetzungen erst beim frühen Sartre wieder. »Die Reflexion ist Flucht vor dem Leben und Selbstentschuldigung vor sich.« (100) Klingt dies nicht wie die Formel von dem »nicht-setzenden Bewußtsein von sich« aus »La transcendance de l'ego«? Der Verzicht auf die stabilisierende Zwischen- oder Außeninstanz ›Geist‹ ergibt die thanatologische Schwerkraft dieses Denkens. Jeder Bezug auf das Leben wird ihm zum Selbstwiderspruch, die ›lebensphilosophische‹ Denkstruktur verhält sich zur konstatierten Seinsstruktur schlicht abbildlich und muß somit deren Destruktivität unmittelbar nachvollziehen. Die Überwindung des Todes, die Klages zumindest logisch durch Einheits- und Geschlossenheitspostulate gegenüber der Außenmacht ›Geist‹ und Dilthey durch hermeneutischen Rückbezug auf einen

Lebensuntergrund diesseits aller sterblichen (›korruptiblen‹) ›geistigen Gebilde‹ vorsieht, ist strukturlogisch ausgeschlossen. Seidel präsentiert den tragischen Hiatus zwischen Leben und Bewußtsein zugleich als weltgeschichtlichen Befund, der sich in der Gegenwart unerhört zugespitzt habe. Sein Buch beginnt: »Noch immer ergeht sich unsere Zeit trotz aller auftauchenden Resignation in der Verherrlichung der Bewußtheit und des Wissens.« (71) Dahinter steht eine Geschichte antagonistischer Seinsmächte, erzählt als quantitative Steigerung des einen Oppositionsgliedes – ganz im Stile der Rationalisierungs- und Säkularisierungstheorien. Zu verzeichnen sei eine »Bewußtseinsveränderung seit der Renaissance«, in deren Gefolge die ›Reflexion‹ aus dem Leben herauswächst, es aber in erfolgreicher wissenschaftlich-technischer Manipulation hermeneutisch gerade verfehle und somit den größtmöglichen Punkt der Entferntheit von lebensphilosophischer Einsicht bezeuge: »Die zunehmende Intellektualisierung und Rationalisierung steigert also im Grunde *nicht* die echte allgemeine Erkenntnis der Lebensbedingungen, unter denen man steht.« Sie »bedeutet etwas ganz anderes: sie führt zu der Überzeugung, daß man, was immer man nur wollte, jederzeit erfahren *könnte*.« (86) Das mächtig gewordene Bewußtsein verspricht Leben frei von Erfahrung. Was Leben sei, ist unter Bedingungen entfesselter ›Reflexion‹ nur durch deren Selbstzuwendung erfahrbar. Sie muß *vernichtend* ausfallen, wenn ein von Reflexion noch nicht berührtes Leben erstehen bzw. fühlbar werden solle. Indem das Bewußtsein das eigene, schuldhaft verselbständigte Leben verneine, erfahre und ermögliche es jenes Leben, von dem es sich ontisch entfernte und worauf es sich ontologisch immerzu bezieht. Seidel muß für diese Problemexposition eine semantische Ausgliederung innerhalb des Lebensbegriffs zulassen, d. h. ein ursprüngliches von einem depravierten Leben unterscheiden. Das Vokabular hierfür entnimmt er vor allem der Nietzscheschen Machtontologie und der psychoanalytischen Trieblehre. Die Schwäche beider Denkmodelle liegt für Seidel darin, daß sie Versuche ›nihilistischer‹ Direktzuwendung zum Leben, im Begehr nach einer zweiten Naivität, begünstigen. In der reflexiven Abtragung ideeller und institutioneller Formgebungen und im vitalistisch propagierten Griff nach den ursprünglichen ›Realitäten‹ steigere sich aber nur das todbringende Reflexionsleben. In einem hinterlassenen Bruchstück zu »Bewußtsein und Verhängnis« heißt es: »Ich verfalle also keineswegs in einen Monismus des Machttriebes wie Nietzsche und habe ja gerade den Dualismus von Leben und hypertrophem Triebleben, vor allem dem Machttrieb.« (217)

Seidel durchlitt sein Außenseitertum in der lebensphilosophischen Bewegung, deren einschlägigen Problemarrangements er gleichwohl verpflichtet blieb, existentiell. Die Selbsteinordnung Seidels in eine Typengeschichte lebensphilosophischen Denkens »Schopenhauer, Nietzsche und ich« lautet: »Ich: das Leben ist zu verneinen, wie bei Schopenhauer, aber um des Lebens willen und zwar des nicht-gesteigerten Lebens«, »des harmonischen, ruhigen, in Gemeinschaft gebundenen. – Das übersteigerte Leben heiße der Tod.« (218 f.) Man müsse »all den Bewegungen, die unter einem Gerede der Positivität de facto nur nihilistisch wirken, die Maske vom Gesicht« reißen (203). Die Lebensphilosophie Seidels gibt die tödliche Tendenz seines eigenen Lebens preis: »Da der Lebensfähige *nur* Illusionen als Weltbild haben kann, so ist dagegen der, der diese Illusionen zerstört, also der Wahrheitssadist, ein an sich lebensunfähiger, ein Selbstmördertypus, ein Instinktloser, ein Psychopath im üblichen Sinne.« (220) Somit gilt hier mustergültig E. M. Ciorans Wort, daß jedes Werk nur ein aufgeschobener Selbstmord sei: »Der psychopathische Zwang als direkter Antrieb zur Produktion. Überwindung der Unlust und Sinnlosigkeitsgefühle der psychopathischen Erscheinungen; das Werk als Äquivalent. Die Sublimierung des Selbstmords; eine Tat, um vor dieser Flucht in den eigenen Tod (vor den Qualen der Psychopathie) sich zu retten, bestimmt oft auch inhaltlich die Probleme.« (214) Eine respektable, wenngleich vital geminderte Daseinsmöglichkeit wäre die Anerkennung vergangener Vitalität unter bewußtem Verzicht auf Revitalisierungsprojekte – »über die Schöpfungen früherer Epochen zu reflektieren« sei »immer noch eine sauberere Art geistigen Lebens als seine Reflexion an sich zu bejahen, zum Ideal zu erheben oder gar als Beginn einer neuen Epoche anzusehen. Die einzig sinnerfüllte Aufgabe eines reflektierenden Menschen in einer solchen Zeit ist es, über die Reflexion und ihre Wirkungen zu reflektieren und sie damit an sich aufzuheben oder bei anderen zu diskreditieren, und zwar um der Nichtreflexion, also um des Lebens und der Kultur willen« (101).

Die Simplizität der Entgegensetzung von Leben und Reflexion macht diese für geschichtsphilosophische Verfallsschematiken ebenso anschlußfähig wie für Spekulationen über eine verfehlte Schöpfung. Beides findet sich in den Manuskripten im Umkreis von »Bewußtsein und Verhängnis«. Seidel erweist sich hier gleichermaßen als eifriger Leser E. Blochs wie O. Spenglers und A. Webers: Die Geschichte des europäischen Rationalisierungsprozesses zeigt scheinbar, wie der Tod besiegt wurde. »Auswirkungen der Bewußtseinsveränderung«, die der – technisch projektierenden und exekutierenden – Reflexion ein Eigenleben bescherten, sind ja: »Bevölkerungsvermehrung«, »Dynamisierung durch die Technik«, »Betrieb«, »Veränderung der Weltanschauungen« hin zu einem freien, wählerischen Umgang mit den ›Ideen‹, die einst das Leben restringierten (vgl. BV, 104 ff.). Doch welche Art von ›Leben‹ diese Emanzipations- und Meliorationsprojekte freisetzten, klärt erst der Blick auf die dunkle kosmogonische Rückseite des innerweltlichen Bewußtseinswirkens: Es ist das kranke, das hypertrophe ›Macht- und Triebleben‹, das Leben in der verengten Form eines So-Seins, das sich gegen seinen Grund im Dasein überhaupt wendet. Die Mosaische Sündenfall-Erzählung zeige einen Gott, dem der Mensch bereits in dieses falsche, todgeweihte Leben entglitten ist. Heilung sei nur durch eine zweite Fälschung möglich: »Gott, d. h. das Leben, rettet noch einmal den Menschen, indem er ihm ein falsches Bewußtsein in Form transzendenter Religion gibt, aber der Teufel Tod läßt nicht locker und auf Grund des Machttriebes als einer seiner Ausdrucksformen, also Ausdrucksformen des kranken Trieblebens, d. h. des Teufels selbst wird das falsche Bewußtsein immer mehr abgetragen und somit die Grundlage aller *Überwindungsmittel des kranken Trieblebens, d. h. Sublimierungen* vernichtet und die Menschheit rast mit ihrem kranken Triebleben durch Revolutionen, Kriege, die Perversitäten der Arbeit, ›Hoheit, Hoffahrt und Völlerei‹ in den Tod, und der Teufel lacht über Gott; d. h. der Tod siegt über das Leben. Das ›Nichts‹ über das ›Alles.‹« (Brief vom 4. 12. 1922, in: BV, 39)

Seidel gehörte nicht zu den unpolitischen Lebensphilosophen, er war studentenbewegter Sozialist und Pazifist. Seine Wertschätzung von Ideen und Institutionen, die das ›falsche‹ Leben bändigen, scheint freilich eher Denkmotiven aus der ›Konservativen Revolution‹ der 1920er Jahre verpflichtet. Tatsächlich jedoch ergeben sich die weltanschaulichen Gemeinsamkeiten über die Lager hinweg aus ähnlichen Befunden: Aufklärung und Romantik seien jeweils ohnmächtige Stellungnahmen zur Dekadenz des Lebens, Förderung seiner Verfallsvariante wie vergeblicher Belebungsversuch am Ursprünglichen. Die hohe Stringenz von Seidels Geschichtsdeutung liegt darin, daß die Dekadenz des Lebens ausschließlich vom Reflexionspol her, der sie hervorrief, vertiefte und endlich konstatierte, gemeistert werden soll. Lebensphilosophen wie Simmel, die vor vergleichbaren Problemen standen, nahmen den Weltkrieg als Anlaß, um die unendliche Zerfallenheit der Reflexion mit sich selbst wie gegenüber dem Leben durch ideenpolitische Gewaltakte – propagierte Selbst-Übergabe der Reflexion bzw. des Individualbewußtseins an höhere, konkret-historische Lebenseinheiten des ›Gesamtlebens‹ eines Staates, Volkes u. ä. – zu überwinden. Für ein Denken von Seidelschem Typus kam dies nicht in Frage, da hier ›Reflexion‹ von vornherein als schöpfungsgeschichtliches gleichwie welthistorisches Epochen-Apriori entworfen war, ›Überwindung‹ somit nur von innen her möglich schien. Während der Kriegs- und Nachkriegsjahre rekurrierten viele Lebensphilosophen auf Volk und Staat als die Fundamentalfakta; das läßt sich, mit Seidels Begrifflichkeit, in die ›zivilisatorische‹ Sehnsucht nach verlorenen Positivitäten (im Unterschied zur ›kultivierten‹ Gewißheit!) einordnen. »Die Entthronung der absoluten Ideen durch die Bejahung der Realitäten – heißen diese nun Leben, Macht, Sexualität einerseits oder Nation und Klasse andererseits – ist Zeichen der Auflösung der Kultur.« *Explizite Bejahung* der »Dynamik des Lebensprozesses überhaupt«, »Bejahung des Lebens und seiner Triebhaftigkeit, die Bejahung eines übersteigerten Trieblebens« bekunde »die Zerrüttung des Lebens, wenigstens der Harmonie. Es wird seiner Dämonie preisgegeben ...« (202) Der Verfasser von »Bewußtsein als Verhängnis« hat diese Sachlage unter dem bald prominenten Schlagwort ›Nihilismus‹ zu fassen gesucht, der für ihn eine kosmische Tendenz des entfesselten Bewußtseins darstellte. Hier blieb nur die bewußtseinsimmanente Lösung, mit dem eigenen Dasein das falsche, krankende, hypertrophe Leben der Reflexion zu vernichten: »Es ist letztlich die einzige Konsequenz, mich selbst zu nihilisieren.« (46)

9. Mit seinem Freitod stellte sich Seidel in die ehrwürdige Tradition von Selbsthassern im Zeichen der Reflexivität, die das wahre, echte, unkorrumpierte Leben nur durch Tötung des falsch individuierten zugänglich fanden: A. Brenner, P. Mainländer, O. Weininger u. a. m. Namentlich in Mainländers »Philosophie der Erlösung« (1876/86) scheint die Idee eines Lebens im Dienste tödlicher Tendenzen vorweggenommen.[113] Im zeitgenössischen Diskussionskontext der Lebensphilosophie (III) blieb Seidel dagegen, bis auf eine wohlwollende Besprechung durch Klages, im großen und ganzen isoliert. In dieser Isolation drückt sich mehr aus als Befremden oder Nichtachtung gegenüber dem Werk eines jünglingshaften Frühvollendeten. Die Freitod-Thematik markiert vielmehr eine *innere* Grenze der Lebensphilosophie (III). Das verdankt sich womöglich ihrer Abkunft aus einem ontologisierten Transzendentalismus, einem lebensphilosophisch weiterwirkenden Hegel mithin. Die Zurückweisung des Selbstmordes in dessen »Philosophie des Rechts« steht dafür musterbildlich: Leben – »die umfassende Totalität der Tätigkeit« – sei gegen die Persönlichkeit »kein Äußerliches«, die Person *habe* daher kein Recht über ihr Leben, denn sie habe kein Recht über sich, könne sich demzufolge auch nicht in dieser Art richten.[114] Mit der lebensphilosophisch-hermeneutisch fixierten ›Immanenz‹ des Lebens, die ihre stärkste Evidenz freilich in der Immanenz des Bewußtseins qua ›Erleben‹ findet, ist der Weg zu einem metaphysischen Erwägen der Selbsttötung dann dauerhaft verbaut.

Die hermeneutisch-lebensphilosophischen Ansätze (III), inklusive ihrer existenzphilosophischen Fortbildungen, stehen auffallend bezuglos neben der Erfahrung massenhaften Sterbens, aber auch neben der Erfahrung der Angst davor, die im 20. Jahrhundert zur Angst vorm kollektiven Selbstmord anschwillt. Der methodische Einsatz beim je eigenen Tod kann gegenüber der Erfahrung des Lebens merkwürdig isoliert wirken, wenn auf ihn kein Sterben mehr hindeutet[115] (wie noch bei Simmel in der ›Dekadenz‹ des Lebens selbst) und wenn er als Möglichkeit (A-, H-, N-Bombe) und Wirklichkeit (Genozid; Klassen- und Rassenkriege und -vernichtung) eines quasi naturhaften, dem – individuellen – Leben ›äußerlichen‹ Zugriffs erscheint. Die geisteswissenschaftliche Variante der Lebensphilosophie (III) mit ihren Ableitungen, Vergewisserungen, Besinnungen, mit ihren Konstitutionstheorien und Sinngenealogien wirkte nach ihrem Höhepunkt um 1900 immer wieder hilflos vor einem Leben, das schon in seinem Sosein Todesförmigkeit impliziert. Wo man sich dieser neuen Ontologie des Todes explizit zuwendet (der späte Heidegger, der frühe Foucault), ist der Horizont der Lebensphilosophie längst überschritten.

10. Die Perspektivenverschiedenheit der hermeneutisch-genealogischen und der zivilisationskritischen ›Philosophie des Lebens‹ ist mitunter auch als ein Unterschied von ›individualistischer‹ und ›biozentrischer‹ aufgefaßt worden.[116] Tatsächlich ist die Entfremdungsproblematik des Lebens in der – um die wichtigsten Namen zu nennen – je an Dilthey und an Klages anschließenden Strömung von einander konträren Ausgangspunkten angegangen worden. In der genealogisch-hermeneutischen Theorie, wie sie Dilthey etwa im Briefwechsel mit seinem philosophischen Freund Yorck von Wartenburg diskutiert, sorgt sich ein ›Individuum‹, ›Selbst‹ oder eine bewußtseinsfähige ›Virtualität‹[117] um ihre Identität in Äußerungen und Ausdrucksformen, die objektiv bzw. historisch geworden sind. Wissenschaft ist eine davon. In der an Klages anschließenden Strömung werden dagegen die lebensfremden Gewalten als Fakta eigenen Seins genommen – und verworfen. Prinzipiell ist damit aber ein Gespür für die Eigengesetzlichkeit z. B. des ›objektiven Geistes‹ gewonnen, wie es für die lebensphilosophische Motivstellung nicht selbstverständlich war. Das zeigt sich zuerst in der lebensphilosophischen *Technikkritik*. Technik ist ihr herrschende Weise des Daseinsvollzugs und zugleich angewandte Wissenschaft, ist Ausdruck eines ›Geistes‹, der nicht in individualpsychologischer Weise zu fassen ist. Den zerstörerischen, vielfach ›tötenden‹ Effekten der Technik sei mit hermeneutischen Genealogien nicht beizukommen. Oftmals geht die lebensphilosophische Techniktheorie sogar ins interpretatorische Gegenextrem: Sie setzt die Gesamtheit des – organischen – Lebens als eine Art System, worin jeder Teil einen anderen ›objektivieren‹, d. h. ›technisch‹ behandeln – töten – kann und sich so aber erhält. Die Wissenschaft ist hiermit vielfach in Analogie zur Technik gesetzt: Beides sind abstrahierte Formen der Zurichtung, Herabsetzung, Einhegung, schließlich Tötung von Organischem. Eine ›geisteswissenschaftlich‹ befriedete Zone des Wissens kann es dabei nicht geben.[118] Die lebensphilosophische Techniktheorie ist

Verarbeitung realgeschichtlicher wie geistesgeschichtlich tradierter Bewältigungsversuche, namentlich der frühen romantischen Lebensphilosophie (I), des Vitalismus (II) und der hermeneutischen Lehre vom ›objektiven Geist‹ (III). Sie bildet sich in mehreren Schüben: in der Zwischenkriegszeit bis zum Anbruch des NS-Regimes (O. Spengler), in den Kriegs- und Nachkriegsjahren (F. G. Jünger, G. Anders), in der Ökologiedebatte seit den späten 1970er Jahren (F. Schumacher, L. Mumford, I. Illich, C. Amery). Die wissenschaftlich wie wirtschaftlich entfesselte Technik bildet in den meisten Fällen das Kernphänomen in einem zivilisationskritischen Panorama. Dieses kann politisch ganz unterschiedlich gestaltet sein – von der Konservativen Revolution bis zum Freudomarxismus, von der sog. weißen (liberal-anarchistischen) bis zur grünen (ökologischen) Lebensphilosophie[119] hat man im technischen Fortschritt *die* thanatologische Macht der modernen Epoche gefunden. All diese Autoren haben ein lineares Wissenschafts- und Technikverständnis, sind also von Konzepten wie etwa denen T. Kuhns oder I. Lakatos' unberührt oder unbeeindruckt geblieben. Eine lebensfremde Macht zerstört *stetig* ein kosmisch gegebenes Gleichgewicht und errichtet ein automatenhaftes Pseudoleben, erfaßt auch die sozialen Beziehungen, läßt sie ›erstarren‹. Hieraus motiviert sich die Anarcho-Lebendigkeit der Spontis, Triebbefreiung als radikalisierter Liberalismus (E. Fromm) in der zweiten Hälfte des 20. Jahrhunderts.[120] Wird die tödliche Macht als ihrerseits aktiv – also zerstörerisch – ins Auge gefaßt, müssen sich die bewahrenden Züge in der lebensphilosophischen Reaktion darauf verstärken; es gilt dann die verlorene kosmische Ordnung im möglichst unberührten Binnenraum nachzugestalten (Landkommunen), das Leben wenigstens dort wieder ins Gleichgewicht zu bringen. Wenn die kulturelle Wirkungsgeschichte der Lebensphilosophie (III) letztlich in die städtische (›weiße‹, individualistische) und die ländliche (›grüne‹, ökologische) auseinanderfällt, so drükken sich darin Ambivalenzen aus, die seit ihrem Entstehen um 1800 zu beobachten waren: Die Direktkonfrontation des Individuallebens mit dem Alleben unter Umgehung der ›verkrusteten‹ soziopolitischen Instanzen des ›objektiven Geistes‹ konnte gleichermaßen zum Wunsch nach Ich-Entfaltung wie auch nach Ich-Auslöschung in einem Großenganzen führen.

11. Diese Ambivalenz findet sich gleich in den Anfängen der lebensphilosophischen Techniktheorie bei O. SPENGLER, und zwar weit vor ihrer expliziten Formulierung in »Der Mensch und die Technik« (1931). Spengler denkt in – romantisch ererbten – Polaritäten, die später die ökologische Lebensphilosophie dankbar aufgreifen wird: Kultur / Zivilisation, Land / Stadt, Blut / Geld, Leben / Geist. Das jeweils zweite Glied genannter Polaritäten steht für eine tödliche Macht. Klages hatte deren Eingriff ins Leben als letztlich unerklärlichen Zwischenfall bzw. Einfall einer akosmischen Gewalt in die leibseelische Totalität gedeutet (vgl. KSW I/II, 254). Spengler dagegen dynamisiert die Gegensatzpaare, wie man es schon von P. Mainländer oder E. v. Hartmann kennt. Dadurch wird seine Lebens- zur Geschichtsphilosophie. Die Technik entwächst dem Leben und tritt ihm feindlich gegenüber. Eine simple Parteinahme und politisch-praktische Lösung – z. B. im Konservatismus – ist somit ausgeschlossen, vielmehr eine tragische Attitüde nahegelegt, ein ›heroischer Realismus‹: Der Betrachter des schicksalhaften Geschehens einer ›Erstarrung‹ des Lebens ist diesem nicht – oder nur in Ausnahmefällen, eben als ›Morphologe der Weltgeschichte‹, d. h. Lebensphilosoph à la Spengler – entzogen. Die hohe Ambivalenz von Spenglers Betrachtungen zu Leben und Tod bezeugt sich darin, daß die Wertvorzeichen unmerklich wechseln können. Lebende Zeit z. B. ist Geschichtszeit, fortschreitend, wachstumstüchtig, unabhängig von der natürlichen Zyklik der biologischen Zeit, dieses Leben erkennen nur die historischen, nicht die Naturwissenschaften.[121] Seine Realität ist aber tödlich: sie kulminiert in der Freisetzung des technischen Fortschritts als thanatologischer Schlußpunkt der Weltgeschichte. Doch auch das ist nicht das letzte Wort. Die Techniker, als die modernen Tat- und Tatsachenmenschen (›Realisten‹), sind es ja, die Geschichte machen, über die Binnenökonomie – und damit systemische Geschlossenheit – des Naturprinzips kühn sich hinwegsetzend. Geradezu verherrlicht hat Spengler diesen Menschentypus im zweiten Teil von »Untergang des Abendlandes«: Nur die europäische Kultur habe sich durch ihre eigene Schöpfung, die Maschine, von dieser abhängig zu machen vermocht (vgl. UdA II, 626). »Der Mensch und die Technik« nimmt diesen Gedanken auf. Es gehöre zur »Technik dieser Zeit«, daß das »entfesselte menschliche Denken seine eigenen Folgen nicht mehr zu fassen« vermöge (MuT, 78)[122].

Ein Schicksal des »faustischen Menschen«. Und doch ist in Spenglers Buch auch von der vitalen ›Verödung‹, ja der ›Trostlosigkeit‹ einer technisch bestimmten Welt die Rede (74). Die Technik kann ihre Herkunft aus einem ertötenden Denken nicht verleugnen, das jenes des westeuropäischen Utilitarismus ist. Denn der »höchste Nutzenbegriff ist Glück: Zustand des Nichtstuns infolge Substitution der Arbeit durch die Maschine«, das »panem et circenses der späten Weltstädte, in der Langeweile, im massenhaften Selbstmord« (4 f.). So muß das Leben lernen, sich von seiner tödlichen Form – Technik ist eine solche wie auch ›Denken‹ oder ›Geist‹ überhaupt (vgl. UdA II, 18) – zu befreien,[123] um in eine es erhaltende Ordnung einzukehren: Neben der technischen gibt es nämlich »noch eine ganz andere, unsystematische Ordnung von Arten des Lebens, die sich nur dem ungelehrten Miterleben, der innerlich gefühlten Verwandtschaft von Ich und Du erschließt, wie sie jeder Bauer kennt, aber auch jeder Dichter und Künstler. Ich denke gern über die Physiognomik der Arten von tierischem Leben, über die Arten von Tierseelen nach und überlasse die Systematik des Körperbaus dem Zoologen. Und dann ergibt sich eine ganz andere Rangordnung des Lebens ...« (MuT, 15)

12. Nüchterner, subtiler, aber in den theoretischen Grundmotiven und -figuren Spengler durchaus nahe, hat F. G. JÜNGER seit den 1940er Jahren über »Die Perfektion der Technik« nachgedacht. Das Buch erschien in zahlreichen, immer wieder erweiterten Auflagen – im folgenden wird aus der vierten von 1953 zitiert. Die 1950er Jahre waren nicht nur eine Blütezeit der Totalitarismus-Doktrin, sondern auch der Technik-als-Verhängnis-Theorie. Stalinistische Arbeitsdiktatur, NS-Vernichtungskriege und die mit dem Atombombenabwurf eröffnete Epoche wissenschaftlich assistierten Tötens flossen in diesen Deutungen zur ›Perfektion‹ einer von Anbeginn zerstörerischen modernen Welt zusammen. Als Prinzip, nicht bloß als Epoche, ist Modernität aber Technizität, das Töten ihr offenbares Geheimnis. F. G. Jünger sieht das tödliche Telos der technischen Rationalität in ihrem Verschleißprinzip fundiert. Es befördert eine rücksichtslose Haltung gegenüber dem kosmischen wie dem individuell-organismischen Leben, der ›Substanz‹. »Auch der kleinste technische Arbeitsvorgang verbraucht mehr an Kraft, als er hervorbringt. Wie sollte also durch die Summe dieser Vorgänge ein Überfluß geschaffen werden?« Mithin hat die »strenge Rationalität der technischen Arbeitsverfahren« »zur Voraussetzung ein Denken, dem an einer Erhaltung und Schonung der Substanz nichts gelegen sein kann. Was hier Produktion genannt wird, ist in Wirklichkeit Konsum. Der riesenhafte technische Apparat, dieses Meisterwerk menschlicher Intelligenz, könnte nicht zur Perfektion gelangen, wenn das technische Denken in ein Wirtschaftsschema eingezwängt würde, wenn die zerstörende Kraft des technischen Fortschritts zum Stillstand gelangte.« (PT, 28 f.)[124] Diese Hypothese stützt Jünger mit Analogien aus der Naturbeobachtung und -deutung. Darin besteht die Nähe seiner Thanatologie zum Vitalismus des 19. Jahrhunderts und dessen Dekadenzlehren (J. Burckhardt, de Gobineau, E. v. Hartmann). Der bei den Dekadenztheoretikern beliebte zweite Satz der Thermodynamik dient hier dazu, die prekäre Stellung eines vom kosmischen Alleben abgekoppelten, weil ›mechanisierten‹ Sonderlebens zu thematisieren: »Was der Entropiesatz lehrt, das gilt für die Technik als Gesamtphänomen. Die Vergeudung an Wärme ist in ihr besonders groß, weil die technischen Arbeitsverfahren einen vermehrten Zwang voraussetzen, weil bei der Brechung von Widerständen der Verlust um so mehr zunimmt, als die Technik sich ausdehnt. Diesen Vorgang auf die Welt als Ganzes zu übertragen, wie es Thompsons Hypothese von der endlichen Temperaturausgleichung im Weltall tut, besteht kein Anlaß. Wir kennen das Weltall nicht, können es also auch nicht, was die Hypothese tut, als einen Mechanismus betrachten, der sich selbst vernutzt.« (76) Die Mechanisierung des Lebens ist für F. G. Jünger keine bloße Metapher – und damit auch nicht das Phänomen des Pseudo-Lebens. Dieses beginnt mit der frühen Neuzeit. Uhren, Mühlen, Räder erzeugen ein immer stärker werdendes Geräusch: »Hier täuscht die Bewegung das Leben vor, und diese Täuschung erweckt, sobald sie durchschaut ist, ein Unbehagen. Etwas Totes dringt in das Leben ein und breitet sich in ihm aus. Deshalb ergreift den Betrachter ein Gefühl, das sich mit der Vorstellung des Alterns, der Kälte, des Todes verbindet, mit dem Bewußtsein der toten, sich mechanisch wiederholenden Zeit, wie sie durch das Uhrwerk gemessen wird.« (40) Die Zeit des Fortschritts heißt – wie bei Spengler – tote Zeit, weil lineare, vom Organischen entbundene physikalische Meßgröße. Meßbar ist Zeit an ihren

Zerstörungen. »Die fortschreitende Technik füllt die Erde nicht nur mit ihren Maschinen und Werken, sie füllt sie auch mit dem technischen Gerümpel und Abfall.« (31) Die begrenzten Stoffe hier – eine grenzenlos wirkende Form der Zerstörung dort: das ist ein Grundgedanke ökologischer Lebensphilosophie. Jünger illustriert ihn mit den Veränderungen des organischen Lebens und seiner Erkrankungen. »Wir leben nicht mehr im Zeitalter der großen, blühenden, fressenden Seuchen, sondern in der Zeit des Krebses, der Zuckerkrankheit und der Neurosen, in denen Teil-Sphären des Körpers sich materiell selbständig machen und, wuchernd um sich greifend, die Form des Körpers zerstören.« (103 f.) Die Ernährung selbst ist ja technischen Maßstäben unterworfen: ›Normal-Nahrung‹, ›Ernährungs-Tabellen‹. Derlei Zurichtungen zeugen davon, daß »Ernährungsschwierigkeiten um so schärfer hervortreten, je mehr die Technik an Perfektion gewinnt. Jenem Gefühl eines metaphysischen Hungers, das uns beim Anblick einer Maschine ergreift, entspricht der physische Hunger; die Nahrung wird knapper.« (110) Aber auch die begrenzte Kapazität und die potentielle Unendlichkeit des industriell fabrizierbaren *Wissens* belegt die thanatologische Tendenz der Technik, die sich zuletzt nach innen wenden muß. Bei F. G. Jüngers Zeitgenossen H. FREYER, in vielen seiner Formulierungen ein Schüler Diltheys, hatte das noch geheißen: »Nachdem das schöpferische Subjekt zuerst befohlen hat, muß es nun gehorchen; nachdem es zuerst gesetzt hat, findet es nun.« (ToG, 96)[125] Der – 1934 politisch durchaus opportune – Optimismus dieser Anschauungsweise bestand darin, daß dem so zum ›System‹ gewordenen ›objektiven Geist‹ des vergegenständlichten Lebens selbst eine quasi-individuelle Lebendigkeit zugebilligt wurde (106). Freyer sprach von einem »einheitlichen Bildungszentrum«, das »in allen Teilen der konkreten Kulturwirklichkeit ungeteilt« wirke (137). Jünger dagegen sieht stärker das Problem der Quantifikation und Homogenisierung im vergegenständlichten Sinn, beispielsweise im technisch – methodisch, arbeitsteilig – produzierten Wissen. Daher seine Bilanz: »Für ein Denken, dem alles gleich wissenswürdig ist, verliert das Wissen seinen Rang. Und so könnte man schließen, daß dieses Wissen sich zuletzt selbst vernichtet, durch die Masse seiner Fakten, die wie ein Sandsturm die besten unserer Kräfte verschütten. Es wäre möglich, daß wir dieses Wissens so überdrüssig würden, wie eines toten Gewichtes, das auf unserem Rücken liegt.« (PT, 107)

Dieses Wissen kann unmöglich noch ›Bildung‹ heißen, wie es die Unsterblichkeitshoffnungen mancher romantischer Lebensphilosophen (I) beflügelte. Es ist tot. Lebendig wirkt allein sein Prinzip, dessen reales Symbol die Maschine ist. Selbstverständlich ist sie ein Werk des Menschen, hat nur von diesem ihr Leben. Jünger zeigt nun aber – wie in verblüffender Analogie unabhängig von ihm und gleichzeitig G. Anders –, daß die Rede von der ›toten‹ Maschine unliebsame Konsequenzen für das ihr nachgeordnete Menschendasein hätte. Was hier und einige Jahrzehnte später in der ökologischen Zivilisationskritik L. Mumfords (»The Myth of the Machine«, 1967/70) in den Blick tritt, ist das Problem einer Wirklichkeit, die ihre eigene Ideologie hervorbringt. Wer leben und sein Leben deuten will, der muß es aus dieser leibhaftig gewordenen Ideologie der Maschine empfangen. »Die Maschine ist tot, obwohl sie Bewegung besitzt. Und weil sie Bewegung hat, wie wir sie am Leben wahrnehmen, kommen wir darauf, sie tot zu nennen, wie wir den Leichnam eines Menschen oder eines Tieres tot nennen. Genaugenommen bewegt sich die Maschine nicht, sie wird bewegt. Der Unterschied ist fundamental. Alle Funktionen sind Bewegungsvorgänge, bei denen etwas bewegt wird; passive Bewegung, Bewegbarkeit muß bei allem Funktionieren vorhanden sein. Was sich selbst bewegt, was die Fähigkeit besitzt, seine Bewegung selbst zu dirigieren, ohne einem mechanisch erklärbaren Zwange unterworfen zu sein – und das vermag auch die Pflanze –, dessen Bewegung kann durch einen Ablauf, ein Nacheinander von Funktionen nicht ausreichend beschrieben werden. … In demselben Sinne also, in dem eine Maschine tot genannt werden kann, mag man auch den Menschen tot nennen. Dieser Begriff des Toten ist metaphorisch, denn er beschreibt ein Totes, das nie gelebt hat, dem also alle Polarität zum Lebendigen fehlt. Wo die Begriffe tot, lebendig Polarität besitzen, dort ist einer immer mit dem anderen mitgesetzt, hat keiner eine Selbständigkeit, bei der der andere in Wegfall kommen könnte.« Unter »den Lebenden wandeln viele Masken und Larven umher, und es ist kein Mangel an jenen lemurenhaften Wesen, die eine vorgetäuschte Lebendigkeit besitzen und als mechanische Kreaturen bezeichnet werden können. Ihr Einfluß wachst in dem gleichen Maße, in dem der Funktionalismus Macht gewinnt. Solche Menschen machen dem aufmerksamen Auge oft den Eindruck, daß sie nicht altern, daß sie nicht sterben können, während man der Lebendigkeit des Menschen sofort anmerkt, daß sie ein Ausdruck der Polarität ist und um so lebendiger, je mehr sie es ist.« (119 f.) Jünger appelliert an eine Phänomenologie von Erfahrungen des Menschen mit der Maschine, einer unmittelbaren Konfrontation des Lebendigen mit der Technik. Die Rede von der Dämonie der Maschine erscheint dann nicht leer. Alle ihre »Geräusche sind durchaus bösartig«. »Der Automat setzt den Menschen immer voraus, denn wenn er es nicht täte, wäre er kein lebloser Apparat, sondern ein Dämon, dem ein eigener Wille innewohnt. Die Vorstellung, daß in die Apparatur ein dämonisches Leben einzieht, daß sie einen eigenen Willen entfaltet, und zwar einen rebellischen, auf Zerstörung gerichteten, ist aber nicht so abwegig, wie sie auf den ersten Blick scheinen könnte.« (123) Dieser animistisch anmutende Blick auf die Technik ist nur durch seine gedankliche Steigerung zu rechtfertigen, die in der Metapher von unterdrückten Elementarkräften liegt. Ähnlich wie sein Bruder Ernst[126] findet auch F. G. Jünger im Elementarischen das absolute, vermittlungslose Gegenüber der technischen Rationalität. Nicht der Sprache, aber der Sache nach könnte hier der Gegensatz zum Vater aller lebensphilosophischen Technikkritik nicht größer sein: Für L. Klages bedeutete die Entferntheit vom ›Elementarischen‹ gerade den Grund für vitale Schwächung. Sieht man genauer hin, dann erweist sich das ›Elementarische‹ bei F. G. Jünger aber seinerseits als technomorph. Besonders in Jüngers Kriegsdeutung erscheint die Technik als nahezu selbständig agierendes Prinzip des Todes. Jünger hatte diesen Gedanken durch Leugnung der ökonomischen (und energetischen) Rationalität der Maschine eingeführt: Der Zerstörungseffekt übertrifft die Ersparnis menschlicher Arbeitskraft und natürlichen Substanz-Aufwandes allemal. In Jüngers Reflexionen über die beiden Weltkriege heißt es: »Da das technische Potential über die Aktualität im Kriegsfalle entscheidet, ist es seinem Begriffe nach nichts anderes als Rüstung. Der technische Fortschritt streift hier jene ökonomische Maske ab, die er in den Anfängen der technischen Organisation trug.« (160 f.) Wie bereits das Telos des technischen Fortschritts bei der Maschinisierung des Alltagslebens, übertreffen auch die technischen Möglichkeiten der Lebenszerstörung allen ökonomischen Nutzen; sie sind diesem eigentlich völlig inkommensurabel. »Die Kraft der Technik ist so groß, daß sie den Krieg ganz in ihren Dienst stellt, ihm die Mittel und Zwecke vorschreibt. Endet der Krieg, so endet doch die Einwirkung der Mechanik nicht, von welcher der Mensch abhängt.« (196) Der Techniker ist ganz unfeierlich gesehen als der Angestellte des Todes. Mit dem späten Heidegger von »Die Technik und die Kehre« ist Jünger allerdings der Meinung, daß ein spezifisches Seinsverhältnis, ein Denken, diese Entbindung der technischen Rationalität erst ermöglicht habe.[127] Graut dem Menschen vor ihr, so muß er doch versuchen, dieses Grauen zur Erkenntnis zu erheben. »Erkennt er aber, daß diese massiven Zerstörungen im Denken des Technikers präformiert sind, daß dieses Denken sie hervorruft und aus sich entläßt, daß die Welt von Ruinen und Leichen und das gewaltige Trümmerfeld, das den Menschen umgibt, ein Korrelat, eine Entsprechung dieses Denkens ist, dann hat er manches gewonnen. Es ist eine tote Welt, in welche uns die Mechanik hineinsteuert, und je geschwinder die Automaten sind, auf denen wir vorankommen, desto schneller breitet sich der Tod in ihr aus. Dieser Tod aber ist kein griechischer Hades, aus dem Blumen, Früchte und Leben alljährlich entsprießen und wieder hervorgehen. Er ist ein Tod, der dem kausalen Denken und seinem mechanisierten Zeitbegriff entspricht.« (194)

13. Dem Wissen, dessen zuerst akademische, dann gesamtkulturelle Macht der todbringenden Technik aufhilft, hat F. G. Jünger im Alter ein eigenes Werk gewidmet: »Die vollkommene Schöpfung« (1969). »Natur oder Naturwissenschaft?« fragt der Untertitel. Die Antwort auf diese Alternative fällt im lebensphilosophischen Sinne, also wie bei O. Spengler aus. Naturwissenschaft zeigt beherrschte, dadurch aber auch vergewaltigte Natur. Diese Herrschaft zielt letztlich auf eine Mechanisierung der Geschichte gemäß der technisch nutzbar gemachten Naturwissenschaft. Bei Spengler hieß das: »Umgeben von einer Maschinentechnik, die [der Geist] selbst geschaffen hat, indem er der Natur ihr gefährlichstes Geheimnis, das Gesetz ablauscht, will er auch die Geschichte technisch erobern, theoretisch und praktisch.« (UdA I, 196)[128] Die Alternative dazu bietet, unschwer zu erraten, bei Spengler wie bei F. G. Jünger ein goethisch-ganzheitlicher Naturbegriff. Jünger wendet dessen Organizismen und Polaritäten für eine Polemik gegen den Evo

lutionsgedanken des 19. Jahrhunderts auf. Namentlich gegen die Idee einer ›Anpassung‹, also einer ewig ›verbesserungsbedürftigen‹ Schöpfung, und ähnliche Schwachpunkte des Darwinismus werden Argumente vorgetragen, die auch die Vertreter der Evolutionstheorie à la Riedl/Vollmer später hören müssen.[129] Jünger interessiert primär jedoch nicht das ungelöste Problem der Entstehung neuer Arten oder der Maßstab eines Naturwissenschaftlers für ein Leben, das dieser ›schlecht angepaßt‹ nennt. Sein Augenmerk gilt der Gewinnung bzw. Genealogie der naturwissenschaftlichen Gewißheiten. Hier findet Jünger eine tödlich wirkende Physikalisierung der Natur. »Eine zuverlässige Beschreibung von Vorgängen wird erreicht erst durch Experimente, durch Eingriffe in Lebewesen, die operativ sind, und solche Eingriffe sind ohne das ihnen zugehörige technische Instrumentarium undenkbar.« (VS, 225)[130] »Nähere ich mich einem Geschehen instrumental, wird das Instrument, die Apparatur, die ich zum Beobachten verwende, mein Wahrnehmen mitbestimmen.« (227) Stärker als in »Der Perfektion der Technik« gehen diese Beobachtungen in eine Kritik der Industriegesellschaft über, für die das Lebendige nurmehr in seiner biologischen Gegebenheit interessant sei, also als verfügbare Biomasse, welche dann mit lebensfeindlichen Methoden und Zielsetzungen verarbeitet werde. »Die Laboratorien der Genetik und die in ihnen beschäftigten Arbeiter sind eingebaut in das technische Kollektiv, ohne dessen Steuerungen, Speicherungen und Automatisation sie nicht arbeiten könnten. Was für ein Mensch ist in einem solchen Kollektiv wünschenswert, dessen wichtigstes Anliegen darin besteht, den mechanischen Kreislauf von Konsum und Produktion, der sich immer mehr beschleunigt, in Gang zu halten? Normung und Numerierung sind im technischen Bereich, zu dem die Genetik gehört, Verfahren, ohne die nicht auszukommen ist, Verfahren, die rückwirkend den Menschen erfassen, der daher kybernetisch verwaltet werden muß. Heute zeigt sich, daß die Genetik sich in einen Zweig der Kybernetik verwandelt, daß sie über Steuerungsvorgänge nachdenkt, die in ihrem Ergebnis auf technische Normierung und Numerierung hinauslaufen.« (255 f.) Als hätte Jünger die Entstehung des ›medizinisch-industriellen Komplexes‹ vorausgesehen, schreibt er: »In der Genetik kündet sich an, daß der Bios über Logos und Ethos verfügen und sie unter biologische Programmierungen stellen will.

Wenn der Genetiker sein Laboratorium verläßt, will er nicht sich, sondern andere verändern. Er stellt nicht mehr wissenschaftliche, sondern politische Forderungen.« (257)

All das ist nicht als ›Gesellschaftskritik‹ gemeint. Schon in »Die Perfektion der Technik« zieht F. G. Jünger die Scheidelinie nicht zwischen den politischen Systemen, sondern zwischen industrieller Moderne und allen Arten von Vormoderne, besonders aber agrarisch-feudalen Wirtschaftsverhältnissen. Die industrielle Moderne sei für das ›Pseudo-Leben‹ der Maschinentechnik auf eine Ablösung der Maschine aus dem persönlichen Eigentum angewiesen. Erst dann kann das Leben automatisiert werden. »Immanente Rationalität ist das Kennzeichen von Arbeitsverfahren, wie sie in einer intakten Eigentumsordnung angewandt werden. Der Automatismus aber kennzeichnet sich durch die Ablösbarkeit von den einzelnen Arbeitsverfahren und durch die Übertragbarkeit dieser Arbeitsverfahren auf den Menschen.« (PT, 351) Die Marx'sche Analyse der Produktivkräfte bleibe im Rahmen des Industrialismus befangen – ein Vorwurf, worin sich Jünger mit ökologischen Ex-Marxisten wie R. Bahro trifft.[131] »Marx setzte sein Vertrauen auf den riesenhaften Einsatz mechanischer Produktionsmittel und die Herstellung einer klassenlosen Gesellschaft. Beides gehört zusammen, und auf diesem Wege ist inzwischen eine große Strecke zurückgelegt worden. Reine Utopie und Messianismus aber ist die Annahme, daß in einer klassenlosen Industriegesellschaft die Ausbeutung verschwinden könnte. Die Ausbeutung der Natur durch mechanische Mittel und die Ausbeutung des Menschen sind identisch. Das Denken des Menschen kann sich nicht auf die eine Seite werfen und die andere unberührt lassen. Produktion ist ihrem Begriff nach nichts anderes als Ausbeutung der Natur, Konsum nichts anderes, und automatisch wendet sich dieses Verhältnis gegen den Menschen zurück, greift in alle seine Beziehungen ein und verhärtet sie, wenn an nichts anderes mehr gedacht wird. Gewiß ist daher, daß in einer klassenlosen Gesellschaft die Ausbeutung zunehmen wird und zunehmen muß.« (VS, 259 f.) Die vitalontologische Differenz liegt nicht zwischen klassenloser und Klassengesellschaft, sondern zwischen begrenzter und unbegrenzter Nutzung fremden Lebens. Die Immanenz des Lebens als Kräftespiel ist die von der Romantik und Nietzsche her vertraute Hintergrundannahme für diese Sicht: Lebendiges besteht nur durch anderes Lebendiges, unter Umständen durch dessen Zerstörung. Sie gilt es in Grenzen zu halten. Man müsse einsehen, »daß ohne Ausbeutung weder das Leben noch das Zusammenleben zu denken ist. Sie ist tief im Menschen angelegt, und ihre offenen und versteckten Formen, die in der Familie beginnen, durchziehen das Dasein. Ausbeutung ist ein natürliches Anliegen und Bestreben des Menschen, und dieses in Grenzen zu halten, abzutun, das Verletzte wiederherzustellen und zu heilen ist die Aufgabe, die nicht endet.« (260)

Die kühnsten Varianten moderner Biophilosophie (s. II.1) stellen das Wissen von der Evolution in ein ontologisches Kontinuum zu dieser. Lebenswissenschaft gehört dann in die Autopoiesis des Lebendigen, Biologie in die des Biologischen. Ein versöhnliches Bild vom Verhältnis zwischen Natur und Naturwissenschaft! Nichts kann ihm schärfer entgegengesetzt sein als F. G. Jüngers Auffassung von der Position der Biologie gegenüber dem Leben. Fast wörtlich übereinstimmend mit Spengler lautet es bei Jünger: »Die Wissenschaft von der Natur ist nicht selbst Natur, sondern gehört zur Geschichte des Menschen. Die Natur treibt keine Wissenschaft und hat keine Geschichte. Naturgeschichte ist keine Natur, sondern das, was der Mensch sich über sie an Geschichten erzählt und zurechtlegt.« (274) Biologie zumal »ist Aussage über das Leben, ist Lehre vom Leben, Lehre von den Lebewesen und ihren Lebenserscheinungen, von Pflanzen, Tieren und Menschen, von Organismen.« (261) Als »Plan und Wissenschaft« wird sie der Versuch, die natürliche Ordnung von Werden und Vergehen aufheben zu helfen. »Das Vergehen ist die Erhaltung, der Tod neues Leben. Entstehen und Vergehen sind zugehörig; ihr Übergang ist nicht vollziehbar ohne Zuordnung und Zugehörigkeit, die den Bereich der Natur durchgreift, so durchgreift, daß eines vom anderen erhalten wird, alles wechselseitig aufeinander angewiesen ist.« Und daß »die Differenz bearbeitet wird, der Unterschied fixiert und festgehalten wird, begründet die Wissenschaftlichkeit der Arbeit, macht ein System, Disziplinen und Fächer möglich. ... Die Teilung der Arbeit wird heute bestimmt durch die technische Organisation.« (279 f.) Was mit dem Leben im elementarsten, ›biologischen‹ Sinne geschieht, das wiederholt – immer rasanter – die gesamte wissenschaftlich-technische Zivilisation: Verwissenschaftlichung zum Zwecke der Be- und Verarbeitung. »Der Begriff der Biologie hat sich erweitert, verleibt sich immer mehr Disziplinen ein und wandelt sie um. Biomechanik, Biophysik, Biochemie werden zu Fächern der Biologie; es gibt eine Quantenbiologie, eine Strahlenbiologie, eine Astrobiologie, die aus lauter Vermutungen besteht, und manches andere. Vorauszusehen ist, daß sich hier noch eine Reihe von Fächern etablieren wird. Zuletzt, warum sollte die Biologie nicht alles in sich hineinziehen, Natur und Geschichte, da ohne Leben beides nicht vorhanden wäre.« (262)

14. Für F. G. Jünger hatte das technisch perfektionierte ›Pseudo-Leben‹ zwei Aspekte: den Automatismus lebensfremder Objektivationen und die Phantomhaftigkeit eines seiner Vitalität (Seele) beraubten Daseins. Im technischen Fortschritt gibt es keine anschaulich-erfüllende, sondern nur die formal-relationale Präsenz des je Allerneuesten. Sie hat jedoch, weil sie eine Bewegung voraussetzt, den Anschein des Lebens für sich. Der Mensch bedarf, um es zu fühlen, dieser sich selbst aufhebenden ›toten‹ Zeit aus lauter aufeinander folgenden Gegenwarten der ›Sensation‹. »Der Mensch, der immer nach Erlebnissen hungert, der den hungrigen Wunsch hat, etwas zu erleben, ist zugleich ein Mensch, der belebt werden will. Das Gefühl der Schwäche, der Ermattung, der Erschöpfung und der Sinnlosigkeit des Lebens überwältigt den Einzelnen vor allem dort, wo der Impuls, den ihm die mechanische Bewegung verschafft, sich verlangsamt, wo er fühlt, daß die motorisch arbeitende Energie, die ihn vorwärts treibt, nachzulassen beginnt. Die depressiven Zustände bemächtigen sich seiner dort, wo die tote Zeit in sein Bewußtsein dringt.« (PT, 154)

Wie wenig derartige Befunde ihren Sitz im politischen Spektrum von rechts und links haben, zeigt ein anderes technikkritisches Werk, das gleichfalls seit den 1950er Jahren mehrere Auflagen erlebte. »Die Antiquiertheit des Menschen« von G. ANDERS gilt gewöhnlich nicht als ein klassischer ›lebensphilosophischer‹ Text, doch schon der Untertitel weist in diese Richtung: »Über die Seele im Zeitalter der zweiten technischen Revolution«. Anders – als Sohn des pragmatistischen Philosophen W. Stern auch geistesbiographisch mit dem lebensphilosophischen Milieu vertraut – sucht eine Nähe zu konservativer Kulturkritik oder pauschaler Nihilismusrede zu vermeiden. Die sprachliche und begriffliche Prägekraft der deutschen lebensphilosophischen Tradition ist – neben derjenigen Husserls und Heideggers – jedoch kaum zu übersehen. Das argumentative Verfahren Anders' besteht darin, gewöhnlich dem transempirisch-apriorischen Bereich reservierte Strukturen in der soziokulturellen Alltagswirklichkeit aufzusuchen – so wie es vor ihm ausgiebig der Lebensphilosoph T. Lessing in seinen Studien zur »Verfluchten Kultur« (1921) und zum »Untergang der Erde am Geist« (1924) getan hatte. Eine faktische Metaphysik der technisierten Welt und ihrer lebensbedrohlichen Wirkungen wird so extrahierbar. »In keinem anderen Sinne, als Napoleon es vor 150 Jahren von der Politik, und Marx es vor 100 Jahren von der Wirtschaft behauptet hatte, ist die Technik nun unser Schicksal. Und ist es uns vielleicht auch nicht möglich, die Hand unseres Schicksals zu leiten, ihm auf die Finger zu sehen, darauf sollten wir nicht verzichten.« (AM, 7)[132] Eingedenk dieser Schicksalsbefangenheit lautet die methodische Anweisung: »Unsere ›übertreibende‹ Darstellung ist also nur ein Teil dieser heute faktisch vor sich gehenden ›Übertreibung‹: nur *die übertreibende Darstellung dessen, was in Übertreibung hergestellt wird.*« (20)

Das Gebrechen des Menschendaseins im Zeitalter der wissenschaftlich-technischen Revolution besteht in der Zumutung ontologischer Immanenz – einer Immanenz jedoch nicht im Zeichen des Lebens. Als werthafte Wirklichkeit rechnet nur die ›tote‹, technisch herstellbare. »Prometheische Scham« (so eine Kapitelüberschrift) gilt den nicht technisch-herstellbaren Resten der menschlichen Existenz, ihrer puren Organizität. Das Leben entwickelt so einen Selbsthaß, der in Verleugnung oder Zerstörung dieser Reste besteht. »Prometheischer Trotz besteht in der Weigerung, irgend etwas, sogar sich selbst, Anderen zu schulden; prometheischer Stolz darin, alles, sogar sich selbst, ausschließlich sich selbst zu verdanken.« (24) Anders nimmt hiermit jene ökologische Kulturkritik vorweg, die die menschliche Unterwerfung der ›natürlichen Umwelt‹ bis tief in die eigene, leibliche Natur vorangetrieben sieht.[133] Die Apparatewelt bietet nun ebensosehr das Bild einer leblosen Immanenz wie das auf seiner – kapitalistisch-konkurrierenden und sich erhaltenden – Subjektivität beharrende Ich; das Ergebnis ist eine Entleiblichung des Weltverhältnisses. Anders verballhornt bewußt die Freudschen Kategorien, wenn er schreibt: »In gewissem Sinne dürfen wir uns – aber das ist nun wirklich nur ein Bild – den Menschen wie in der Klemme zwischen zwei Blöcken, wie eingeengt von zwei Mächten vorstellen, die ihm beide sein Ich-sein streitig machen: auf der einen Seite beengt von der Macht des ›natürlichen Es‹ (von der des Leibes, der Gattung usw.); auf der anderen von der des ›künstlichen‹ (bürokratischen und technischen) ›Apparat-Es‹.« (82) Der innigste Wunsch dieses Ich sei es, gar nicht ein Lebendiges zu sein – also die reine Immanenz des ›Stoffes‹ oder der ›Idee‹ zu erreichen. Humanität, Selbsterfahrung des Lebendigen, ist Dysfunktionalität. »Solange die menschliche Arbeit glatt, das heißt: ohne Reibung zwischen Mensch und Maschine abläuft; solange der Arbeitende als ›Konvertit‹, als ›Rad‹, linientreu mitfunktioniert, solange ist das Ich gar nicht ›bei sich‹, solange *ist* es überhaupt nicht, jedenfalls nicht *als* Ich. Erst in demjenigen Moment, da der Konformismus etwas zu wünschen übrig läßt, oder da die Arbeit schlagartig mißlingt, kommt das Ich ›zu sich‹, erst dann begegnet es sich: nämlich als etwas Anstößiges: als *Versager*.« (91)

Die Existenz im *idealen* Modus der Phantomhaftigkeit gehört vornehmlich in die Freizeitwelt, die als bloßes Negativ gegenüber der Arbeitswelt deren existentielle Vollständigkeit sichert, also nicht etwa Alternative, sondern Komplement ist. »Die Welt als Phantom und Matrize«, so eine weitere Kapitelüberschrift, umschreibt auch eine wesentliche Möglichkeit des ›Pseudo-Lebens‹. Geradezu klassisch lebensphilosophisch ist Anders' Darstellung der Arbeit als Sinn eigenen Seins, der nicht mehr vom Subjekt interiorisiert werden könne, also als ein quasi-objektiv sich vollziehender Prozeß, den die Einzelnen hilflos erdulden müssen. So ergibt sich das trostlose Gesamtbild eines seiner Vitalität beraubten Daseins. »Einerseits hat sich nämlich heute die aller Zielsichtbarkeit beraubte maschinelle Arbeit von dem, was man illusionistisch ›*menschliche Handlung*‹ nennt, so meilenweit entfernt, daß sie selbst zu einer Art von Scheintätigkeit geworden ist. ›Wirkliche‹ Arbeit und scheinhafteste ›Notstandsarbeit‹ unterscheiden sich weder strukturell noch psychologisch an irgendeinem Punkte. Andererseits ist der Mensch durch diese Art von Arbeit derart aus dem Gleichgewicht geraten, daß er sich nun gezwungen sieht, zur Equilibrierung, zur ›Erholung‹ und zum ›Zeitvertreib‹ das ›Hobby‹ zu erfinden, also paradoxerweise gerade in seiner Freizeit scheinbar wirkliche Ziele zu setzen und die freie Zeit dadurch zu genießen, daß er spielend wirklich arbeitet.« (226)

Die wenigen Beispiele zeigen, daß der Intellektuelle Anders, der in den 1940er Jahren wiederholt amerikanische Großbetriebe besuchte, unter Arbeit eigentlich Industriearbeit im Stile des 19. Jahrhunderts verstand, deren Symbol die Maschine und ihr unbarmherziger Takt ist. Gegen Ende seines Lebens veröffentlichte Anders noch einen Nachfolgeband zur »Antiquiertheit des Menschen«, dessen Untertitel »Die Zerstörung des Lebens im Zeitalter der dritten industriellen Revolution« zu beschreiben verspricht. Es ist kein Zufall, daß Anders auf diesen organismischen Sinn von ›Leben‹, auf dessen Herkunft aus der zoé, rekurriert. Gegenüber all dem Scheinhaften der künstlich hergestellten Welt – Anders hat auch ein bedeutendes medientheoretisches Œuvre hinterlassen – bildet die pure organismische Gegebenheit des Lebens den Seinspol in den analysierten Entfremdungsstrukturen. Dieses Sein des Lebens ist erfahrbar nur in einer – ganz abstrakten, da auf seine Totalität bezogenen – Angst, die der atomaren Bedrohung entspricht. Die Atombombe ist das technische Mittel, das alle möglichen Zwecke übersteigt, ist damit auch das Symbol eines endgültigen Scheiterns innerkultureller Sinn-Produktion. Jeder weiß oder kann wissen, »daß für das Vulgärbewußtsein der Epoche (und mehr noch als für die Vulgärphilosophie, für das Vulgärgefühl) seit etwa einem Jahrzehnt Nihilismus und Bombe einen einzigen Komplex bilden; und zwar einen so unauflöslichen, daß es dem Zeitgenossen, der über die Dinge der Zeit unkontrolliert daherredet, und der durch dieses sein Daherreden die Glaubensstücke der Epoche ausspricht, vollkommen gleichgültig ist, ob er die Existenz der Bombe als Zeugnis für die Sinnlosigkeit des Daseins oder umgekehrt die Sinnlosigkeit des Daseins als Legitimationsgrund für die Existenz der Bombe verwendet.« (AM, 304 f.) Nach dem Ende des Kalten Krieges ist die Brisanz der Andersschen Atombombenspekulation bezweifelt worden.[134] Doch den Gefährdungen menschlichen Lebens aus einer aktuell-politischen Situation hatte diese gar nicht gegolten. Anders ging es – wie zuvor schon Simmel, Lessing, F. G. Jünger – um die virtuelle Unendlichkeit des technisch herstellbaren Sinnhorizonts im Kontrast zur (individuell-organismisch evidenten) Begrenztheit menschlichen Seins. Die Angleichung dieser an jene würde letztlich eine Übersetzung ins bloß Mögliche – Virtuelle, Mittelbare, lebensfeindlich Idealisierte – bedeuten. Eine ›Entwirklichung‹ des Lebens noch vor jeder gewaltsamen Vernichtung! »Die unendliche Sehnsucht nach dem Unendlichen, die fast ein Jahrtausend lang tiefste Leiden verursacht und höchste Leistungen befeuert hatte, verliert sich durch das ›Unendliche‹, das wir in Händen halten, so rapide, daß wir eigentlich nur noch von ihr ›wissen‹, nur noch wissen, *daß* es sie gegeben hat.« (240)

15. Anders' Auffassung der Technik als einer daseinsbestimmenden und zugleich -deutenden Macht kam – in sicherlich ungewollter Weise – einer Technikphilosophie wie der Heideggerschen an einem wesentlichen Punkt nahe: Technik war, weit über alles instrumentelle Verständnis hinaus, als ein Schicksal begriffen, das damit jedoch sowohl menschliches als auch nicht-menschliches natürliches Sein gefährdend ›erschließt‹ und gerade in der Ungehemmtheit dieser Erschließung als Seinsweise sich ›wesenhaft‹ verbirgt. Man kennt nichts anderes als das technisch bestimmte Dasein – und es kann wohl auch kein anderes geben. Die Vernichtung menschlichen Lebens durch die Thanatos-Gewalt Technik hat somit keine verhüllende *Ideologie* nötig. »*Unsere heutige Welt ist ›post-ideologisch‹*, das heißt: ideologie-unbedürftig. – Womit gesagt ist, daß es sich erübrigt, nachträglich falsche, von der Welt abweichende, Welt-Ansichten, also Ideologien, zu arrangieren, da das Geschehen der Welt selbst sich eben bereits als arrangiertes Schauspiel abspielt. *Wo sich die Lüge wahrlügt, ist ausdrückliche Lüge überflüssig.*« (AM, 195) Anders begreift wie der späte Heidegger den ›Fortschrittsglauben‹ nicht als Ideologie, sondern als weltbeherrschende Wirklichkeit – daher die Verwandtschaft im Fatalismus: »Die Behauptung, mit dem Fortschrittsglauben sei es ›aus‹, ist viel zu pauschal. In den Vereinigten Staaten und in Rußland blüht er noch; und in den unterentwickelten Bevölkerungen beginnt er überhaupt erst seinen Siegeslauf.« (348)

Für die *ökologische Zivilisationskritik* war dieser Denkweg nicht gangbar. Sie mußte zumindest Technik von falscher oder lebensfeindlich angewandter Technologie unterscheiden, im weiteren aber auch die Isolierbarkeit nicht-technisierter Lebensbereiche vertreten, letztlich also auf normative Essenzen des Lebens zurückkommen, die unterhalb der zivilisatorischen Überformung weiterbestehen. Die Schwierigkeit dieser gedanklichen Operationen bestand darin, daß sie zugleich als praktische gemeint waren. Wie ist die lebensphilosophische Konzeption eines kosmischen Organismus ins Binnenweltliche, die Lehre vom ewigen Kreislauf durch Leben und Sterben ins ausgeschlossene Gegenüber einer falschen, thanatologisch befleißigten Lebensform – der wissenschaftlich-technischen, kapitalistisch befeuerten Weltzivilisation – zu übertragen? Ein Spannungsverhältnis zwischen dem Spiritualismus eines wahren Lebens und der Beanspruchung strenger Diesseitigkeit, zwischen Elementen also einer eher theozentrisch und einer eher biozentrisch tendierenden Philosophie des Lebens war hier unvermeidlich. Die ökologisch-lebensphilosophische Kritik an der Technik stand damit vor dem Problem der Erfaßbarkeit eines Ganzen: Nur physikalische Systeme lassen sich isolieren und dadurch als freilich ›tote‹ Ganzheiten begreifen, ihre Umwelt kann als inexistent betrachtet werden – organismische Systeme hingegen müssen zum unendlichen Leben (Gaia, Kosmos, Universum) unmittelbar sein, ihre Umgrenzung zu Lebensformen fordert somit willkürliche – normative, wesensbestimmende – Einschnitte im fließenden Weltkontinuum. Die bunte Vielzahl ›spiritueller‹ Überbauten über den tatsächlichen Versuchen ökologisch gerechtfertigten Lebens im Einklang mit dem Ganzen bestätigt die Vermutung, daß es zwischen Spiritualität (das wahre Leben) und kosmischer Unmittelbarkeit (das ganze Leben) keine eindeutige Beziehung geben kann – so wenig wie zwischen biozentrischer Lebenslehre und allerlei individualistischen ›Philosophien des Lebens‹ überhaupt.

In einem klassisch gewordenen Text der Technik- qua Zivilisationskritik, L. MUMFORDS »The Myth of the Machine«, heißt es: »Um mehr über das Verhalten eines physikalischen Systems zu wissen, muß man es isolieren, es analysieren und seine meßbaren Elemente bis zu winzigsten Teilchen absondern, ein notwendiges Vorgehen, um zu erkennen, wie das System funktioniert. Will man über die Grenzen eines physikalischen Systems hinaus in den Bereich des Lebens eindringen, dann muß man das Gegenteil tun: mehr und mehr Teile zu einer organisierten Struktur verbinden, die, wenn sie lebendigen, in einer lebenden Umwelt agierenden Phänomenen näherkommt, so kompliziert wird, daß sie nur im Akt des Lebens reproduziert und intuitiv begriffen werden kann.« (MM, 434)[135] Natur, wo faß ich dich? Die Antwort lautet auf Selbstgegebenheit des

Lebens. Die Technik ist, als fühllos-tödliche Macht, etwas, das sich dieser Selbstgegebenheit entzieht, weil es dem Leben entwachsen kann. Da sie ja »an jedem Punkt eine Funktion des Lebens ist, muß das übermäßige Wachstum und Überhandnehmen technischer Prozesse wie jedes andere organische Ungleichgewicht, viele gleichermaßen wichtige Lebensfunktionen gefährden. Doch dieser Triumph trägt seine Nemesis in sich: die Isolierung der reinen Intelligenz von all ihren regulierenden und schützenden Quellen, da die einzige Eigenschaft, die nicht auf einen programmierten Automaten übertragen werden kann, das Leben selbst ist.« (692 f.) Wie kann das falsche Leben der reinen Intelligenz überhaupt *sein*? An diesem Punkt springt die Lehre von der Nachhaltigkeit, also einer kleingehaltenen, dafür aber unabsehbar lange reproduzierbaren im Gegensatz zu einer rein verbrauchenden, apokalyptischen, weil absehbar dem Tode verfallenen Lebensform ein.

16. »Die Rückkehr zum menschlichen Maß« heißt das Programm – so auch der deutsche Untertitel zu E. F. SCHUMACHERS »Small is beautiful«.[136] Schumacher sieht die Schwierigkeit, die ökophilosophische Ganzheitsvorstellung in einer Art lebender Allegorie – also z. B. die Vereinigten Staaten Europas als irdisches Abbild einer kosmischen Ordnung – zu realisieren. Lebensfähige Zentren aus individuellen Lebenseinheiten müßten gebildet werden. »Es ist unrealistisch, die Welt als Ganzes zu behandeln. Brennstoff-Vorkommen sind sehr ungleich verteilt, und jeder noch so geringe Versorgungsengpaß würde die Welt sogleich nach gänzlich neuen Gesichtspunkten in ›Besitzende‹ und ›Habenichtse‹ einteilen.« (Sib, 25) Denn, um die These des Buches vorwegzunehmen, wer »auf Riesenhaftigkeit setzt, der setzt auf Selbstzerstörung.« (144) Die Grundproblematik aller Lebensphilosophie stellt sich freilich auch beim noch so entschiedenen Abweis utilitaristischer Erwägungen, sie durchbricht allen guten Willen, ›das Leben‹ als Selbstzweck zu postulieren. Bereits terminologisch: »Wie hoch ist der Preis einer Neuorientierung? Es sei darauf hingewiesen, daß es pervers ist, die Kosten des Überlebens zu kalkulieren. Zweifellos ist für alles, was sich lohnt, ein Preis zu zahlen: um die Technologie in eine neue Richtung zu lenken, so daß sie dem Menschen dient, statt ihn zu zerstören, muß man in erster Linie seine Vorstellungskraft anstrengen und frei von

Furcht sein.« (144 f.)[137] Das Buch mündet demgemäß in Vorschläge zu »Neuen Eigentumsmodellen« (so eine Kapitelüberschrift). Sie sollen sämtlich an den Grundsätzen der Subsistenz des Lebens orientiert sein. Viele Überlegungen Schumachers lesen sich wie aus einem Glauben in die Autopoiesis-Fähigkeit des Organisch-Lebendigen gewonnen, also wie *vitalistische* Lebensphilosophie (II). Doch handelt es sich nunmehr darum, Leben in seinem ›natürlichen‹ Verstande zu restituieren. Das bedeutet, es von Leben qua *bíos*, einer durch Expansionslust einer Zell-Einheit aufs Weltganze übertragenen *Lebensweise*, zu scheiden. Hierfür sind spirituelle Operationen notwendig – Besinnungen aufs Wahre. Das reiche Leben aus dem Subsistenz-Prinzip ist somit überhaupt erst einmal zu entdecken, ja freizulegen. Es gelte, »die Hohlheit und den tiefreichenden Mangel an Erfüllung in einem Leben zu sehen, das in erster Linie dem Streben nach materiellen Zielen unter Hintanstellung der geistig-seelischen Ziele gewidmet ist. Ein solches Leben stellt zwangsläufig den Menschen gegen den Menschen und Volk gegen Volk, weil die Bedürfnisse des Menschen unendlich sind und Unendlichkeit nur im geistig-seelischen Bereich zu finden ist, niemals aber im materiellen. Der Mensch muß sich unbedingt über diese fade ›Welt‹ erheben. Vernunft aber leitet ihn. Ohne Vernunft wird er zur Errichtung einer monströsen Wirtschaft getrieben, die die Welt zerstört, und zur Suche nach abenteuerlichen Befriedigungen, wie zum Beispiel der Landung von Menschen auf dem Mond.« (34) Der spirituell bedürftige Mensch findet sich dann aber möglicherweise nicht nur von den naturvergewaltigenden Naturwissenschaften, sondern auch von den Geisteswissenschaften enttäuscht. Ihre zur Zeit führenden »sechs Vorstellungen« – nämlich Evolutionslehre, Lehre vom Kampf ums Dasein, Marxsche Rückführung aller edleren Erscheinungsformen des menschlichen Lebens auf dessen materielle Basis, Freudianismus, Relativismus, methodologischer Positivismus – lehrten eine sinnleer-selbstgenügsame Immanenz des Daseins, mit Hilfe reduktionistischer Argumentation. »Sie alle behaupten, daß etwas, das zuvor ranghöher genannt wurde, in Wirklichkeit ›nichts als‹ eine verfeinerte Äußerung des ›Geringeren‹ darstellt, wenn nicht sogar schon der Unterschied zwischen höher und geringer geleugnet wird. So ist der Mensch, wie das übrige Universum, in Wirklichkeit aus einem zufälligen Zusammenstoß von Atomen entstanden.« (81) Der realen industriegesellschaftlichen Entwertung des Lebens assistiert somit die ›geisteswissenschaftliche‹. Ihr Verfahren und Selbstverständnis ist von dem der Naturwissenschaften nicht mehr zu unterscheiden. Diese »werden gelehrt ohne das Wissen um ihre Voraussetzungen, die Bedeutung und das Gewicht naturwissenschaftlicher Gesetze und des Stellenwertes, den die Naturwissenschaften innerhalb des gesamten menschlichen Denkens haben.« (84 f.) In der wissenschaftlichen Isolation läßt sich das Leben in lösbaren Problemen entwerfen, in Problemen also, die *innerhalb* des Lebens auftreten und die im Tode gegebene Absurdität alles Denkens übers Leben ausblenden. Schumacher bemüht hierfür eine Unterscheidung von G. N. M. Tyrell: divergierende und konvergierende Probleme, d. h. zum einen solche, »die durch logisches Denken nicht zu lösen sind« und solche, bei denen das möglich ist. »Das Leben geht weiter mit Hilfe divergierender Probleme, die ›durchlebt‹ werden müssen und erst im Tode gelöst werden. Konvergierende Probleme auf der anderen Seite sind die nützlichste Erfindung des Menschen. Es gibt sie als solche in der Wirklichkeit nicht, sondern sie werden durch einen Abstraktionsprozeß geschaffen. Wenn sie gelöst sind, läßt die Lösung sich niederschreiben und anderen weitergeben, die sie anwenden können, ohne daß sie erneut die geistigen Anstrengungen aufbringen müssen, die zum Erreichen der Lösung nötig waren. Wäre das bei menschlichen Beziehungen der Fall – in der Familie, der Wirtschaft, der Politik und so weiter –, nun, ich weiß nicht, wie ich diesen Satz beenden soll. Es gäbe keine menschlichen Beziehungen mehr, sondern nur mechanische Reaktionen. Das Leben wäre ein Tod im Leben. Divergierende Probleme zwingen sozusagen den Menschen, sich auf eine Ebene oberhalb seiner selbst hinaufzubemühen. Sie verlangen nach Kräften einer höheren Ebene und rufen sie damit hervor. Damit bringen sie Liebe, Schönheit, Güte und Wahrheit in unser Leben. Nur mit Hilfe dieser höheren Kräfte lassen sich die Gegensätze in der Situation des Lebens miteinander vereinbaren. Die Naturwissenschaften und die Mathematik beschäftigen sich ausschließlich mit konvergierenden Problemen. Daher können sie auch kumulierend vorgehen, und jede neue Generation kann da fortfahren, wo ihre Vorgänger aufgehört haben. Der Preis ist allerdings hoch. Die ausschließliche Beschäftigung mit konvergierenden Aufgaben führt nicht zum Leben hin, sondern von ihm weg.« (88)

Der in konvergierenden Problemen gegebene Stil des Lebens ist unschwer zu erkennen als derjenige des ›objektiven Geistes‹, wie innerhalb der Diltheyschule beschrieben. Er kann zum innerweltlichen, gleichwohl tödlichen Prinzip werden. Den äußersten, unbeherrschbaren Horizont des Lebens sieht Schumacher dagegen von der agrarischen Lebensweise gezogen. Alles nämlich, was durch Begrenzung zu etwas Selbständigem hypostasiert – gemacht, hergestellt – werden kann, ist vom Typus des Industriellen, ist Totes oder ›Pseudoleben‹. Der Automat ist das Musterbeispiel einer ganzen Zivilisation und ihrer verhängnisvollen Selbstläufigkeiten, bis hin zum Idol einer autoregulativen Weltwirtschaft. Im Unterschied dazu seien Boden und Geschöpfe ›metawirtschaftlich‹. »Der Mensch hat sie nicht gemacht, und es ist unvernünftig, solche Dinge, die er nicht gemacht hat, nicht machen und nicht neu erschaffen kann, wenn er sie verdorben hat, in derselben Weise und derselben Einstellung zu behandeln wie Dinge, die er selbst gemacht hat.« (97) Die industrielle Lebensweise ist Ersetzung des Lebenden durch Totes, von divergierenden durch konvergierende Problemstellungen. »Das Ideal der Industrie ist die Ausschaltung lebender Substanzen. Vom Menschen erzeugte Materialien sind natürlichen Stoffen vorzuziehen, weil wir sie nach Maß machen und einer vollkommenen Qualitätskontrolle unterwerfen können. Vom Menschen erzeugte Maschinen arbeiten zuverlässiger und voraussagbarer als Menschen selbst. Das Ideal der Industrie besteht in der Ausschaltung des lebendigen, und das heißt auch: des menschlichen Faktors, und darin, den Produktionsprozeß den Maschinen zu überlassen.« (100) Ähnlich hatten sich Spengler und Jünger geäußert. Doch Schumachers Überlegung ist hierin komplizierter. Die agrarische Lebensweise bedeutet – ähnlich Fichtes ›absolutem Leben‹ des Ich – eine Art Einheit ihrer selbst und ihres Gegenteils, denn sie umfaßt das Industrielle als Teil und setzt sich zugleich von ihm ab. Analog dazu wäre also die Industrie als tödliche Selbstdifferenzierung des Lebens zu konvergenten Prinzipien und einem ihnen endlos entgleitenden agrarisch-naturbasierten Leben zu deuten. Schumacher schreibt: »Das wirkliche Leben besteht aus den durch die Unvereinbarkeit von Gegensätzen hervorgerufenen Spannungen, wobei jeder dieser Gegensätze notwendig ist. Und ebenso wie das Leben ohne den Tod keine Bedeutung hätte, so hätte die Landwirtschaft keine ohne die Industrie. Doch ist es nach wie vor wahr, daß die Landwirtschaft Vorrang hat und die Industrie erst an zweiter Stelle kommt.« (101) Die Frage ist nun, an *welchem* Punkt diese Erkenntnis als lebensrettende erscheinen bzw. die Industrie als Todesprinzip sich enthüllen muß. Klages hatte den »letzten Ermöglichungsgrund einer Störung« des Lebensgleichgewichts durch den Geist in einem undeduzierbaren Erwachen des menschlichen Bewußtseins gesehen – in seiner Verselbständigung zur lebensfeindlichen Macht (vgl. KSW I/II, 238). Die spätere ökologische Technikkritik gibt hierfür objektiv fixierbare Bedingungen an. Die Verselbständigung des Technologischen, so Schumacher, sei die Wurzel der ökologischen Krisis. »Die Natur weiß sozusagen stets, wo und wann sie aufhören muß. Noch größer als das Geheimnis des natürlichen Wachstums ist das Geheimnis der natürlichen Begrenzung des Wachstums. Bei allen natürlichen Dingen – ihrer Größe, Geschwindigkeit oder Gewalttätigkeit – gibt es ein Maß. Als Ergebnis gleicht das System der Natur, zu dem der Mensch gehört, sich selbst aus, regelt und reinigt sich selbst. Das ist bei der Technologie nicht der Fall, oder vielleicht müßte ich sagen: beim Menschen, der von Technologie und Spezialisierung beherrscht wird. Die Technologie erkennt keinen Grundsatz der Selbstbegrenzung an – beispielsweise im Hinblick auf Größe, Geschwindigkeit oder Gewalttätigkeit. Daher besitzt sie nicht die positive Fähigkeit, sich selbst auszugleichen, zu regeln und zu reinigen. Im ausgeklügelten System der Natur wirkt die Technologie und insbesondere die Supertechnologie der modernen Welt wie ein Fremdkörper, und inzwischen gibt es dafür zahlreiche Anzeichen.« (133) Die Anzeichen sind die Nicht-Perpetuierbarkeit des linearen Fortschritts nach dem Muster: Wohlstand durch Wachstum, denn eine auf technologisch induziertes Wachstum gegründete Lebensweise kann sich nur im Verschleiß organischer Substanz durchhalten. Die ökologische Krisis ist mithin ein Umschlag, besser: ein Rückschlag von *bíos* gegen *zoé*, von Lebensweise gegen Lebensfaktum. »Plötzlich, wenn auch nicht völlig überraschend, befindet sich die moderne Welt, die von der modernen Technologie geprägt wurde, in drei Krisen zugleich. Zuerst lehnt sich die Natur des Menschen gegen unmenschliche technologische, politische und organisatorische Muster auf, die sie als erstickend und schwächend empfindet. Zweitens ächzt die lebende Umwelt, die das Leben des Menschen ermöglicht, in allen Fugen und liefert die Anzeichen dafür, daß sie stellenweise zusammenbricht. Jedem, der die Materie vollständig durchschaut, ist es drittens klar, daß durch den Raubbau an den nicht erneuerbaren Rohstoffen der Welt, insbesondere an fossilen Brennstoffen, schon bald ernsthafte Versorgungsengpässe, wenn nicht gar die praktische Erschöpfung von Rohstoffen drohen. Jede dieser drei Krisen oder Krankheiten kann sich als tödlich erweisen. Ich weiß nicht, welche von ihnen am ehesten die unmittelbare Ursache des Zusammenbruchs sein wird. Es ist aber ganz klar, daß eine Lebensweise, die sich auf den Materialismus stützt, d. h. auf einen Glauben an ständige und unbegrenzte Ausdehnung einer begrenzten Umwelt, nicht von langer Dauer sein kann und daß ihre Lebenserwartung um so geringer ist, je erfolgreicher sie ihr auf Ausdehnung gerichtetes Ziel verfolgt.« (134)

17. Die Annahme eines vormals bestehenden, durch die industrielle Zivilisation gestörten Gleichgewichts teilen wohl fast alle ökologischen Lebensphilosophen.[138] Die Gleichgewichtsterminologie ist vielfach Tribut an die wissenschaftlich-technischen Revolutionen des 20. Jahrhunderts, namentlich in Physik und Biologie. Die Lebensphilosophen übertragen die durch eine Experimentalsituation ermöglichten und begrenzten Strukturerkenntnisse aufs kosmische Ganze, ›beleben‹ es sozusagen spirituell. Klages als philosophischer Ahnherr des Ökologismus dachte noch umgekehrt von einem unbegrenzten, ›strömenden‹ kosmischen Leben her; für ihn setzte demgemäß die Frage nach der Sterblichkeit dieses kosmischen Lebens viel früher ein, nämlich mit der Individuation: Wie konnte kosmisches Leben überhaupt in die Form des organischen Lebens *eingehen*? »Weshalb überhaupt hat sich das Leben in Geschöpfe verballt?« (KSW I/II, 254) Daher der Fatalismus zumindest in der *Metaphysik* Klages' und der ihm nahestehenden Denker – zu sehen sind ja »immer nur Störungserscheinungen des Organismus und nicht der Beginn der Selbstentzweiung des Lebens*prinzips*« (1245). Das von den Ökophilosophen beanspruchte Gleichgewichtsprinzip dagegen ist eine Struktur des *organischen* Lebens. Oft wird dieses Gleichgewicht nun auch als ›natürliches System‹ bezeichnet und damit im Grunde eine Binnenbeobachtung auf ein kosmisches oder zumindest planetarisches Großesganzes übertragen. Die Formel vom Gleichgewicht

hat ihren Sinn in der Erforschung von Lebensbedingungen, die einer definierten Lebensform (Qualität) entsprechen, wobei der intellektuelle Preis dieser Erforschung in einer Exteriorisierung der zerstörenden Kraft besteht: Es muß zumindest vorstellbar sein, sich von gewissen, Tödlichkeit implizierenden Lebensformen gänzlich zu trennen – durch ein anderes Leben. In den Fußstapfen Schumachers propagiert auch der Ex-Priester I. ILLICH eine ›Selbstbegrenzung‹, also eine Einhegung des gleichgewichtsstörenden, wissenschaftlich-technisch-wirtschaftlichen Wachstums. Illich operiert mit der Differenz des – historisch und natürlich – Gegebenen und des industriell Gemachten, die lebensbedrohliche Gleichgewichtsstörung entspricht demzufolge einer Perversion im Verhältnis beider. Es ist eine »Industrialisierung der Werte«: »Ein solcher Wachstumsprozeß beschert dem Menschen ein ›verkehrtes‹ Bedürfnis: Befriedigung in der Unterwerfung unter die Logik des Werkzeugs zu finden. Nun formt die Produktivkraft die sozialen Beziehungen.« (Sbg, 85)[139] Die Störung des menschlichen ›Lebensgleichgewichts‹ sei an fünf Punkten zu benennen: 1. Übersteigertes Wachstum bedroht das Recht des Menschen auf Verwurzelung in der *Umwelt*, mit der zusammen er entstanden ist. 2. Die Industrialisierung bedroht das Recht des Menschen auf *Autonomie* des Handelns. 3. Überprogrammierung des Menschen im Hinblick auf seine neue Umwelt bedroht seine *Kreativität*. 4. Zunehmend globale Verbündelung aller Produktionsprozesse bedroht sein Recht auf Mitsprache, d. h. auf *Politik*. 5. Verstärkung von Verschleißmechanismen bedroht das Recht des Menschen auf seine Tradition, seinen *Rückgriff auf das Vorhergegangene* durch Sprache, Mythos und Ritual. »Das Hauptmerkmal dieser fünf Bedrohungen ist: sie werden voneinander unterschieden und zugleich miteinander verbunden, durch eine tödliche Umwandlung von Mitteln in Zwecke regiert.« (88)[140] Die methodologische Fragwürdigkeit der Gleichgewichtsvorstellung veranlaßt Illich, sie zu pluralisieren. Die Formel »Das mehrfältige Gleichgewicht« (so ist ein Abschnitt seines Buches überschrieben) bezeugt ein Gespür für die anthropozentrische Verengung in der Nachhaltigkeitsidee und für ihre inneren Ambivalenzen und Umschlagmöglichkeiten. »Die von der ökologischen Krise ausgehende Faszination hat die Diskussion über die Frage des Überlebens auf die Erörterung eines einzigen Gleichgewichts beschränkt, nämlich des bio-physischen, das durch das umweltschädigende Werkzeug direkt bedroht wird.« Diese Debatte kreist um die Frage, welcher systemische Faktor »nach Maßgabe seiner Reduzierbarkeit oder Umkehrbarkeit von unserer Seite die meiste Beachtung« verdiene (91 f.). Mithin erscheint »die Biosphäre als bedrohtes Objekt«, das es zu erhalten gelte (91). Doch ein »unter diesen Bedingungen bürokratisch garantiertes Überleben würde eine Expansion der Industrialisierung des Tertiärsektors bis zu dem Punkt bedeuten, wo die Führung der Weltrevolution mit einem zentral geplanten Produktions- und Reproduktionssystem gleichgesetzt würde.« (93) Das Wissen ums kosmische Gleichgewicht wäre somit neuerlich ein menschlich instrumentalisiertes Wissen, jenes »verdinglichte Wissen über die Umwelt, das dem Menschen von den Erziehungszünften mitgeteilt wird.« (106) Solches Wissen trifft das klassische lebensphilosophische Verdikt über eine autonom gewordene Verstandeskultur, die dem Menschen in Form einer »absichtlichen und programmierten Dressur« gegenübertrete – im Unterschied zu jenen »Kommunikationsformen, die sich spontan zwischen Personen beim Gebrauch konvivialer Werkzeuge herstellen« (ebd.). Sozial- und Naturgemeinschaft gehören ebenso zusammen wie Isolation des Verstandes und anthropozentrische Vereinzelung – und dadurch Gefährdung – des Lebens. Diese Gefährdung ist dem Wunsch nach einer ›Qualität‹ des Lebens entsprungen, die seiner ihm eigentümlichen, spirituellen Transzendierungskraft entgegensteht und das Faktum Leben selbst disponibel macht. Dies sind allerdings auch Bedingungen, unter denen in einer – sogar moralisch und intellektuell – industrialisierten Kultur jegliches Argumentieren gegen die Wohlstand-durch-Wachstum-Ideologie steht: Es muß sich rechnen.

Illich begegnet den Schwierigkeiten einer Verrechnung von Lebensfaktum und -qualität, von menschlichen und nicht-menschlichen Lebensformen, von begrenztem Menschenleben und potentiell unendlichem Naturleben[141] jedoch nicht mit einer Verabschiedung der anthropozentrischen Perspektive. Vielmehr sucht er historische *Wendepunkte* ausfindig zu machen, an denen die Perversion der technischen Mittel zu Zwecken eingesetzt habe. Das ist durchaus (massen)aufklärerisch gemeint. »Es ist möglich, Schwellen der Perversion von Mittel und Zweck in einer allen verständlichen Sprache zu formulieren. Im Rahmen eines politischen Prozesses kann die

Bevölkerung solche Kriterien benutzen, um die Entwicklung des Werkzeugs innerhalb kritischer Schranken zu halten.« (141) Als Beispiel für diese Argumentationsweise sei die moderne Medizinpolitik genannt. »Kurz nach dem Zweiten Weltkrieg«, so Illich, »wurde offenkundig, daß die moderne Medizin gefährliche Nebenfolgen zeigt.« (19) Das menschliche – im organischen Sinn offenbar gesunde – Leben wurde einer ärztlichen Verwertungslogik unterstellt, die es als krank darstellt und schließlich auch permanent krank hält (20). In extenso hat Illich diesen Gedankengang bald darauf in »Die Nemesis der Medizin« (1987)[142] ausgeführt. In »Selbstbegrenzung« schildert Illich die Hoffnungen der Bevölkerung auf ärztliche Versorgung als ein Paradigma des Fortschrittsprinzips: »Der Anspruch einer Gesellschaft, immer bessere Wohnungen zu bieten, offenbart dieselbe Verirrung wie jener der Ärzte, eine immer bessere Gesundheit zu gewährleisten, oder wie jener der Ingenieure, immer mehr das Leben zu beschleunigen. Man fixiert sich an unerreichbare abstrakte Ziele, und dann hält man die Mittel für Zwecke.« (82) Illich hat hier das Ideal des ›natürlichen Todes‹ im Blick, das nurmehr eine quantitative Bestimmung von Lebensqualität als Lebenslänge übrigläßt und somit zum Begriffsvehikel einer verqueren Todesangst geworden ist. Nicht nur können alle Krankheiten potentiell tödlich sein, sondern auch der Tod kann so als Krankheit erscheinen. »Der Patient vertraut sich dem Arzt nicht nur wegen seines Leidens an, sondern auch aus Todesfurcht. Der Arzt soll sie ihm nehmen. Die Gleichsetzung einer jeden Krankheit mit Todesgefahr ist erst sehr jungen Ursprungs. Da der moderne Arzt die Unterscheidung einer heilbaren Krankheit und der Vorbereitung auf das Akzeptieren eines unheilbaren Leidens nicht mehr vornimmt, hat er auch das Recht seiner Vorgänger verloren, sich eindeutig vom Zauberer und vom Scharlatan abzusetzen.« (76) Dieses harte Urteil hat Illich durch eine Unmenge von statistischem Material zu unterfüttern gesucht. Neben der ›klinischen Iatrogenesis‹ gebe es eine ›soziale Iatrogenesis‹: Sie drückt sich aus in einer ›Medikalisierung des Lebens‹. Über dessen organische Seite versprechen die medizinische Wissenschaft und Industrie die Produktion von Lebensqualität, ja Lebenssinn. Das sei durchaus konsequent für die »Ideologie jeder an grenzenloser Bereicherung orientierten Gesellschaft« (NM, 89): »In einer solchen Gesellschaft sind die Menschen davon überzeugt, daß im Bereich der Gesundheitspflege wie auch auf allen anderen Gebieten menschlichen Strebens die Technik dazu dienen könne, die Lebensbedingungen des Menschen in beinah jeder Richtung zu verändern. Penicillin und DDT werden folglich als Hors d'œuvres zu einem chemischen Schlaraffenland begrüßt.« (89 f.) Angelpunkt dieser Verkehrtheiten ist das gewandelte Verhältnis zum Tod. Moderne Industriegesellschaften lähmen die vitalen Kräfte, die Fähigkeiten zum Selbsterhalt, zum Erhalt der Gesundheit. So werde der Mensch zum lebenden Leichnam, der alles von den Institutionen des Wohlstands- und Versorgungsstaates erwarte. »In der Einstellung unserer Kultur zum Tod schwingen mehrere ungeprüfte Erwartungen mit. Die Leute glauben, die Hospitalisierung werde ihre Schmerzen verringern, oder sie würden im Krankenhaus länger leben. Beides trifft nicht zu.« (126) Der Kranke übernimmt somit den ärztlich-objektivierenden Blick, der wiederum an den wissenschaftlich-technischen Möglichkeiten und Verfahren ausgerichtet ist. Die Objektivierung des eigenen Leibes bedeute eine Durchtrennung des sozialen und individuellen Leib-Seele-Kontinuums. Illich konzentriert sich ausschließlich auf die zerstörerischen Wirkungen des modernen ›Medizinaberglaubens‹; die möglicherweise heilenden Kräfte des Glaubens an die Apparatemedizin und ihren Vertreter im weißen Kittel zieht er nicht in Betracht.[143] Als lebensphilosophischer Radikalaufklärer polemisiert Illich gegen ein quidproquo von Mittel und Zweck. »Medizinische Maßnahmen wirken als Schwarze Magie, wenn sie, statt die Kräfte der Selbstheilung zu mobilisieren, den Kranken in einen ohnmächtigen und behexten Voyeur seiner eigenen Behandlung verwandeln. Medizinische Verfahren werden zu einer Kranken-Religion, wenn sie als Rituale zelebriert werden, die alle Hoffnung des Kranken auf die Wissenschaft und deren Funktionäre lenken, statt ihn zu ermutigen, nach einer Sinndeutung seines Leidens zu suchen oder sich an einem bewundernswerten Menschen, der zu leiden gelernt hat – mag er vor Zeiten gelebt haben oder nebenan wohnen –, ein Beispiel zu nehmen.« (138) In Illichs Sicht rücken physische und soziale Erkrankung dicht zusammen. »Als Richter spricht der Arzt den Patienten von seinen täglichen Pflichten frei und gibt ihm das Recht, in den Versicherungstopf zu greifen, den er vorher anfüllen mußte. Als Priester ist er der Komplize des Patienten, wenn es gilt, den Mythos aufzubauen, daß dieser ein unschuldiges Opfer biologischer Mechanismen sei – und nicht ein fauler, eigensüchtiger Deserteur aus dem gesellschaftlichen Kampf um die Kontrolle der Produktionsmittel. Das soziale Leben entwickelt sich zu einem Geben und Nehmen von medizinischen, psychiatrischen, pädagogischen oder geriatrischen Therapien. Einen Anspruch auf Therapie geltend zu machen, wird zur politischen Pflicht und das ärztliche Attest zum wirksamen Mittel sozialer Kontrolle.« (148) Nicht nur des Lebendigseins, sondern auch des Sterbens und des Todes werden die Menschen so enteignet. Physische Leiden gelten nicht mehr als Formen der Umweltgebundenheit des Lebens, sie sollen nichts mehr bedeuten. Damit trennt sich menschliches Dasein von der Leibesvermitteltheit, es wird zu einer Sache, über die sein Besitzer verfügt. Auf der Entfremdung von der eigenen Leiblichkeit bauen alle anderen Formen der Enteignung menschlichen Lebens auf.[144] »Der moderne Medizin-Betrieb ist die Bemühung, dem Menschen das abzunehmen, was für sich selbst zu tun sein genetisches und kulturelles Erbe ihn vordem befähigte. Die medizinische Zivilisation wird geplant und organisiert, um Schmerz abzutöten, Krankheit zu eliminieren und das Bedürfnis nach der Kunst, zu leiden und zu sterben, abzuschaffen. Diese zunehmende Verflachung des persönlichen Tugendverhaltens ist ein neues Ziel, das noch nie zuvor Leitlinie des sozialen Lebens war. Leiden, Heilen und Sterben, also wesentlich intransitive Aktivitäten, die die Kultur einst jeden einzelnen lehrte, werden heute von der Technokratie als Gegenstände politischen Gerangels beansprucht und als Funktionsfehler behandelt, von denen die Bevölkerung durch Institutionen befreit werden soll.« (155 f.) »Die Menschen verlernen es, das Leiden als unvermeidlichen Teil ihrer bewußten Auseinandersetzung mit der Realität zu akzeptieren, und sie lernen, jeden Schmerz als Zeichen ihres Bedürfnisses nach Schonung und Rücksichtnahme zu deuten.« (157) Illich ordnet diese Phänomene entlang der terminologischen Differenz der Lebensphilosophie (III) im Gefolge Spenglers und Klages': traditionale und moderne Gesellschaft, Kultur und Zivilisation, Gewordenes und Gemachtes. »Kulturen sind Systeme von Sinnbedeutungen; die kosmopolitische Zivilisation ist ein System von Techniken.« (158) Die technische Selbstbestimmung des Menschen läßt das Nicht-Machbare, das kontingent Gegebene des Leibes auf die andere Seite treten

– der Urgrund des Lebens wird zu dessen Wunschphantasie: »Immer stärkere Stimuli sind notwendig, um den Menschen in einer anästhetisierten Gesellschaft ein Gefühl der Lebendigkeit zu geben. Gewalt und Terror sind die einzigen Stimuli, die noch Selbsterfahrung vermitteln können. Die allenthalben betriebene Anästhesie steigert das Verlangen nach Erregung durch Lärm, Geschwindigkeit und Gewalt – egal wie destruktiv diese sind.« (178 f.)

Das Eigentümliche von Illichs Deskriptionen und Deutungen ist, daß in ihnen höherstufige, symbolisch (kulturell) vermittelte Formen des Lebens in einem Kontinuum gegenüber den organismischen (biologischen) gesehen werden. Der Vorwurf an die industrielle Gesellschaft lautet, daß sie diese zur Verfügungsmasse jener degradiere, also das organismisch-kulturelle Kontinuum des Lebens willkürlich durchtrenne. Umgekehrt bedeutet dies, daß in allen Gesellschaften außer der modern-industriellen der Körper eine Autonomie durch Organizität besessen habe. Der Übergang zur modernen Gesundheitspolitik ist also das, was diese ihrerseits den traditionellen Quacksalbern nachsagt: »Jenseits einer gewissen Schwelle ... muß die heteronome Verwaltung des Lebens die höheren Funktionen und Reaktionen des Organismus zuerst einschränken, dann verstümmeln und lähmen; und was Gesundheitsfürsorge sein sollte, verwandelt sich in eine spezifische Form der Verweigerung von Gesundheit.« (249) Mit dem Leben hat der Einzelne auch den Tod an eine objektive, aber nach dem technologischen Prinzip der Machbarkeit wirkende Instanz delegiert. »Dem Medizin-Betrieb, wie er sich heute darstellt, geht es weniger um die empirische Kunst, heilbare Krankheiten zu heilen, als vielmehr um den rationalen Versuch, die Menschheit von der Bedrohung durch Krankheit, von den Fesseln des Leidens und sogar von der Notwendigkeit des Todes zu erlösen. Indem die Ärzte-Zunft ihre Kunst zu einer Wissenschaft machte, verlor sie die Merkmale einer Gilde von Handwerkern, die erprobte Kunstregeln einhielten, welche die Meister einer praktischen Kunst bei ihrem Handeln zum Wohle tatsächlich kranker Menschen leiten sollten. Sie hat sich in einen orthodoxen Apparat von bürokratischen Administratoren verwandelt, die wissenschaftliche Prinzipien und Methoden auf ganze Kategorien medizinischer Fälle anwenden. Mit anderen Worten, die Klinik ist zum Labor geworden. Wenn der moderne Arzt vorgibt, mit vorhersagbaren Resultaten zu rechnen, ohne die menschliche Leistung des gesundenden Menschen und seine Integration in die soziale Gruppe zu berücksichtigen, dann bezieht er die traditionelle Haltung des Quacksalbers.« (288) Krankheit, Sterben und Tod sind zu verfügbaren Tatsachen, zu herstellbaren Ereignissen in den entsprechenden Institutionen geworden. Für Illich kann somit ein durch die medizinisch-politischen Institutionen beglaubigtes Gefühl, krank zu sein, nur unter falschem bzw. verkehrtem Bewußtsein firmieren. »Die Hauptursache von Schmerzen, Krankheit und Tod ist mittlerweile eine technisch geplante, wenngleich unbeabsichtigte Quälerei. Leiden allenthalben, Hilflosigkeit und Ungerechtigkeit sind weitgehend Nebenfolgen von Strategien, die auf mehr und bessere Erziehung, Wohnverhältnisse, Nahrung oder Gesundheit zielen.« (300)

In vielem ähneln Illichs Ausführungen denen M. Foucaults zur ›Medikalisierung‹ und ›Hospitalisierung‹ des Menschen (»La naissance de la clinique«, 1963). »Ärztliche Betreuung, Arbeitsschutz in der Industrie, Gesundheitserziehung und psychische Konditionierung sind nur verschiedene Namen für eine Sozialtechnik, die notwendig ist, um Bevölkerungen den Bedürfnissen technischer Systeme anzupassen.« (296) Doch für Illich ist das Subjekt all dieser Zurichtungen, der Mensch, kein ›Konstrukt‹, sondern es verfügt in seiner Naturhaftigkeit über einen normgebenden Kern, der durch Technik, Wissenschaft und Industrie nur verletzt, nicht aber ersetzt werden kann. Das postmoderne ›Spiel mit der Identität‹ ist der lebensphilosophischen Tradition fremd.[145] Der Mensch als vitale Ganzheit ist kein ›Phantom‹, keine ›Simulakrum‹. Alles, was der Fortschritt an Quantifikation bzw. Homogenisierung vormaliger – natürlicher – Qualitäten leistet, muß diese beschädigen: Qualität ist nicht quantifizierbar.[146]

Doch zum Ende der 1980er Jahre glaubt Illich nicht mehr an die gegensteuernde Kraft eines ökologischen Fundamentalismus. Die Gründe seiner Skepsis gegen solche, seit der »New Age«-Esoterik in Westeuropa und Nordamerika massenwirksam gewordenen Gegenreligionen liegen im weiterhin aufrechterhaltenen Konzept eines kosmischen bzw. Allebens. Bereits in früheren Werken hatte Illich sein Mißtrauen gegenüber einer Ökologie qua Stabilisierung einzelner systemischer Komponenten bekundet (vgl. Sbg, 91–93). Mit den ›grünen‹ Parteien hatte Illich außerdem vielfach Beispiele eines Übergangs aus der ›grünen‹ in die ›weiße‹, aus der ökologischen in eine liberalistisch-individualistische Lebensauffassung mit wohlfeilem Esoterik-Überbau vor Augen. Daher der – terminologisch erstaunliche, fast an Habermas erinnernde – Rückgriff auf eine nicht spirituale, sondern prozedurale Logik der Rettung. In »diesem Augenblick der Krise wäre es töricht, wollten wir die Grenzen menschlichen Handelns auf irgendeine substantielle ökologische Ideologie basieren, die nur die mythische Sakralität der Natur modernisieren würde. Die technische Inszenierung einer Öko-Religion wäre eine Karikatur der traditionellen Hybris. Nur eine allgemeine Einigung auf Verfahren, durch welche die Autonomie des politischen Menschen in Gerechtigkeit gewährleistet werden kann, wird zur Anerkennung der notwendigen Schranken menschlichen Handelns führen.« (303) Und noch schärfer an späterer Stelle: »Es ist möglich, die notwendige Basis für ein ethisches menschliches Handeln zu finden, ohne sie von der allgemeinen Anerkennung irgendeines ökologischen Dogmas abhängig zu machen, wie es heute im Schwang ist. Diese Alternative zu einer neuen ökologischen Religion oder Ideologie beruht auf einer Einigung über Grundwerte und Verfahrensregeln. ... Wenn die industrielle Produktionsweise über einen gewissen Punkt hinaus expandiert und die autonome Produktionsweise noch weiter zurückdrängt, dann setzen individuelles Leiden und soziale Auflösung ein. ... Werden diese Verfahren im Geiste eines aufgeklärten Eigeninteresses und im Wunsch nach Überleben bei gerechter Verteilung des Sozialprodukts und gerechter Teilhabe an der sozialen Kontrolle durchgeführt, dann sollte daraus auch die Erkenntnis folgen, wieweit die natürliche Umwelt belastbar ist und wieweit das autonome Handeln optimal durch industrielle Produktion ergänzt werden kann, um persönliche Ziele effektiv zu verwirklichen. Politische Verfahren, die sich am Wert des Überlebens bei distributiver und partizipatorischer Gerechtigkeit orientieren, sind die einzig rationale Antwort auf zunehmend totales Management im Namen der Ökologie.« (305 f.)

18. Die Rückkehr zum Gedanken eines aufgeklärten Eigeninteresses ist bei allen Lebensphilosophen der Aversion gegenüber einer technologisch-institutionellen Sphäre geschuldet, die ein für die Individuen tödliches Sonderleben entfalten konnte. Die Hoffnung kann hierbei dem Mikrokosmos-Status der individuellen Totalität (s. I.16) oder ihrer virtuellen Omnipotenz als Gesamtheit von psychischen und zugleich sinnobjektivierenden ›Vermögen‹ gelten, wie in der transzendentalphilosophisch erneuerten Lebensphilosophie (s. III.2). Die ökologische Lebensphilosophie stimmt mit ihren – z. B. neomarxistischen – Kritikern darin überein, daß Technik – z. B. als autoritäre – zu einer todbringenden Wirklichkeit werden kann, die Individualität gemäß vorstehenden Konzepten auslöscht.[147]

Von einer anderen Seite her hat sich ein wortmächtiger Nachzügler der ökologischen bzw. ökologischerseits geforderten Tendenzwende zur Thanatologie-Thematik geäußert. In seinen »Konservativen Aufsätzen«[148] verzichtet C. AMERY (geb. 1922 als Christian Anton Mayer) auf die lebensphilosophische Hypostasierung des Technischen und Wachstumsökonomischen zu einem dem Individuum feindlich gegenüberstehenden Prinzip, um Spekulationen über die tödliche Tendenz der industriellen Lebensweise überhaupt Raum zu geben. Die zugehörige Lebenserfahrung ist die eines mit Pkw und Düsenflugzeug zwischen Weltrettungskongressen hin und her reisenden Intellektuellen – wie Amery zuweilen selbstkritisch durchblicken läßt. Amery ist im geistigen Umfeld des bayerischen Katholizismus aufgewachsen, pflegte als Schriftsteller (bis 1991 Präsident des deutschen PEN-Zentrums) den Stil einer ›literature engagée‹. Die Bewegung vom Appellativen zum Spekulativen ist unverkennbar Teil jener Erfahrung mit einer als ›Umweltproblematik‹ verwalteten »Krisis des In-der-Welt-Seins« (R. Bahro), die auch I. Illich teilte. In seinem Aufsatz »Im ethischen Irrgarten« (1982) hat Amery die damals mächtig reüssierenden Konzepte evolutionärer Selbststeuerung untersucht, die ja auch wesentliche Argumentationsstücke der Lebensphilosophie (II) bilden. Sein Urteil fällt in der Art Anders' aus – eigentlich lasse sich der Evolutionismus nur in einer advocatio diaboli verteidigen. Der planetarische Lebensschwund ist die absehbare Tendenz der Evolution: »In einem solchen Zusammenhang kann der hartgesottene ›Ökologist‹, der kalte Betrachter der Evolution, tatsächlich unsere ganze gegenwärtige Misere als einen notwendigen Schritt der Evolution interpretieren – ja, als einen Gewinn, weil eine radioaktive Verstrahlung des Planeten einen Mutationsschub auslösen könnte, der die zunehmende Artenverarmung zugunsten eines zwar grausamen, aber zukunftsträchtigen

Entfaltungsprozesses neuer Arten umkehren könnte. Rein ›wissenschaftlich‹ betrachtet, könnte sich ein solcher Beobachter durchaus mit den ›Wachstums-Propheten‹ verbünden, die sich auf die
Erhaltung unserer gegenwärtigen zerstörerischen Praxis versteifen.
Unsere kollektiven Fehlhaltungen, unser blinder oder halbblinder
Marsch in das Verderben der Spezies Mensch wären dann nichts anderes als die ›List der Evolution‹, die sich im Interesse der künftigen
Biosphäre einer lästigen, als Entwicklungssackgasse erkannten Form
eines intelligenten Warmblüters entledigt.« (BE, 126 f.) Hier geht es
um jene thanatologischen Metamorphosen des Lebens, wie sie Vertreter der Lebensphilosophie (III) immer wieder im Weltbild – vor
allem im Kultur- und Geschichtsbild – des naturwissenschaftlichen
Vitalismus gefunden haben. In einem anderen Aufsatz, »Bericht
über eine biosphärische Konferenz« (1987), erkennt man die von E.
v. Hartmann und P. Mainländer vorgedachte Thematik wieder: »Ist
der Homo Sapiens durch seine zivilisatorische Entwicklung zu einer
Gefahr für den Gesamtorganismus Erde geworden – oder gehört
diese zivilisatorische Entwicklung selbst in die GAIA-Evolution?
Führt sie – wie Teilhard de Chardin es ausgedrückt hat – die Erde aus
der bewußtlosen Biosphäre in die durch den Geist, das Bewußtsein
geprägte Noosphäre?« (225) In »Nur davor ängstigt der Tod« (1988)
sieht Amery diese Noosphäre in einer bestimmten Lebensweise
personale Realität geworden, nämlich in einem ›nekrophilen‹, das
Lebensfaktum zur Diskussion und schließlich zur Disposition stel-
lenden Leben: »Insgesamt ergibt sich also eine eindeutige Tendenz:
die Tendenz in die Nekrophilie hinein, in die Liebe zum endgültigen
Tod, der uns den Verpflichtungen zum Leben entreißt. In solchen
Nekrophilie-Zusammenhang gehört die ganze kalte Welt der ›Sach-
zwänge‹; gehören die Krebserreger des Wirtschaftswachstums; gehört der Todes-Kult des Automobils und des Flugzeugs; aber auch
die chemisch-physikalische Version der Geburtenkontrolle und der
hedonistisch motivierte Zölibat der Singles.« (347)

In den Lebensphilosophien P. Mainländers und E. v. Hartmanns
waren – im Sinne denkerischer und ethischer Konsequenz – gewisse
Absurditäten aus der vitalistischen Immanenz des Lebens auf die
Spitze getrieben mit der Forderung, an der Selbstvernichtung des
Lebens tätig oder durch Passivität des Wünschens mitzuwirken. Wie
die Summe solcher Spekulationen und Appelle liest sich, was der

greise Amery in »Die Botschaft des Jahrtausends« erwägt.[149] »Um eine bewohnbare Zukunft zu sichern, müssen wir zunächst fragen, welche Arten des Tötens, des Sterbens, der Lebensförderung oder Lebensverweigerung die Gesundheit der gesamten Biosphäre am meisten und (vor allem) am nachhaltigsten fördern.« (BJ, 23) Diese Förderungen umfassen auch weltanschauliche. Amery entfaltet ein Panorama aller weltbildformenden Topoi des ökologischen Fundamentalismus, worin sich All-Einheits- und Entwicklungsgedanke, mythische Bilder und wissenschaftliche Hypothesen das Gleichgewicht halten: »Eines dieser Mythenbilder ist als Name einer wissenschaftlichen Theorie in unsere Gegenwart zurückgekehrt; der Name lautet GAIA.« »Die GAIA-Theorie besagt nichts anderes, als daß sehr bald nach der Entstehung unseres Planeten, also vor mindestens drei Milliarden Jahren, lebende Organismen in Wechselwirkung mit den zunächst leblosen Gegebenheiten unseres Planeten getreten sind, daß bereits in jener Dämmerzeit ein fließendes, aber Leben stabilisierendes und weiterentwickelndes Gleichgewicht entstand, und daß diese Gegenseitigkeit von Leben und Lebensbedingungen in und mit der gesamten Biosphäre selbst zumindest etwas Ähnliches wie einen lebenden, ja denkenden Organismus hervorbringt.« (26 f.) Die »Wunder der planetarisch-biosphärischen Gesamtheit«, schreibt Amery, seien »so überwältigend, daß sich zwangsläufig ein Gefühl der Ehrfurcht entfaltet« (27). »All das vermag uns das einzuflößen, was frömmere Zeiten die ›Furcht des Herrn‹ genannt haben. Leben und Tod lassen sich in solchem Zusammenspiel wahrhaftig nicht mehr als Gegensätze auffassen, sondern als einander zwangsläufig bedingende Durchgangsphasen in der Bewahrung und Weiterentwicklung des Lebens auf der Erde.« (29) Wenn man in der Evolution des Lebens eine *Tendenz* (und nicht bloß ein – statistisches – Wunder) sieht, dann wird man freilich auch auf eine Gegentendenz aufmerksam werden. Das war bei v. Hartmann und vor allem Mainländer durch vermeintliche Evidenzen eines organisch-kulturellen Niedergangs gedeckt. Bei Amery leitet kaum übersehbar eine anthropozentrische Perspektive die biozentrische Spekulation: »So gedieh und gedeiht der Lebensplanet in einer Sternenwelt, in der er eine offenkundige Ausnahme bildet; versucht (bisher erfolgreich) das irre Abenteuer des Lebens durchzustehen, gegen den Strom der Entropie zu schwimmen, indem er sein einziges Einkommen, die Sonnenstrahlung, mit Hilfe immer vielfältigerer Mittel von Leben/Tod möglichst günstig einsetzt.« (29 f.) Was Illich bereits Unbehagen machte, nämlich die – durchaus nicht ökologisch motivierte – Stabilisierung *einer* Komponente des biosphärischen Gleichgewichts, das liegt bei Amery noch in der anthropologisch verlängerten kosmischen Lebenstendenz. Als Anthropologe wie als evolutionsfrommer Katholik im Sinne Teilhard de Chardins kann Amery schreiben: »Worum es ging und geht, in jeder Menschenzeit (und Menschenangst) ging und geht, ist zunächst die Verstetigung des Lebens, seine Sicherung gegen den immer drohenden Tod. Doch von Geschlecht zu Geschlecht ändert sich die Deutung des Todes/Lebens, je nach der Deutung, die Leben/Tod erfährt. Die Menschheit hat Hunderte, Tausende von Kulturen hervorgebracht, in denen immer wieder andere Muster entworfen wurden. Viele dieser Kulturen, oft gerade die, welche uns in ihrer Schönheit am meisten ansprechen, wählten bewußt die Begrenzung, die Bändigung weiter ausgreifender Gier und weiterer Entfaltung in Zeit und Raum und Güterpracht und -menge zugunsten einer Stetigkeit der Gesittung und der Bräuche, die ihnen auf die Dauer lebensfähiger schien. (Die Wahrscheinlichkeit ist groß, daß sie damit recht hatten.)« (34 f.) Und »die Anliegen, die im Mittelpunkt der Gebete und Riten stehen, die Anliegen, die sozusagen die Tagesordnung des religiösen Lebens bildeten«, das »waren die Anliegen des Lebens gegen das Altern und Verkommen und Welken, waren die Anliegen der Syntropie gegen die eisige Strömung der Entropie, die aus dem Kosmos gefährlich eindringt.« (163)

›Stetigkeit‹ – so ist nunmehr sichtbar geworden – bedeutet für Amery zunächst lebenserhaltende Konstanz. Das theoretische Problem besteht dann in der Genealogie *jener* Stetigkeit – nämlich von Wachstum, Fortschritt, Meliorationsglauben usw. –, die das *Lebensprinzip der industriellen Welt* bildet. Amerys Lösung erinnert hier abermals an Konzepte eines philosophisch ehrgeizigen, wissenschaftlich erneuerten Katholizismus – etwa an M. Schelers Geistlehre: Das Spirituelle, die Weisheit grenzenziehender Religion und Mythologie, ist etwas, das *im* – biologisch beschreibbaren – Menschsein aufgesucht werden kann. Und dort kann es fehlen. Das evolutionäre ›Programm‹ verwirklicht sich dann ungehindert in Richtung Tod. Die Abwesenheit des Spirituellen ist scheinbare Potenz, ist Pseudo-Reichtum durch dauernde Anwesenheit der leben-distanzierenden und -abschätzenden ›Reflexion‹. Doch der evolu-tionsgeschichtliche Rückblick zeige: »Das, was den Menschen zum Menschen macht, nämlich seine Reflexionsfähigkeit, sein Zurück-treten vom rein biologischen Drang, wurde bisher in der Geschichte fast immer nur dazu benutzt, die animalische Expansionsgier der Art noch wirksamer zu entfesseln. Damit stießen wir in den letzten zweihundert Jahren an eine Grenze vor, die von keiner anderen Le-bensform überschritten wurde und überschritten werden kann. Und das ist der Kern der Gattungsfrage.« (91) Wie bei Scheler steht im Hintergrund eine normative Anthropologie, die sich mit Beispielen aus der Zivilisationsgeschichte illustriert. Und diese hat – ähnlich wie von F. G. Jünger, Spengler, Klages vorgedacht – nur eine wesent-liche Zäsur: ihren Beginn. Es ist der Verlust der begrenzenden, bei Amery: ›spirituellen‹ Dimension, die einst eine eigene, eigensüchtige Lebensrealität gebildet habe, also durchaus bíos, Lebensweise, sein konnte. Nicht erst die Vormodernen (F. G. Jünger) oder traditionell Lebenden (Illich), sondern die Frühmenschen sind Amerys Gegen-bild zur todessüchtigen Lebensweise – »die Frühmenschen taten genau das nicht oder nur unzureichend, was ihnen die klassischen Aufklärer von Daniel Defoe bis Marx/Engels andichteten. Sie benah-men sich nicht als *Homines fabri*, als reine Werkzeugmacher ... Nein, die eigensinnigen Frühmenschen bestanden, wenn erst einmal der gröbste Hunger gebändigt war, auf sinnbildenden Tätigkeiten und Spekulationen, die wir aus den einst primitiv und heute tradi-tionell genannten Gesellschaften kennen. ... Sie versäumten und versäumen damit eine Menge Zeit, die sie nach Meinung der platten Aufklärer dafür verwenden sollten, ihre Lebensumstände im Sinne eines tüchtigen Schimpansenprogramms zu verbessern.« (38)

Die spirituelle Dimension des Lebens gilt dem Erhalt von dessen Faktum. In den Mythen und Religionen geht es um Verstetigung des – kosmisch gesehen: unwahrscheinlichen – Lebens. »Die ältesten Religionen suchten nach Mitteln, den Lebensprozeß gegen den Tod zu unterstützen; sie glaubten sie in den Umgangsformen zu finden, die sie aus ihrem Zusammenleben kannten: Umgangsformen des Flehens und Drohens, des Opfers und des heiligen Handels« (40). Die Entgegensetzung von Lebensfaktum und Lebensweise, von menschlicher Frühzeit und expandierender Modernität leitet auf eine Polarität auch der Todesauffassungen. Der Tod kann einmal – wie in der längsten Zeit der menschlichen Evolution – als ein Seinsverhalt thematisch sein, zum anderen aber als ein Sinnproblem, als etwas, das inmitten der äußeren Absicherung einer zivilisatorisch-komfortablen Lebensweise erwächst. Darin wird er als solcher zunächst gar nicht zugelassen. »Der Tod, das war der alte Gebieter über Hunger, Pest und Krieg – aber der neue ist, auf eine grausig-groteske Weise, sein gerades Gegenteil, gewissermaßen der Tod des Todes, das Schwinden seines Gewichts und seiner Macht in der Waagschale des ständigen Leben/Tod-Gerichts über uns Menschen.« (62) Dieser Gedanke ist aus der lebensphilosophischen Polemik gegen den ›natürlichen Tod‹ bekannt, der letztlich dem Leben vor ihm keinen Sinn mitteilen kann und so zum anstößigen, nach Kräften aufzuschiebenden Faktum gerät. Der Tod ist jetzt, was den Sinn eines Lebens von zerstörerischer Tendenz negieren würde. »Das Haupt- und Innenwesen der alten Gottestaten war der Tod als Wirkkraft nachhaltigen Lebens; das Wesen der neuen Apokalyptik, jedenfalls ihr wesentliches Gerichtetsein, ist die scheinbare Überwindung des Todes, eine Überwindung, die ihrerseits zum tödlichen Sieg wird, zum möglicherweise letzten und endgültigen Sieg über eine für uns bewohnbare Zukunft.« (63) Wissenschaft und Technik als solche sind freilich nicht die thanatologischen Mächte. Als einer der wenigen ökologischen Lebensphilosophen hat Amery die innere Kritik und Destruktion des ›linearen‹ wissenschaftlichen Fortschrittskonzepts zur Kenntnis genommen.[150] Nicht jedoch die historistische und holistische Wende in der Wissenschaftstheorie interessiert ihn, sondern eine Art Grundlagenforschung, die sich gleichsam in Verlängerung der natürlichen Selbsterhaltungstendenz des Lebens etabliert. »Die entscheidende Gegenströmung gegen den alten Fortschritt, deren Kraft und Bedeutung zunächst nur von wenigen geahnt wurde, geahnt werden konnte, entstand aus den Quellen der Wissenschaft selbst – der wirklichen, das heißt der desinteressierten Grundlagenforschung. Es sind die Lebenswissenschaften, insbesondere die Biologie im weitesten Sinne, aber auch Anthropologie, Psychologie und Kybernetik, die (oft ohne es vorauszusehen) den Fortschrittsbegriff regelrecht umgestülpt haben.« (109) Die von Bahro und Illich ihrer industrialismusstabilisierenden Funktion wegen verdächtigte ›Umweltethik‹ und das ›Planet Management‹

sind für Amery keine anstößigen Projekte oder auch nur Termini. Beide lehrten den Menschen, auf die sich in ihm vollziehende, durch die neuen ›Lebenswissenschaften‹ ermittelte Selbstregulation des Lebens zu achten, die den Tod und die Sterblichkeit einschließt. »Der letzte Vorstoß aber hieße: *Tod ist eine Verkehrsform des Lebens.* … Wir sparen ihn auf für eine Gesamt-Bemühung um die sogenannte Umweltethik, die man um der Klarheit willen Lebens/Todes-Ethik nennen sollte.« (115) Das Schein-Leben ist eines, das weltweit tötet, um sich in seinem – kulturell wie evolutionär kontingenten – So-Sein zu erhalten. Es folgt dem Verschleißprinzip, dem Aufbrauch der ›Substanz‹ (F. G. Jünger). »Statt wie bisher an unserem eigenen tötenden Lebensstil festzuhalten und ihn, wenn und wo irgend möglich, dem Rest der Menschheit aufzudrängen, wobei wir höchstens Geburtenkontrolle als einziges Gegengift verordnen, gilt es, den genau umgekehrten Weg einzuschlagen: Vor allem andern gilt es unseren Kulturentwurf auf eine drastisch zurückgefahrene Energiefreisetzung einzurichten …« (145)

Amerys Zusammenschau der wichtigsten Topoi eines ökologisch sich selbst regulierenden Lebens ist innerlich komplizierter, als es auf den ersten Blick scheinen mag. Man findet hier die immanente Widersprüchlichkeit der ›grünen‹ Lebensphilosophie in einer – oft auch sprachkünstlerisch – beeindruckenden Synthese gebändigt. Den Ausgangspunkt wohl aller solcher Philosophien des Lebens bildet dessen Verteidigung als Faktum (Dasein) gegen einen bestimmten Modus, eine Form (So-Sein). Jede Explikation von Schritten zur Rettung dieses Faktums Leben muß es nun aber selbst als Qualität, als ›gutes Leben‹ erscheinen lassen, um sich nicht in der vitalen Paradoxie des »Navigare necesse est, vivere non est necesse« zu verstricken. Amery hat kühn die spirituale Qualifizierung des Lebens, wie sie seiner gelebten und durchdachten Erfahrung des philosophischen Katholizismus entsprach, auf menschliche Frühzeiten projiziert; auch die anderen ökologischen Lebensphilosophen waren mit der Schwierigkeit konfrontiert, das organische Faktum (zoé) von seiner historisch-kulturellen Beengung lösen und es doch zugleich als einen ›Lebenswert‹ (als Form, Qualität) darstellen zu müssen. Gibt es eine *Lebensweise*, die der puren Gegebenheit des Lebendigsein als vom Tod umgrenzten Faktums *entsprechen* kann? Die offensichtliche Inkongruenz beider Aspekte erklärt wahrscheinlich die Leichtigkeit, womit zum Ende des 20. Jahrhunderts Kulte, Religionen und mythisch-wissenschaftliche Synkretismen geschaffen und ergriffen wurden: das als biologisches Faktum entdeckte ›nackte‹ Leben ist schlechthin mit jeder kulturellen Sinnbestimmung kompatibel. Bei Amery bekundet sich zudem die so spannungs- wie hoffnungsvolle Beziehung zu den florierenden ›Lebenswissenschaften‹. Sie alle pflegen eine Nähe zu evolutionistischen Darstellungen des Seins wie dessen Erkennens.[151] Warum spricht Amery so verächtlich vom ›Schimpansenprogramm‹? Es ist würdeloses, weil sich in biologischer Immanenz vollziehendes, menschheitsgeschichtlich gesehen also auf vernunftlose Selbstverwirklichung qua Selbstvernichtung tendierendes Leben. Doch wäre es gerade diese ›autonome‹ Abwicklung eines ›Programms‹, was dem in modernen Lebenswissenschaften gepflegten Weltbild ziemlich nahe käme – und auch ihren Wertmaßstäben.[152] Das Leben gefährdet sich in seiner puren Organizität, wenn es nicht einen spirituellen Außenhalt bzw. Grenzpfahl seiner Expansionstendenz erhält – so lautet die verblüffende Umkehr der herkömmlichen lebensphilosophischen Pointierung bei Amery. Man könnte sich freilich fragen, ob die ›spirituelle‹ (ob esoterisch oder volkskirchlich) geschaffene Distanz zum eigenen – organischen – Lebensfaktum nicht gerade jenem wohlstandskulturellen Narzißmus einer Besorgtheit um sich selbst entspricht, der planetarisch um so rücksichtsloser wütet. Mit solchen Einwürfen haben sich Illich und Amery tatsächlich beschäftigt. Der Abweis ihrer Triftigkeit fällt dann nicht mehr ins spekulative bzw. theoretische, sondern ins praktisch-appellative Genre: Ein sich selbst sicherndes Leben, eine nicht-systemische Stetigkeit durch Lebensreduktion sei die tödliche Tendenz selbst! Der kluge Egoismus, den Illich und Amery ja *auch* angerufen haben, könnte freilich gegen den Gleichgewichts- und Nachhaltigkeitsgedanken die Begrenztheit *sämtlicher* Lebenshorizonte durch den Tod ins Feld führen. Den sichersten Schutz gegen alle Irritation aus dieser Gedankenrichtung bot das ökologisch-lebensphilosophische Dogma von der Simultaneïtät inneren und äußeren Seins, von Menschen und Natur-Mitwelt, von Selbst- und Umweltzerstörung.[153]

19. Die Thanatologien einer Lebensphilosophie, die sich von der transzendentalen Subjektivität her aufbaut, und einer vom Faktum des organischen Lebens ausgehenden Bios-Philosophie scheinen auf den ersten Blick kaum miteinander vereinbar. Allzu Verschiedenes ist hier unter ›Tödlichkeit‹ begriffen. Berührungspunkte in den Denkmotiven und Argumentationsstrukturen gibt es allerdings – die *Entfremdungsproblematik* bündelt gleichermaßen Gedankengänge zur Genealogie des Scheinlebens wie zur Dekadenz des Lebendigen selbst. Ohnehin haben weder ›individualistische‹ noch ›biozentrische‹ Lebensphilosophie den Begriff Leben derart einsinnig gebraucht, daß eine Verständigung unmöglich gewesen wäre. Das gilt vor allem für den Topos von der ›Lebenswelt‹. In ihren ›Phänomenologien‹ werden sich – wie gleich zu zeigen – die Diltheysche und die Klagessche Lebensphilosophie-Tradition treffen. Doch war eben ›Lebenswelt‹ nicht von Anbeginn terminologisches Eigentum der Phänomenologie oder gar nur ihrer transzendentalen Variante. Der Empirismus um 1900 kennt eine ›natürliche‹ bzw. ›Lebenswelt‹ (zuerst oft auch: ›Lebensumwelt‹) sowie semantische Entsprechungen wie mondo quotidiano, monde quotidien, life world. Es ist die Sphäre der Empfindungen, die noch nicht nach den Aspekten psychischen und physischen Lebens geschieden sind – ›vorwissenschaftliche‹, ›unmittelbare‹, ›reine Erfahrung‹.[154] Von Anbeginn steht ihre Freilegung unter dem Maßstab besonderer Anforderungen: Deskription und Explikation dieser Natürlichkeit verlangen ein Höchstmaß an philosophischer Besonnenheit. Den Aspekt eines Vertrauen-Müssens auf die ›Erfahrungswelt‹, die das reflektierende Subjekt umgibt, also einer ›subjektiven Umwelt‹ und ›Erlebniswelt‹ als Rahmen aller wissenschaftlichen Objektivationen, macht erst die Husserlsche »Phänomenologische Psychologie« (1925) stark. Transzendentale Subjektivität ist unthematisch den wissenschaftlich-technischen Idealisierungsakten mitgegeben, sie ist horizonthaft und situationsabhängig. Die genealogische Ableitbarkeit von ›Bedeutungen‹ hat Husserl – gegenüber Dilthey[155] – eine zeitlang bestritten.[156] Dennoch hat die Phänomenologie manche Überlegungen des Diltheyschen Spätwerkes zum ›Leben‹ als Bildungsvorgang logischer Formen aufgenommen.[157] Die Frage nach der konkreten Beschaffenheit der transzendentalen Subjektivität, *in* ihrer Lebenswelt-Verwurzelung, begünstigte Konkretisierungen, worin sich beide Varianten der Lebensphilosophie (III) treffen konnten, nämlich in der mehrsinnigen Auffassung der Lebenswelt je als Lebens*grund* und als historisch-kulturell je spezifizierte Alltags*welt*. Die an Klages anschließende Richtung war auf letztere angewiesen, wenn sie ihrem Tod-durch-Geist-Theorem irgendeine Anschaulichkeit verschaffen wollte. Sowohl die wissenschaftlich-technische Deformation als auch die gänzliche Unerfahrbarkeit der Lebenswelt kamen hierfür in Betracht. Als Alltagswelt ist Lebenswelt eine *wiederzugewinnende* Welt, ein *verschütteter* Brunnen des Lebens; abzutragen sind dann die tödlichen Überlagerungen seitens einer industriell nutzbar gemachten téchne und epistéme. Amery fragt diesbezüglich, ob die »Lebenswelt noch zu retten sei« (SE, 130), Illich fordert eine »Wiederbelebung der Alltagssprache«, gegenüber den todbringenden Spezialismen der Wissenschafts- und Technikidiome ein »erster Angelpunkt einer politischen Umkehr«: »Nur über die Sprache werden die Menschen sich zu Alternativen zusammenfinden.« (Sbg, 183) Worauf solche Autoren vertrauen, ist eine Selbstgegebenheit des Lebens, dadurch auch eine mögliche Selbstgenügsamkeit in der ›Lebenswelt‹.

20. Zu einer radikalen (und radikal-einseitigen) Form von Kulturkritik hat dies seit den 1980er Jahren der französische Phänomenologe M. HENRY entfaltet.[158] »La Barbarie« (1987)[159] führt Dekadenzlehre und Genealogie der Lebensvollzüge auf dem Boden einer – stark leibphilosophisch tendierenden – Phänomenologie zusammen. Leben existiert allein als sich selbst affizierend, und die moderne Verlockung besteht darin, mit dem Verzicht auf dieses Wesensmerkmal unsterblich zu werden – d. h. den Tod mit dem Tod auszutreiben.[160] Henry sucht die Selbstgegebenheit des Lebens aus der Aura einer nur geschulten Phänomenologen zugänglichen Erfahrung zu befreien. Wie in jeder echten phänomenologischen Deskription führt das auf zirkulär anmutende Bestimmungen: Wie »kann ›jedermann‹ – nämlich jeder, insofern er ein Lebender ist – wissen, was das Leben ist, wenn nicht in dem Maße, wie das Leben sich selbst kennt und dieses ursprüngliche Selbstwissen sein ihm eigentümliches Wesen bildet? Denn das Leben fühlt und erfährt sich selbst, so daß nichts in ihm ist, was es nicht erfährt oder fühlt. Und dies aus dem Grunde, weil die Tatsache, sich selbst zu fühlen, genau das ist, was aus ihm das Leben macht.« (B, 82) Das entsprechende Selbstgefühl nennt Henry ›transzendentale Affektivität‹ – sie »ist die ursprüngliche Weise der Offenbarung, und durch diese Weise offenbart sich das Leben sich selbst, wodurch es als das möglich ist, was es ist – als das Leben« (100). Die Struktur dieser Affektivität setzt sich direkt in eine Erkenntnis hinein fort, die Henry ›Lebenswissen‹ nennt. Mit diesem Terminus ist der französische Phänomenologe ein gutes Stück von der Husserlschen ›Lebenswelt‹ als normalerweise unthematischer Gewißheit hinter allen konkreten Vollzügen des Subjekts entfernt und der Klagesschen Lebensauffassung nahegekommen – auch dort ist ja das individuelle Leben über eine *Struktureigentümlichkeit* zu seinem Daseinsraum unmittelbar, in der sogenannten ›vitalen Spiegelung‹, die im Sinne Novalis' eine Analogie von menschlichem Mikro- und kosmischem Makrokosmos, von Erkennen und Sein besagt (vgl. KSW I/II, 323 ff.). Der kontemplative Zug dieser Klagesschen Idee verschwindet bei Henry, insofern für diesen die Zweipoligkeit des Lebens als Wissen und Welt ›Praxis‹ ist. »Das Lebenswissen als ein Wissen, worin das Leben sowohl das erkennende Vermögen wie das von ihm Erkannte bildet und auf diese ausschließliche Weise seinen ›Gehalt‹ empfängt, nenne ich Praxis. Was ein solches Wissen kennzeichnet, haben wir gesehen, daß es nämlich in Abwesenheit jeder Ekstase in ihm keinerlei Bezug zu einer möglichen ›Welt‹ gibt, welche auch immer es sei.« (B, 109)

Welches sind die tödlichen ›Ekstasen‹ des Lebens, die in die Barbarei führen? Barbarei verstanden als Dekadenz einer Kultur ist für Henry nichts geschichtlich Ungewöhnliches (80). Ihr moderner Skandal aber sei die damit einhergehende Verfälschung und schließlich Zerstörung des Lebens in seiner phänomenologischen Gegebenheit, des ›absoluten Lebens‹. Dieser Zerstörung machen sich z. B. jene Vitalismen und Lebenswissenschaften schuldig, die das Leben außerhalb der transzendentalen Affektivitätsstruktur zu betrachten suchen, in einer ›Immanenz‹, wie sie die Gegenständlichkeit etwa der biologischen Auffassungsart erfordert. Dann kommt es zum theoretischen und praktischen Fatalismus entlang eines als zoé aufgefaßten bíos. »Man muß wirklich das absolute phänomenologische Leben mit dem biologischen Leben verwechseln und naiverweise das erstere vom letzteren her verstehen, um die Gesamtheit der Verfallsphänomene, die die lebendigen Organismen stören, auf die Ebene der gesellschaftlichen Strukturen zu verlegen und den Niedergang und dann den Zusammenfall dieser

Strukturen ganz ›natürlich‹ zu finden: Wie die Individuen sind die Zivilisationen sterblich, das ist alles!« (113 f.) Eine derartig von Einzelwissenschaft angeleitete Verkennung des Lebens steht freilich selbst wieder im Dienste einer bestimmten Wissenschaftspraxis, die auf »Die Technik als Wissenschaft allein« – so ist ein Kapitel von »Die Barbarei« überschrieben – zurückverweist. Die Technik gewordene Wissenschaft vom Leben erfaßt dieses jenseits seiner transzendentalen Affektivität – als Totes. »Denn der abgründige Unterschied, der hier waltet, besteht zwischen dem, was sich selbst erfährt und sich in dieser schweigenden Selbsterfahrung sich selbst offenbart, um so in seiner Lebendigkeit das Leben zu sein, und dem, was in seiner Unfähigkeit, das Werk dieser Selbstoffenbarung zu leisten, derselben für immer beraubt ist und deshalb nur ein ›Ding‹ darstellt, das heißt, der Tod ist. Wenn daher die mathematische Naturwissenschaft vorgibt, das wahre Sein der Empfindung zu erfassen, dann vollzieht sie eine Verlagerung oder überfliegt vielmehr diesen ontologischen Abgrund. Dabei substituiert sie der Empfindung, die sich selbst erfährt, oder noch besser gesagt: der Tatsache selbst des Sich-selbst-erfahrens, etwas, das in sich überhaupt keinen Bezug zur Subjektivität dieses Sich-selbst-erfahrens hat, das heißt zum Leben, denn jene wissenschaftliche Erfahrungssubstitution läßt der lebendigen Selbsterfahrung durch ›Hervorrufung‹ etwas in der Natur ›entsprechen‹.« (152 f.) Henrys Gedankengang ist aus anderen Typen der Entfremdungskritik geläufig. Nicht überall aber ist – wie bei Klages vorgedacht – die Autonomie der technischen Lebenszerstörung derart wörtlich gemeint, wie sie der weltanschauliche Gegner seinerseits verspricht: als sich selbst in Praxis setzendes Wissen, als evolutionsbewirkte und -bewirkende Erkenntnis.[161] In der naturwissenschaftlich angeleiteten Lebenspraxis entfaltet sich die Technik als ein Seiendes von eigener Natur, sie greift als quasi-natürliche Macht in den Bereich des natürlich Seienden ein. »Mithin ist die Technik nichts anderes als diese Natur – eine Natur, deren Regelungen bekannt sind, so daß diese angewandt und geregelt werden können, und zwar sowohl durch sich selbst wie für sich selbst. ›Für sich selbst‹ bedeutet, daß sie zu wirken beginnen und schließlich alles geschieht, was geschehen kann. Die Technik ist die Natur ohne den Menschen: die abstrakte, auf sich selbst reduzierte und sich selbst übergebene Natur, die sich selbst preist und ausdrückt.

Sie ist deren Selbstentwicklung, so daß alle in ihr beschlossenen Möglichkeiten und Potentialitäten verwirklicht werden müssen, und zwar für sich und dafür, was sie sind – aus Liebe zu sich selbst, damit alles getan wird, was getan werden kann, das heißt *alles, was die Natur zu werden vermag.*« (180 f.) Wissenschaft und Technik offenbaren in ihrer Selbstläufigkeit »Die Krankheit des Lebens« (so ist ein weiteres Kapitel überschrieben). Denn nicht erst die Technik als angewandte Wissenschaft, schon diese selbst als Daseinsform ist Todesprinzip. Zunächst als verkehrtes, das Sein des Menschen untergrabendes Bewußtsein, »sofern gilt, daß sie ihren Selbstvollzug als eine Modalität des transzendentalen Lebens verkennt, das ihr nicht nur die von ihr thematisierten Idealitäten liefert, sondern aus diesem Grunde gerade ihr Sein selbst bildet.« (207) Nachträglich hat Henry die Erklärung hinzugefügt: »Das Eigentümliche der Barbarei des Abendlandes und was ihr ihre ungeheure Mächtigkeit verleiht, besteht darin, daß diese Verweigerung sich nicht gegen alle Kulturformen vollzogen hat, sondern innerhalb einer von ihnen, nämlich des Wissens. … Wie das Projekt, zu einer objektiven Erkenntnis des Naturseienden zu gelangen, die Begründer der Moderne dazu geführt hat, aus dieser Erkenntnis alle sinnlichen und subjektiven Eigenschaften auszuschließen – alles, was einen Bezug zum Leben umfaßt. Damit nahm die Verneinung desselben, das heißt letztlich seine Selbstverneinung, den Verlauf einer positiven Entwicklung an …« (366) Mit der kulturbestimmend gewordenen Wissenschaft »liegt somit eine Lebensform vor, die sich gegen das Leben wendet, indem sie ihm jeden Wert abspricht und bis zur Leugnung seiner Existenz geht. *Ein Leben, das sich selbst verneint, die Selbstverneinung des Lebens als solche, ist jenes entscheidende Geschehen, das die moderne Kultur als wissenschaftliche Kultur bestimmt.* Nun begründet die Selbstverneinung des Lebens nicht nur die wissenschaftliche ›Kultur‹, sondern sie setzt diese zusätzlich als die einzige Kulturform, wobei sie jene traditionellen Formen in Mißkredit bringt, die in der Entfaltung des absoluten Lebens bestanden und sich eine solche Entfaltung zugleich als ihr ausdrückliches Ziel gaben.« (204)

Was aber bringt diese tödliche Verkehrung hervor – die Wissenschaft oder das Leben? Zum einen liest man: »Eine Lebensweise, die sich gegen das Leben, das heißt gegen sich selbst wendet, ist ein Widerspruch. Die moderne Wissenschaft, die Galileische Wissenschaft, ist dieser Widerspruch.« (206) Andererseits muß Henry als transzendentaler *Phänomenologe* danach streben, in seinem ›Absolutum‹, dem Leben, den Ursprung der Verkehrung ausfindig zu machen – ansonsten bliebe er dem bloß *Phänomenalen* verhaftet. »Es ist folglich *im Leben selbst* der Augenblick und das Prinzip der Wahl festzustellen, durch die es seine eigene Verdammung, das Todesurteil des Menschen, ausgesprochen hat. Wir sind zu dieser Feststellung imstande, sobald wir die Wissenschaft als eine Lebensweise verstehen: als etwas, das nichts mehr von sich verkennt, da es sich an jedem Punkt seines Seins selbst erfährt.« (209) Man muß sich ins thanatoshörige Leben der (Galileischen) Wissenschaft einleben, es von innen her verstehen, wie es sich selbst als kulturprägende Macht nicht verstehen könnte. Dann erfährt man die Möglichkeit des Pseudo-Lebens – eine Erfahrung, die seinen Agenten gerade entgeht. Sie erfahren offensichtlich nicht das Leben – sondern was? Sein Mißverständnis in etwas Totem. Ist dies aber zu *erfahren*? Henry bleibt an diesem Punkt nur, auf der Differenz von ›das Leben selbst‹ (transzendentales Faktum) und ›Lebensform‹ (empirische Qualität) zu insistieren. Sein Buch wiederholt dieses Verfahren unzählige Male. »Daß sich eine solche Lebensweise gegen das Leben wendet, bedeutet: Eine Art, sich zu empfinden und sich selbst zu erfahren, wendet sich gegen die Tatsache selbst, sich zu empfinden und sich selbst zu erfahren. … Sich gegen das Leben zu wenden, und zwar als eine bestimmte Lebensweise, die insbesondere die Galileische Lebensweise ist, heißt sich selbst auf solche Art zu erfahren, daß man darunter leidet, das zu sein, was man ist, nämlich *was sich selbst erfährt*, genauer gesagt: die Tatsache, sich selbst zu erfahren, ein Lebender, das Leben zu sein.« (210 f.)

Das umfangreiche Kapitel »Die Praktiken der Barbarei« widmet sich den theoretischen und praktischen Selbstverkennungen des absoluten Lebens. Nicht nur eine Form des Lebens kann für dieses überhaupt gelten, auch das absolute Leben der transzendentalen Affektivität selbst kann versuchen, sich ins Handhabbare des Vorstellens und Zurichtens zu bringen. Noch vor seinem natürlichen Tod bricht es so unter der eigenen Last zusammen. Leben, behauptet Henry im Anschluß an Nietzsche und Simmel, ist Selbststeigerung. »Sich selbst steigern und von sich überfließen heißt mit sich selbst beladen sein, und zwar derart, daß sich die Last mit der Überfülle und zugleich wie sie ebenfalls steigert und nicht aufhört, sich zu steigern. Somit gibt es ein Gewicht der Existenz, das dieser grundsätzlich zugehört und keine empirische Eigenschaft ist, wie zum Beispiel die Folge gewisser günstiger Umstände. Vielmehr ergibt sich dieses Gewicht aus dem Wirken des Lebens als dessen Folge und ist wie dieses Wirken eine transzendentale Folge. Daß dieses Gewicht zu schwer wird und als eine Last – als eine unerträgliche Last – gelebt werden kann, liegt an der Tatsache, daß es dem Leben unmöglich ist, sich von dem loszumachen, womit es beladen ist: von sich selbst. ... Folglich ist das Unerträgliche nur das innere Wesen des Lebens in seiner inneren Wirktatsächlichkeit: Das ›Sich-selbst-ertragen‹, das nicht mehr die Kraft hat zu sein, was es ist. Hier liegt der Quellpunkt aller Kultur wie deren möglicher Rückfall in die Barbarei. Die Kultur ist die Gesamtheit der Unterfangen und Praktiken, in denen sich die Überfülle des Lebens ausdrückt. Sie haben alle die ›Last‹, das ›Zuviel‹, als Beweggrund, wodurch die lebendige Subjektivität innerlich als eine Kraft bereit gehalten wird, sich zu verschwenden, und unter der Last dazu gezwungen ist, dies zu tun. Eine solche Situation, nämlich die ontologische Bedingung des Lebens, bestimmt nicht nur die großen Kulturentwürfe wie beispielsweise die Schöpfung der Mythologien als Distanzierungsversuch der urzeitlichen Grauen und Schrecken, der Poesie als befreiende ›Erlösung‹ usw., sondern sie wohnt in der Tat jedem Bedürfnis inne, sei es noch so bescheiden und noch so alltäglich.« (278 f.) Die Selbstverkennung des Lebens ist kein Energieverlust – hiermit wendet sich Henry gegen die vitalistischen Dekadenzlehren und die in ihnen beschlossenen Ruhehoffnungen aus der Entropie-Idee (s. II.7/8/10). Die in seiner Faktizität liegende Unerträglichkeit des Lebens für es selbst läßt sich nicht in irgendwelchen Tätigkeiten abschütteln oder verringern (wie propagiert durch E. v. Hartmann und P. Mainländer!). »Überall wird die Handlung als eine Entäußerung und reale Objektivierung interpretiert, so daß in und durch einen solchen Vorgang das Unerträgliche des Lebens, das sich dann wirklich vor dem Leben befände und von ihm getrennt wäre, letzteres dazu führen würde, auf materiale Weise diesem Unerträglichen entzogen und im buchstäblichen Sinne davon ›entladen‹ zu sein. Dies geschieht leider nie, wenn gilt, daß Kraft wie Leben nicht aufhören können, sich selbst erprobend zu erfahren, ohne aufzuhören, lebendig zu sein, und die sogenannte Objektivierung nur eine Repräsentation ist, wie nachgewiesen wurde.« (279 f.) Das physikalistische Mißverständnis des Lebens sei genausogut eine Barbarei wie das biologistische: »Das Gesetz des Lebens als des phänomenologisch transzendentalen oder absoluten Lebens, das wir sind, ist nicht die Entropie. Die Realität dieses Lebens hat nichts mit der physikalischen Realität zu tun und kann nicht von ihr aus verstanden werden. Jedes wissenschaftliche Modell, das der Kultur übergestülpt wird, ist ohne Sinn.« (281) Dem Leiden an der Last des Lebens will Henry deswegen nicht seine Realität bestreiten, im Gegenteil. Jede Steigerung von Lebens*möglichkeiten* muß die Erfahrung der Lebens*faktizität* steigern. Die Qual des In-der-Welt-Seins rührt offenbar von etwas anderem her – von einer Steigerung des vitalen Gleichgewichts von Können und Sein. Henrys Kulturkritik vollendet sich in einer Medienkritik. Das scheinhafte Dasein in lauter Möglichkeiten drückt sich am gültigsten aus im Leben innerhalb eines medialen Raums, in der Virtualisierung. »Die Menschheit, die sich auf die mediale Existenz einläßt, durchläuft die absteigende Spirale, auf deren Weg die Vermögen des Lebens nacheinander die verschiedenen Praktiken des Empfindens, Verstehens und Liebens fallenlassen, die in der opferreichen Geschichte der Kultur entdeckt und bewahrt wurden; wo jeder Erwerb mit einem Verzicht, mit einem Zuwachs an Mächtigkeit bezahlt wurde.« (312) Dahinter steht die Unfähigkeit einer Zivilisation, »sich Aufgaben nach Maß ihrer Mittel zu geben – die Mittel des Lebens« (292). Das »zieht die Entfesselung ihrer unkontrollierten Energien nach sich, und wie stets erzeugt die Schlaffheit die Gewalt« (ebd.). Die oft abstrakten, ziellosen Gewaltausbrüche innerhalb einer medial verstellten Lebenswelt, so könnte man Henry fortdeuten, sind ein Schrei nach Sein. Der anonymselbstmörderische, nicht mehr politisch motivierte und punktuell vorgehende Terrorismus wäre dann beispielsweise ein Versuch, die Sinnleere der ursprünglich nicht für ihn aufgewandten technischen Mittel durch deren Zerstörung zu demonstrieren, wofür das Leben des Terroristen nurmehr Beigabe und selbst Medium wäre. Nietzsche hatte im ›Nihilismus‹ eine derartige *Logik* der Verneinung erblickt;[162] sein Problem, welcher kulturelle Sinn denn dem Sein des wissenschaftlich-technisch Machbaren und Möglichen entsprechen könne,[163] ist auch noch dasjenige Henrys. Doch deutet Henry solche

Zerstörungsakte – hierin eher einer älteren, spirituellen Lebensmetaphysik wie der Schelers verbunden – als wesenswidersprüchlich. Das Wesen des Lebens lasse sich nicht unterdrücken, »ebensowenig wie die Selbstflucht erreicht auch diese Selbstzerstörung nicht ihr Ziel, wenn gilt, daß der Akt, sich zu zerstören, nur unter der Bedingung möglich ist, in sich das Wesen zu aktualisieren und so zu bejahen, was er zerstören will« (295 f.). Letztlich wurzelt das Zerstörerische der Zivilisation in dem Willen, die Bedingungen des eigenen Lebens in dessen Verfügung zu bringen – und das wäre nur durch seine Vernichtung möglich. Der Tod bekundet die offenbare Absurdität eines Lebens, das sich von seinen wissenschaftlich-technischen Möglichkeiten her bestimmen will. Ein derartiges Leben – eine Lebensform – kann kein Verhältnis zum Tod haben, weil es in der Immanenz einer Mittelbarkeit gefangen ist, die für die Differenz von Leben und Tod blind ist. Todesangst war es, die in das Pseudoleben der technisierten Welt trieb; Todesangst freilich, die sich vor sich selbst verbergen muß, weil sie ebensowenig wie das Leben überhaupt im Raum des *Sakralen* aufgehoben ist. In dessen eigentümlicher Seinstranszendenz allein findet Henry die Last des Lebens erträglich. »Die Erfahrung des Sakralen ist diejenige der höchsten ontologischen Situation, wovon die Todesangst – die gleichfalls im Gefühl des Lebenden wurzelt, nicht der Grund seiner selbst zu sein – die Gegenprobe liefert.« (339)

Lebensphilosophie (IV):
Biomasse und Rechtssubjekt

1. Es bleibt eine letzte Möglichkeit lebensphilosophischer Problem-exposition. Sie ergibt sich durch Wiederaufnahme der regionalon-tologisch-objektivierenden Einstellung zum Lebendigen (II) und damit als Umkehrung der Lebensphilosophie (III). Wurde in dieser vom Ganzen, von der ›Totalität des Lebens‹ her gedacht, der alle faktisch-konkreten Auslegungen (Lebensweisen) als ihrem Sinnfun-dament verpflichtet blieben, auch die ›vergeistigten‹, ›entseelenden‹, ›erstarrten‹, so ist ›das Leben‹ jetzt umgekehrt unter partikularen – nach Auffassung von (III): einschränkenden und tötend-verlet-zenden – Gesichtspunkten in den Blick genommen. Zwar ist es da-bei wiederum als ganzes und solches intendiert. Doch bedeutet dies, wie die mitgehenden Diskussionen belegen, ein Ergebnis regional-ontologisch angeleiteter *Restriktionen* (Zellhaufen? Autopoietisches System? Rechtssubjekt?). Partikularkriterien werden die Vorausset-zung, um ›das Leben‹ als Ganzes in Verfügung zu bringen. Diese Kriterien entstammen ihrerseits einem So-Sein des Lebens, einer bestimmten Lebensweise, wenn sie das Lebendige aus den Möglich-keiten von bessernder oder auch heilender Veränderung daran be-greifen (Eugenik, Euthanasie). Gegenüber der wandlungsfähigen Selbstpräsenz des ›Lebens‹ (III) verdankt sich die Semantik von ›Leben‹ (IV) wieder einer – wissenschaftsgeschichtlich, politisch, ökonomisch-utilitär wechselnden – Hierarchie von Ausschließungs-akten, unter denen man den Binarismus von ›leben zu machen oder sterben zu lassen‹ mit Recht als den fundamentalen angesehen hat.[164] Leben und Tod rücken damit auf den ersten Blick wieder in ein symmetrisches Verhältnis, sie erscheinen (wie in II) abermals auf der Objektebene experimentell-wissenschaftlicher Einstellun-gen. ›Leben‹ ist wie ›Tod‹ primär gegeben als ein Faktum, über dessen Sein und Merkmale sich aufgrund ›objektiver‹ Kriterien urteilen läßt. Ob etwas lebt oder leben soll oder leben darf, gilt als verfahrenslogisch entscheidbar. Es liegt in der Natur der Sache, daß

die relevanten und die inspirierenden Beiträge zur Lebensphilosophie (IV) von Medizinern, von Wissenschaftlern und Juristen im
Umfeld der Biotechnologien stammen, von jenen also, die aufgrund
– täglicher – kriterialer Arbeit und Konfrontation am ehesten ermessen können, was es heißt, ›lebenswertes‹, ›schützenswertes‹,
›menschenwürdiges‹ Leben von todgeweihtem zu trennen.[165] Das
Leben, worüber hier philosophiert wird, ist also von vornherein in
der Verfügung von ›Biowissenschaften‹, ›Biotechnologien‹, somit
auch ›Biopolitik‹ gedacht, ganz gleich, ob nun konkret für die Ausweitung oder Eingrenzung dieser ›Bio-Macht‹ gearbeitet werde. So
wird z. B. die Frage nach der ›Würde menschlichen Lebens‹ per se
als ein Streit um das Vorhandensein oder Nicht-Vorhandensein von
Eigenschaften an einem Lebendigen (= Tötbaren) ausgetragen.[166]
Leben als Seinsverhalt erscheint hierdurch in einem organisch-ma-
terialen Kontinuum zu denjenigen seiner Formen, die zu töten erlaubt, geboten oder verbotswürdig sei. Umgekehrt bedeutet die
Voraussetzung dieser objektivierenden Perspektive, daß jenes von
(I) bis (III) geltend gemachte Leben (umgreifend, unergründlich,
unerschaffen) unthematisch werden muß, auch wo man sich eine
Art metaphysischer Rest-Ehrfurcht bewahrt. Diese gilt dann eher
der ›Produktivkraft‹ des Lebens, der Sprengung der ökonomischen
Regeln zur Freude der Ökonomen (Leben erzeugt ›mehr als Leben‹
– Wunder der Wertschöpfung).

2. Dem auf die Gegenstandsebene des Lebendigen und Tötbaren ge-
brachten Leben widmen sich die – wie es gegenwärtig zumeist heißt
– Lebenswissenschaften. Abermals fühlt man sich an die Problemlage
von Lebensphilosophie (II) erinnert, wo über ›Leben‹ und ›Tod‹ im
Gefolge von jeweils kulturprominenten Einzelwissenschaften philosophiert wurde. Doch ist die Einstellung aufs Lebendige nun nicht
mehr der kontemplativen Erweiterung in einem metaphysischen
Überbau (wie noch bei Schopenhauer, bei E. v. Hartmann) günstig.
Nicht mehr werden also über regionalontologischer, etwa psychologischer, historischer, soziologischer, biologischer Eingrenzung des
Lebensbegriffs Ausgriffe auf Sinntranszendenzen versucht, sondern
eine – ihrerseits als Universale begriffene, nämlich wissenschaftlich-
technisch-wachstumsökonomisch sich auslegende und zumeist der
Diskussion entzogene – Seinsinstanz, also eine bestimmte Lebens-

weise, greift selbst ins Lebendige. Den – praktisch in jeder Lebensphilosophie vorhandenen – blinden Fleck dieser Eingriffe bildet ein quidproquo von Dasein und Sosein des Lebens, von zoé und bíos. Jetzt ist es ein bestimmter bíos, der im Namen der zoé selbst zu sprechen vorgibt.[167] Ein maßgeblicher Schritt dahin, zumindest ein Symbol dafür, ist das Londoner Symposium »Man and his future« von 1962 gewesen.[168] Die dort vom Basler Chemiekonzern CIBA versammelten Wissenschaftler können als Lebensphilosophen der hier zu umreißenden Einstellung gelten. Durchweg werden nämlich Gegebenheiten aus einer bestimmten Lebensweise (›Qualität‹ – ›Lebensqualität‹) als Voraussetzungen *des* Lebens eingeführt, die dann wiederum konkreten Abwägungen eines ›lebenswert‹ zu gestaltenden Daseins zugrunde liegen. Die genannten Gegebenheiten sind nun aber nichts anderes als die tödlichen Implikationen einer wachstumswirtschaftlich-industrialistischen Lebensweise, die das Leben als Faktum in Frage stellen. Die CIBA-Wissenschaftler diskutieren z. B. den möglichen Massentod durch Massenvernichtungsmittel, Rohstofferschöpfung, chemische Verseuchung als quasi-natürliche Gegebenheiten.[169]

3.   Die Problemexpositionen und Lösungsvorschläge, wie sie auf dem CIBA-Symposium verlautbarten, sind für die nachfolgende ›Biopolitik‹, ›Bioethik‹, schließlich ›Biophilosophie‹ derart prägend geworden, daß sie nähere Betrachtung verdienen. Das Symposium diskutierte Diagnosen und Therapien zu folgenden Problemen: Drohende Überbevölkerung der Erde, genetische Veränderungen der Menschheit, Fortschritte der Biologie, zweite technische Revolution (Informationsexplosion) und Verschiebungen im Verhältnis Arbeitszeit – Freizeit (vgl. CIBA, 11). Den intellektuellen Fluchtpunkt der Problemstellungen wie der – üppig offerierten – Zukunftsvisionen bildete die ›biologische Revolution‹ des 20. Jahrhunderts. Biologen bzw. Biochemiker stellten denn auch die Mehrheit der Tagungsteilnehmer.[170] Chancen, Grenzen und Gefährdungen des Lebens durch seine biologische Manipulierbarkeit variierte das beschwingte Eingangsreferat von J. HUXLEY, Biologe und Schriftsteller, Bruder des Verfassers schwarzer Utopien A. Huxley.[171] Dabei kommen evolutionstheoretische Vorstellungen zur Sprache, die einerseits als Hypothesen, andererseits als Regulative sozio-ethischer Praxis von

den Teilnehmern des Symposiums gebilligt wurden. Man begegnet hierbei zunächst der bereits innerhalb der Lebensphilosophie (II) vertretenen Immanenz- qua Einheitsthese im Zeichen eines evolutionären bíos: »Die Evolution kann als ein natürlicher Umwandlungsprozeß definiert werden, der sich selbst steuert und nicht umkehrbar ist. Er bringt in seinem Verlauf neue Formen, größere Variationen, breite, kompliziertere Organisationen und schließlich höhere Stufen geistiger und psychologischer Wirksamkeit hervor. Und wir entdecken nun, daß alles Wirkliche in einem völlig eindeutigen Sinn aus einem einzigen, alles umfassenden Evolutionsprozeß besteht.« (CIBA/Huxley, 31) Die »erregende Tatsache« sei es jetzt, »daß der Mensch« nach seiner Galileischen Verstoßung aus der Mitte des Weltalls »wieder in eine Schlüsselstellung gerückt ist; er wurde zu einem der seltenen Vorläufer oder Fackelträger oder Sachwalter – suchen Sie eine Metapher nach Ihrem Geschmack! – des Fortschritts im kosmischen Prozeß der Evolution« (52). Verantwortlich hierfür ist deren Tendenz, sich in immer komplexeren Formen zu vollziehen, eine Rückkopplung niederer durch höhere Lebensstufen. Die Tendenz geht von der Seinssicherung zur Sinnbildung. Auf der bislang höchsten Evolutionsstufe, »der psychosozialen Evolution«, »ist der Kampf ums Dasein ersetzt durch etwas, was man Streben nach Erfüllung nennen könnte« (33). Die ›Erfüllung‹ durch selbstgeschaffenen evolutionären Sinn unterliegt nicht mehr den Determinismen der natürlichen Selektion, denen sie entstieg. »Wenn eine blinde, opportunistische und automatische natürliche Selektion in einigen Milliarden Jahren aus einem Viroid den Menschen schaffen konnte, was könnten dann nicht die bewußten und gezielten Anstrengungen des Menschen in einigen Millionen Jahren schaffen, gar nicht zu reden von den Tausenden von Jahrmillionen, die er wahrscheinlich noch vor sich hat?« (34) Der von Huxley vertretene ›evolutionäre Humanismus‹ setzt auf eine Selbststeuerung des Lebens, wie sie bereits der vitalistische Evolutionismus E. v. Hartmanns und strukturanalog der historische Materialismus F. Engels' vertreten hatten (»Abschluß der Vorgeschichte der Menschheit«; die nunmehrige, eigentliche »Geschichte mit Bewußtsein machen«). Dies werde notwendig angesichts der globalen Probleme des Lebens, die sich nicht zuletzt der bisherigen Naturwüchsigkeit – der ›Ungesteuertheit‹ – des wissenschaftlich-technischen Fortschritts verdanken. »Rohstoffknappheit und Bevölkerungsexplosion«: »Die medizinische Wissenschaft hat sich so erstaunlich entwickelt, daß es zu einer Bevölkerungsexplosion kam und die Rohstoffe knapp zu werden beginnen. Die Überbetonung der Quantität hat zur Vernachlässigung der Qualität im Leben geführt. Allgemein kann man sagen, daß die Erforschung und Steuerung der uns umgebenden Natur durch den Menschen die Erforschung und Steuerung seiner eigenen Natur weit überholt hat.« (35 f.) Der Mensch müsse, um überleben zu können, sich selbst und dadurch neue Steigerungsmöglichkeiten kennenlernen – den geistig-sittlichen Progreß denkt Huxley offensichtlich als vitaliter gefahrlose Analogie des materiell-technischen Fortschritts. Es bleibt allerdings ein quantitatives Fortschrittsideal: »Anstelle der widerstreitenden Ziele der Gegenwart zeigt diese neue Vision das einzige überragende Ziel: Lebenserfüllung – größere Möglichkeiten der Erfüllung auf seelisch-geistigem Gebiet für mehr Individuen und größere Leistungen innerhalb der Gemeinschaften durch eine bessere Ausnützung der menschlichen Möglichkeiten und damit größere Freude an den Fähigkeiten des Menschen.« (36) Man dringe in jenen Raum, wo die Expansion des Lebens keine Tötungen zum Äquivalent hat. Bei diesen Prophezeiungen Huxleys fühlt man sich an M. Schelers Vorstellung von der unbegrenzten Teilbarkeit der höchsten Werte (gegenüber den umkämpften niederen, den materiellen und Vitalwerten) erinnert, auch an Teilhard de Chardins Rede von der ›Heimat der Gedanken‹ – ›Noosphäre‹ – als Friedensort.[172] Tatsächlich nimmt Huxley diese Überlegung Teilhards auf. Der Evolution des Lebens sei seit dem Erscheinen des Menschen eine neue Heimat eröffnet worden, eine »denkende Hülle um unsere Erdkugel« (37). Den in ihr möglichen Vernetzungen der individuellen Vernünfte ist die Weltrettung zuzutrauen. Huxley benennt viele Probleme, die auch die ökologische Lebensphilosophie (III) sieht: »Selbstzerstörung unseres Wirtschaftssystems« in der amerikanisch-konsumistischen wie in der sowjetisch-produktionsheroischen Variante (43 f.), Verstädterung – Zerstörung ›natürlicher‹ Lebensräume und Lebenszwischenräume (46). Entsetzen und Empörung – vor allem in Kontinentaleuropa – lösten teils Huxleys Diagnose, teils seine Therapievorschläge gegenüber der planetarischen Lebensgefährdung aus. Die Überlegung, den menschlichen Beschäftigungsdrang ins Spirituelle umzulenken, findet man zwar auch bei ökologischen Lebensphilosophen wie Illich und Schumacher wieder – sie soll den Abschied von der expansiven Wachstums- zur ›Erfüllungswirtschaft‹ bewerkstelligen. Auch die Gleichgewichts- idee ist eine grundlegende Argumentationsfigur der Ökologen. Huxley sagt jedoch zum Entstehungsgrund der Zerstörung bzw. der Schieflage des Lebensgleichgewichts: »Die moderne Medizin und die hygienischen Maßnahmen waren so erfolgreich, daß die Sterb- lichkeit ganz erheblich vermindert und die Lebenserwartung (aller- dings nicht für die gesamte Lebensspanne) stark erhöht wurde.« (44) Die Störung ist also ein Binnensachverhalt des Lebens, keine Stö- rung zwischen Selbst und Welt, Ich und Kosmos (etwa aufgrund einer Klagesschen ›vitalen Spiegelung‹), die auch ihren Betrachter sogleich mit erfassen und umformen würde. Dieser bleibt in der überlegenen Position des registrierenden Beobachters, ja eines Ge- dankenexperimentators. Formen des menschlichen wirken mit solchen des nicht-menschlichen Lebens als ontologisch gleichbe- rechtigte Faktoren zusammen. Zur »Gefahr übergroßer Städte« heißt es bei Huxley: »Bei Ratten und anderen Säugetieren wirkt sich eine starke Übervölkerung negativ auf das Verhalten aus; die gegen- seitige Aggression nimmt zu, und der Fortpflanzungsprozeß wird gestört. Es kann kaum bezweifelt werden, daß ähnliche neuro-endo- krine Störungen eintreten, wenn Menschen in übervölkerten Ge- meinschaften leben; die wachsende Behinderung und Reizung führt zu Spannungen, die schließlich Ausbrüche von Gewalttätigkeit und andere gesellschaftsfeindliche Verhaltensweisen zur Folge haben können.« (46) Ist der Mensch »Lenker der Evolution oder Krebsge- schwür der Erde« (47)? Für Huxley verbindet sich diese Frage mit jener nach der Qualität des menschlichen Lebens im *biologischen* Sinne, als zoé. Aus verschiedenen, nicht zuletzt ›fortschritts‹imma- nenten Gründen (Verstrahlung und Verschmutzung der Biosphäre) sei das genetische Material des Menschen schlechter geworden. Gerade die Erhaltung und Vermehrung des *Daseins* menschlichen Lebens wirft also die Frage nach dessen *Wert* (und Zweck) auf. »Die Bevölkerungsexplosion führt uns zu der grundsätzlichen Frage – so grundsätzlich, daß sie meist gar nicht gestellt wird –, wozu sind die Menschen da? Wie auch die Antwort lauten mag, ob dazu, tüchtiger oder mächtiger zu werden, oder, wie ich vorschlagen möchte, dazu, größere ›Erfüllung‹ zu finden, klar ist, daß die allgemeine Qualität der Weltbevölkerung nicht sehr hoch ist, daß sie sich zu verschlechtern beginnt und daß sie verbessert werden könnte und sollte. Die Verschlechterung ist auf genetische Defekte zurückzuführen, die damit behafteten Menschen wären infolge der Selektion verschwunden, hätte man sie nicht künstlich am Leben erhalten. Dazu kommt eine Menge neuer Mutationen durch zunehmende Radioaktivität. Beim modernen Menschen hat die Richtung der genetischen Evolution begonnen, ihr Vorzeichen zu ändern, vom positiven zum negativen, vom Fortschritt zum Rückschritt; wir müssen versuchen, die alte Richtung zur positiven Entwicklung wiederherzustellen.« (47) Um all den negativen Beeinflussungen des menschlichen Lebens durch den wissenschaftlich-technischen Fortschritt zu begegnen, müsse dieser auf ein erhöhtes Niveau seiner Anwendung geführt werden – eben aufs soziobiologische. Huxley schlägt aktive Eugenik vor.[173] Den Schreckensvisionen des Industrialismus begegnet er mit dem Ideenarsenal des ›Superindustrialismus‹.[174] »Es ginge für die moderne psychosoziale Evolution viel zu langsam, wenn man nur die hochwertigen Individuen ermutigen würde, mehr Kinder zu zeugen. Die Eugenik wird schließlich Methoden wie die künstliche Befruchtung durch Samenspender von hoher genetischer Qualität anwenden müssen ... Eine solche Planung ist nicht leicht durchzuführen. Ich sehe jedoch mit Zuversicht einer Zeit entgegen, in der die eugenische Förderung des Erbgutes zu einem der wichtigsten Ziele der Menschheit geworden sein wird.« (48)

Man muß angesichts solcher Erwägungen unwillkürlich an das ›reaktionäre‹ Bonmot N. G. Dávilas denken, daß der technische Fortschritt nunmehr ausschließlich mit der Bekämpfung seiner eigenen Folgen befaßt sei. Huxleys Fortschrittsbegriff umfaßt sehr viele semantische Schattierungen und Aspekte – deskriptive und normative, bio- und soziologische, qualitative und quantitative. Die metaphysisch starke Behauptung seines Evolutionismus besteht in einer – zumindest retrospektiv – stets erkennbaren Gesamtverbesserung des Lebens. Noch stets gab es »einen Fortschritt auf lange Sicht, der neue Fortschritt entstand jedoch immer aus neuen Ideen, neuen Kenntnissen und deren Anwendung.« (50) Der wissenschaftlich-technische Fortschritt ist das Paradigma des Fortschritts überhaupt, wie die menschliche Evolution dasjenige der kosmischen. Der Wendepunkt in diesen Prozessen ist ihre Bewußtwerdung. »Der neue und zentrale Faktor in der gegenwärtigen Situation besteht darin, daß der Evolutionsprozeß in der Person des Menschen zum erstenmal sich seiner selbst bewußt geworden ist. Wir wissen, daß wir eine globale Evolutionspolitik brauchen, der wir unsere wirtschaftliche, soziale und nationale Politik anpassen müssen.« (51) Wieder ähnelt die Diagnose sehr stark jener E. v. Hartmanns. »Die gegenwärtige Phase der Evolution nähert sich rasch der Selbstbegrenzung und Selbstzerstörung. Wenn es uns nicht gelingt, unser Wirtschaftssystem zu kontrollieren, erschöpfen wir unsere Hilfsquellen. Wenn es uns nicht gelingt, den Atomkrieg zu verhindern, zerstören wir unsere Zivilisation. Wenn es uns nicht gelingt, die Bevölkerungsexplosion einzudämmen, vernichten wir unsere Heimat und unsere Kultur. Unsere wachsenden Kenntnisse zeigen uns jedoch, wie wir unsere psychosoziale Organisation umformen könnten, um einen Ausweg aus der Sackgasse zu finden.« (50 f.) Freilich bedeutet die Transformation des materiell ausgerichteten Ressourcenkampfes in eine globale Teilhabe am Leben der ›Noosphäre‹ gerade nicht die Umkehr und das Ende der Evolution, sondern deren Fortsetzung mit anderen Mitteln. Daher auch die Gedankenspiele etlicher CIBA-Forscher zum Umbau menschlichen Lebens zwecks Überleben in einer durch ›Fortschritt‹ veränderten Welt.[175] Huxley formuliert das noch in tradierter, teleologischer Rhetorik zu verwirklichender Möglichkeiten: *Im* (jetzigen) Menschen ist etwas vorhanden, das der Anwendung harre – die Vorstellung nicht-verwerteter Potentiale ist allen Progressisten, von Kant über die englischen Utilitaristen bis hin zu modernen Psychosekten (Scientology: Dianetics), stets ein Greuel gewesen! »Wenn die Menschen einmal begriffen haben, welch geringer Bruchteil menschlicher Möglichkeiten tatsächlich verwirklicht wird und welch gewaltige neue Möglichkeiten noch zu entdecken sind, haben wir eine neue und mächtige Antriebskraft für die Gestaltung unserer Zukunft.« (51)

4. Die folgenden Vorträge und Diskussionen gehen ins oftmals prekäre Detail. Vieles ist Kongreßlyrik. Erwähnt seien daher nur die spektakulärsten und zugleich – wie sich in den Folgejahrzehnten herausstellte – realistischsten Visionen. Huxley hatte zuletzt gefordert, daß der drohenden Verschlechterung des genetischen Materials mit »radikalen eugenischen Verbesserungen« begegnet werde,

weshalb neben labortechnischen Pioniertaten massenwirksames Wissen zu fördern sei (CIBA/Huxley, 52). Der Zoologieprofessor H. J. MULLER, in den 1930er Jahren Leiter des Instituts für Genetik in Moskau, bekräftigt die Dringlichkeit, der ›natürlichen Selektion‹ nachzuhelfen (CIBA/Muller, 277).[176] Die ›kulturelle Evolution‹ ist *eine* der Richtungen geworden, die diese natürliche Selektion eingeschlagen habe. Kommunikation zwischen größeren Gruppen von Lebewesen und bewußte Auslese gehören zu den evolutionär möglich gewordenen Rückwirkungen. »So schuf die Natur wiederum eine Grundlage für eine wirkungsvollere natürliche Selektion zugunsten gerade der Eigenschaften, die diese Kultur förderten.« (279) Muller fragt nun nach der »natürlichen Selektion unter den Bedingungen der Zivilisation«. Diese hat Bedingungen stabilisiert, unter denen der Lebenserhalt in Widerspruch zur Lebensqualität – im doppelten Sinne als industriegesellschaftlicher ›Lebensstandard‹ und als genetische Disponiertheit – geraten konnte. Mit anderen Worten: »Die moderne Zivilisation hat eine negative Rückkoppelung von der kulturellen auf die genetische Evolution bewirkt.« (290) »In den typischen Industriegesellschaften, wo die Existenzmittel stärker zunahmen als die Bevölkerung, haben moderne Technik und soziale Organisation in ihrer Verbindung die Art der Selektionswirkung noch sehr viel stärker geändert.« Mit Konkurrenzkampf und gegenseitiger Isolierung der Gruppen verschwinden die Faktoren einer Selektion, die zu »positiver und sozialer Einstellung führt«. Gegentendenzen werden wirksam. »Denn heute kommt die Gesellschaft denen wirkungsvoll zu Hilfe, die aus irgendwelchen Gründen, umweltbedingten oder genetischen, physisch oder geistig oder moralisch schwächer als der Durchschnitt sind. Diese Hilfe genügt allerdings nicht, daß diese Leute ein wirklich gutes Leben führen könnten, aber sie genügt meist, um sie zu retten und ihre Kinder bis zum Fortpflanzungsalter aufzuziehen.« (281) Dies sei ein direkter Eingriff zuungunsten genetischer Materialqualität, der ein ›natürlich‹ sich einstellendes Gleichgewicht verhindert. »Daher muß die Zahl von Individuen, die ›nicht normal‹ weiterleben, beträchtlich über 20 Prozent liegen, wenn das genetische Gleichgewicht aufrechterhalten und *nur* aufrechterhalten werden soll. Heute ist jedoch in industrialisierten Ländern der Prozentsatz der Lebendgeborenen, die die Geschlechtsreife nicht erreichen, dank der medizinischen

Fortschritte und des Lebensstandards im allgemeinen sehr klein. Das muß bei sonst gleichen Bedingungen zu einer vorausberechenbaren genetischen Verschlechterung führen.« (282) Muller kommt mithin auf einen Sachverhalt zu sprechen, den die anderen ›Philosophien des Lebens‹ als ›Pseudo-Leben‹ kennen, also ein Leben, das in all seiner Künstlichkeit eine quasi-natürliche Konsistenz aufrechterhält. Die Pointe besteht jetzt aber darin, daß *dieses* Leben – üblicherweise im Zeichen der Qualität zuungunsten der Faktizität des Lebens eingesetzt und aufrechterhalten und daher oft Gegenstand lebensphilosophischer Polemik – von ›minderer‹ Qualität sei und eine Tendenz zur Vermehrung dieser Minderwertigkeit – aufgrund der allein noch geltenden *Quantitäts*maßstäbe – aufweise. Muller urteilt also aus einer und über eine Kultur-Situation, worin ›Leben‹ als Selbstzweck bzw. Eigenwert gilt, dadurch aber nur *eine* – materiell-technisch definierbare – ›Qualität‹, den sogenannten Lebensstandard, als Unterscheidungskriterium übrig läßt. Diesen Lebensstandard sieht Muller durch die Verwestlichung der Welt letztlich auch im Westen selbst gefährdet. Wohlstand ist nicht endlos teilbar, genetische Qualität nicht einfach vermehrbar. Gerade nämlich, wer diesen Standard – mittels kluger Eugenik – aufrechterhalten wolle, finde sich bald in der Minderzahl. »Offenbar neigen Leute mit größerer Vorsorge und stärkerem Verantwortungsgefühl für ihre Familien zu einer unterdurchschnittlichen Kinderzahl, um ihren Kindern wie auch sich selbst und anderen Nahestehenden größere Vorteile bieten zu können. Ferner ist gerade bei solchen Menschen, die im Beruf, im häuslichen Leben oder in der Gesundheit Unglück hatten, die Wahrscheinlichkeit besonders groß, daß sie sich durch Kinder einen Ausgleich zu schaffen versuchen. Und was den gewünschten Erfolg der Empfängnisverhütung betrifft, so ist klar, daß deren Anwendung sich hier negativ auswirkt. Denn gerade die ungeschickteren, trägeren, weniger vorausschauenden und weniger sorgfältigen Menschen sind unfähig, ihre Kinderzahl auf dem beabsichtigten Stand zu halten. Möglicherweise ist deshalb die auf Unterschieden in der Fortpflanzungsrate beruhende Selektion heute für die Aufrechterhaltung der genetischen Tüchtigkeit gegen den Druck der Mutation nicht nur unzureichend (das Wort Tüchtigkeit wird hier in seinem erweiterten Sinn benutzt, so daß es für die Bevölkerung als Ganzes einen Wert darstellt), sondern die Selektion wirkt heute tatsächlich umgekehrt in Richtung auf eine verminderte Tüchtigkeit.« (283) Wie Muller selbst bemerkt, liegt in »dieser Situation eine gewisse Ironie. Die kulturelle Evolution hat schließlich zur Entwicklung der Wissenschaft und ihrer Technik geführt. Sie hat sich dadurch selbst mit Kräften versehen, die – je nach der Art ihrer Verwendung – den menschlichen Unternehmungsgeist entweder vernichten oder auf ungeahnte Höhen des Seins und Tuns führen können. Um unter diesen Umständen den Ablauf zu steuern, muß der Mensch ein höchstes Maß an Kollektiv-Vernunft, Menschlichkeit, Wille zur Zusammenarbeit und Selbstbeherrschung aufbringen. Aber er kann diese Fähigkeiten nicht in ausreichendem Maß in der Gemeinschaft entfalten, wenn er sie nicht persönlich in beträchtlichem Umfang besitzt. Und genau in dieser Epoche hat die kulturelle Evolution den Prozeß der genetischen Selektion des Menschen untergraben« (283 f.). Der Sozio-Genetiker resigniert an diesem Punkt nicht. Es gelte vielmehr, die Methode zu wechseln – von der Steuerung der Bevölkerungszahl zu qualitativen Eingriffen am Erbmaterial. »Dies kann geschehen, wenn wir unter den bereits vorhandenen Genotypen diejenigen auswählen, deren physische (phänotypische) Eigenschaften wir beobachtet haben, um dann mit einem Verfahren, das ich Nano-Nadeln nennen möchte, geplante Umwandlungen an ihnen vorzunehmen. Jedenfalls ist es sehr viel wahrscheinlicher, daß wir eines Tages eine solche Vollkommenheit erreichen, falls wir vernünftig genug sind, in der Zwischenzeit die gröberen Methoden anzuwenden, die uns gegenwärtig zur Verfügung stehen.« (285)

Man findet in Mullers Perspektivenwechsel den der Lebensphilosophie (IV) überhaupt: Die Primordialität eines wissenschaftlich-technologisch bestimmten bíos gegenüber der Frage nach dem Sein oder Nichtsein des Lebens, als bloßer zoé oder Biomasse. Das konkrete, also individuelle *Dasein von Lebendigem* unterliegt dem Maßstab seiner Anpassungsfähigkeit an eine fixierte *Lebensform*. »Die Menschheit als Ganzes muß sich ihrer besten Möglichkeiten würdig erweisen. Nur wenn der Durchschnittsmensch die von der Wissenschaft entdeckte Welt verstehen und schätzen, nur wenn er die Technik und ihre weitreichenden Wirkungen begreifen lernt, und nur wenn er bewußt am großen Abenteuer der Menschheit teilnimmt und dabei echte Erfüllung in der Übernahme einer konstruktiven Rolle findet, wird er mehr sein als ein immer weniger wichtiges Rädchen einer riesigen Maschine.« (285) »Die Demokratie verlangt darum eine Entwicklung der Menschen in ihren intellektuellen und sozialen Fähigkeiten; gleichzeitig soll die körperliche Gesundheit aufrechterhalten oder noch verbessert werden.« (ebd.) Die Versuche von »Eugenikern alter Schule«, die Bevölkerung in diesem Sinne zu erziehen, mit von oben nach unten gesandter »Propaganda alten Stils« – sie verdienen nurmehr milden Spott (ebd.). Muller setzt demgegenüber auf den massenhaft entstehenden Wunsch nach künstlicher Befruchtung entsprechend eugenischen Grundsätzen. Der Selbstgestaltungswille des westlichen Menschen biete hierfür die günstigsten Voraussetzungen. Samenbanken gibt es bereits in den 1960er Jahren – sie verkörpern die objektiven Bedingungen für bewußte Entscheidungen einzelner Paare. Die Motivänderung von der natürlichen zur aktiven Selektion kann sich kulturell rasch durchsetzen. »In den Motiven ist es nur ein kleiner Schritt von dem Paar, das keineswegs unter der Norm steht, aber aus ideellen Gründen seinem Kind die besten genetischen Möglichkeiten geben will, die es bekommen kann. Es gibt schon heute Menschen, die diese Möglichkeiten für ihre Familie freudig nutzen würden. Es gibt Leute, die ... stolzer sind auf das, was sie planvoll mit ihrem Hirn und ihren Händen schaffen, als auf das, was sie mehr oder weniger reflexhaft mit ihren Lenden erzeugen, und die ihren Beitrag zum Wohle ihrer Kinder und der Menschheit im allgemeinen für wichtiger halten als die Vermehrung ihrer eigenen genetischen Besonderheiten. Wenn einst diese Pioniere die Gelegenheit erhalten, ihre Wünsche ohne Vorbehalt zu realisieren, werden ihre lebendigen ›Schöpfungen‹ in der nächsten Generation einen überzeugenden Beweis für den Wert des Verfahrens liefern, sowohl für die Kinder selbst wie auch für die Eltern und für die Gesellschaft im allgemeinen.« (288)

Mullers Prophezeiungen und Therapievorschläge haben ziemlich genau die Entwicklungen einer eugenischen Mentalität in den westlichen Industriestaaten vorweggenommen – heute ist weithin das Scheitern einer Bevölkerungspolitik von oben mit ihren Aufrufen zu Kinderfreundlichkeit und Vermehrungslust zu erleben. Mullers Prognosen sind deswegen so genau, weil sie bei der Bedürfnisstruktur der ›Selbstbestimmung‹, ›Selbstverwirklichung‹ usw. ansetzen, die sich von einer Mittelstandsideologie zur Massenmentalität entwickelt hat – dementsprechend kann er ganz ohne Sarkasmus »freie Samenwahl« zum Bürgerrecht erheben (289). Muller hat auch die »Speicherung von Eiern und die klonische Fortpflanzung« ins Auge gefaßt, die »Ausarbeitung von Verfahren einer normalen Entwicklung von Keimzellen außerhalb des Körpers, wobei ein Vorrat an unreifen Keimzellen tiefgefroren werden kann, der dann je nach Bedarf vermehrt wird.« (290) Neben den klonischen Fortpflanzung »gibt es natürlich die feineren Verfahren der Manipulierung des genetischen Materials selbst«. Man müsse jetzt schon Keimzellenspeicher für die Zukunft anlegen: »Schon ihr Vorhandensein wird schließlich zu der unwiderstehlichen Versuchung führen, sie auch zu benutzen. Der Mensch ist bereits so hervorragend, daß er alle unsere Bemühungen um weitere Verbesserungen verdient.« (ebd.)

5. Ins immunologische Detail geht Mullers Kollege J. LEDERBERG, Professor für Genetik und Biologie, Nobelpreisträger der Medizin. Seine Ausgangsfrage ist auch die anderer CIBA-Teilnehmer: »Muß nicht die gleiche Kultur, die auf einmalige Weise die Möglichkeit globaler Vernichtung geschaffen hat, auch ein Höchstmaß an intellektueller und sozialer Einsicht schaffen, um ihr eigenes Überleben zu sichern?« (CIBA / Lederberg, 293)[177] Die Vernichtungspotenzen des westlich-industrialisierten Fortschritts sind »die Beeinflussung der Fruchtbarkeit durch wirtschaftliche Faktoren, die neuen Umweltangriffe auf unsere Gene, der medizinische Schutz gegen früher tödliche Defekte« (ebd.) – allesamt also Nebeneffekte der Bemühungen um gesteigerte Lebensqualität. Unter diesen Bedingungen muß die Langsamkeit, mit der die ›natürliche Evolution‹ arbeitet, in Unruhe versetzen. Vorbild einer heilsamen Beschleunigung und Wendung zum Besseren kann nicht eine veraltete Bevölkerungspolitik, sondern nur die Tierzucht sein. »Innerhalb weniger Generationen könnten wir einige Kunstgriffe von unschätzbarem Wert erlernen. Weshalb sollen wir uns jetzt mit der somatischen Selektion aufhalten, die in ihrer Wirkung so langsam ist? Mit einem Bruchteil dieser Anstrengung könnten wir bald die Manipulierung von Chromosomenploidität, Homozygosis, gametischer Selektion und die gesamte Diagnose von Heterozygoten lernen, um in ein oder zwei Generationen eugenischer Praxis das zu erreichen, wozu wir heute zehn oder hundert brauchen.« (294) Lederberg kann sich auch »vorstellen, daß wir unter diesen Voraussetzungen sehr bald die Grundlagen besitzen werden, eine Technik zu entwickeln, um beispielsweise die Größe des menschlichen Gehirns durch vorgeburtliche oder frühe nachgeburtliche Eingriffe zu regulieren. Es ist wirklich erstaunlich, wie wenig experimentelle Arbeiten an Tieren durchgeführt werden mußten, um einige elementare Fragen über die hormonale Regulierung der Gehirngröße oder die funktionale Wechselwirkung zwischen überzähligen Gehirnteilen zu untersuchen.« (295) Ein anderes durch die Molekularbiologie eröffnetes Problem- und Tätigkeitsfeld ist das der Organprothesen und Transplantationen. Seine Bearbeitung fordert eine Antwort auf die Frage, was als individueller Organismus anzusehen sei – die Immunologie wird sie geben. Die Lösung dieses Problems »könnte sich als Prototyp für das Maß an Verantwortung in der biologischen Konstruktionstechnik erweisen. Auch die Bedeutung des Gewebeersatzes für die medizinische Praxis ist noch nicht allgemein erkannt worden. Viele therapeutische Maßnahmen sind beispielsweise heute ganz oder teilweise unmöglich wegen der Gefahr, daß im Verlauf der Behandlung gewisse Organe zerstört werden.« (296) Lederberg verkennt nicht die damit einhergehende Problematik nicht-immunologischer Identitätsbestimmungen: »Worin besteht die moralische, juristische oder psychische Identität eines künstlichen Bastards?« (297) Diese Frage wird gegenwärtig unter der Alternative Rechtssubjekt vs. Biomasse oder innerhalb des Spektrums zwischen psychophysischem und metaphysischem Personbegriff diskutiert (s. IV.9/10). Für Lederberg war der Kontext noch weiter gespannt. Ebenso wie die Molekularbiologie allgemein der genetischen Verschlechterung der Menschheit entgegenarbeitet, soll die Immunologie im speziellen das ›Geschenk des Lebens‹ erneut zugänglich machen – das gerade als Folge des medizintechnischen Fortschritts verlorenzugehen drohe. Man »dürfe nicht übersehen, was der medizinische Fortschritt im Namen der Humanität bereits für unsere Art angerichtet hat – erinnern wir beispielsweise an den katastrophalen Anstieg der Bevölkerungszahl infolge der nicht ausgeglichenen Auswüchse dieser biologischen Möglichkeiten. Wir müssen die schlimmsten Auswüchse dieser biologischen Möglichkeiten vorauszusehen suchen. Denn rechtzeitige Voraussicht bietet die größte Hoffnung, institutionelle und technologische Gegenmittel zu entwickeln« (297). Neben beschleunigter Entwicklung einer Konstruktionstechnik für künstliche Organe und industrieller Verfahren zur Protein-Synthese schlägt Lederberg hierfür ein »ausgedehntes eugenisches Programm« vor, »das nicht den Menschen, sondern eine nichtmenschliche Spezies betrifft, um genetisch homogenes Material als Ausgangsstoff für Organprothesen zu erzeugen« (ebd.).

Lederberg sieht jedoch die Schwierigkeit, im Einklang wie im Wechselspiel mit einer als ›natürlich‹ apostrophierten Evolution zu handeln: deren systemische Gesamtheit umfaßt ja nicht nur die biotechnisch manipulierbaren, sondern auch die kulturell sich wandelnden Variablen. ›Probleme der Entwicklungssteuerung‹ liegen im Wandel der kulturellen Ziele und der Maßstäbe wünschenswerter Evolution. Würde die Konstruktion von ›Bastarden‹ nach aktuell geltenden Einheitsvorstellungen nicht die evolutionär bewährte Interaktion verschiedener Genotypen beeinträchtigen? »Die Steuerung seiner eigenen Entwicklung durch den Menschen selbst, die ›Euphänik‹, ändert die Mittel und auch die Ziele der Eugenik, genau wie alle vorangegangenen kulturellen Revolutionen, die die Art geformt haben: die Sprache, die Landwirtschaft, die Politik, die physikalische Technik. Die Eugenik ist auf die Schaffung eines Reaktionssystems (eine DNS-Folge) gerichtet, das sich in einem gegebenen Zusammenhang auf ein definiertes Ziel hin entwickelt. Aber wird die kulturelle Entwicklung stehenbleiben, nur um die eugenischen Kriterien einer vergangenen Generation zu bestätigen? Und wenn das Ziel bleibt, werden sich die Mittel ändern: das beste angeborene Muster der normalen Entwicklung wird nicht immer am besten auf die euphänische Steuerung reagieren.« (298) Somit erhebt sich die Frage: »Sollen die Biologen der langfristigen eugenischen Entwicklung des menschlichen Genotypus oder den ernsten Augenblicksproblemen menschlicher Phänotypen den Vorrang geben: der Förderung von Intelligenz, Zielrichtungen und Langlebigkeit?« (ebd.) Lederbergs Fragen rühren unmittelbar an die Schwachpunkte jeglicher ›Evolutionären Ethik‹, wie sie sich ähnlich bei manchen ökologischen Lebensphilosophen zeigten (s. III.16). Eine solche Ethik droht entweder in totalitären Dezisionismus oder in Postfestum-Rechtfertigungen des ›Natürlichen‹ abzuleiten. Dennoch bleibt die Idee, daß »der Mensch künftig bewußt als Biologe denken und handeln wird« (301), die Wunschvorstellung und Arbeitshypothese (nicht nur) Lederbergs. Er glaubt an eine evolutionäre Logik der – lebenserhaltenden – Vergeistigung bzw. Selbsterkenntnis des Menschen (ebd.). Das Problem besteht in der Ungleichheit der planetarisch aufeinandertreffenden Niveaus der Evolution – deren Selbststeuerung erweise sich mithin als eine interne Kommunikationsschwierigkeit. Kann individuelles, organismisches Leben die Qualität seiner Informiertheit einer beschleunigten Quantifikation – von Lebewesen wie Informationen – angleichen? »Das Dilemma des Menschen besteht in der Diskrepanz zwischen Bevölkerungszahl und Komplexheit seiner Institutionen einerseits und seiner individuellen Schwäche andererseits, wenn man eine Dateneinspeicherung mit einer Geschwindigkeit von nicht mehr als 50 Bit pro Sekunde als Maß nimmt. Die Linguisten der Zukunft könnten die Technik der Sprache verbessern oder andere Kommunikationskanäle für den täglichen Gebrauch entwickeln. Normalerweise hätte es der Wissenschaft längst gelingen müssen, die vorhandene Technik zur Verbesserung ihrer eigenen Kommunikation zu verwenden. Wenn es auch unglaublich klingt: beim gegenwärtigen System würde ich nur durch einen Zufall kritische Bemerkungen entdecken können, die vielleicht jemand über dieses Referat veröffentlicht.« (301)

6. Tatsächlich zogen die Vorträge Mullers und Lederbergs eine heftige Kontroverse nach sich. Sie kreiste vor allem um die Frage, *was* im System des Biotischen veränderbar und veränderungswürdig sei und was nicht. Doch dürfen die gemeinsamen Grundentscheidungen nicht übersehen werden. Sie bestanden u. a. darin, daß, wie Lederberg resümierte, »die meisten von uns die gegenwärtige Weltbevölkerung für nicht intelligent genug halten, als daß sie eine allgemeine Vernichtung verhindern könnte. Wir sollten für die Zukunft einige Vorkehrungen treffen, damit sie eine etwas bessere Chance gewinnt, ein solches Desaster zu vermeiden. Ich sage nichts darüber, ob unsere Maßnahmen sinnvoll sind, wohl aber bin ich überzeugt von unseren Motiven, denn nicht mit den negativen, sondern mit den positiven Aspekten genetischer Steuerung befassen wir uns hier.« (CIBA/Diskussion, 315) Die Politik müsse den Einschätzungen der Wissenschaft folgen (CIBA/Lederberg, 292). Die

Wissenschaft verkörpert, so viel zeigte sich in der Diskussion ebenfalls, die ihrer selbst bewußt werdende Evolution. Dieses Selbstbewußtsein müsse nach den demokratischen Regeln erzeugt bzw. verbreitet werden, m. a. W.: wünschenswert wären Menschen, die sich wie ein Volk von Biologen verhalten (vgl. CIBA/Diskussion, 316 f.). Dieser Hoffnung gab das abschließende Referat des Genetik- und Biometrie-Professors J. B. S. HALDANE pathetischen Ausdruck: »Biologische Möglichkeiten für die menschliche Rasse in den nächsten zehntausend Jahren«.[178] Diese Möglichkeiten folgen aus je unterschiedlichem Gebrauch der Potentiale, die zur Vernichtung oder Verletzung menschlichen Lebens derzeit bereitstehen. Haldane erwägt fünf Fälle: 1. Der Mensch hat – als Folge eines Kernwaffenkrieges – keine Zukunft. 2. Ein Atomkrieg wird der Menschheit ernsthaften biologischen Schaden zufügen, und die Kultur muß aus barbarischen Ursprüngen neu aufgebaut werden. 3. Ein Atomkrieg führt zum autoritären Weltstaat. 4. Vernunftbegabte Tiere nach der Art des Menschen können die Weisheit, die eine vernunftgemäße Anwendung der Kernenergie fordert, erst nach Jahrhunderten Lebenserfahrung erwerben. Durch den Alterungseffekt infolge energiereicher Strahlung ist dies zur Zeit unwahrscheinlich. Also besteht die einzige Hoffnung für die Menschheit in ihrer mehrheitlichen Ausrottung; die wenigen Überlebenden sind dann gegen energiereiche Teilchen und Quanten resistent. 5. Es kommt zu keinem Atomkrieg, allmählich wird sich eine Art Weltorganisation nach einer allgemeinen Abrüstung entwickeln (vgl. CIBA/Haldane, 368 ff.).

Man kann rückblickend feststellen, daß Elemente aller fünf Szenarien in heutigen Überlegungen zur ›Biopolitik‹ wirksam sind. Haldane selbst konzentrierte sich auf die fünfte Möglichkeit. Technologien der Geburtenkontrolle könnten dem Weltbevölkerungswachstum Einhalt gebieten. Aber selbst ein diesbezüglicher Mißerfolg bedeutete nicht den Untergang des menschlichen Lebens. Seine Form müßte sich ändern. Haldane denkt hierbei nicht etwa an ein ›Small is beautiful‹ im Sinne Schumachers, sondern an eine wissenschaftlich-technische Verkünstlichung des Lebens. Synthetische Nahrungsmittel wären denkbar (371). Die Zukunftsszenarien Haldanes betreffen das Verhalten dieser zahlreicher gewordenen Menschheit – im Falle einer bewußten Steuerung ihres Lebens ebenso wie des Ausbleibens solcher Steuerung.

Unter den auch *ungesteuert* wahrscheinlichen Tendenzen der Evolution sieht Haldane sowohl Maßnahmen zum Erhalt des Lebens als biologischen Faktums wie zu seiner veränderten kulturellen Regelung. Staatliche Zwangsmaßnahmen zur Krankheitsverhütung (z. B. ein Tabakverbot) und zur Immunisierung gehören ebenso dazu wie freiwillige Umsiedlung von Menschengruppen in Klimazonen, die ihrem Alter bzw. ihrer Gesundheit zuträglich sind (373 f.). ›Negative und positive Eugenik‹ wird ebenso selbstverständlich sein wie eine ›Arbeit als Glücksfaktor‹ – wobei dies durchaus Industriearbeit bleiben könne, nur eben nicht mehr am Paradigma des Verbrauchens, sondern (wie z. B. in der UdSSR) am Paradigma des Produzierens ausgerichtet (374 f.). Spektakulärer sind Haldanes Erwägungen, ob es praktisch sei, »die Menschen völlig keimfrei zu machen«. »Eine solche Entwicklung könnte mit der Absicht motiviert werden, ohne Übertragung irdischer Bakterien und Viren den Mars oder andere Himmelskörper zu kolonisieren. Denn möglicherweise fehlen den aseptischen Menschen Schutzstoffe gegen sporadische Infektionen, oder sie sind durch andere Mängel ernsthaft beeinträchtigt.« (373) Solche Umsiedlungspläne sind tatsächlich, zuerst in den USA, mit Blick auf eine radioaktive Zerstrahlung aufgekommen.[179] Bei Haldane stehen sie noch im Rahmen eines evolutionären Optimismus: »Wenn die Keimfreiheit allgemein vorteilhaft ist oder die Entwicklung bestimmter Fähigkeiten ermöglicht, wird sie sich hoffentlich durchsetzen.« (ebd.) Für das äußerst voraussetzungsreiche Leben auf anderen Planeten kämen dann wieder die Fortschritte ›klonischer Fortpflanzung‹ auf. Affenartige Wesen wären aufgrund angeborener physischer Eigenheiten dem extraterrestrischen Leben von vornherein besser angepaßt. »Durch Propfen von Genen könnten solche Eigenschaften auch der menschlichen Rasse angezüchtet werden. Menschen, die ihre Beine durch Unfall oder Mutation verloren haben, wären als Astronauten besonders geeignet … Besser noch wäre eine regressive Mutation zur Gestalt unserer Vorfahren im mittleren Pliozän mit Greiffüßen und einem affenähnlichen Becken. In nächster Zukunft wird der Mensch schwerlich hohen Gravitationsfeldern ausgesetzt sein, wie sie z. B. auf der festen oder flüssigen Oberfläche des Jupiter bestehen. Wahrscheinlich wäre es unter solchen Bedingungen gut, vier Beine oder wenigstens sehr kurze Beine zu haben. Ich würde auf dem Jupiter

einen achondroplastischen einem normalen Menschen vorziehen.«
(384) Psychophysisch wünschenswerte Spezialisierungen wären
auch maßgeblich bei der »Züchtung einer Elite«: »Zu dieser Elite
gehören vielleicht anatomische Abnormitäten wie Leute mit einem
offenen Schädel, deren Denken mit dem fernsten Nachfahren unseres Mikroskops beobachtet werden kann, Astronauten mit Greiffüßen, die zum Gehen ungeeignet sind, und so fort. Aber der physiologische Polymorphismus ist weit wichtiger. Es mag auf dem Planeten einige Leute geben, die die Meldungen, die aus der Halsschlagader
in ihr Gehirn gelangen, ebensogut und besser beschreiben können
als ich die Gehörempfindungen in meinem Labyrinth. Nach meiner
Ansicht wird es stärkeren psychologischen Polymorhpismus und
sehr viel mehr Toleranz geben. Mit dem Vorbehalt, daß sie solchen
Mitmenschen kein Leid antun, die nicht leiden wollen, dürfen unsere Nachkommen alles ausprobieren, was sie wollen, wie etwa
Rauschgifte und Varianten des Sexualerlebnisses, die wir beim gegenwärtigen Stand unserer Zivilisation, vielleicht zu Recht, verur-
teilen.« (387)

In seinen Überlegungen zur *Steuerbarkeit* dieser evolutionären
Tendenzen zeigt sich Haldane von popularisierten orientalischen
Psychotechniken beeindruckt. In einem Zusammenhang nennt er
»Yoga und zukünftige Beherrschung der Emotionen«: »Zur Zukunft
der menschlichen Biologie wird bestimmt eine willensmäßige Beherrschung verschiedener Körperfunktionen und das Bewußtsein
von ihnen nötig sein, das sich zu den Erfahrungen der Jogis verhält
wie die moderne Chemie zur Alchemie. Jogis behaupten, gesünder
zu sein als andere Menschen; wahrscheinlich haben sie damit recht.
Ich vermute, daß die Autophysiologen der Zukunft ungewöhnlich
gesund sein werden. Wir wissen nichts vom Ausmaß der dem Menschen angeborenen Variation in bezug auf seine Fähigkeit, entweder
Informationen über Vorgänge im Inneren seines Körpers zu gewinnen oder glatte Muskeln und Drüsen zu beherrschen.« (379) In
seinen Meditationen über die physiologische Selbststeuerung spricht
sich die naturalistische Basisentscheidung von Haldane aus, »keine
scharfe Trennung zwischen Physiologie und Psychologie« zu ziehen.
»Vieles, was zur Psychologie gezählt wird, würde meiner Ansicht
nach besser als Physiologie der Sinne, der Muskelkoordination und
des Gehirns klassifiziert werden.« (367) Wie viele seiner Kollegen

vertritt Haldane eine Art von psycho-physischem Parallelismus im Rahmen von systemischen Gleichgewichtsvorstellungen: Mögen sich ›innere‹ oder ›äußere‹, ›psychische‹ oder ›physische‹ Bedingungen ändern, das Leben selbst bleibt durch seine – kulturell erlernte und verfeinerte – Anpassungsfähigkeit bestehen. Im Idealfall erreicht das individuelle Leben vollkommene Selbststeuerung – es kontrolliert die Bedingungen seines Daseins. »Ich hoffe auch, daß unsere Nachkommen ihre Lustempfindungen so verstehen und vergeistigen können, daß sie aus deren Knechten zu ihren Herren werden. Eines der menschlichen Ziele ist emotionelles Gleichgewicht. Ich glaube nicht, daß man dies durch Abtötung von Emotionen erreichen kann, wie es religiöse Asketen versucht haben, sondern nur durch deren Integration, so wie unser Nervensystem die Aktivitäten antagonistischer Muskeln integriert.« (391)

Die lange Zeit ausschließliche Anpassung an die *äußere* Umwelt entsprach einem Überleben, dem mit »Hunger und Gewalt die Hauptursachen eines frühen Todes« gegenüberstanden (390). Auf der Stufe städtischen Lebens droht Gefahr von ›innen‹ in Form von Infektionskrankheiten. Die tendenzielle Introvertiertheit des Vitalen könnte sich so als evolutionärer Trend erweisen, wie ja auch das biologische *Über*lebensprogramm zu einem kulturellen Bemühen ums *Länger*leben mutierte. Ein Anwachsen der physiologischen Selbstbezogenheit ist dabei unausbleiblich. Doch gegen »eine Voraussage, daß unsere Nachkommen sich mehr für ihre eigene Biologie interessieren werden als wir, und daß sie sie weit besser werden erkennen und steuern können, wird man Einwände erheben. Wenn tatsächlich stärkere viszerale Empfindungen das Leben verlängern können, wird man fragen, warum hat die natürliche Selektion diese Eigenschaften nicht gefördert?« (390) Haldane nennt weiterhin die Introspektion – »ohne gute anatomische und physiologische Kenntnisse« – gefährlich, »wenn sie nicht wie beim Yoga sorgfältig gelenkt« wird (ebd.). Die Psychotechniken sind also nur lebensdienlich als – bewußte – Fortsetzung lebenserhaltender physiologischer Programme. Die Menschen müssen, um global überleben und einen Lebenssinn finden zu können, Biologen im umfassenden Sinne werden. »Wenn einst unsere Nachkommen die Befähigung zur Bewußtheit und Steuerung physiologischer Prozesse in ihrem Wert erkannt haben werden, wird man wahrscheinlich versuchen, sie zum Allgemeingut zu machen. So könnte es dahin kommen, daß die Menschen sich in zehntausend Jahren von uns nicht nur in Verbesserungen, sondern auch in Anlagen und Bestrebungen derart unterscheiden, daß es zwecklos ist, diese Gedanken noch weiter auszuspinnen. Es ist zweifellos wahrscheinlicher, daß sich die menschlichen Interessen auf ein anderes Ziel wie etwa Musik, wirtschaftliche Betätigungen oder Religion konzentrieren werden.« (391)

7. Wie ein Teilnehmer in der abschließenden Diskussion bemerkte, ist »fast alles, was man sich als möglich vorstellen kann, einmal verwirklicht« worden, »wenn es erwünscht« war (CIBA/Medawar, 392); dies gilt auch für viele der Visionen Haldanes. Nicht sie selbst, sondern ihre ›ethische‹ Einbettung blieb bei den Teilnehmern der Londoner Konferenz und allen, die in ihrem Gefolge spekulierten und handelten, umstritten. Diese Streitigkeiten betrafen vor allem das Verhältnis von systemischem Egoismus und kultureller Kooperation, von Autopoiesis und Umweltänderung, von ›natürlicher‹ Expansionstendenz des organismisch-individuellen Lebens und ebenso natürlichen Gleichgewichtsanforderungen. Den evolutionären Fortschritt der Menschheit fand man nicht zuletzt einem egoistischen Gruppenverhalten (in soziobiologischer Kontinuität zum ›selfish gene‹) geschuldet, dessen interne ethische Maßstäbe in genauer Umkehrung zu externen aufgebaut seien (Beispiel: Tötungsverbot innerhalb der Gruppe, Tötungsgebot in Kriegen und Konflikten); dieses Programm schien nunmehr eine – für die planetarisch gewordene Gruppe ›Menschheit‹ – selbstmörderische Richtung genommen zu haben (CIBA / Diskussion, 404 ff.). Gibt es eine Evolution des Lebens auf der Basis ausschließlich friedlicher Kommunikation, so wie in Haldanes Abschlußvortrag umrissen? Nicht wenige der versammelten Wissenschaftler sahen diese Überlebensmöglichkeit der Menschheit in der Lebensrealität der scientific community vorgebildet. Normalerweise besitzen nämlich menschliche Gruppen ethisch gesehen »eine Art Homöostasis, die im Vorzeichen der des Individuums entgegengesetzt ist. Vielleicht sollte man darauf hinweisen, daß wissenschaftliche Organisationen in diesem Punkt anders sind. Die Wissenschaftler sind die einzige Gruppe, in der die Ethik des Ganzen die gleiche zu sein scheint wie die des Individuums. Es ist sicher schon sehr viel über diese Art wissen-

schaftlicher Verständigung gesprochen worden. Durch diese entsteht eine Gruppenethik, die der des Individuums ähnlich ist, was bei der nichtwissenschaftlichen politischen Lenkung einer Gruppe nicht der Fall ist.« (CIBA/Price, 406 f.)

8. Die Praxis des wissenschaftlichen Lebens ist zugleich eine Theorie von der anzustrebenden wissenschaftlich-theoriegeleiteten Praxis des evolutionären Fortschritts. Zirkelhafte Überlegungen dieser Art sind geistesgeschichtlich nichts Neues: Die theoretischen Voraussetzungen der 1962 in London angezielten Praxis des Umgangs mit ›Leben‹ bilden durchweg naturalistische und evolutionistische Metaphysiken, wie aus dem Vitalismus (II) bekannt. Der dort vorherrschende theoretische Blick aufs Lebensphänomen entsprach dem Versuch, einzelwissenschaftlich, z. B. biologisch, ermittelte Merkmale in ihrer evolutionären Verlängerung in den soziokulturellen Raum hinein nachzuweisen über einen sich dort manifestierenden Zweck. Dem empirisch ›Gegebenen‹ wurde somit eine metaphysische Deutung angefügt, die es in seiner Gesamtheit *epistemisch* zu erfassen beanspruchte. Der vitalistischen Metaphysik – zwischen konkurrierenden einzelwissenschaftlichen Hypothesen wie etwa dem Lamarckismus und dem Darwinismus, zwischen theozentrisch-teleologischen und kausal-mechanistischen Deutungsmustern – eignete vielfach ein kontemplativer Zug, der seiner geistesgeschichtlichen Herkunft aus der Naturphilosophie entsprach (s. II.11). Der Darwinismus, auf den sich die Lebensphilosophie (IV) überwiegend beruft,[180] ist ursprünglich hingegen keine Lehre von einem zielgerichteten Progreß, von einem linearen Fortschritt zum Besseren, sondern eine Hypothese über stattgefundene Anpassungen; erklärt werden kann hier eigentlich nur, warum bestimmte, als vorhanden gesetzte Arten unter bestimmten Umweltbedingungen *nicht* überleben konnten. Der Telosgedanke und das praktische Interesse – letzteres, als ›Sozialdarwinismus‹, durch die NS-Erfahrung mächtig diskreditiert – mußten also erst von außen an diesen Hypothesenkomplex herangetragen werden. Das geschieht von den 1960er bis zu den 1970er Jahren in der biowissenschaftlichen und -technologischen Akzentverlagerung vom Prinzip der *Evolution* zu den Mechanismen der *Selektion*. Die Selektion, das zeigt sich seit den CIBA-Vorschlägen, ist ja die einzige praktische Möglichkeit,

von einem kulturell qualitativen, d. h. *Lebensform*-Interesse her Einfluß aufs biologische *Lebensfaktum* zu nehmen, in der Aussonderung unerwünschter bzw. unverwertbarer Entwicklungen und Varianten.[181] Dieser gedankliche Zugriff aufs Leben, der zugleich mit dem faktischen Vorgehen der industriellen Zivilisation gegenüber allen anderen Lebensformen korrespondiert, übergreift politische Differenzen nach dem Spektrum von rechts und links – wie es denn in den Anfängen des politisierten Darwinismus auch Propagandisten einer ›sozialistischen Eugenik‹ gab[182] und gegenwärtig eine biomedizinische Forschungsfrömmigkeit mancherorts als Probe auf liberale Gesinnung gilt. In den westlichen Industriestaaten, vor allem in Großbritannien und den USA, überwog diese Richtung sogar jahrzehntelang: die ›linken‹ Humangenetiker H. J. Muller und J. B. S. Haldane traten auf dem CIBA-Symposium offen für aktive Selektion ein. Das geforderte Vorgehen sollte das biologische Überleben der Menschheit in ihrem kulturell gegebenen, also dem westlich-industriegesellschaftlichen *bíos* entsprechenden Zustand, durch Stabilisierung gewisser systemischer Komponenten sichern – in genauer Umkehrung des in der Lebensphilosophie (III) propagierten Weges. Man denke an Schumachers und Illichs Polemik gegen die ›stabilisierende‹, auf industriegesellschaftlichen Selbsterhalt angelegte Umweltpolitik, die geradezu von einem Unverständnis der kosmischen Interdependenz zeuge!

9. Aber auch von den anderen, bisher vorliegenden Varianten einer ›Philosophie des Lebens‹ trennt die neue Theorie und Praxis ein tiefer Graben. Alle diese ›Philosophien des Lebens‹ hatten des letzteren Vorgängigkeit gegenüber den intellektuellen und technologischen Bemächtigungsversuchen als selbstverständlich vorausgesetzt. Denken und Handeln waren als Erfüllungshilfen vitaler Tendenzen konzipiert – oder überhaupt als bedürftig der Einbettung in ein vitales Ganzes. Die Motivation all dieser Konzepte stammte aus der kulturellen Erfahrung überaus spezifischer Lebensformen bzw. -objektivationen im Kontrast zur Unverfügbarkeit des Lebensfaktums als solchen. Das ist nun anders geworden. Das kulturalisierte Leben, der *bíos* der industriellen Welt, gilt für das Leben überhaupt, findet also weder gedanklichen Halt noch faktischen Widerstand für seine Selbstgestaltung. Um eine solche aber soll es sich nach den

zahlreichen biologischen Revolutionen des Jahrhunderts – bereits vor den mit der DNA-Entschlüsselung verheißenen Möglichkeiten – handeln. Die naturalistische Immanenz des Lebens, worin dieses Maßstab seiner eigenen Vollzüge ist, scheint historisch-kulturelle Realität geworden. Das Leben ist in den westlichen Zivilisationen erklärtermaßen ›Höchstwert‹, also ein für allemal jenseits transzendenter Qualifizierungsmöglichkeiten – und dadurch schlichte ›Biomasse‹. Ihr Erhalt gleichwie ihre Melioration gemäß in ihr selbst ermittelten Merkmalen (Anlagen, Potenzen) ergibt jetzt das technologische Programm wie den ethischen Maßstab.[183] Im Gegenzug kommt die Frage auf, inwieweit dem biologisch vorliegenden Leben bereits soziokulturelle Form bzw. Formfähigkeit zugebilligt werden muß – es also nicht mehr getötet werden darf. Die nach dem CIBA-Symposium forcierten Diskussionen um den Beginn menschlichen Lebens stehen offen oder verdeckt unter dem Schatten einer Todesdrohung – ein vorm vorzeitigen, z. B. pränatalen Tod sicheres Leben muß eine Reihe von Qualifikationen aufweisen, worin jene der über es befindenden Macht wiederzuerkennen sind. Nicht wenige Absurditäten blühen auf dieser Entscheidungsgrundlage: das Leben müsse Glücksbefähigung, Kommunikationsbefähigung, Selbstbezüglichkeit, Kohärenz im Erinnern u. a. m. aufweisen, um sein zu dürfen.[184] Mit seiner Verfügbarkeit als Biomasse legt es ganz neue – biopolitische und bioethische – Bündnisse nahe, etwa zwischen Utilitaristen und Moralrigoristen, Empiristen und cartesianischen Bewußtseinsphilosophen, Naturalisten und Kantianern.[185] Eine radikale Außenperspektive eint dieses biopolitisch motivierte Philosophieren übers Leben: Die traditionellen Topoi der Menschenwürde, Personalität, Bewußtseinsfähigkeit, Subjektivität werden an ein biologisch entqualifiziertes Sein herangetragen und dort – vielfach nicht gefunden. Die Verkehrung gegenüber den anderen Lebensphilosophie-Typen besteht in eben dieser Objektwerdung des Lebens, auch des – potentiell – menschlichen. Die Frage lautet also nicht mehr: Wie erfahre ich mich als Teil eines Lebens oder Lebenszusammenhangs, sondern wie erkenne ich seine qualifizierenden Merkmale bei mir und anderen. Die De-Qualifizierung des Lebens betrifft mithin ebenso den biopolitischen Akteur wie den biopolitisch Betroffenen, den ›moral agent‹ ebenso wie den ›moral patient‹.[186] Die Grundsituation der Biophilosophie (IV) wie der Biopolitik ist stets eine leere, d. h. sich als Gestaltungsmacht fühlende *Qualität* gegenüber einer objektivierbaren *Materie*, sprich: der bíos der wissenschaftlich-technischen Welt gegenüber der zoé, die sich dort findet. Leben darf, was gewissen Maßstäben genügt – die aber als jene des Lebens ihrerseits nurmehr das Selbstgefühl des Machenkönnens, also einer qualitativ nicht umgrenzten Machbarkeit erlauben. Das ist nicht auf Laborsituationen begrenzt. In der massenhaften klinischen wie in der kosmetischen Selbstgestaltung des Körpers ist das biotechnisch gewandelte Bewußtsein mittlerweile kulturrelevant; die sich darin ausdrückende Distanz zum eigenen Körper hat G. Anders prinzipiell vorweggenommen mit seinem Wort von der ›prometheischen Scham‹, die den unbearbeiteten Leib nicht ertrage (s. III.14). Die brisanteste Frage ist und bleibt unter solchen Umständen allerdings, was leben darf und was sterben muß. Vor dem Beginn des Lebens steht die Abwägung von dessen möglicher Qualität – diese Verkehrung im Verhältnis von Denkbarkeit und Faktizität des Lebens kann sich freilich immer nur auf ein fremdes, nicht phänomenologisch gegebenes, in seiner Fremdheit (z. B. als Fötus oder ›Hirntoter‹) gegenständliches Leben richten.[187] Die Todesangst eines Lebens, das sein Faktum von seiner Qualität abhängig machen will, betrifft vor allem das Ende dieses Daseins: leben müssen unter selbstgeschaffenen, nicht mehr verfügbaren Bedingungen, z. B. den apparatemedizinischen der ›lebensverlängernden Maßnahmen‹. Die wissenschaftliche Vergegenständlichung ist der Qualität des Lebens, die technische Zurichtung seinem bloßen Faktum verpflichtet. Die Sterbehilfe-Diskussion in fast allen westlichen Industriestaaten bildet das unvermeidliche Komplement der Embryonenforschungs- und Abtreibungsproblematik dort – es ist dieselbe Lebensform, einmal als ›agent‹, einmal als ›patient‹ ihrer Vergegenständlichungen zur ›Biomasse‹.

10. Das Immanenz-Postulat sämtlicher Philosophien des Lebens seit dem 18. Jahrhundert hatte darin bestanden, daß der Philosoph *aus* dem Leben *über* das Leben nachzudenken beanspruchte; Leben galt als unüberschreitbare Erst- und Letztinstanz. In der biotechnisch-bioethisch induzierten Lebensphilosophie (IV) erfährt dieses Postulat seine folgenschwere Wendung in dem Anspruch, es sei *vitale Wirklichkeit im Philosophieren gewisser fortgeschrittener Geister selbst geworden. Vereinzelt waren solche Ansprüche bereits im Vitalismus der Lebensphilosophie (II) zu finden, doch fehlte hier in der Regel die Verbindung zur technologisch-ökonomischen Macht. Dies ist seit dem 20. Jahrhundert anders geworden. Die maßgeblichen ›Biophilosophen‹ (IV) erfahren sich geradezu als Vollstrecker eines – im industriell-technischen Fortschritt nicht zuletzt der ›Lebenswissenschaften‹, zumal ihrer Biotech-Unternehmen kulminierenden – Lebensprozesses aus natürlicher Immanenz; ganz im Sinne jener »Logik, mit der sich der Mensch vom Stoff zum Geist entwikkelte« (CIBA/Lederberg, 301). Wie bereits aus der vitalistischen Lebensphilosophie (II) vertraut, versetzt sich dabei der ›das Leben‹ Bedenkende, wofern er metaphysischen Ehrgeiz entwickelt, tendenziell in die Lage eines am Leben epiphänomenalen Bewußtseins, eines ›Mundstücks des Lebens‹.[188] Seit dem 20. Jahrhundert liefern solche Ermächtigungsbefunde die metaphysisch elaboriertesten Varianten der Evolutionstheorie: »Wir haben das Vorrecht, in einem entscheidenden Augenblick der Geschichte des Kosmos zu leben, jenem, in dem der gewaltige Evolutionsprozeß in der Person des forschenden Menschen ... seiner selbst bewußt wird.« (CIBA/Huxley, 31)[189]

Solche Bewußtwerdung eines in naturhafter Teleologie ablaufenden Prozesses hatte auch die Lebensphilosophie (II), von den Vitalisten des 19. Jahrhunderts bis zu den modernen ›Biophilosophen‹ à la Vollmer und Riedl, vorgesehen. Der bíos ist hier etwas, das sich aus zoé bestimmen läßt, durch reduktionistische Deutung mithin. Umgekehrt wird nun aber die zoé, faktisch als ›Biomasse‹, ›Zellhaufen‹ usw., normativ als nicht-personfähiges, nicht-bewußtseinsfähiges Leben, ihrerseits Objekt wissenschaftlich-technischer Zuwendungen. Die Selbstdarstellung dieser neuen ›Philosophie des Lebens‹ lautet auf Autonomie des Vitalen, das sich in dieser Rückwendung auf sich selbst ausdrücke; ein Urteilen und Handeln aus der Immanenz seiner Maßstäbe und Möglichkeiten. Haben dies nicht auch Vertreter von ›Lebensphilosophie‹ (III) wie etwa M. Henry propagiert? Doch die Immanenz des Lebens (IV) erweist sich – namentlich in den Debatten um theologisch-transzendenzlastige Darstellungsmodelle der Personalität, der Menschenwürde u. ä. m. – als eine Synthese aus vorgängiger Zerspaltung: Das Lebendige qua zoé wird all seiner historisch-kulturellen Merkmale entkleidet, diese werden ihm dann Stück um Stück, in hartem philosophischem Verhandeln – etwa zwischen Kantianern und Utilitaristen – wieder zugebilligt. Mit Recht hat man hinter solchen praktischen wie theoretischen Vollzügen das stets optimistische Selbstgefühl einer ›Biomacht‹ (M. Foucault) erblickt. Diese ist sowohl fähig, das Lebendige als solches in den Blick zu nehmen, als auch, ihm die sein Dasein sichernden Prädikate zu- oder abzuerkennen. Der Verfügbarkeitsgedanke ist hierfür maßgeblich; von einer unmittelbaren Selbstpräsenz, einer ›transzendentalen Affektivität des Lebens‹ (M. Henry) kann keine Rede sein. Der massive Rückgang auf die Metaphysiken des 17. und die erkenntnistheoretischen und ethischen Fragestellungen des 18. Jahrhunderts legt davon Zeugnis ab. Letztere umfassen scheinbar einander entgegengesetzte Ansätze wie das Lockesche psychologische und das kantisch-transzendentalphilosophische Verständnis von ›Person‹, den utilitaristischen und den normativistischen Maßstab von Ethik.[190] Doch handelt es sich nur um zwei Seiten derselben Fragestellung: *was* schützenswertes (menschliches, personales usw.) Leben sei und *wer* als sein Inhaber gelten dürfe.

11.   Die Entfernung dieser biotechnisch induzierten und bioethisch formierten Lebensphilosophie (IV) zur Lebensphilosophie (III) erscheint erst recht denkbar groß, wenn man ihre metaphysischen Leitvorstellungen in den Blick nimmt: Ist das Leben als ein systemisch sich selbst erzeugendes Seiendes konzipiert, dann muß von den Erlebensaspekten individuell-personalen Lebens einerseits, von den Unverfügbarkeitsaspekten seiner naturhaften Gegebenheit andererseits abgesehen worden sein. Charakteristisch für diesen Rückgang hinter jegliche lebensphänomenologische Subjektperspektive ist das wiederkehrende Interesse an gewissen Varianten der Substanzmetaphysik des 17. Jahrhunderts, besonders Spinozas.[191] Das Interesse gilt einer Art von ›Lebendigem‹ als (idealiter) kohärentes, (realiter) sich selbst erhaltendes *System*; Verbesserungen daran fallen in die Kompetenz von Biopolitikern und Biowissenschaftlern, assistiert von Bioethikern. Die Argumentation seit CIBA 1962 ff.: Die jetzigen Typen (Formen) der Menschheit seien ohne eugenischen Eingriff nicht fähig, menschliches Leben – den Gesamtorganismus Menschheit wie den selbstachtungsfähigen Einzelorganismus – fortdauern zu lassen. Lebensphilosophie (IV) vermag also das

gegenwärtige Leben in seinem Sosein durchaus zu relativieren, genauer: zu relationieren auf einen historisch, sozial, kulturell verortbaren bíos hin. Ihre Argumentation setzt aber erst bei dessen Gefährdung qua Seinstendenz an. Die Lebensphilosophie (IV) muß sich damit durchgängig als Instrument vorgängig erkannter Eigenzwecke bzw. Teleologien des Lebens begreifen. Daher auch die Neigung zu Kategorienfehlern, schlicht aus der Kurzschließung von Lebensweise und Leben, Dasein und Sosein des Lebens, wie beispielsweise in der Behauptung, die Zivilisation in ihrer jetzigen Beschaffenheit übe eine negative Wirkung »auf das Genom« aus.[192]

Somit – dies verbindet Lebensphilosophie (IV) mit (II) und trennt sie scharf von (I) und (III) – liegt jeder praktischen Stellungnahme zum Leben eine theoretische zugrunde, mag diese auch ihrerseits sich wieder praktischen Vorentscheidungen verdanken. Lebensphilosophie (IV) ist überhaupt nur denkbar als wissenschaftlich bzw. aus technisch angewandter Wissenschaft inspirierte Einstellung. Nicht wird aus einer gedachten – transzendentalphilosophisch postulierten oder phänomenologisch rekonstruierten – Totalität her eine Ergänzung oder Korrektur vorfindlichen praktizierten Lebens – der Lebensweise also – gefordert. Deren unfragliche Vorgängigkeit in Form der wissenschaftlich-technisch geregelten Wachstumsökonomie läßt vielmehr jedes konkrete Lebendige als potentiellen Fall technologisch angewandter Lebenswissenschaft bzw. lebenswissenschaftlich angewandter Technologie erscheinen. Alles relevante – d. h. politisch, juridisch, philosophisch thematisierte – Lebendigsein hat dadurch mögliche Tötungen zu seinem Äquivalent, die außer den – natürlich je schon vorhandenen – Erfahrungen mit dem Tod jetzt vor allem die Äquivalenz zwischen experimentell-operationalisierbarem Sterben und experimentell-wissenschaftlich abgesicherter Gesundheit, sprich: Lebens*dauer*, umfassen. Muster dieser Äquivalenz ist die Umgrenztheit der Laborsituation, worin jeder qualitative Eingriff am Lebendigen sogleich abschätzbare Folgen für dessen Daseinsdauer hat. Damit kommen Leben und Tod (der Opfertod nicht nur von Versuchstieren, sondern auch von Schwerkranken bzw. freiwilligen Versuchspersonen) in eine symmetrische Beziehung, die so in den anderen Typen von Philosophie des Lebens nicht zu finden war.

12. Eine zunehmend technisch, im Alltag hauptsächlich: apparatemedizinisch bestimmte Lebensweise muß zum Diskussionsthema machen, was lebenswertes Leben, d. h. als Dasein gerechtfertigt sei. Leben und Tod rücken auch hier in eine Äquivalenz durch apparatisch ermöglichtes Verfügen. Beispielhaft und handgreiflich: im Schalter von Herz-Lungen-Maschinen. Wer darf, wer kann abschalten? Wie ›Geist‹ und ›Körper‹, sind unter biotechnologischen Bedingungen ganz allgemein Wille und Wirkung, Entschluß und Ausführung in denkbar große Distanz voneinander gerückt. In solcher Exposition von Lebensphilosophie (IV) durch biomedizinische Standardsituationen werden traditionelle Themen wie die Selbsttötung in radikaler Weise wieder eingeführt und auf den Kopf gestellt: alle Gründe zum Für und Wider liegen aufgrund der apparatetechnischen Verwaltung des Lebens nunmehr in ontischen Bestimmungen, in Auslegungen von Leben, die in der Partikularität ihrer Aspekte gegeneinander konkurrieren müssen (Wert des Lebens etwa in medizintechnologischer, psychohygienischer, sozialtherapeutischer Kostenhinsicht).[193] Die massive Wiederkehr der Selbsttötungsproblematik[194] unterm Entscheidungsdruck von Biowissenschaft und -politik zeigt: Im apparatemedizinischen Lebenskontext rückt das Sterbenkönnen bzw. -dürfen, der Tod also, zur wesentlichen Wahl auf neben dem nicht mehr wählbaren Leben (das darin von einem Sterben ununterscheidbar wird); die Wahl betrifft nicht mehr ein – irreversibel medizintechnologisch und versorgungsökonomisch festgestelltes – Sosein des Lebens, sondern allein dessen Dasein oder Nichtsein. Pointiert gesagt, geht es ums Sterben*dürfen.* Todesangst und Krankheitsfurcht haben ihre traditionellen Plätze getauscht. An die Stelle der Angst vor dem Tod tritt die Angst vor einem Leben, das um den Preis der auf Dauer gestellten Krankheit geschenkt wird, an die Stelle der Krankheitsfurcht vor Infektion, Beschädigung, Verminderung von Leib und Leibeskräften tritt die Angst, nicht mehr Rechtssubjekt sein zu können, um diesem totengleichen, schier endlosen Ausleben ein Ende machen zu dürfen. Mit anderen Worten: Der Fluchtpunkt bzw. das Paradigma dieser Situation ist die Angst, den rechten Zeitpunkt für die Selbsttötung zu verfehlen. Der technischen wie rechtlichen Disposition über diesen Zeitpunkt gelten die meisten Werke zu ›Leben‹ und ›Sterben‹, die Biophilosophen (IV) verfassen.[195] Ihr zu Ende gedachter Alptraum ist ein unsterbliches

Bewußtseinsleben, nach dem Muster eines rechtlich und technisch über alles Leibliche verfügenden Subjekts, das nun aber *sein eigenes Dasein als Biomasse* hilflos hinnehmen muß.

13. Denkbar groß ist damit die Entfernung zur Leben-und-Tod-Problematik in Lebensphilosophie (III). Strukturell lautet sie zwar ähnlich auf die Möglichkeit einer Selbstvernichtung des Lebens durch eine ihm entspringende und bald feindliche Macht. Doch bezeugte sich hier die Sonderart von ›Leben‹ im emphatischen, also ›lebens*philosophischen*‹ Sinne gerade in einem möglichen Verzicht aufs Dasein um eines gewählten So-Seins willen. Unter Bedingungen ›biowissenschaftlich‹ geprägten Lebens verlegt sich dagegen die Wahlfreiheit auf Dasein oder Nichtsein einer Existenz in entsprechend fixiertem *bíos*. Die Primordialität der ›Lebensqualität‹, d. h. eines kulturell bestimmten *bíos*, gegenüber allem, was am Leben biologische Faktizität scheint (also letztlich ›Sache‹: anonyme *zoé*, Biomasse), müßte eigentlich der in den westlichen Industriegesellschaften geltenden Idee einer ›Heiligkeit des Lebens‹ widersprechen. Doch diese Heiligkeit meint bei näherem Besehen ein jedweder transzendenten Bezüge entledigtes Sein. Sie kann sich mithin nur in Verbesserungen der ›Qualität‹ des Lebens als Sache bzw. sachförmigen Faktums bewähren – also in dem, was biometrisch quantifizierbar ist. Das gilt für das individuelle Dasein wie für das kollektive in der Kultur, für die persönliche Lebensgestaltung bis zum guten Tod wie für die Qualität des Lebens der Ungeborenen. Die Paradoxien eines solchermaßen sich biotechnisch selbst heiligenden *bíos* resultieren aus der offensichtlichen Nicht-Erzeugbarkeit von Qualität. Auf brutale Weise belegen dies Fakten aus der bisherigen IVF-Praxis und der zugehörigen PID-Abläufe: Die retortengezeugten Kinder weisen z. B. eine höhere Quote genetischer Defekte (etwa Wolfsrachen, Hasenscharte) auf als die natürlichgezeugten. Der Wunsch der Eltern nach vorgeburtlich sicherzustellender Qualität des nachgeburtlichen Lebens wirkte kontrafaktisch. Die Machbarkeit von Qualität scheint somit rein negativer Natur. Ende der 1990er Jahre erklärte ein Ärztekollektiv: »Das Dilemma der heutigen Entwicklung besteht darin, daß die diagnostischen Möglichkeiten den Möglichkeiten einer Vorbeugung und Therapie davonlaufen. Diese Schere öffnet sich derzeit immer stärker. Die Entwicklung der pränatalen genetischen Diagnostik ist die zur Zeit extremste Form solcher prädiktiven Medizin ohne therapeutische Konsequenz für das von einem genetischen Leiden betroffene Individuum.«[196] Wenn sich das Gesunde nicht erzeugen läßt, bleibt nur, das Kranke auszumerzen. »Zweifellos haben ... die Fortschritte der Pränatalmedizin auch Ansprüche und Begehrlichkeiten vertieft. Zunehmend sind wir mit dem ›Anspruch auf ein gesundes Kind‹ konfrontiert. In der ethischen Bewertung sind intrauterine diagnostische Maßnahmen mit ihren, wenn auch geringen Risiken so lange fragwürdig, als eine intrauterine Therapie des diagnostizierten Leidens nicht möglich ist und nur die Tötung des Kindes als ›Therapie‹ folgt.«[197] Zu jenem Zeitpunkt (1998) war die »extrakorporale Befruchtung« als »eine Einstiegstechnik, die embryonales Leben im Labor verfügbar und theoretisch manipulierbar macht«,[198] noch eine – freilich rasant realisierbar werdende – Möglichkeit. Inzwischen (2008) sehen sich Politiker und Philosophen mit ihrer Praxis konfrontiert.

14. Die Lebensphilosophie (III) konnte Lebensschwäche, Krankheit, Todverfallenheit stets nur metaphorisch begreifen, als Absterben durch Vereinzelung, Steigerung, Überhebung, geschuldet einem Hochmut luziferischen Typs. Sterbenskrank, z. B. am Geiste (L. Klages), an der Reflexion (G. Simmel), am Bewußtsein (A. Seidel) war Leben, wenn es durch ein Partikulares Einbuße erlitt (an ihm aufbrach oder in ihm schrumpfte). Diese Erkrankung war in (III) allerdings eine wesentliche Möglichkeit des Lebens, während der Tod als bloßes Nicht-Dasein des ›Ganzen‹ ihm äußerlich blieb, ja, seine theoretische Berücksichtigung weithin für schlechte Metaphysik galt (was war die Welt vor dem Leben? – eine Außenseiterfrage). Man sieht, wie vollständig die Lebensphilosophie (IV) die Dinge auf den Kopf gestellt hat. In die neue Begriffs- und Sachlage bringt gerade der Faktenkreis Sterben/Tod ein Element der Unwägbarkeit, nämlich der Nicht-Entscheidbarkeit, das die technologisch garantierbare Äquivalenz von Leben und Tod aufzusprengen droht. Das Sterben als eine Metamorphose des Lebens, beginnend mit der Geburt, oder als eine Vereinzelung, ein Sich-Verirren des Lebendigen in einer – todverfallenen – Lebensform kann der Lebensphilosophie (IV) nicht ohne weiteres zum Thema werden. Ihr ganzer, auch der politisch-juridischen Kodifikation konformer Binarismus Leben – Tod ist dem entgegen.

Verantwortlich dafür ist der tiefgreifende Wandel faktischen Lebens und Sterbens, wie er sich gewiß schon gegen Ende des 18. Jahrhunderts abzuzeichnen beginnt, wie er aber durch die Sozialisierung des Todes zum Ende des 19. Jahrhunderts und die Möglichkeiten der lebenserhaltenden Technik im 20. Jahrhundert seine typische Form gewinnt. In diesem Prozeß mußte die Vorstellung eines in das Leben hineinreichenden Todes, einer inneren, qualitativen Verwandlung des Lebendigen durch sein Sterben, zunehmend unerträglich werden. Dasselbe galt schließlich auch für die Nicht-Beeinflußbarkeit der biologisch fundierten Qualitäten des Lebens. Die einzelnen Stufen und Facetten dieser mentalitätsgeschichtlichen Transformation hat P. Ariès in umfangreichen Studien belegt.[199] Abschnitte und Zäsuren darin sind die Idee eines natürlichen, von Krankheiten und Gewalteinwirkung unbeeinträchtigten Todes Ende des 19. Jahrhunderts (s. II.4), wie er sich als Rechtsanspruch und Gleichheitsforderung im klinischen Sterben manifestieren wird,[200] aber auch das Verschwinden des individuellen, durchs allmähliche, bewußte Sterben qualifizierten Todes vor dem Binarismus von Krieg und Frieden, d.h. im Angesicht des allem personalen Leben äußerlich-kontingenten Massentodes.[201] Seine ständige Möglichkeit ist der Tribut, den der Einzelne für eine kollektiv in der wissenschaftlich-technischen Zivilisation gesicherte Lebensqualität zu entrichten hat.

All diese Binarismen sind Voraussetzung und Grundzug der Philosophie des Lebens (IV). Es ist eine von den *apparatemedizinischen Möglichkeiten geprägte Epistemologie*, die dann normativ wie faktisch wirksam wird. Nicht zufällig erscheint die Debatte ums Hirntod-Kriterium zugleich mit den gewachsenen Möglichkeiten der Transplantationsmedizin. Was als tot zu gelten habe, bestimmt sich aus den wissenschaftlich-technisch ermittelbaren und erreichbaren Chancen des Lebens. Todes- und Lebensdefinition sowie -kriterium durch EEG (1929) bzw. Harvard-Bericht (1968) erlauben transplantationsmedizinisch relevante Äquivokationen im Todesbegriff: »Der Tod des Körpers wird in eine Vielzahl von Todesprozessen zerlegt, die Elemente einer hierarchischen Wertordnung sind. Einzelne Teile des Menschen können damit bereits tot sein, ohne daß vom Tod des Individuums gesprochen werden darf. Umgekehrt erlaubt der Tod des Gehirns, vom Tod des Ganzen zu sprechen.«[202] Der unübersehbare Einschnitt gegenüber früheren Philosophien des Lebens liegt in der Ablösbarkeit von der bewußtseinsphänomenalen Perspektive. Allerdings muß man interpretativ deswegen nicht in apriorische Entgegensetzungen à la Bewußtseinsphilosophie hier – Naturalismus dort, Ich-Perspektive vs. Es-Perspektive verfallen. Denkbar und vorstellbar ist ja durchaus ein Bewußtsein bzw. ein Leben, das *sich selbst* nach Maßgabe der jeweiligen apparatemedizinischen Möglichkeiten *auslegt!*[203] In Extremfällen – Frage nach personaler Identität bei Organtransplantationen – ist dies sogar gefordert.[204]

15. Der wissenschaftlich-technisch ermöglichte, biopolitisch gerechtfertigte Binarismus von Leben und Tod mag freilich seine Analogie und Vorgeschichte in der Leib-Seele-Spaltung von Platonismus und Christentum haben, bis hin zur cartesianischen Substanzenmetaphysik: dort trennte sich zuletzt ja die Seele vom Körper, wenn dessen Maschine still stand; die Idee individueller Unsterblichkeit blieb unangetastet. Nun ist es die Idee eines systemförmigen ›Lebendigen‹, das die Vorstellung *meines* Herzens, *meiner* Leber usw. zugleich schärft und relativiert – das Leben ist etwas, das sich eher im Fokus lebenserhaltender Techniken konzentriert als in einer individuellen ›Seele‹.[205] Das körperliche Immunsystem gibt für ein darauf fußendes Philosophieren über Leben und Tod das Grundmuster.[206] Leben und lebenswert ist, was sich selbst erhalten kann.[207] Diese Fähigkeit entgeht aber in vieler Hinsicht dem individuellen Bewußtsein.[208] Damit ist der faktische Entscheid über Leben und Tod auf die politisch-gesellschaftliche Ebene verschoben. Als Leben im vollwertigen Sinne gilt, was von sich aus – nach der Art des körpereigenen Immunsystems – die Grenze zwischen Selbst und Fremdem aufrechterhalten kann. Diese Scheidungstätigkeit fällt, wo sie als individuelle nicht gelingt, in die Kompetenz der staatlichen Biopolitik. Die in ihrem Gefolge denkenden Ethiker und Philosophen formulieren nach Maßgabe der regionalontologischen, sprich: biotechnologischen Möglichkeiten, was als individuelles Leben zu gelten habe. Allgemeine Voraussetzung ist, daß ein amorphes ›Leben‹ Mittel zu jenem Zweck (Wert) sein könne.[209] Die Vorstellung eines Lebens als Wert, nämlich als Eigenwert (Selbstzweck), gehört in diesen Komplex.[210] Sie setzt die universale Anwendbarkeit eines Codes von Wertäquivalenzen voraus. Individuelles Leben *darf* nicht, *könnte* darum aber Mittel sein. Leben ist heilig und Höchstwert, sein faktisches Dasein ist also abwägbar gegen ein je und je anders auszulegendes Sosein. Leben ist, als Wert aller Werte, zweideutig ›unbezahlbar‹.[211]

16. Man stößt hierbei immer wieder auf die lebensphilosophisch einschlägigen Problemverschlingungen aus dem *bíos*- und dem *zoé*-Sinn des Lebens. Wird letzterer, wie weithin in den wissenschaftlich-technisch geprägten Zivilisationen des Westens der Fall, als *Eigenwert* namhaft gemacht, müssen sich die wertgebenden und -wägen-den Kriterien (was darf leben, was ist dem Leben« zu opfern) als *Potenzierung eines faktischen Merkmals* darstellen. Leben als Eigenwert und sozial anerkannter Zweck ist dann vornehmlich Gesundheit, Potentialität zu allen möglichen Zwecken, auch Quantität (langes Leben), in seiner Qualität möglichst ungetrübtes Ausleben. Auch hier haben die Vitalisten des 19. Jahrhunderts vorgearbeitet. Freilich: »Die Annahme einer inneren Wertigkeit des Lebens führt dazu, daß der Wert des Lebens je nach wissenschaftlichem Stand und politischer Forderung, je nach Form, immer wieder festgestellt werden muß.«[212] Da jedoch die ›innere Wertigkeit‹ des Lebens keine Kriterien für Lebenmachen und Sterbenlassen an die Hand gibt, die über Formalisierung und Quantifikation von Vorhandenem (Selbst-erhaltung = Gesundheit = Leben = Längerleben) hinausgingen, können die materialen Normative in diese ›Philosophie des Lebens‹ nur mittelbar bzw. durch die Hintertür Eingang finden. Man hat deshalb zwischen ›Normativität‹ und ›Normalität‹ der Kriterien im Nachdenken über Wert und Sein des ›Lebens‹ unterschieden.[213]

Letztere allein entspricht dem Gegenständlichwerden der *zoé* im Blick einer technologiebezogenen Theorie. ›Normalistische‹ Individualisierung des Lebendigen bedeutet »möglichst exakte Positionierung des Individuums im homogenen Massenfeld zu Zwecken der Identifizierbarkeit und des massenhaften Vergleichs«.[214] *Normativismen* gelten hierbei als Fremdkörper. Moderne Nuklear- wie Gentechnik implizieren jedoch materiale Normative hinsichtlich dessen, was Leben sein kann und soll.[215] Sie werden im Zugriff des technologiebezogenen Theoretikers nur indirekt bemerkbar. Die an der Normalisierung und Verzifferung des Lebendigen orientierte Sicht gilt dem *Leben von Individuen* (im statistischen Feld). Was sie über dieses theoretisch aussagt, bewegt sich ihrem Selbstverständnis nach im Rahmen einer *induktiven Metaphysik*, deren Verallgemeinerungen eine untere Grenze eben im amorphen Lebendigsein der zoé und eine obere im formalen Individualismus des Rechtssubjekts finden. Gegenseitiger Bezug aufeinander ist qua intentione recta nicht möglich.[216]

17. Die Explikation des im Blick auf die zoé unthematischen *bíos*, die Blickwendung von den Implikationen des solcherart vermessenen Lebens der Individuen zum individuellen Leben unter biowissenschaftlichen, -technologischen und -politischen Auspizien, erweist die Philosophie des Lebens (IV) als eine Verkehrung, ja Perversion älterer Denkmotive, zunächst vor allem wieder der unbefangener normativistischen Lebensphilosophie (III). Dort sollten ja alle regionalontologischen Vergegenständlichungen ›des Lebens‹ ihren Geltungsgrund und ihr Sinnfundament in einer umgreifenden Instanz von selbst welthaft-erfahrbarem Charakter finden (›Lebenswelt‹, ›Gesamtleben‹, ›Geistgemeinschaft‹, ›Kommunikationsgemeinschaft‹).[217] Nun sind umgekehrt Sein und Wert des individuellen Lebens den Bewertungen aus apparatemedizinischen Techniken und biowissenschaftlichen Technologien unterworfen.[218] Philosophisch bzw. lebensphilosophisch bedeutsam werden diese Setzungen mit *Eintritt des Lebendigen in die ethisch-rechtliche Sphäre:* es muß darüber entscheiden, wann und inwiefern es sich als lebenswert oder überhaupt als lebendig ansehen wolle. Das betrifft einmal den puren *Daseins*aspekt des Lebens (Beispiel: Hirntodfrage und rechtliches Anschlußproblem aus dem Organspenderstatus des Hirntoten), zum anderen den *Sosein*saspekt: Was jemand – kulturell, sozial, im weiteren: historisch – sei, bemißt sich an den Möglichkeiten genetischer Manipulation (teils schon eigenen Erbmaterials) als auch z. B. chirurgischer Bearbeitung, ob nun motiviert durch kosmetische oder Lebensverlängerungswünsche.[219] Der Eindruck pervertierter Mittel-Zweck-Verhältnisse besteht natürlich nur soweit und solange, als kulturell noch gegenläufige Vorstellungen wirken. Von unwiderruflichen ›Entfremdungen‹ qua ›Verdrängungen‹ originärer Erfahrungen, wie etwa einer noch nicht durch apparatische Eingriffsmöglichkeiten berührten Sterblichkeit, muß man dabei gar nicht sprechen,[220] denn das würde ja bedeuten, daß z. B. das ›unentfremdete‹ Leben als eine theoretische und pragmatische Wahlmöglichkeit *neben* dem ›entfremdeten‹ (biotechnologisch und -politisch zugerichteten) weiterbestünde. Dies aber käme der Erhebung der ›Lebenswelt‹, ›Erfahrungswelt des Lebens‹, zur autonomen Fundamentalsphäre im Stile einer ontologisch-dogmatischen Metaphysik gleich. Überdies ist auch hinsichtlich des implizit ›lebensphilosophischen‹ Gehalts der technisch und politisch ermöglichten Manipulationen am Lebendigen eine Einschränkung notwendig: In den Kontext einer ›Philosophie des Lebens‹ gehört derlei nur, insofern für die normative (rechtliche, ethische) Argumentation mit dem ›Leben‹, ›Lebenswert‹ und ähnlichem als axiomatischen Größen operiert wird – insofern auch, als sich die Eingriffe und Steuerungen am Lebendigen auf alltagspraktische bzw. tradierte Konzeptionen des bíos berufen. Berücksichtigt man diese Einschränkungen, so wird man umgekehrt finden, daß und warum der ›lebenswissenschaftliche‹ Biologismus seit dem 19. Jahrhundert, die ›biotechnologischen‹ Eingriffe und Argumentationen seit den 1920ern/1930ern zuerst in den USA, dann in Deutschland samt den darauf fußenden Nachkriegsentwicklungen, wie angewandte Lebensphilosophie (IV) anmuten.[221] Die volks-, später individualhygienischen Züchtungs- und Meliorationsprojekte erweisen sich durchweg als Einladungen, die Perspektive der dritten Person einzunehmen, die berühmt-berüchtigte Selbstverdinglichung am Lebendigen zu vollziehen, die Bewußtseinsperspektive somit einer regionalontologisch geprägten Außenperspektive zu unterwerfen, den ›Willen‹ und ›die Triebe‹ selbst zum Manipulationsobjekt von Denk- und Machttechniken zu erheben, die sich aus einer theoretischen, hier: *biowissenschaftlichen* Einstellung speisen. Das gilt hinsichtlich des ›Lebens der Individuen‹ wie des ›individuellen Lebens‹, also für den objektivierenden Blick des Biostatistikers, -technikers, -politikers, der ›im Namen des Lebens‹ (der Natur, der Rasse, des Volkes, der Gesundheit) handelt ebenso wie für das Individuum, das sich und sein Leben durch diesen Blick zu formatieren lernt.[222] Darin erscheinen immer mehr Funktionen der zoé (Lebensfunktionen im biologischen Sinne) als rechtsfähige Ansprüche, einmal induziert durch die Konzeption der

Selbstwertigkeit (Lust, Gesundheit, Autarkie qua Selbsterhaltung gestalten und bestätigen kontinuierlich das intrinsisch wertvolle Leben), zum anderen das Sterben selbst als begründungspflichtig, da dem Leben qualitativ äußerlich – ein bloßes *Aufhören* des Lebens, das sich *in* diesem normalerweise nicht ankündigt.

Im Extrem bestimmen individuelle Glücks-, Soseins-, Lebensart-kriterien über Sein und Wert des Lebensfaktums, Kriterien mithin, die sich ihrerseits implizit Techniken und Strategien verdanken, welche auf ›Leben‹ nurmehr als quantifizierbare Größe gerichtet sind (erhaltens-, steigerungs-, vermehrungswürdig). Damit werden traditionelle philosophische Diskussionsthemen um Leben und Tod transformiert und schließlich dekontextualisiert (Beispiele: Abtrei-bung / Reprotechniken, Euthanasie / Selbstmord). Man sieht Phi-losophen auf der Suche nach mehrheitsfähigen Argumenten, für und wider den selbstbestimmten Tod etwa, sich auf eine – inzwi-schen doch längst technologisch geformte und gehandhabte – Natur bzw. Naturteleologie berufen. Außerhalb der biopolitisch befleißig-ten Philosophie erregt das noch Staunen, mitunter Verstörung oder gar Widerwillen. Der Eindruck, hierbei Inversionen der normal-sprachlichen Wertsemantik beizuwohnen, ist verbreitet.[223] Den sachlichen Grund dieses unphilosophischen Staunens bildet der Kategorienfehler vieler ›biophilosophischer‹ Argumentationen: Ein seiner kulturellen und sozialen Abhängigkeiten und Bezüge entklei-detes, nurmehr als zoé faßbares Leben wurde mit *Rechten* versehen bzw. auf seine Fähigkeit zu diesen befragt u. ä. mehr. Humoristische Effekte sind nicht ausgeschlossen, wenn der je aktuelle Stand tech-nologischer Bearbeitbarkeit von Lebendigem in den Laboren selbst für den ›Takt‹ bzw. ›Puls des Lebens‹ gilt, der den Umgang mit letz-terem bestimmen müsse.[224]

18. Die Versuchung, die thanatologische Brisanz von Lebensphi-losophie (IV) verbal zu verharmlosen, etwa zu einer Veranstaltung von ›Selbstbestimmung‹ und ›Individualität‹, die sich souverän bio-technisch verwalte, liegt in mehr als einer Hinsicht nahe, nicht zu-letzt in historischer. Die Ähnlichkeit mit den Problemexpositionen bei nationalsozialistischen Theoretikern des Lebens (dort natürlich auch: des Blutes, des Volkes, der Rasse) ist unübersehbar. Ange-sichts der nationalsozialistischen Transformation vieler Topoi und

Denkstrategien früherer Lebensphilosophie haben wohlwollende Interpreten zwischen einer ›individualistischen‹ (Subjektivität, Freiheit, G. Simmel) und einer ›totalitären‹ Variante unterschieden (Selbstzerstörung, Blutbindung, A. Rosenberg).[225] Die Problemlage, auf die sich Lebensphilosophie (IV) bzw. gegenwärtige ›Biopolitik‹ bezieht, läßt sich in derlei Alternativen vermutlich nicht erschöpfen. Individuelles Ganzes steht heute längst nicht mehr einer totalisierten Masse und ihrer technik- und militärgestützten Herrschaft gegenüber. Vielmehr ist es eine materiell-technisch abzusichernde, wirtschaftlich-militärisch agierende Zivilisation selbst, die einen gewissen Standard von ›Individualität‹ als *Lebensweise der Massen* garantieren will. Unter den Kosten dieser Lebensweise (bíos) ist auch das Leben als solches, die bloße zoé, und zwar zunächst und zumeist als objektiv gegenüberstehendes, weil disponibel und dadurch *fremd gemachtes Leben*. Daß für eine spezifische Lebensweise Leben verletzt oder vernichtet wird, markiert noch nicht den qualitativen Unterschied heutiger westlicher gegenüber der NS-Biopolitik. Diese hatte immerhin den Angehörigen des eigenen Volkes (der ›Rasse‹) auch das Selbstopfer zugemutet. So stand dort am Ende des Kampfes für durchaus zivilisationsgesellschaftlich-immanente Lebensziele – nicht zuletzt: materiell-technisch armierten Wohlstand und wirtschaftspolitisch instrumentierte Fürsorge – schließlich der militärische Selbstmord: das Ansinnen an die Jüngsten und die Ältesten, durch das Ende ihres eigenen Lebens den völkischen Endkampf zu bestehen und den Endsieg zu sichern. *Diese* Form des Selbstopfers scheint innerhalb des kulturellen Comments der heutigen (westlichen) Wachstums- und Konsumgesellschaften vorerst undenkbar, ja paradox. Das ›Leben selbst‹ gilt der wohlstandsdemokratischen Lebensweise ja als gut, heilig, eigenwertig. Qualifiziert ist es allerdings durch rein immanente Kriterien, d. h. durch die fortschreitende Melioration ›objektiv‹ ermittelbarer Merkmale. Das kann die pathetische Formel von ›Lebens-‹ als ›Selbststeigerung‹ zugleich verdecken und illustrieren. Wer wollte für ein rein biotech-biowissenschaftlich qualifizierbares Leben – sterben? Lebenssicherung unterm Blickwinkel von Lebensphilosophie (IV) bedeutet Sicherung des Weiter-, Länger-, Besserlebens; daß hierfür getötet und gestorben werde, ist umhüllt von nicht nur philosophischer Scheu.[226] Diese Schwierigkeit, die industriegesellschaftlichen Lebensinhalte mit ihren Seinsbedingungen in ein Verhältnis zu bringen, hat seit dem ausgehenden 20. Jahrhundert eine Art von Neu-Nietzscheanismus in eher affektiver denn argumentativer Weise thematisiert.[227] Die argumentative Zurückhaltung beschränkt sich merklich auf die *externen* Kosten der westlichen Lebensweise, als Lebenssystems unter anderen. Der Preis, der für es im Weltmaßstab zu entrichten ist, scheint gleichermaßen eine moralische Peinlichkeit wie eine existentielle Unfraglichkeit. Das markiert einen gewichtigen Unterschied zu den *internen*, mit Biopolitik und -technologie faktisch bereits geleisteten Interpretationen des Lebens über die – u. U. Tötung einschließenden – Möglichkeiten seiner Selbstkorrektur. Die neonietzscheanisch propagierte Selbstbestimmung durch Selbsterhaltungsfähigkeit impliziert ein Tötungsansinnen auch für das eigene Leben, sofern dessen Erhalt unerwünschte oder unmögliche Formen der *Vergemeinschaftung*, sprich: sozialer Anpassung oder Hilfsbedürftigkeit, erfordern sollte.[228]

Lebensphilosophie (IV) bezeichnet weniger eine Position als vielmehr eine Disposition, die solche Veränderungen bzw. Verkehrungen im Umgang mit ›Leben‹ artikuliert und argumentativ handhabbar macht. Mit ihr ist der Kreis lebensphilosophischer Bewußtseinsstellungen ausgeschritten.

Systematischer Rückblick

»Leben ist der einzige Wert des modernen Menschen.
Sogar der moderne Held stirbt nur im Namen des Lebens.«

N. G. Dávila, Scholien zu einem inbegriffenen Text

Im Nachdenken über Sterblichkeit und Tod sind durch ›Lebensphilosophie‹ bzw. ›Lebenswissenschaften‹ nacheinander Grundpositionen markiert worden, die offensichtlich auch außerhalb ihrer historischen Entstehungslagen wirksam bleiben. Gegenwärtig sind jedenfalls die vorstehend skizzierten Typen lebensphilosophischen Denkens weiterhin erkennbar, wenngleich in unterschiedlichen diskursiven Regionen (Wissenschaft, Ethik, Recht; alltägliche oder festtägliche, umgangssprachliche oder formalisierte Rede von ›Leben‹ und ›Tod‹). In einer Strukturgeschichte der ›Lebensphilosophie‹, rekonstruierbar mit Blick auf den Umgang mit dem Todesproblem, zeigt sich: ›Leben‹ muß philosophisch nichts Amorphes, Schwammiges, Obskures sein, worin alle Unterschiede verschwinden. Allerdings verflüchtigt sich angesichts der Typenvielfalt von ›Lebensphilosophie‹ auch die Aussicht, mit dem Terminus ›Leben‹ Integrationen zu leisten, die metaphysische oder szientistische Einseitigkeiten vermeiden.[229]

Für die Grenzen und die Möglichkeiten ›lebensphilosophischer‹ Syntheseansprüche ist dieselbe Grunddichotomie verantwortlich. Durch die – nicht in allen europäischen Sprachen gegebene! – doppelte Auslegbarkeit von ›Leben‹ als zoé und bíos, bzw., in konkurrierenden Dialekten, als Dasein und Sosein, Biomasse und Kulturagent, belebter Stoff und inkorporierte Individualität, scheint das *menschlich-personale Leben* einander nicht restlos vermittelbaren Begriffsregionen zugehörig. Von ihm aber geht *jede* ›Lebensphilosophie‹ aus.

Man mag in dieser Dichotomie das Abbild oder die Überlagerung älterer Problemaufrisse erblicken, etwa von Natur/Kultur, Leib/Seele. Toposgeschichtlich spräche hierfür die Beobachtung, daß die definitorische Ermächtigung des einen Begriffspols je die

– tatsächliche oder symbolische – Entmächtigung des anderen nahelegt. Bezieht man einen noch distanzierteren Beobachtungspunkt
gegenüber den mit ›Lebensphilosophie‹ eingeführten Differenzen,
so zeigen sich weitere Ähnlichkeiten mit den Strukturproblemen
der metaphysischen Tradition. Niemals sind die beiden Hinsichten
auf personales, individuelles Leben – nämlich zum einen auf dessen
leibseelische (somatische) *Faktizität,* zum anderen auf dessen Parti-
kel-Status im Sosein einer historisch, kulturell, sozial vorgefundenen Totalität *(Lebensweise)* – gleichzeitig bzw. in gleicher Weise
zugänglich. Freier – theoretischer wie praktischer – Umgang mit
dem einen bedeutet Fixation des je anderen. Das widerspiegeln die
jeweiligen thematischen Gewichtungen von Lebensphilosophie.
Tod und Sterblichkeit haben sich vorstehend zwar als wichtige
discrimina zur Erhebung entsprechender Typen von Lebensphilosophie erwiesen. Die Ambiguität des lebensphilosophischen Lebensbegriffs betrifft jedoch auch den Begriff des Toten.

In einem Punkt finden allerdings die Zweisinnigkeit sowohl von
›Lebensphilosophie‹ im allgemeinen wie von Leben und Tod im
speziellen zusammen. Die *Selbsttötung,* im weiteren: das Sterben als
Funktion oder mögliche Konsequenz einer gewählten Lebensweise,
bildet gleichsam einen geheimen Fluchtpunkt der Lebensphilosophien. Die Selbsttötung bedeutet nämlich die Möglichkeit, bíos und
zoé einander kompatibel zu machen, als Äquivalente zu setzen, in
einer – freilich vernichtenden – Selbstzuwendung der personalen
Lebenseinheit. Die philosophische Dignität der Selbsttötung besteht
somit im Prospekt auf eine radikale Simplifikation, jene Rückkehr
in die Immanenz von Sein und Sinn, von der alle Lebensphilosophen träumen. Das Thema bleibt in Geschichte wie Gegenwart der
Lebensphilosophie meist unausgesprochen, ist zumindest randstän-
dig. Die tödlich-eindeutige Verfugung von bíos und zoé zu denken,
haben die Philosophen des Lebens denen der Existenz überlassen.[230]
Umgekehrt finden sich in der reichhaltigen Tradition der abendländischen Suizidliteratur nur wenige Belege für eine eindeutig lebensphilosophische Argumentationsweise.[231] Die ausdrückliche Thema-
tisierung der Selbsttötung hätte für die Lebensphilosophen vom
18. Jahrhundert bis in die Gegenwart bedeutet, den – als dogma-
tisch-metaphysisch – überwunden geglaubten Differenzen älterer
Denkformationen Tribut zu zollen. Diese Differenzen, lauten sie

nun auf Leib und Seele, Dasein und Sosein des Lebens, Kultur und Natur des Menschen, setzt der analytisch-synthetische Akt personaler Selbstvernichtung nämlich voraus. Der Anspruch der Lebensphilosophie, ›Dualismen‹ und tödliche Vereinzelungen zu überwinden zugunsten einer vitalen Immanenz, bleibt motivisch und argumentativ angewiesen auf die semantische Doppelnatur des Lebens wie die ontologische Zweidimensionalität der Person. Was dieser zur praktisch-theoretischen Befreiung zum autonomen Sinn bzw. zum autonomen Sein des ›Lebens‹ angeboten wird, kann nun aber seinerseits als tödlich-tötendes Ansinnen begriffen werden:

So legt die Lebensphilosophie (I) mit ihrem *Ausgang* von einer in sich selbst gerechtfertigten ganzheitlichen Lebensform den *Rückgang* in eine überpersonale Gesamtheit nahe, etwa durch radikale Somatisierung – oder Spiritualisierung. Der rational-reflektierende, sich allzuleicht in leibseelisch inkommensurablen (toten) Gebilden von Tradition und Konvention einrichtende Teil der Person jedenfalls soll sein ›Scheinleben‹ aufgeben. Am Anfang der einschlägigen Toposgeschichte steht der Rückgang ins ›Alleben‹ (der junge Jacobi; daneben der Neospinozismus), sie kann in der weiteren Ausbildung den Selbstmord des *Verstandes*-Ich zugunsten eines individualgeschichtlichen ›Sich-Auslebens‹, ein entsinnlichendes Absterben des ›Scheinlebens‹ zugunsten individueller Unsterblichkeit in einem Geistesleben, schließlich auch die Selbstopferung der individuellen Person zugunsten der höheren ›Lebenseinheit‹ besagen (Tod für Vaterland, Freiheit, Rasse, Klasse, Menschheit; Ausgangspunkt: der späte Fichte). Das nannte man mitunter ›ideologische‹ Lebensphilosophie, mit einem Höhepunkt um den Ersten Weltkrieg.[232]

In der Lebensphilosophie (II) gilt das organische Leben als Gut, das seinen Wert und Zweck in sich trage. Beides aber ist nur zugänglich in einer primär theoretisch-objektivierenden Einstellung. In Gestalt des – zunächst noch rechtlich und staatlich-gesellschaftlich relativ unabhängig agierenden – Forschers tritt an das depersonalisierte, rein auf seine Funktionen und bewußtseinstranszendenten Teleologien festgelegte Leben der Anspruch objektiven Wissens heran, jenes Eigentelos des Lebendigen zur Geltung zu bringen. In der Kulturgeschichte des Leibes bedeutet diese Phase der Lebensphilosophie, mit dem Kurzschließen von 1.- und 3.-Person-Perspektive aufs Leben, die Geschichte heroischer Selbstversuche, lebensmetaphysisch die Ansetzung eines am eigenen Leibe aufweisbaren Sinns (G. T. Fechner) bzw. Sinnmangels (P. Mainländer). In der philosophischen Systematik wird ein Leben postuliert, dessen ›Wert‹ gerade in einer kontinuierlichen Selbststeigerungspotenz bestehen soll. Das vitalistische Angebot ans Leben ist, sich als ein solches, quantitativ prinzipiell unbegrenztes Kontinuum jenseits leibseelischer Lebendigkeit wie Sterblichkeit zu entwerfen. Das bedeutet, Sterblichkeit, aber eben auch Lebendigkeit gegen Unsterblichkeit aus Lebenswissenschaft (und bald auch lebenswissenschaftlicher Technologie) einzutauschen.

Die Lebensphilosophie (III) entledigt sich der Sinndivergenzen leibseelisch polarisierten Individuallebens auf andere Weise. Durch ihre Analogsetzung von empirischem und transzendentalem Ich, d. h. durch Vitalisierung (Materialisierung) der transzendentalsubjektiven Sphäre, löst sich die leibgebundene Lebendigkeit wie Sterblichkeit in einem ›Bewußtseinsleben‹ oder auch einer ›transzendentalen Affektivität‹ auf. Die naturhaft-faktische, zudem inzwischen naturwissenschaftlich ausgelegte Begrenztheit und Genormtheit individuellen Lebens erscheint nur noch als transzendenter Gegenstand hinterm Horizont des ›Erlebbaren‹, darin gleichsam als ein Rest dogmatischer Metaphysik (als welche nun auch noch der positivistische ›Naturalismus‹ der Lebensphilosophie (II) gilt). Das ist ein Denklinie, die von Fichtes Ich-Philosophie über Diltheys Glauben an die ›Burgfreiheit der Person‹ bis zur ›egologischen Sphäre‹ bei Husserl reicht. Das leibseelische Ich erleidet in dieser ›Lebensphilosophie‹ eine Art Partialtod dadurch, daß es mit ›dem Leben‹, einer transzendentalhermeneutischen Instanz, gleichgesetzt ist und im Tod ausschließlich »ein Unfaßliches, schauerlich Fremdartiges« (W. Dilthey) erblicken muß. Diese Entfremdung gegenüber dem eigenen Tod kann auch das praktisch gemeinte Ansinnen einschließen, im eigenen Sterben die Selbsterzeugung eines All- oder Gesamtlebens zu erfahren (G. Simmels Kriegspublizistik!). Dadurch scheint ein Dualismus wiederzuerstehen, den – als allerdings nicht bloß ›philosophische‹ Meinung, sondern historisch-kulturelles Faktum – die verschiedenen Varianten der zivilisationskritischen Lebensphilosophie nachdrücklich konstatieren. Der menschliche Intellekt ist ihnen die Einfallstelle für eine tödliche Selbstentzweiung des kosmischen Lebens oder jedenfalls einer noch nicht individualisierten Lebendigkeit (L. Klages). Die ökologische Wissenschafts-, Technik- und Kapitalismuskritik sieht – wie bereits die Lebensphilosophie (I) – in Selbstreduktionen des Lebens den Grund für seine Verwundbarkeit. Nur ist jetzt das, was verwundet werden kann, eindeutig als das leiblich-somatische Leben gegenüber dem nur zeichenhaft vermittelten Scheinleben des Intellekts und seiner Institutionen bestimmt. Die – der romantischen Lebensphilosophie (I) erst in Anfängen gegebene – Erfahrung mit dem ›objektiven Geist‹ und seinem fürs Individualerleben tödlichen ›Eigenleben‹ wird für die ökophilosophische Problemexposition maßgeblich. Ihre Argumentation ist wesentlich Polemik: Die ökonomisch und technisch applizierte naturwissenschaftliche Haltung gegenüber dem Lebensphänomen führe zur Zerstörung von dessen organischer wie spiritueller Substanz. Ein ›Pseudoleben‹ aus utilitaristischer und szientistischer Willkür zerstöre das personal individuierte Leben.

Lernt aber umgekehrt das individuelle Lebendige sich aus solcher naturwissenschaftlichen Normiertheit der Lebensweise verstehen, die wiederum ›natürliche Kriterien‹ (Gesundheit – Lebensdauer – ›natürlicher Tod‹) als menschliche Grundrechte unterhalb der historisch-sozialen Kontingenzen ansetzt, dann ist die Zersetzung der personalen Lebenseinheit gleichsam vom anderen Ende her ermöglicht. Die Lebensphilosophie (IV) lehrt individuellen wie sozialen bíos, sich als zoé bzw. Agglomerat davon zu begreifen, welches ein wissenschaftlich – z. B. ›lebenswissenschaftlich‹ – ermitteltes und beschreibbares, dadurch ›selbstbewußtes‹ Leben, eine alle seine Verfügungen überdauernde Verfügungsgewalt, zu ›gestalten‹ vermöge. Dieses Zentrum aller biotechnischen Verfügungen versteht sich als nicht historisch oder kulturell relativ. Derlei Relativität gilt ihm vielmehr als tödlicher Widerstand, zumindest todverfallene Trägheit gegen jenes ewige, da qualitativ unbegrenzt sich gestaltende Leben. Unbegrenzt ist es aus der *Emergenz*begabung einer ihm dienenden Politik und Wissenschaft (›Biopolitik‹, ›Biowissenschaft‹). Der durch sie bestimmte bíos greift auf dasjenige über, was am Leben zoé ist, also wissenschaftlich-technisch meß- und nutzbare Substanz.

Die planetarisch expandierende Industriezivilisation zeigt den inneren wie den äußeren Aspekt dessen: Gegenüber dem *kollektiven Leben* fremder Kulturen, d. h. ›zurückgebliebenem‹, in seinen Sinnansprüchen dadurch ›traditionellem‹ bzw. ›unterentwickeltem‹ Leben, bedeutet sie das Angebot eines *Tausches*: vergängliches Leben aus Natursubstanz gegen Lebensweise der biopolitisch Selbstbestimmten und dadurch potentiell Unsterblichen, Aufstieg aus der rohstofflich begrenzten Biosphäre in ein infinites, weil auf Grenzenlosigkeit angewiesenes ewiges Leben wissenschaftlich-technisch-wirtschaftlichen Wachstums. Die Ernsthaftigkeit dieses Angebots an die ›zurückgebliebenen‹ Weltteile ist durchweg bekräftigt mit politischer, wirtschaftlicher, militärischer, kultureller Todesandrohung: Ob und welches Leben *faktisch* sein dürfe, hängt ab von seiner Fügsamkeit gegenüber einer herrschenden Lebens*weise*, ihrem ›Stil‹, ihren ›Werten‹. Diese lauten aber letztlich auf Quantifizierbares, nämlich Selbststeigerung. Die globale Erschaffung eines grenzenlosen Lebens im Zeichen der Verwertungslogik duldet keine Inseln der Subsistenz oder einer ewigen Treue zur Biosphäre.

Gegenüber der *individuellen Sterblichkeit* bedeutet ein biotechnisch bestimmter *bíos* das Angebot der *Selbsterschaffung und -bearbeitung*. Das kann, im extremen Fall, die Zustimmung zur Vernichtung der eigenen Person nach Maßgaben einer biowissenschaftlich ermittelten, biopolitisch vollstreckten Autarkie lebenswerten Lebens sein – der Fall des Rassisten, der sich selbst nicht am Leben wissen möchte bei Ungenügen vorm rassenqualitativen Lebensmaßstab, der Fall des Hareschen ›Fanatikers‹.[233] Das kann aber auch, sozusagen im kleinen, die Option für eine lebenswissenschaftlich und -technisch formierte Lebensweise sein, die den – transplantationsmedizinisch partikularen oder eugenisch über den Wert der eigenen Stammreihe entscheidenden – Selbstmord der leibsubstantiellen Lebenseinheit verlangt, etwa durch den Verzicht eines nicht-leiblichen, nicht-materialen Zentrums darauf, mit todbringenden Körperteilen weiterhin zusammenzuleben. Darin liegen gegenwärtig die metaphysischen Implikationen etwa der Transplantationsmedizin. So werden ›Person‹ und ›gesundes Leben‹ bzw. Lebendigsein nahezu synonym. Personales Leben im Sinne von Lebensphilosophie (IV) ist, was nicht der Krankheit unterworfen ist, sie vielmehr unterwirft.

Die heute prominente, im Zeichen von Biopolitik, -ethik, -wissenschaften formierte Lebensphilosophie (IV), so war zu sehen, ist hinsichtlich ihrer Denkstrukturen und -motive nichts völlig Neues.

Sie ruht systematisch dem Vitalismus und Evolutionismus der Lebensphilosophie (II) auf. Doch die kulturellen Rahmenbedingungen haben sich geändert. ›Selbstbestimmung‹ bzw. ›Selbstverfügung‹ scheint (bio)technisch machbar geworden und (bio)ethisch gefordert. Das CIBA-Symposium hat hier ein deutliches Zeichen gesetzt: Die Alternativen der dort vorgetragenen Zukunftsszenarien lauten durchweg auf *besser* oder *gar nicht mehr* leben. Die Biotechniken und -wissenschaften haben also Lebensqualität und -faktum, letztlich mithin kulturellen *bíos* und naturhafte *zoé*, in eine neuartige Relation der Verrechenbarkeit gebracht. Sicherlich betrifft dies praktisch vorerst nur die fortgeschrittensten Industrienationen und dort wieder eine schmale Schicht von Betuchten – mögen auch die Begehrlichkeiten betreffs einer technisch machbaren, rechtlich abgesicherten ›Lebensqualität‹ inzwischen Massencharakter tragen. Die ›individualistische‹ Zuspitzung der Selbstverfügungsidee unterscheidet Lebensphilosophie (IV) von den an kollektiven Lebenseinheiten (Rasse, Volk, Zivilisation, Menschheit) ausgerichteten Lebensphilosophien (II), die deshalb eine mögliche Suizidalität des Lebens selbst noch als evolutionsgeschichtliche Erzählung, als pure Beschreibung einer vitalen Tendenz ›bis jetzt‹ abhandeln konnten. In der biotechnologisch befleißigten Gesellschaft sind dagegen Tod und Sterblichkeit dem Einzelnen auf neue Weise nahegerückt, nämlich in den vielfältigen Möglichkeiten leiblich-seelischer Selbstobjektivierung – nicht zuletzt aus solchen Evolutionsgeschichten des Lebens.[234] Die Justifizierbarkeit und Technologisierbarkeit der vitalen ›Selbstverfügung‹ verbindet sich gesamtkulturell scheinbar mit einer nie dagewesenen Wertschätzung des Lebens; das lebensphilosophische Telos einer immanenten Auffassung des Vitalphänomens wäre somit erfüllt. Das Paradoxe an dieser Situation ist jedoch, daß ein kulturell als Höchstwert etabliertes Leben gerade einen Standpunkt jenseits seiner Immanenz erfordert. Um das Leben ›schätzen‹, ›werthalten‹, ›bejahen‹ zu können, muß man außerhalb von ihm stehen – das war nicht nur die existentielle Aporie von F. Nietzsche (»in dein Auge schaute ich jüngst, o Leben«), sondern bleibt die Aporie jedes auf Kulturwirksamkeit bedachten Vitalismus. Wenn das Leben jenseits aller transzendenten Qualifizierungen ›heilig‹ sein will, dann scheint seine praktische Bewertung auf die pure biologische Immanenz zurückzuführen. Das Leben, das sich bewerten läßt, muß biologischer Gegenstand sein, die bewertende Instanz kann dies nicht sein. Doch besteht in der gegenteiligen Annahme geradezu das Selbstverständnis der biopolitisch formierten Lebensphilosophie (IV): in ihr habe die zoé ihren evolutionären, d. h. zuletzt auch kulturellen Eigensinn offenbart. Mit den vitalistischen Vorläufern dieses Projekts fand sich der Verfasser der »Götzendämmerung« konfrontiert, als er dekretierte, »daß der Wert des Lebens nicht abgeschätzt werden kann. Von einem Lebenden nicht, weil ein solcher Partei, ja sogar Streitobjekt ist und nicht Richter, von einem Toten nicht, aus einem anderen Grunde.« (NW II, 952)[235] Die Selbsttötung freilich und ihre vielen gedanklichen Äquivalente in heutiger Biopolitik und -ethik vollziehen eine solche Abschätzung. Der von Nietzsche statuierte »Widerspruch jedes Moralbegriffs mit jedem wissenschaftlichen Begriff des Lebens« (III, 1243) ist zumindest faktisch aufgehoben, wo sich das Leben aus wissenschaftlichen (technischen, ökonomischen) Qualitätsmaßstäben versteht, sprich: in eine Kommensurabilität von vitalem Wert und Faktum, von Sinn und Sein überführt hat.

Hinsichtlich des *Problems der Selbstvernichtung* vereinfacht sich die Positionenvielfalt der ›Philosophien des Lebens‹ mithin auf *eine* Grundopposition. Denn nur dort, wo das Leben als – durch wen und wodurch auch immer empfangene – *Gabe* erscheint, also nicht aus der Immanenz des Lebendigseins geurteilt wird, kann es ein moralisches Für und Wider die Selbsttötung geben. Das ist allein in den Lebensphilosophien (II) und (IV) der Fall. In beiden Argumentationen wird ein ›naturhaftes‹, vor-kulturelles, nicht vollständig sich selbst gegebenes Leben zur moralischen Entscheidungsmasse. Wie vitalistisches Philosophieren überhaupt, ist auch vitalistische Ethik nur möglich durch die vorgängige Entscheidung, das Leben als etwas von innen her Distanzierbares anzusehen. Darum ist Biopolitik im Wirkungsraum besagter Lebensphilosophie praktisch immer ›Körperpolitik‹. Die zahlreichen Analogisierungen der Selbsttötung mit Fragen der Moralität von Tiertötung, Abtreibung, Manipulation pränatalen Lebens zeigen bei Vertretern wie Verleugnern einer Heiligkeit des *natürlichen* Lebens (bzw. der *natürlichen* Heiligkeit des Lebens) denselben intellektuellen Distanzierungsakt, wodurch ›das Leben‹ gerade nicht vollständig im Sein z. B. der philosophierenden, der moralisch räsonierenden Person aufgeht.[236] Das

Leben ist dort, als Körperfaktum, Gegebenes oder Gabe – doch an wen? Anscheinend an ein unberührbares Zentrum, heiße es nun ›Seele‹ oder ›wissenschaftlich-technische Rationalität‹.

Der *Explikation* dieses Zentrums mit dem Anspruch einer Deutung ›aus ihm selbst‹ haben sich die Lebensphilosophien (I) und (III) verschrieben. Doch gilt ihnen als ›Seele‹, ›Bewußtsein‹, ›Vernunft‹ usw. wiederum nur das, was in einem emphatischen Sinne ›Leben‹ ist. Derartige Normativismen verlangen zuletzt Eingrenzungen. Die Körperlichkeit – dadurch auch Identifizierbarkeit in der wissenschaftlichen Objektivierung und technischen Bearbeitung – *meines* Leibes ist bei solcher Auffassung ins Transzendente entrückt, gilt als Sache ontologisch-dogmatischer Metaphysik. Mit ihrem Ausgang und Ende beim ›Bewußtseinsleben‹, beim ›Er-leben‹, distanzieren Lebensphilosophie (I) und (III) allen Umgang, auch den tödlichen, mit dem Leib auf die Ebene der ›naturwissenschaftlichen Einstellung‹, die ein jeder mittels gewisser Techniken einnehmen kann und deren ›Sinnfundamente‹ die lebensphilosophischen transzendentalen Deduktionen oder hermeneutischen Regresse erforschen. Oder aber der Sinnautonomie-Anspruch dieser Gebilde wird in lebensphilosophischen Dekadenzerzählungen abgewiesen. Damit haben sich die Lebensphilosophien (I) und (III) vom Selbstvernichtungsproblem praktisch suspendiert. Aus der Immanenz des (›wahren‹) Lebens scheint kein Entkommen. Beide Philosophietypen kennen es allerdings in Form des (objektiven, objektivierten) ›Geistes‹. Damit das ›Alleben‹, ›Bewußtseinsleben‹, ›universale Leben‹, ›Eine des Lebens‹ sich selbst verfügbar werden und etwas der leiblichen Selbstentfremdung Gleichwertiges aufweisen könne, muß durch es selbst der Sprung erfolgen bzw. die Spaltung, die den Geist tödlich sich gegen das Leben wenden läßt. Eine Hypothese über Selbstdistanzierung des Lebens der Seele u. ä., die nur ›tragisch‹ lauten kann! In diesem Gedankengang jedoch vollzieht die Lebensphilosophie fast ihren eigenen Selbstmord, denn mit der Idee eines sich selbst entfremdeten Lebens verliert dieser Ausdruck seine semantische Verläßlichkeit. Das mit sich selbst zerfallene Leben als strukturelles, nicht bloß evolutionäres Phänomen ist unter existenzphilosophischen Auspizien angemessener beschreibbar (›Dasein‹ bzw. ›pour-soi‹, das seine eigene Transzendenz bilde, seines Seins nicht habhaft werde, grundsätzlich ekstatisch existiere im Unterschied zu nicht-daseinsförmigem Seienden). Als moralpraktische Tendenz der Lebensphilosophien ergibt sich: in (II) und (IV) ein Dezisionismus gerade aus der Freisetzung des Lebendigen als Gabe bzw. Gegebenheit, in (I) und (III) drohende Indifferenz durch Auflösung des Ethischen ins Ontologische – Leben verfüge und entscheide *stets* und *total* über sich.

Die Grundstruktur wie -paradoxie all dieser Problemlösungen liegt in der Problemstellung: Die Totalität bzw. Einheit des Lebens scheint gestört durch Einbruch einer lebensfremden Macht, die gestörte Einheit ist wiederherzustellen durch Vernichtung. Als die zwei Grundmöglichkeiten solcher tödlichen Restitution ergeben sich 1. das Aufgehen in einem ›objektiven Geist‹, einer Geistigkeit, Geistgemeinschaft u. ä. Systemen, die einem bestimmten bíos, einer Lebensweise entsprechen und dafür das leiblich-personale Leben aufs Spiel setzen, es absterben oder umkommen lassen oder anderweitig opfern, 2. der ›geistige Tod‹ in einer Lebensweise, die leibseelische Subjektivität auf eine sich selbst – wenn auch nur auf biotechnologisch-wissenschaftlichem Umwege – gestaltende Physis reduziert, eine Lebensweise, die ganz und gar organisches, weil naturteleologisches Leben, kurz: zoé sein will und dafür ein Absehen von geistig-kulturellen Kontexten fordert. Lebensfremde Körpervergessenheit und seelentötende Naturalisierung – darauf würden die Denkdefizite lauten, die Lebensphilosophen einander vorhalten könnten.

Anmerkungen

[1] Neuere Gesamtdarstellungen zur Lebensphilosophie wie die von Karl Albert, Juliusz Domanski oder Ferdinand Fellmann resümieren eine historische Bedeutungsvielfalt des Terms, um dann doch den Autorenkanon jeweils recht verschieden zu bestimmen. Auffällig ist das etwa in der Behandlung F. H. Jacobis als des frühesten Vertreters der Lebensphilosophie, der in der älteren Literatur eine wichtige (Otto Friedrich Bollnow), wenn auch umstrittene Rolle (Günther Baum) spielte. In Ferdinand Fellmanns »Lebensphilosophie« (1993) fehlt Jacobi ganz, Baum will dagegen noch einmal hinter Bollnows ›lebensphilosophische‹ Deutung zurück mit der Frage, ob überhaupt von der *Philosophie* Jacobis zu sprechen sei – Bollnows Evidenzen hierfür seien mehr Persönlichkeit und Wirkungsweise Jacobis gewesen (vgl. ds., Vernunft und Erkenntnis. Die Philosophie F. H. Jacobis, Bonn 1969, 1–9).

Historischer Vorblick

[2] Wenn man will, auch ›innere Geschichte‹ oder ›storia ideale‹ (im Sinne Vicos, Goethes, Husserls, des späten Diltheys). Doch geht es im folgenden weniger um die Kontinuität von – womöglich überzeitlichen – Bedeutungen als vielmehr um ein gleichermaßen strukturelles wie historisches Kontinuum von Aporien, die vier Typen von ›Lebensphilosophie‹ erzeugen bzw. erkennbar machen. Diese sind nicht ineinander aufzulösen. So kann das hier vorgeschlagene Verfahren mit einem Wort von Axel Beelmann am treffendsten »Aporetische Philosophiegeschichte« heißen – vgl. ds., Theoretische Philosophiegeschichte. Grundsätzliche Probleme einer philosophischen Geschichte der Philosophie, Basel 2001, 159 ff.

[3] Diese Unterscheidung dürfte eigentlich in keiner Einführung zum philosophischen Problem ›Leben‹ fehlen. Trotzdem ist oft das Gegenteil der Fall, so daß die einzelwissenschaftlichen und politisch-kulturellen Implikate von ›Lebensphilosophie‹ verdeckt bleiben. Eine solide Überblicksdarstellung der Diskussionsebenen zu ›Leben‹ wie ihrer Geschichte bietet Regine Kather, Was ist Leben? Philosophische Positionen und Perspektiven, Darmstadt 2003, hier auch eingangs »Die verschiedenen Sinnebenen von ›Leben‹ und ihre Bedeutung für den Menschen«, 11 ff.

[4] Friedrich Heinrich Jacobi, Werke, 6 Bände, Leipzig 1812–1825 (zit. als »JW«).

Lebensphilosophie (I)

[5] Wilhelm Dilthey, Gesammelte Schriften, hrsg. von Bernhard Groethuysen u. a., Berlin-Leipzig 1914 ff. (zit. als »DGS«).

[6] Vgl. zu den Gemeinsamkeiten im Todeskonzept frühneuzeitlicher Philosophen den Artikel »Tod« in: Historisches Wörterbuch der Philosophie, hrsg. von Joachim Ritter u. a., Basel-Stuttgart 1971 ff., X, 1227–1242, hier: 1232.

⁷ Vgl. Friedrich Wilhelm Joseph Schelling, Sämtliche Werke, hrsg. von Karl Friedrich August Schelling, 14 Bände, Stuttgart-Augsburg 1856–1861, VII, 72 f.

⁸ Die späte Wissenschaftslehre zeigt die Konkurrenz des ›Lebens‹ gegenüber den Absolutheitstiteln der anderen idealistischen Systeme. Das ›eine Leben‹ ist der Anfangs- und Endpunkt, in dem alle Gegensätze bzw. Distinktionen verschwinden müssen (»Einleitung in die Wissenschaftslehre«, 1804).

⁹ Friedrich Schlegel, Kritische Ausgabe, hrsg. von Ernst Behler u. a.. München-Paderborn-Wien 1958 ff. (zit. als »FSKA«).

¹⁰ Johann Gottlieb Fichtes letzte Ausarbeitungen der Wissenschaftslehre und die parallel gehenden Vorlesungen »Die Grundzüge des gegenwärtigen Zeitalters«, »Die Anweisung zum seligen Leben«, »Reden an die deutsche Nation« können für diesen Zusammenhang als Paradigmen und Angelpunkte gelten: Die *theoretische Selbstauflösung* des Ich ins Leben, die die späte Wissenschaftslehre insinuiert, geht nahtlos über in eine *praktische Selbstauslieferung* ans Leben – heiße es nun ›Gattung‹, ›absolutes Leben‹, ›Leben einer Menschheit‹, ›vernunftmäßiges Leben‹. Faßbar wird all dies in überindividuellen ›Ideen‹. Das »vernunftmäßige und darum rechte, gute und wahrhafte Leben [besteht] darin, daß man sich selbst in den Ideen vergesse, keinen Genuß suche noch kenne, als den in ihnen und in der Aufopferung alles anderen Lebensgenusses für sie« (Die Grundzüge des gegenwärtigen Zeitalters, Neudruck auf der Grundlage der zweiten von Fritz Medicus hrsg. Auflage von 1922, Hamburg 1956, 37).

¹¹ Fichtes Stellung als Wegbereiter der Lebensphilosophie innerhalb der transzendentalidealistischen Bewegung hat überzeugend herausgearbeitet: Otto Friedrich Bollnow, Die Lebensphilosophie, Berlin-Göttingen-Heidelberg 1958, 5, 13 f. Fichtes individuelle geistige Biographie liest sich überdies wie eine Vorwegnahme jener Tendenzen und Möglichkeiten, die aus dem emphatischen Lebensbegriff (›fortfließendes Leben‹ vs. ›stehendes Sein‹) folgern, nämlich entweder individueller Protest oder Selbstauflösung individuellen Seins in den größeren ›Lebenseinheiten‹.

¹² Vgl. Herbert Schnädelbach, Philosophie in Deutschland 1831–1933, Frankfurt/M. 1983, 208 f.

¹³ Johann Gottlieb Fichte, Ausgewählte Werke, hrsg. von Fritz Medicus, sechs Bände, Darmstadt 1962 (zit. als »FW«).

¹⁴ Allerdings eben nicht nur das: der Geist, das Lebendige, die Vernunft ist dem Buchstaben, Zeichen, Wissen selbst Daseinsgrund, was diese gerade in ihrer Totenstarre bezeugen: Der Buchstabe ist »Niederschlag und Totenkopf der Vernunft« (JW III, 308).

¹⁵ Novalis, Schriften. Die Werke Friedrich von Hardenbergs, hrsg. von Paul Kluckhohn und Richard Samuel, vier Bände und ein Ergänzungsband, Stuttgart u. a. 1965–1975 (zit. als »NS«).

¹⁶ Vgl. für das Verhältnis zum orthodoxen Kantianismus vor allem: David Hume über den Glauben, oder Idealismus und Realismus, Breslau 1787.

¹⁷ Vgl. Alexander Koyré, Descartes und die Scholastik, Bonn 1923, 45 ff., 53.

[18] Zur Drohung des Atheismus-Vorwurfs – seinerzeit mit einem Pantheismus-Verdacht vielfach gleichbedeutend – als einer Sorge, die spekulativ erfinderisch macht, vgl. die Dokumente zum Atheismus-Streit 1798/99: »Über den Grund unseres Glaubens an eine göttliche Weltregierung« und die nachfolgend abgedruckten Schriften und Gegenschriften in: Johann Gottlieb Fichte, Sämtliche Werke, hrsg. von Immanuel Hermann Fichte, elf Bände, Berlin 1834–1846 (Reprint Berlin 1971), V, 175–190 und 191 ff. (fortan zit. als »FSW«).

[19] Solche Überlegungen erinnern an Nicholas Malebranches theologisierende Erkenntnislehre von »Gott als Ort der Geister«. Anderer Meinung ist Peter Rohs, der darin eher Positionen von Leibniz und Berkeley wiederfindet. Vgl. ds., Johann Gottlieb Fichte, München 1991, 315, 156.

[20] Dieses Konzept Anaximanders »wurde zum Kern aller philosophischen Lehren der Folgezeit, die sich weder mit den Tröstungen der großen Religionen noch mit der Aussicht, der Tod sei völlige Vernichtung, aus tiefster Überzeugung abfinden konnten.« (Jacques Choron, Der Tod im abendländischen Denken, Stuttgart 1967, 36).

[21] Vgl. Georg Scherer, Das Problem des Todes in der Philosophie, Darmstadt 1988, 89.

[22] Vgl. Wolfgang Röd, Die Philosophie der Antike 1: Von Thales bis Demokrit, München 1976, 54.

[23] Darüber als Eigenart der französischen, am strikten Transzendentalismus nie sonderlich interessierten Phänomenologie vgl. Elisabeth Ströker/Paul Janssen, Phänomenologische Philosophie, Freiburg-München 1989, 243–247.

[24] Alle Briefe zitiert nach: Heinrich von Kleists Werke, hrsg. von Erich Schmidt, fünf Bände, Leipzig-Wien o. J., V, 127, 204, 244.

[25] Karoline von Günderrode, Der Schatten eines Traumes. Gedichte, Prosa, Briefe, Zeugnisse von Zeitgenossen, hrsg. von Christa Wolf, Darmstadt-Neuwied 1979 (zit. als »KvG«).

[26] Gotthilf Heinrich von Schubert, Ahndungen einer allgemeinen Geschichte des Lebens, zwei Bände, Leipzig 1806/21 (zit. als »AGL«).

[27] Wesentlich dramatischer und prägnanter heißt es dazu bei v. Schuberts Gönner Johann Wilhelm Ritter: »Ideen sind überall die außer das Individuum herausfallende Rekonstruktion desselben. Ideen konsumieren demnach gewaltig. Das Individuum verzehrt sich darüber, es stirbt ab.« (Fragmente aus dem Nachlasse eines jungen Physikers (1810), Heidelberg 1969, Nr. 490).

[28] Gotthilf Heinrich von Schubert, Ansichten von der Nachtseite der Naturwissenschaft (Dresden 1808), Reprint Darmstadt 1967 (zit. als »ANN«).

[29] Gotthilf Heinrich von Schubert, Die Geschichte der Seele, 4., neubearbeitete und vermehrte Auflage, zwei Bände, Stuttgart-Tübingen 1850 (zit. als »GS«). Hierzu wieder die schärfere Fassung des Problems bei Ritter: »Ist das Leben ein Traum, in welchem ich mir des vorhergehenden nicht mehr bewußt bin, mir dessen aber mit dem Erwachen (im Tode) von neuem bewußt werde? – So könnte ich allerdings von Ewigkeit her sein.« (Fragment Nr. 578).

[30] Vgl. Niklas Luhmann, Paradigmawechsel in der Systemtheorie – ein Paradigma für den Fortschritt? In: Epochenschwelle und Epochenbewußtsein (= Poetik und Hermeneutik XII), hrsg. von Reinhart Herzog und Reinhart Koselleck, München 1987, 305–322, hier: 321.

[31] Daraus die Nähe zum parapsychologischen Wissen: »Gott, Freiheit und Unsterblichkeit werden einst die Basen der geistigen Physik eben so werden – wie Sonne, Licht und Wärme die Basen der irdischen Physik.« (NS III, 311).

[32] »Philosophie ist nur da, um überwunden zu werden.« Das freilich »kann sie nur, wenn sie erst steht.« (Martin Heidegger, Gesamtausgabe XXIX/XXX: Die Grundbegriffe der Metaphysik: Welt – Endlichkeit – Einsamkeit, hrsg. von Friedrich-Wilhelm von Herrmann, Frankfurt/M. 1992, 232).

[33] Vgl. Ivan Illich, Tod kontra Tod, in: Hans Ebeling (Hrsg.), Der Tod in der Moderne, Königstein/Ts. 1979, 184–209, hier: 197 f.

[34] Vgl. Philippe Ariès, Geschichte des Todes, deutsch von Hans-Horst Henschen und Una Pfau, München-Wien 1980, 504 ff., 601.

[35] Vgl. etwa die Einführung in die Selbstmordproblematik angesichts denkbaren Umgangs mit Körperteilen als Mitteln zum Gelderwerb, all dies vor dem Hintergrund der Annahme, ›das Leben‹ selbst sei Gottesgabe: Eine Vorlesung Kants über Ethik, hrsg. von Paul Menzer, Berlin 1924, 185 ff.

[36] Habermasianer wie Julian Nida-Rümelin scheinen speziell disponiert, diese Konsequenz zu ziehen – vgl. ds., Wo die Menschenwürde beginnt (zuerst in: Der Tagesspiegel, 03. 01. 2001), jetzt in: Ethische Essays, Frankfurt/M. 2002, 405–410, dort auch: Wert des Lebens, 369–399.

Lebensphilo-
sophie (II)
[37] Die wechselvolle Geschichte des Begriffs ›Lebenswissenschaft‹ ist geeignet, schlaglichtartig die verschiedenen Situationen zu erhellen, aus denen ›Lebensphilosophie‹ sich verstehen mußte. Der ›Lebensphilosophie‹ (I) entspricht das Projekt einer ›wissenschaftlichen Ethik‹, die ›Menschenkunde‹ und ›Weisheitslehre‹ umfaßt (Christoph Meiners, Grundriß der Ethik, oder LebensWissenschaft, Hannover 1801, III, XII). In ihrer Anknüpfung an Shaftesburys und Hutchesons Gefühlsethik kann sie zum Ausgangspunkt sowohl einer schulmeisterlichen Populäraufklärung wie des antiintellektualistischen Protests dagegen im Sturm und Drang bzw. in der Romantik werden. Für F. Schlegel ist die Naturphilosophie die »Wissenschaft des Lebens«. Sie bedarf ständiger Anleitung bzw. Unterordnung durch die »höhere GottesPhilosophie«, um nicht in der heidnischen Immanenz »der falschen pantheistischen Wissenschaft« (Schelling!) zu versinken (FSKA X, 205). Der regionalontologischen und wissenschaftskulturellen Zerteilung des Lebensphänomens – was im folgenden als Lebensphilosophie (II) abgehandelt wird – sieht sich ein Georgeaner und Vertreter der Lebensphilosophie (III) wie Herbert Cysarz gegenüber (Geschichtswissenschaft Kunstwissenschaft Lebenswissenschaft, Wien-Leipzig 1928). Das »Ganze einer Lebenswissenschaft« soll »zwischen echter Geschichtswissenschaft und echter Kunstwissenschaft«, zwischen Tat und Wissen »die kritische Scheidung« vollziehen, um dann die fruchtbare Ehe zu stiften (21). »Nur unsere Le-

benswissenschaft ermöglicht wahrhaft tätiges Verhalten zur geistigen Welt, eine Reproduktion die nicht unfruchtbare Verdoppelung sondern die Wahrung und die Weckung schöpferischen Lebens ist« (45). Der verbal lockere Umgang mit ›Lebenswissenschaften‹ (immer im Plural), wie er gegen Ende des 20. Jahrhunderts aus forschungs- und verwertungspraktischen Interessen erwächst – s. Lebensphilosophie (IV) –, läßt die Ambitionen des ersten und zweiten Typs der Lebensphilosophie nicht sogleich erkennen. ›Leben‹ ist hier experimentalwissenschaftlich definiert, von vornherein (bio)technischem und -politischem Verfügen unterstellt; der Pluralgebrauch verdunkelt dies eher. Zu Kritik und Analyse des Topos und seiner Ideologie vgl. in aller Kürze Dieter Thomä, Biopolitik. Ein Wort mit Obertönen, Neue Zürcher Zeitung 12. 03. 2002.

[38] Gerhard Vollmer, Biophilosophie. Mit einem Geleitwort von Ernst Mayr, Stuttgart 1995 (zit. als »Bp«), 5: »Die Biologie« bedürfe als »Wissenschaft besonderer Art« auch »eigener philosophischer Überlegungen, eben einer *Biophilosophie*.« Den Ausdruck ›Biophilosophie‹ verwendete frühzeitig Helmuth Plessner für seine Stufenontologie des Organischen und der darauf gegründeten Geistlehre – vgl. ds., Elemente der Metaphysik (1931/32), hrsg. von Hans-Ulrich Lessing, Berlin 2002.

[39] Weiter heißt es: »Natürlich ist der Wunsch nach Mitsprache völlig legitim; aber er allein garantiert eben noch keine Sachkompetenz. Selbsternannte Experten unter Politikern, Theologen und Philosophen verstärken dann nur noch den Eindruck, daß auf dem Gebiet des Naturschutzes, der Gentechnik oder der perinatalen Medizin einfach jeder kompetent sei.« (Bp, 13).

[40] Vgl. Bp, 27, 66 sowie den 162 ff. abgedruckten Aufsatz »Sein und Sollen«.

[41] Das Wirken des Berkeley-Professors Erich Jantsch in Deutschland und Österreich im Anschluß an diese Buchveröffentlichung zeigt gegenüber Dawkins und Wilson einige Akzentverschiebungen im Evolutionsdenken – hin zu einem altertümlichen Humanismus, der vor allem nach den indeterminierten Fugen im Evolutionsprozeß Ausschau hält. Jantsch betont stärker als andere Evolutionstheoretiker und speziell Soziobiologen ›Ungleichgewicht‹ und Möglichkeiten ›autokatalytischer Selbstverstärkung‹ im Naturraum, die einen Sozialdarwinismus als inakzeptabel erscheinen ließen.

[42] Vgl. Rupert Riedl, Die Ordnung des Lebendigen. Systembedingungen der Evolution, Hamburg u. a., 1975.

[43] Vgl. auch Bp, 80: »Die Evolutionstheorie ist nicht auf biochemische und morphologische Eigenheiten beschränkt. Sie gilt für *alle organismischen Merkmale*. Und zu den organismischen Merkmalen gehören so verschiedenartige Züge wie Sozialverhalten, Kommunikation, kognitive Fähigkeiten, moralische Normen, ästhetische Standards.«

[44] Vollmers Replik auf Karl Poppers Einwand, die Evolutionstheorie könne keine Voraussagen machen: »auf jeden Fall« könne sie doch »falsifizierbare *Retrodiktionen* (Nachhersagen) machen« (Bp, 104).

[45] Er ist der Mustervertreter einer induktiven Metaphysik: regionalontologi-

scher Zugang zum Lebensphänomen, sublimiert in einer kontemplativen Distanz traditionellen Stils, daneben ein naturwissenschaftlich überformter Theoriebegriff. Vgl. den Brief an Julius Frauenstädt vom 24. November 1855: »Habe vergessen, Ihnen zu bemerken, daß Sie Unrecht haben, zu sagen, eine von der Erfahrung ausgehende Philosophie, wie meine, müsse, bei ferneren Fortschritten der Naturkunde, Modifikationen erleiden. Dann wäre sie Physik! nicht Metaphysik. Nie und nimmermehr kann meine Philosophie, und wenn das Oxygen zersetzt und das Einhorn entdeckt würde, irgend eine Modifikation dadurch erleiden. Sie geht von der Erfahrung aus, aber im weitesten Sinn; schwebt hoch über allem Detail und Mikrologie.« (Arthur Schopenhauer, Gesammelte Briefe, hrsg. von Arthur Hübscher, Bonn 1987, 378).

[46] Daher die Polemik der Heideggerschen Existentialontologie gleichermaßen gegen Biologie, Psychologie, Anthropologie als bloß äußerliches ›Beforschen‹ und ›Begaffen‹ des Daseins. Zu Heideggers tendenziell kritischem Verhältnis gegenüber der Lebensphilosophie vgl. ausführlichst: Ina Schmidt, Vom Leben zum Sein. Der frühe Martin Heidegger und die Lebensphilosophie, Würzburg 2005.

[47] Vgl. Artikel »Todeskriterien« in: Historisches Wörterbuch der Philosophie X, 1245–1249, hier: 1247.

[48] Vgl. Dolf Sternberger, Die Deskription des »Sterbens Anderer«, in: Ebeling (Hrsg.), Der Tod in der Moderne, 71–80, hier: 71.

[49] Auguste Comte, Soziologie, deutsch von Valentine Horn, drei Bände, Jena 1907–1911, II, 323.

[50] Vgl. Illich, Tod kontra Tod, 200.

[51] A. a. O., 196.

[52] Eine kurze, kritische Rekonstruktion des »Ideals des ›natürlichen Todes‹« bietet Bernard N. Schumacher, Der Tod in der Philosophie der Gegenwart, Darmstadt 2004, 224–226.

[53] Manifest dann bei Hans Driesch, der als Vitalfaktor eine ›Entelechie‹ annimmt – vgl. ds., Der Vitalismus als Geschichte und als Lehre, Leipzig 1905.

[54] Die in einer naturalistischen Immanenz des Lebens unvermeidliche Absurdität des Todes ist damit lediglich das Gegenstück zur Absurdität des Lebens in einem naturwissenschaftlich-immanenten Weltbild, wie sie z. B. die »Fröhliche Wissenschaft« Nr. 109 artikuliert: »das Leben ist nur eine Art des Toten, und eine sehr seltene Art«.

[55] Zit. nach: Scherer, Das Problem des Todes, 21.

[56] Vgl. zum geistes- und realgeschichtlichen Gesamtkomplex insbesondere das erste Kapitel von Scherer, Das Problem des Todes: »Die Frage nach dem Tod im Zeitalter der Wissenschaft«.

[57] Sobald ich meiner bewußt werde und mich mit dem Wesen des allgemeinen Geistes gleichsetze, verliere ich meine Individualität, sobald ich völlig Objekt geworden bin, verfalle ich dem Tod – dies ist ein verbreitetes Argument im Übergangsfeld von Spekulation und Positivismus. Vgl. seine klassische Formu-

lierung bei Ludwig Feuerbach, Gedanken über Tod und Unsterblichkeit (1830) (Sämtliche Werke, hrsg. von Wilhelm Bolin und Friedrich Jodl, Stuttgart 1903 ff., I, 65 ff.).

[58] Arthur Schopenhauer, Sämtliche Werke, hrsg. von Wolfgang Freiherr von Löhneysen, fünf Bände, Leipzig 1979 (»Die Welt als Wille und Vorstellung« bildet die ersten beiden Bände dieser Ausgabe und ist zit. als »WWV«).

[59] Zum Aspektdualismus Schopenhauers vgl. auch den Brief an Julius Frauenstädt vom 14. August 1856: »*Dualismus!* 1) woher wißt ihr, daß ein solcher überall falsch seyn muß? – Und 2) wenn ich sage: der Mond hat zwei Seiten, davon wir die eine sehn, die andere nie: ist das Dualismus? – Erscheinung und Ding an sich, – Wille und Vorstellung, ebenso so wenig.–« (Gesammelte Briefe, 400).

[60] Manche Ausführungen Schopenhauers zu ›Gehirn‹ und ›Ich‹ ähneln Gedankengängen, wie sie sich in der Evolutionären Erkenntnistheorie als auch beim späten Popper finden, andere – vor allem zum Gegensatz ›Bewußtsein‹ und ›Leben‹ – gleichen zumindest strukturell Positionen eines nicht-reduktiven Physikalismus. Doch ist gegenüber allzu strikter Analogisierung Vorsicht angebracht, z. B. was die ›Emergenz‹ von Mentalem gegenüber Nicht-Mentalem beträfe. Wirkt bei Schopenhauer die Erkenntnis aufs Leben zurück – oder macht sie sich nur, etwa in ›Resignation‹ und ›Anschauung‹, momentweise von ihm frei? Zu den modernen Varianten des nicht-reduktiven Physikalismus vgl. Jaegwom Kim, Mind in a Physical World. An Essay on the Mind-Body Problem and Mental Causation, Cambridge/Mass.-London 1998 sowie Achim Stephan, Emergenz. Von der Unvorhersagbarkeit zur Selbstorganisation, Dresden 1999.

[61] Eduard von Hartmann, Philosophie des Unbewussten, Berlin ⁴1872 (zit. als »Ubw«).

[62] Eduard von Hartmann, Zur Geschichte und Begründung des Pessimismus, Berlin 1880 (zit. als »Pess«).

[63] Vgl. den Hinweis auf naheliegende Mißverständnisse bei Michael Pauen, Dithyrambiker des Untergangs. Gnostizismus in Ästhetik und Philosophie der Moderne, Berlin 1994, 83 f.

[64] Vgl. Eduard von Hartmann, Grundriss der Religionsphilosophie, Bad Sachsa 1909, VIII.

[65] Vgl. Eduard von Hartmann, Das philosophische Dreigestirn des 19. Jahrhunderts. Eine historisch-kritische Einleitung in die Philosophie des Unbewussten, Berlin 1876.

[66] Vgl. Eduard von Hartmann, »Mein Entwickelungsgang«, in: ds., Gesammelte Studien und Aufsätze gemeinverständlichen Inhalts, Leipzig o. J., 11–41, hier: 40.

[67] Unmittelbar nach Eingang der Druckexemplare des Werks nahm sich der Autor am 31. März 1876 das Leben.

[68] Vgl. Friedrich Nietzsche über den »natürlichen Tod« als »Selbstmord der Natur« in: ds., Kritische Studienausgabe, hrsg. von Giorgio Colli und Mazzino Montinari, 15 Bände, Berlin-New York ²1988, II, 632 f.

[69] Philipp Mainländer, Die Philosophie der Erlösung, Berlin 1876; ds., Die Philosophie der Erlösung. Zwölf philosophische Essays, Frankfurt/M. 1886 (zit. als »PhE I« und »II«).

[70] Die späte Philosophie Schellings kam einem spekulativen Bedürfnis im Angesicht des naturwissenschaftlichen Positivismus entgegen – das wird (nicht nur) in Mainländers und v. Hartmanns Schelling-Affinität deutlich. Die Schellingsche Unterscheidung von positiver und negativer Philosophie, von Daseins- und Vernunftgrund erlaubte, Wesen bzw. Was der naturwissenschaftlich vermeßbaren Welt unbehelligt von Ursprungsspekulationen ums Daß ihr Recht zu belassen.

[71] Man darf darin eine Abgrenzung gegenüber der Lebensphilosophie (I) erblicken, über deren Denkbilder Mainländer – nicht anders als v. Hartmann – allerlei Spott ausgießt: »Wer von einer éternelle (!) jeunesse, einer ›ewigen‹ Jugend der Natur spricht …, urtheilt wie der Blinde von Farben und steht auf der untersten Stufe der Erkenntniß.« (PhE I, 346).

[72] Anders als der Todesstunde lege »die immanente Philosophie der Stunde, in welcher ein neues Leben entzündet werden soll, die allergrößte Wichtigkeit bei; denn in ihr hat der Mensch die volle Entscheidung darüber, ob er weiterleben, oder im Tode wirklich vernichtet sein will« – »im *Taumel der Wollust* wird die Erlösung verscherzt.« (PhE I, 220).

[73] Vgl. PhE I, 217.

[74] Vgl. Mainländers politische Ideen in PhE II, 275 ff.: »Der Socialismus«.

[75] »Die Werthlosigkeit des Lebens beruht auf der Erkenntniß, daß die positive Unlust die positive Lust, und der positive Schmerz die positive Wollust *überwiegt*. Indem man beides, also das Leben, wegwirft, macht man mithin einen unermeßlich großen Gewinn.« (PhE II, 467).

[76] Statt zahlreicher vergleichbar lautender Stellen aus Nietzsches Nachlaß der 1880er Jahre sei diese eine angeführt: »Man kann das Christenthum nicht genug verurtheilen, weil es den *Werth* einer solchen *reinigenden* großen Nihilismus-Bewegung, wie sie vielleicht im Gange war, durch den Gedanken der unsterblichen Privat-Person entwerthet hat: insgleichen durch die Hoffnung auf Auferstehung: kurz, immer durch ein Abhalten von der *That des Nihilismus*, dem Selbstmord … Es substituirte den langsamen Selbstmord; allmählich ein kleines armes aber dauerhaftes Leben; allmählich ein ganz gewöhnliches bürgerliches mittelmäßiges Leben usw.« (Kritische Studienausgabe XIII, 222) Im Unterschied zu Mainländer gibt Nietzsche seine Diagnose also aus einer Position, die vom Diagnostizierten ontologisch eximiert ist – der Degout am bürgerlich-christlichen Normalsterben markiert eine ästhetische bzw. historische Distanz. Mainländer hingegen findet in Gedanken und Tat der Selbstvernichtung ein Telos *alles* Lebens, zu dem man sich mithin nicht erst hinbegeben muß; auch hier ist er der Denker strikter Immanenz. Zu den Strukturproblemen von Nietzsches Dekadenztheorie vgl. im Kontext: Jürgen Große, Nihilismusdiagnosen. Ihr theoretischer und ethischer Status, in: Dialektik 2005/I, 97–122, hier bes.: 105 ff.

[77] Vgl. Erich und Annemarie Ruprecht (Hrsg.), Tod und Unsterblichkeit. Texte aus Philosophie, Theologie und Dichtung vom Mittelalter bis zur Gegenwart, drei Bände, Stuttgart 1993, III, 118.

[78] Alle Zitate aus: Gustav Theodor Fechner, Das Büchlein vom Leben nach dem Tode, hrsg. von Wilhelm Wundt, Stuttgart 1950, 32–35.

[79] Eduard von Hartmann, Das Problem des Lebens. Biologische Studien (1906), hrsg. von Fritz Kern, Berlin ²1925 (zit. als »PL«).

[80] Zur biophilosophischen Aktualität dieses Monismus vgl. Jürgen Große, Lebenswert, Lustbilanz, Weltprozeß. Notizen zu Eduard von Hartmann (1842–1906), in: Perspektiven der Philosophie. Neues Jahrbuch 33 (2007), 141–175, hier bes.: 169–171.

[81] Vgl. die frühe und scharfsinnige Kritik an den entsprechenden Kategorienfehlern durch den v. Hartmann-Schüler Leopold Ziegler, Das Weltbild Hartmanns. Eine Beurteilung, Leipzig 1910, 120.

[82] Vgl. Pauen, Dithyrambiker des Untergangs, 79 ff.

[83] Vgl. Bp, 67; zum metaphysischen Gesamtkomplex vgl. Ilya Prigogine/ Isabelle Stengers über das schöpferische, sich selbst organisierende Universum, eine Welt des Werdens, »in der Entwicklung Innovation, Schöpfung und Zerstörung, Geburt und Tod« bedeute (Dialog mit der Natur, München-Zürich 1986, 11).

[84] Vgl. Ursula Baumann, Vom Recht auf den eigenen Tod. Die Geschichte des Suizids vom 18. bis zum 20. Jahrhundert, Weimar 2001, 191 ff.

[85] Die vitalistische Geschichtsmetaphysik spielt eine herausragende Rolle im Pessimismus und Nihilismus des 19. Jahrhunderts. Ausführlicher zu diesem Kontext vgl. Jürgen Große, Philosophie der Langeweile, Stuttgart 2008, Kapitel III: »Transformation in Geschichtsmetaphysik«.

[86] Friedrich Nietzsche, Werke, hrsg. von Karl Schlechta, drei Bände, München 1960 (zit. als »NW«).

[87] Nicht umsonst beginnt man sich seit der 2. Hälfte des 19. Jahrhunderts unter lebensphilosophischen Aspekten für die regionalontologische Neuformulierung von ›Werden und Vergehen‹ und anderen Topoi mythischen Denkens zu interessieren. Vgl. Günter Abel, Nietzsche. Die Dynamik des Willens zur Macht und die ewige Wiederkehr, Berlin-New York 1984, hier: »Wiederkunftslehre und moderne Wissenschaft«, 416 ff.

[88] Vgl. Max Schur, Sigmund Freud. Leben und Sterben, Frankfurt/M. 1973.

[89] Vgl. Sigmund Freud, Jenseits des Lustprinzips (1920), in: Gesammelte Werke, hrsg. von Marie Bonaparte u. a., 18 Bände, London 1940–1952, XIII, 40 ff.

[90] Zum Verhältnis beider Philosophen immer noch lesenswert: Wilfried Hartmann, Die Philosophie Max Schelers in ihren Beziehungen zu Eduard von Hartmann, Düsseldorf 1956.

[91] So ist gleichsam durch thanatologische Intentionalität die der Phänomenologie näherliegende dualistische Lösung – eidetisch erfaßbares Bewußtseins-

leben hier, Leben und Sterben als mundane Sachverhalte in ›natürlicher Einstellung‹ dort – auf originelle Weise unterlaufen. Die im folgenden referierten Überlegungen finden sich in »Tod und Fortleben« (1911–14), in: Max Scheler, Gesammelte Werke, hrsg. von Maria Scheler u. a., Bern 1954 ff. (zit. als »SGW«), X, 9–52.

[92] So der berechtigte Einwand von B. N. Schumacher, Der Tod in der Philosophie der Gegenwart, 87.

[93] Vgl. Schumacher, a. a. O., 88.

[94] In manchen Darstellungen zur Lebensphilosophie fehlt Freud ganz; Scheler dagegen gilt als Widersacher oder kritischer Kommentator – vgl. Fellmann, Lebensphilosophie, 174 ff. (»Antworten auf die Lebensphilosophie«); Karl Albert/Elenor Jain, Philosophie als Form des Lebens. Zur ontologischen Erneuerung der Lebensphilosophie, Freiburg-München 2000, 54 f. (zu den Kritikern an der Lebensphilosophie gehört hier auch Scheler).

Lebensphilo- [95] Vgl. Robert Josef Kozljanič, Lebensphilosophie. Eine Einführung, Stuttgart
sophie (III) 2004, 17 f.; Jürgen Große, Revitalisierung der Lebensphilosophie? (1. und 2. Teil), in: Philosophische Rundschau 53 (2006), 12–33 und 108–129.

[96] Synthesen aus *Bruchstücken* beider Modelle sind häufiger. Eine politintellektuell bis heute (O. Marquard, H. Lübbe, K. H. Bohrer) wirkmächtige Synthese ergibt sich durch Umkehrung der Klagesschen Blickrichtung: Eine wissenschaftlich-technische und wachstumsökonomische Prägung des Lebens gilt als dessen conditio sine qua non, Sehnsüchte nach Formfreiheit als Anzeichen der Dekadenz. Dieses Interpretationsmuster findet sich häufig auch in den evolutionistischen Fortschrittsutopien von Lebensphilosophie (II) und (IV) – man denke an v. Hartmanns Forderung nach »Mitarbeit im Weltprocess« –, wo freilich der Lebensbegriff durchweg biologisch oder anderweitig verengt ist. Noch in den Umkreis der Lebensphilosophie (III) gehört dagegen ein Denker wie José Ortega y Gasset, der gleichermaßen eifrig Diltheys und Nietzsches Werke studierte. Ortega beansprucht für seine prominent gewordene Kulturanalyse »Der Aufstand der Massen« (deutsch: Hamburg 1956), einen weder soziologisch (10) noch biologisch (57) restringierten Lebensbegriff zugrunde zu legen; ein Anspruch, hinter dem sein Text oft genug zurückbleibt. Den Aufstand (die Herrschaft und die Aktivierung) des ›Massenmenschen‹ ermöglichte nach Ortega eine spezifisch abendländische Wissenschaftsauffassung, die auf technische Anwendung drängt; diese vermehrt das Leben biologisch und erleichtert es kulturell. Dabei verschwinden die kulturellen Eliten der vorindustriellen Vergangenheit; wissenschaftlich-technische Eliten wiederum können sich durch das ›barbarische‹ Spezialistentum dieser Berufsgruppen nicht bilden. Der Typus Normalmensch beginnt zu überwiegen und verkennt – wie in der modischen Technikverachtung evident – die Basis seines Existenzstils. In den unmäßigen Bedürfnissen und Ansprüchen des Massenmenschen gibt sich die Selbstgefährdung des rein durch äußere Gunst (›Erbe‹ vergangener Leistungen) gesteigerten Lebens zu erkennen. Fast jeder ist hier Volk, also nicht zur Selbstbeherrschung fähig und äußeren

Zwanges bedürftig – und nimmt doch durch Fortfall hierarchischer Sozialordnung die Manieren eines ›junger Herrn‹ an, der nur fordert und konsumiert: »Für das ›Volk‹ aller Zeiten bedeutete ›Leben‹ vor allem Begrenzung, Verpflichtung, Abhängigkeit, mit einem Wort, Druck.« (40) Die normative, Nietzsche-Simmelsche Metaphysik des Leben-ist-Mehrleben (Selbststeigerung), die ja wörtlich eine Absurdität wäre und nur als Metapher, in einem erweiterten Lebensbegriff also, funktioniert, ist bei Ortega eine »statistische Tatsache« (33): Das heutige »Leben ist mehr Leben als alles frühere Leben und eben darum problematischer. Es kann sich nicht an der Vergangenheit orientieren. Es muß sein Schicksal selbst entdecken.« (ebd.) Höheres Leben, höheres Menschentum ist traditionellerweise ein Aufblicken zu transzendenten Normen (44), die freilich in der industrialisierten Welt nicht zu finden seien. So bleibt als deren einzige Heroismus-Chance nur noch der Kampf für den Erhalt ihrer Daseinsbedingungen, also des fortschrittszivilisatorischen status quo. Romantische Umkehr ins Vorindustrielle ist ausgeschlossen und wäre geradezu *Selbstmord* (37). Hauptgefährdung des zivilisatorischen Innenraums ist die Selbstzerstörung durch »die aufsässigen Massenmenschen« – durch ihre Trägheit, Verführbarkeit, Ansprüche (ebd.). Die Weltherrschaft Europas als dessen geschichtlicher Auftrag kann und muß dem entgegenwirken, sie lenkt die expansiven Kräfte nach außen um (101 ff.).

Ein kämpferisches, sich seiner Überwucherung durch die Begehrlichkeiten der wirtschaftlich Zurückgebliebenen gleichwie durch die Totalitarismen anderer Industriestaaten erwehrendes Abendland – in Ortegas Problemschema dürften sich gegenwärtig vor allem die Intellektuellen des »Merkur«-Milieus mit ihren Wünschen eines ›instinktsicheren‹, ›machtvoll‹ und ›entschlossen‹ agierenden Westens unter US-Hegemonie wiedererkennen (vgl. Große, Philosophie der Langeweile, 88 f.). All das ist theoretisch schwachbrüstig und bestenfalls ideologiegeschichtlich von Interesse. Es gehört in die Tradition der Paneuropa-Doktrinen, die affektive Substanz ist jene des Kalten Krieges. Inzwischen aber scheint die Abendlandsrettung eine Sache militanter Notwehr gegen das andrängende Elend der Welt geworden. Demzufolge steigen die Ansprüche an die ideologische Selbstbenebelungspotenz: Als tragisch-heroisch, kaltblütig-prinzipienfest, schreckensästhetisch-erhaben usw., also jedenfalls über dem ethischen Durchschnittsniveau der Massen, werden von »Merkur«-Autoren mittlerweile gerade die Kriege für eine Aufrechterhaltung des unerhabenen Lebensstils dieser Massen verklärt (s. IV.18).

⁹⁷ Vgl. Angelika Ebrecht, Das individuelle Ganze. Zum Psychologismus der Lebensphilosophie, Stuttgart 1991, 31.

⁹⁸ Ein Lieblingswort Diltheys und mehr noch Yorcks. Es besagt ein Vertrauen darauf, daß die transzendentale Lebendigkeit ihrer selbst unter allen historisch-kulturellen Überformungen ›inne werden‹ könne. Genau hieran konnte sich später H.-G. Gadamers kritische Beobachtung eines unüberwundenen Cartesianismus in der lebensphilosophischen Hermeneutik knüpfen. Eine Kritik, die

durch Heidegger vorbereitet wurde und durch Derrida fortgeführt werden sollte: Lebensphilosophische Subjektivität verheiße eine Metaphysik der veränderungslosen Dauer bzw. der Präsenz. Vgl. zu diesem Diskussionskontext: Jürgen Große, Kritik der Geschichte. Probleme und Formen seit 1800, Tübingen 2006, 25 f., 39 f.

[99] Die einschlägigen Schwierigkeiten der Lebensphilosophie, hier einen theoretisch-praktischen Dualismus zu vermeiden, können musterhaft an Sprache und Denken des Dilthey-Freundes Yorck von Wartenburg studiert werden – vgl. Jürgen Große, Gestalt – Typus – Geschichtlichkeit. Yorck von Wartenburgs Versuch, gegen die präsenzmetaphysischen Voraussetzungen des Historismus anzudenken, in: Philosophisches Jahrbuch 106 (1999), 41–63, hier: 47 ff., 63.

[100] Die Frage bezeichnet die Scheidelinie sowohl zum Hegelschen Pantheismus wie zur Evolutionären Erkenntnistheorie. Dilthey drückt sich hier vorsichtig aus – im Unterschied zu seinem Freund Paul Graf Yorck von Wartenburg, für den die »Tragik der Vereinzelung« offensichtlich Denken *und* Sein des Lebens betrifft. Damit verschwindet der Begriff des Toten zugunsten verschiedener Stufen von Lebendigkeit: »Denn als Grundmotor, als zentrale Unruhe der Lebendigkeit, kann ausgesprochen werden das primär gegebene Verhältnis, wonach die Manifestation der einheitlichen Lebensfülle nicht anders denn als Vereinzelung möglich ist, während die volle Lebendigkeit gleichsam zu Worte kommen will.« (Bewußtseinsstellung und Geschichte. Ein Fragment aus dem philosophischen Nachlaß, eingeleitet und hrsg. von Iring Fetscher, Tübingen 1956, 83).

[101] Ludwig Klages, Sämtliche Werke, hrsg. von Ernst Frauchinger u. a., 13 Bände, Bonn 1964–1975 (zit. als »KSW«). »Der Geist als Widersacher der Seele« ist mit den durchgehend numerierten Bänden I/II dieser Ausgabe identisch.

[102] Am anschaulichsten hat Klages das in »Mensch und Erde« (1913) ausgeführt.

[103] Georg Simmel, Lebensanschauung. Vier metaphysische Kapitel, Berlin ²1922 (zit. als »L«).

[104] Max Scheler hat sich offen zum Platonismus bekannt. Doch ist dieser Platonismus seinerseits weltgeschichtlich dynamisiert: Leben ist Trieb, der einer an sich lebensunfähigen Geistsphäre (ethische, ästhetische, juridische Geltungen z. B.) erst zum Sein verhilft. Noch bis ins anthropologische Spätwerk – »Die Stellung des Menschen im Kosmos« (1927), »Philosophische Weltanschauung« (1928) – sind die Einflüsse E. v. Hartmanns (Lehre vom Weltprozeß) erkennbar.

[105] Vgl. Angela Sendlinger, Lebenspathos und Décadence um 1900, Frankfurt/M. u. a. 1994.

[106] Georg Simmel, Zur Metaphysik des Todes, in: Logos I (1910/11), 57–70, hier: 61.

[107] Simmel, Lebensanschauung, 21.

[108] Georg Simmel, Der Krieg und die geistigen Entscheidungen. Reden und Aufsätze, München-Leipzig 1917, 64.

[109] Vgl. hierfür musterhaft die 1927 bis 1934 gehaltenen Vorlesungen von Georg Misch, Der Aufbau der Logik auf dem Boden der Philosophie des Lebens, hrsg. von Gudrun Kühne-Bertram und Frithjof Rodi, Freiburg-München 1994.

[110] Vgl. Hans Ebeling, Einleitung: Philosophische Thanatologie seit Heidegger, in: ds. (Hrsg.), Der Tod in der Moderne, 11–31, hier: 12.

[111] A. a. O., 22.

[112] Alfred Seidel, Bewußtsein als Verhängnis. Aus dem Nachlaß hrsg. von Hans Prinzhorn, Bonn 1927 (zit. als »BV«).

[113] Wenngleich bei umgekehrter Semantik: Philipp Mainländer sieht den »Willen zum Tode« als das metaphysische Prinzip, wirksam in der organischen wie der anorganischen Wirklichkeit, über das sich der »Wille zum Leben« im Menschen konstitutiv hinwegtäusche. Doch sei auch der Mensch »im tiefsten Grunde Wille zum Tode, weil die seinen Typus konstituierenden ... Ideen den Tod wollen. Aber da sie ihn nur durch Schwächung erlangen können und es kein wirksameres Mittel hierzu giebt, als das Wollen des Lebens, so tritt das Mittel dämonisch vor den Zweck, das Leben vor den Tod, und es zeigt sich der Mensch als reiner Wille zum Leben.« (PhE I, 346) Zu den sozialistischen Tendenzen Mainländers, die wie bei Seidel im Dienste metaphysischer Ambition stehen, vgl. Michael Pauen, Pessimismus. Geschichtsphilosophie, Metaphysik und Moderne von Nietzsche bis Spengler, Berlin 1997, 135 f.

[114] Vgl. Georg Wilhelm Friedrich Hegel, Theorie Werkausgabe, Frankfurt/M. 1970, VII, 151 f.

[115] »Der Tod nimmt Einzelne aus dem sozialen Kontext, der selbst als weiterbestehend vorgestellt ist. Daher der Topos des Todes als principium individuationis in der neueren Todesphilosophie, die sonst auch verbreitete Rede, daß jeder allein stirbt, daß der Tod das sei, was jedem einzigartig und unwiederholbar zukomme. Diese Vorstellung vom Herausfallen des einzelnen Sterbenden aus der Kontinuität der Gruppe ist durch den massenhaften Tod grundlegend in Frage gestellt.« (Werner Fuchs, Herrschaft und Gewalt, in: Ebeling (Hrsg.), Der Tod in der Moderne, 152–165, hier: 156).

[116] Vgl. die umfassende Klassifizierung und Periodisierung bei Robert Josef Kozljanič, Lebensphilosophie. Eine Einführung, Stuttgart 2004, 17 f., für die Differenz individualistischer und biozentrischer Lebensphilosophie speziell: Heinz Kronawetter, Die Vergöttlichung des Irdischen. Die ökologische Lebensphilosophie von Ludwig Klages im Diskurs mit der christlichen Theologie, Bonn 1999, 57 ff.; Ferdinand Fellmann, Lebensphilosophie. Elemente einer Theorie der Selbsterfahrung, Reinbek bei Hamburg 1993, 142, 164; Angelika Ebrecht, Das individuelle Ganze. Zum Psychologismus der Lebensphilosophie, Stuttgart 1991, 294 ff.

[117] Yorck hat noch weitere Synonyma für dieses Lebenszentrum wie ›Existentialfreudigkeit‹, ›Eigenlebendigkeit‹, ›reine Lebendigkeit‹, ›wahre Lebendigkeit‹ und ›primäre Lebendigkeit‹ (vgl. Briefwechsel zwischen Wilhelm Dilthey und dem Grafen Paul Yorck von Wartenburg 1877–1897, hrsg. von Erich Rothacker,

Halle 1923, 201; Karlfried Gründer, Zur Philosophie des Grafen Paul Yorck von Wartenburg. Aspekte und neue Quellen, Göttingen 1970, 275, 278, 354; Yorck von Wartenburg, Bewußtseinsstellung und Geschichte, 41, 103).

[118] Geisteshistoriker wie Ernst Troeltsch, Karl Löwith und Friedrich Heer werden dies – mit je verschiedener Akzentsetzung – zu der These von der doppelten Zerstörung des alteuropäischen Denk- und Daseinskosmos in *Naturalismus* und *Historismus* fortdenken.

[119] Über grüne und weiße ›Protestphilosophien‹ vgl. Stephen Toulmin, Darwin und die Evolution des Wissens, in: Hans Heinz Holz/Hans-Jürgen Sandkühler (Hrsg.): Dialektik 5, Köln 1982, 264.

[120] Zu den kulturgeschichtlichen Rahmenbedingungen lebensphilosophischer Praxis vgl. das Panorama der 1960er Jahre bei Daniel Bell, Die kulturellen Widersprüche des Kapitalismus (1976), Frankfurt-New York 1991, 173 ff.

[121] Die Naturwissenschaften, so Spenglers immer wieder erhobener Vorwurf, arbeiteten mit der Natur wie mit einer Maschine, vernachlässigten die *Geschichtlichkeit* der Natur. Umgekehrt ist es aber die Geschichtlichkeit der *Natur*, die sich der historistischen Weltsicht entzieht. Vgl. Oswald Spengler, Der Untergang des Abendlandes, zwei Bände, München 1918/1923 (zit. als »UdA«), I, 482, 496.

[122] Oswald Spengler, Der Mensch und die Technik. Beiträge zu einer Philosophie des Lebens, München 1931 (zit. als »MuT«).

[123] »Das Leben kann ohne Denken bestehen, das Denken ist aber nur eine Art des Lebens. Das Denken vermag sich selbst noch so gewaltige Ziele setzen, in Wirklichkeit bedient sich das Leben des Denkens zu seinem Zwecke und gibt ihm ein lebendiges Ziel ganz unabhängig von der Lösung abstrakter Aufgaben … Wenn das Erkennenwollen am Bewegungsproblem scheitert, so ist die Absicht des Lebens vielleicht eben damit erreicht« (UdA II, 18).

[124] Friedrich Georg Jünger, Die Perfektion der Technik, vierte, durchgesehene und stark vermehrte Auflage 1953 (zit. als »PT«).

[125] Hans Freyer, Theorie des objektiven Geistes. Eine Einleitung in die Kulturphilosophie, Leipzig-Berlin 1934 (zit. als »ToG«).

[126] Das ›Elementarische‹ fungiert in Essayistik und fiktionaler Prosa über Jahrzehnte hinweg als Chiffre einer subkulturellen bzw. überhistorischen Macht, die freilich auch in den historisch-kulturellen Raum einbrechen kann. Hierfür steht bei Jünger vor allem der Erste Weltkrieg – die ontischen und epistemischen Kategorien der Zivilisationsgeschichte »Individuum« und »Masse« würden sich nicht länger »in der Elementarwelt behaupten, in die wir seit 1914 eingetreten sind.« (Ernst Jünger, Sämtliche Werke, 18 Bände, Stuttgart 1978–1998, VII, 363) Noch apodiktischer, jedoch auch beruhigender im Sinne einer überhistorischen Weisheit der alte Jünger, in »Sinn und Bedeutung« (1971): »Wir sind in die Elementarzeit übergewechselt, die nach Milliarden von Jahren zählt.« (XIII, 240) Zu Ernst Jüngers exponiertem Ort in dieser Denktradition vgl. Große, Kritik der Geschichte, 272 f., 311–314.

[127] »Die neuzeitliche physikalische Theorie der Natur ist die Wegbereiterin

nicht erst der Technik, sondern des Wesens der modernen Technik. Denn das herausfordernde Versammeln in das bestellende Entbergen waltet bereits in der Physik.« (Martin Heidegger, Die Technik und die Kehre, Pfullingen 1991, 21).

[128] Auch hier ein bemerkenswerter Widerhall in Martin Heideggers Historismuskritik: »Was ist aber hier mit *Historie gemeint*? Das feststellende Erklären des Vergangenen aus dem Gesichtskreis der berechnenden Betreibungen der Gegenwart. Das Seiende ist hierbei vorausgesetzt als das Bestell-, Herstell- und Feststellbare.« (vgl. ds., Beiträge zur Philosophie (Vom Ereignis), in: Gesamtausgabe, Bd. 65, Frankfurt/M. 1989, 493).

[129] Burkhard Müller, Das Glück der Tiere. Einspruch gegen die Evolutionstheorie, Berlin 2000.

[130] Friedrich Georg Jünger, Die vollkommene Schöpfung. Natur oder Naturwissenschaft? Frankfurt/M. 1969 (zit. als »VS«).

[131] Vgl. Rudolf Bahro, From Red to Green. Interviews with New Left Review, London 1984.

[132] Günther Anders, Die Antiquiertheit des Menschen. Über die Seele im Zeitalter der zweiten technischen Revolution, München 1956 (zit. als »AM«).

[133] Daher im Gegenzug der ausgreifende Charakter von Umorientierungskonzepten – vgl. etwa Gernot Böhme, Für eine ökologische Naturästhetik, Frankfurt/M. 1991, zuvor schon: Klaus Michael Meyer-Abich, Wissenschaft für die Zukunft. Holistisches Denken in ökologischer und gesellschaftlicher Verantwortung, München 1988.

[134] Ein wackerer Transatlantiker verwahrte sich gegen ›verlogenen Pazifismus‹ angesichts des potentiell planetarischen Charakters moderner Waffengänge: »Durch die Auflösung der West-Ost-Polarität ist gerade umgekehrt der nicht-apokalyptische Krieg denkbar und somit wieder Mittel der Politik geworden.« (Karl Heinz Bohrer, Provinzialismus (II). Ein Psychogramm, in: Merkur 504 (1991), 254–262, hier: 258).

[135] Lewis Mumford, Mythos der Maschine. Kultur, Technik und Macht, Wien 1974 (zit. als »MM«).

[136] Ernst Friedrich Schumacher, Small is beautiful. Die Rückkehr zum menschlichen Maß (Small is beautiful. A Study of Economics as if People Mattered, London 1973), deutsch von Karl A. Klewer, Reinbek bei Hamburg 1985 (zit. als »Sib«).

[137] Zu Grenzen und Voraussetzungen von ›Überleben‹ als Moralkriterium vgl. die konzise Rekonstruktion entsprechender Überlegungen durch Bernd Gräfrath in »Der Wert des Überlebens«, in: ds., Evolutionäre Ethik? Philosophische Programme, Probleme und Perspektiven der Soziobiologie, Berlin-New York 1997, 173–182.

[138] Die Gleichgewichtsmetapher begünstigt oder fordert sogar die durchgängig ungleiche Gewichtung von Alleben und Menschenleben: der Mensch kann sich zu einer seelenlosen, lebensfeindlichen Macht verhärten, er ist also ein Leben von kategorial anderem Typ als dasjenige, wovon er abfiel. Unübersehbar

wirken hierin schuldtheologische Motive fort. Eine metaphysisch gesehen ›weichere‹ Variante besteht dagegen in der Auffassung, alles Leben sei Einzelleben und als solches interdependent. Die theoretische und ethische Problematik der ›Störung‹ im Sinne Klages' verschiebt sich dann in Richtung einer pragmatischen Erkundung der Lebensbedingungen am konkret eingenommenen Daseinsort. Dies zeigt sich beispielsweise als Motivation der Umweltethiken von Klaus Michael Meyer-Abich, Hans Jonas und Robert Spaemann – vgl. deren Bilanzierung durch Andreas Brenner, Streit um die ökologische Zukunft. Neue Ethik und Kulturalisierungskritik, Würzburg 1994, 137.

[139] Ivan Illich, Selbstbegrenzung. Eine politische Kritik der Technik (»Tools for Conviviality«), deutsch von Thomas Lindquist, Reinbek bei Hamburg 1980 (zit. als »Sbg«).

[140] Terminologisch vergleichbar argumentiert Illich auch in seinen anderen Büchern. In »Wider den Turmbau zu Babel. Disput mit Ivan Illich« ist die Rede von einer »Verkehrung im Lebensgefühl« (vgl. Stephan H. Pfürtner (Hrsg.), a. a. O., Reinbek bei Hamburg, 1985, 15).

[141] Es sind die Standardprobleme einer ökologischen Ethik – vgl. Jörg Leimbacher/Peter Saladin, Die Natur – und damit der Boden – als Rechtssubjekt, Bern 1988.

[142] Ivan Illich, Die Nemesis der Medizin, deutsch von Thomas Lindquist, Reinbek bei Hamburg 1987 (zit. als »NM«).

[143] Das Placebo-Argument erfährt somit nicht jene Radikalisierung, die seitens der Alternativmedizin gegen die – industriell unterstützte – Schulmedizin gewandt werden kann: Wenn Heilung wesentlich auf autosuggestive Vorgänge zurückgeht, bleibt als offensichtliches Minus der Schulmedizin allein ihr sozialer und technischer Kostenaufwand. Die Konzentration auf Grundlagenforschung und chirurgische ›Kabinettstückchen‹ (Gunther Petry) wären somit geradezu Gegenevidenzen zur Volksgesundheit im vertretbaren Rahmen einer Volkswirtschaft.

[144] »Bislang haben wir zwei Arten kennengelernt, wie die Vorherrschaft der medikalisierten Gesundheitspflege zum Hemmnis für ein gesundes Leben wird: erstens die klinische Iatrogenesis, die entsteht, wenn die organische Fähigkeit zur Lebensbewältigung durch heteronome Verwaltung ersetzt wird; und zweitens die soziale Iatrogenesis, bei der die Umwelt jener Bedingungen beraubt wird, die es den Individuen, den Familien und der Nachbarschaft ermöglichen, ihre eigene innere Verfassung und ihr Milieu zu kontrollieren. Eine dritte Dimension der medizinischen Gesundheitsverweigerung ist die kulturelle Iatrogenesis. Sie setzt ein, sobald der Medizin-Betrieb den Willen der Menschen schwächt, ihre Realität zu erleiden.« (NM, 150).

[145] Die in der Foucault-Schule gängig gewordene Körperfixiertheit wiederum mußte für die geistigen Nachfolger Klages' wie ein mentaler Rückzug auf die letzte Ich-Bastion wirken. Dennoch lassen sich Heteronomie-Kritiken wie die von Illich auch ihrerseits gut als Vehikel eines anarchistischen, bindungs- und

verpflichtungsscheuen Individualismus deuten. ›Autonomie‹ ist es, die dieser nach den Ohnmachtserfahrungen und Opportunismen der Vorgängergeneration einzig noch verlangt, eine ›Selbstbestimmtheit‹, deren verbliebenes Feld der eigene Körper ist. Anders wäre wohl ihr zeitweiliger Erfolg in den urbanen Milieus, in den Universitätsseminaren der westeuropäischen bzw. nordamerikanischen Mittelstandsjugend kaum erklärlich. Ein eifersüchtig über seine ›Autonomie‹ wachender Individualismus findet – auch geistesgeschichtlich gesehen – in der körperlichen Unversehrtheit seinen ersten und letzten Anhaltspunkt.

[146] Vgl. etwa Illichs Spekulation über die Verschlechterung der Nahrungsmittelqualität allein schon durch das Faktum einer Industrialisierung der Landwirtschaft: »Jenseits eines gewissen Quantums an Kapitalinvestitionen in die Erzeugung und Verarbeitung von Nahrungsmitteln wird Fehlernährung zum beherrschenden Phänomen.« (NM, 300).

[147] Vgl. z. B. Friedhelm Duve, Demokratische und autoritäre Technik, in: ds. (Hrsg.), Technologie und Politik, Hamburg 1980, Heft XVI, 18: Autoritäre Technik fußt auf einem »System«, das »die menschliche Persönlichkeit eliminiert« und »die Rolle der abstrakten Intelligenz überbetont«.

[148] So der Untertitel einer Sammlung von Texten vornehmlich aus den 1980er Jahren: Carl Amery, Bileams Esel, München-Leipzig 1991 (zit. als »BE«).

[149] Carl Amery, Die Botschaft des Jahrtausends. Von Leben, Tod und Würde, München-Leipzig 1994 (zit. als »BJ«).

[150] Amerys Aufsätze aus den 1980er Jahren machen es wahrscheinlich, daß ihm Überlegungen wie die von Thomas S. Kuhn, The Structure of Scientific Revolutions (Chicago 1962) und von Imre Lakatos, Criticism and The Growth of Knowledge (London 1970) zumindest in Grundzügen vertraut waren. Überdies waren Amery als Schumacher-Leser – Präsident der E.-F.-Schumacher-Gesellschaft bis 1995! – mit einiger Sicherheit die nicht-linearen Entwicklungsoptionen ökonomischer Makrosysteme bekannt.

[151] Als Exempel, wie dabei spiritualistische und szientistische Tendenzen einander durchdringen können, vgl. diverse Beiträge in dem Sammelband von Pier Luigi Luisi (Hrsg.), Treffpunkt Zukunft. Die Ganzheit des Lebens erfassen: Aspekte aus Naturwissenschaft, Philosophie, Medizin und Psychologie, Stuttgart u. a. 1991.

[152] Vgl. die massive Erhebung derartiger Ansprüche in dem soziobiologischen Klassiker von Edward O. Wilson, On Human Nature, Cambridge/Mass.-London 1978.

[153] Wie z. B. leitend für den Argumentationsgang von Rudolf Bahro, Logik der Rettung: wer kann die Apokalypse aufhalten? Ein Versuch über die Grundlagen ökologischer Politik (¹1987), Berlin 1990. Eine Diskussion verwandter Konzepte – allerdings ohne Bezugnahme auf Bahro! – bietet Andreas Brenner, Streit um die ökologische Zukunft. Neue Ethik und Kulturalisierungskritik, Würzburg 1994, 80 ff.

[154] Vgl. Artikel »Lebenswelt« in: Historisches Wörterbuch der Philosophie V, 151–157, hier: 151.

[155] Vgl. Edmund Husserl, Phänomenologische Psychologie. Vorlesungen Sommersemester 1925, hrsg. von Walter Biemel, Den Haag 1962. Die Einleitung des Herausgebers zitiert die relevanten Stellen aus dem Briefwechsel zwischen Dilthey und Husserl (vgl. a. a. O., XVII ff.).

[156] Vgl. Otto Friedrich Bollnow, Dilthey und die Phänomenologie, in: Ernst Wolfgang Orth (Hrsg.), Dilthey und die Philosophie der Gegenwart, Freiburg-München 1985, 31–61, hier: 43.

[157] Vgl. Bollnow, a. a. O., 33.

[158] Auszüge aus früheren, z. T. grundlegenden Veröffentlichungen sind versammelt worden von Rolf Kühn in: Michel Henry, Radikale Lebensphänomenologie, Freiburg-München 1992. Erst postum erschien in vier Bänden Henrys eigentliche »Phénomenologie de la vie« (2003/04).

[159] Michel Henry, Die Barbarei. Eine phänomenologische Kulturkritik (»La Barbarie«, 1987), aus dem Französischen übersetzt und eingeleitet von Rolf Kühn und Isabelle Thireau, Freiburg-München 1994 (zit. als »B«).

[160] Vgl. die Einleitung von Rolf Kühn und Isabelle Thireau für die deutsche Ausgabe von »La Barbarie«, 52 f.

[161] Die Ungeeignetheit namentlich der evolutionistischen ›Biophilosophie‹ à la Vollmer als praktischer Philosophie hat Michael Funken in einer Monographie traktiert, die alle einschlägigen Argumentationsfallen zwischen naturalistischem Kategorienfehler und tautologieträchtiger Selbstreferenz in der Rede vom ›survival of the fittest‹ auflistet. Was in solchen und ähnlichgelagerten Arbeiten, erst recht natürlich in manchen selbstgemachten Einwendungen der ›Biophilosophie‹ (vgl. Bp, 102 ff.: »Einwände und Meta-Einwände zur Evolutionstheorie«) auffällt, ist das trotz aller Relativierungen ungetrübte Vertrauen in die *Weltbild-Tauglichkeit* der Vokabel ›Evolution‹ – vgl. Michael Funken, Das Spiel des Lebens und sein Sinn. Evolutionäre Metaphysik und Praktische Philosophie, Würzburg 1994, 15–44. Die Trennung von ›Geist‹ und ›Natur‹ im Zeichen des Lebens (14) scheint allein durch das ›evolutionäre Denkschema‹, ›metaphysische Konstrukt‹, ›mythologische Epos‹ der Evolutionstheorie (vgl. die entsprechende Synonyma-Liste 44) überwindbar.

[162] Die Konsequenz des nihilistischen Terrorismus findet Nietzsche nicht in dessen metaphysischer Begründung, sondern im Übergang vom Erkennen zum Handeln. »Der Nihilismus ist nicht nur eine Betrachtsamkeit über das ›Umsonst!‹, und nicht nur der Glaube, daß alles wert ist zugrunde zu gehen: man legt Hand an, man *richtet zugrunde* ... Das ist, wenn man will, *unlogisch*: aber der Nihilist glaubt nicht an die Nötigung, logisch zu sein ...« (NW III, 59 f.) Somit kann sich der Lebenswille gegen sein eigenes Dasein richten. Das ist »Buddhismus der That« (881).

[163] Nach Nietzsches eigenen Formulierungen wäre dieser Gedankengang selbst Resultat einer logischen Ausschweifung: »Denn warum ist die Heraufkunft

des Nihilismus nunmehr *notwendig*? Weil unsre bisherigen Werte selbst es sind, die in ihm ihre letzte Folgerung ziehn; weil der Nihilismus die zu Ende gedachte Logik unsrer großen Werte und Ideale ist, – weil wir den Nihilismus erst erleben müssen, um dahinter zu kommen, was eigentlich der Wert dieser ›Werte‹ war …« (Kritische Studienausgabe XIII, 190).

[164] Vgl. die Einleitung von Martin Stingelin, Was leben soll und was sterben muß, zu: ds. (Hrsg.), Biopolitik und Rassismus, Frankfurt/M. 2003, 7–26, hier: 12 ff. *Lebensphilo-sophie (IV)*

[165] Die ›Biowissenschaften‹ umfassen mit Gehirnforschung, Neurophysiologie, Transplantationsmedizin sowie gewissen Forschungsfeldern der Kybernetik einen Komplex, der die Grenze zwischen Leben und Tod, Leib und Seele neu strukturiert.

[166] Das prominenteste Beispiel für die Verwischung von Kategorienebenen bzgl. ›Leben‹ bietet derzeit die Diskussion um gentechnologische Grundlagenforschung. »Sehr verkürzt gesagt, kreist die Stammzellendebatte um zwei extreme Positionen: In dem einen Fall werden Embryonen als ›Biomasse‹ betrachtet, in dem anderen als Rechtssubjekte. Beiden Argumentationen liegt jedoch ein gemeinsames diskursives Muster zugrunde.« (Thomas Lemke, Rechtssubjekt oder Biomasse? Reflexionen zum Verhältnis von Rassismus und Exklusion, in: Stingelin (Hrsg.), Biopolitik und Rassismus, 160–183, hier: 175) Das gemeinsame Muster dieser Positionen, für die jeweils Julian Nida-Rümelin und Robert Spaemann stehen können, umreißt der Autor so: »Ob embryonale Stammzellen als Biomasse oder als Rechtssubjekt, als Person oder als Sache betrachtet werden – immer kommt ihnen dieser Status aufgrund ihrer spezifischen Natur zu, die den biowissenschaftlichen Interventionen prinzipiell äußerlich bleibt.« (177) In beiden Fallen handele es sich um eine »Naturalisierungsstrategie« (176).

[167] Musterhaft dafür gegenwärtig die Argumentationen von Hubert Markl, vgl. Eigendarstellung und Gegenrede in: Biopolitik. Die Positionen, hrsg. von Christian Geyer, Frankfurt/M. 2001: Freiheit, Verantwortung, Menschenwürde. Warum Lebenswissenschaften mehr sind als Biologie, a. a. O., 177–193, als Wortmeldung aus einer der ›Lebenswissenschaften‹ selbst: Stephan Sahm, Der doppelte Markl. Ein Fall von Anpassungsfähigkeit, a. a. O., 200–205.

[168] Man and his future. A CIBA Foundation Volume (London 1963), deutsch: Das umstrittene Experiment: Der Mensch, hrsg. von Robert Jungk und Hans Josef Mundt, München-Wien-Basel 1966 (zit. als »CIBA«).

[169] Um die Prognosen und Vorschläge der CIBA-Wissenschaftler entstand sogleich eine – vor allem in Deutschland – heftig geführte Debatte. Besonders die eugenischen Gedankenspiele erregten und erregen bis in die Gegenwart Aufsehen und Unmut – vgl. etwa Arnold Künzli, Menschenmarkt. Die Humangenetik zwischen Utopie, Kommerz und Wissenschaft, Reinbek bei Hamburg 2001. Der Vf. zitiert als anstößiges Beispiel den Genetiker J. B. S. Haldane: »Widerstandsfähigkeit gegen Strahlung ist für Astronauten sicher eine wünschenswerte Eigenschaft … Falls es zu einem Atomkrieg kommt, werden die Überle-

benden auf ihre Strahlungsresistenz selektiert sein, wenn eine solche Selektion möglich ist. Danach sind sie als Astronauten brauchbarer.« Deshalb hätte es auch Sinn, »strahlungsresistente Typen zu züchten« (Menschenmarkt, 21). Gleichfalls bemerkenswert findet Künzli die Argumentation des Genetikers J. Lederberg. Dieser nannte umgekehrt als unerwünschte Selektionsfolgen »die Beeinflussung der Fruchtbarkeit durch wirtschaftliche Faktoren, die neuen Umweltangriffe auf unsere Gene, der medizinische Schutz gegen früher tödliche Defekte« (a. a. O., 27 f.).

[170] Unter den 27 Versammelten arbeiteten die meisten als Biologen bzw. Biochemiker. Daneben waren Physiologen, Mediziner und Soziologen sowie ein Geistlicher der Anglikanischen Kirche vertreten.

[171] Julian Huxley, Die Zukunft des Menschen – Aspekte der Evolution, in: Jungk / Mundt (Hrsg.), Das umstrittene Experiment, 31–50 (zit. als »CIBA/ Huxley«).

[172] Pierre Teilhard de Chardin, Der Mensch im Kosmos (Le phénomène humain, 1947), Berlin 1966.

[173] Auf aktive Genetik lautet fast immer das Rezept genetischer Deterministen. Es kommt in deterministischer Perspektive eben darauf an, möglichst früh in einer Kausalkette zu intervenieren. Die Macht- und Glücksphantasien des genetischen Determinismus – das zeigt das vergangene halbe Jahrhundert seit dem CIBA-Kolloquium – bestehen dabei unabhängig vom wissenschaftlichen Ruf dieser Doktrin weiter. »Zwar wird der genetische Determinismus in der heutigen Humangenetik kaum mehr ernst genommen, dennoch ist er im Denken der Menschen weit verbreitet. Und die pharmazeutische Industrie, die mit neuen Verfahren der Gendiagnostik ein großes Geschäft wittert, baut auf diesen Glauben an den Genfatalismus und versucht ihn für ihre wirtschaftlichen Interessen zu instrumentalisieren. So bietet beispielsweise eine britische Firma einen Gentest für niedrige Intelligenz an, mit dem in vitro befruchtete Embryonen auf ihre Intelligenz getestet werden können ...« (Thomas Zoglauer, Konstruiertes Leben. Ethische Probleme der Humangentechnik, Darmstadt 2002, 22 f.).

[174] Vgl. Dieter Hassenpflug, Die Natur der Industrie. Zur Philosophie und Geschichte des industriellen Lebens, Frankfurt/M.-New York 1990, 23. Der Autor selbst lehnt ›Superindustrialismus‹ und ›Ökologismus‹ als gleichermaßen die menschliche Lebenspraxis verkennende Rettungsversuche an der Biosphäre ab (543).

[175] Für die unverminderte Attraktivität dieses Gedankenspiels etwa innerhalb der gegenwärtigen Technikphilosophie vgl. Bernard Stiegler, Technik und Zeit. Die Schuld des Epimetheus, Berlin-Zürich 2007.

[176] Hermann J. Muller, Genetischer Fortschritt durch planmäßige Samenwahl, in: Jungk/Mundt (Hrsg.), Das umstrittene Experiment, 277–291 (zit. als »CIBA/Muller«).

[177] Joshua Lederberg, Die biologische Zukunft des Menschen, in: Jungk/

Mundt (Hrsg.), Das umstrittene Experiment, 292–301 (zit. als »CIBA/Leder-berg«).

[178] John Burdon S. Haldane, Biologische Möglichkeiten für die menschliche Rasse in den nächsten zehntausend Jahren, in: Jungk/Mundt (Hrsg.), Das umstrittene Experiment, 367–391 (zit. als »CIBA/Haldane«).

[179] Und dort schnell populär geworden. Das liegt vielleicht an einer in der Neuen Welt stark verbreiteten Mentalität, die für romantische Naturheilheit gern die fortgeschrittensten Technologien bemüht. Man denke etwa an Neil Youngs Lied »After the Goldrush« (1970): Silberne Raumschiffe stehen bereit, um der irdisch gefährdeten ›mother nature's silver seed‹ einen neuen, solarischen Wohnort zu verschaffen. In Frage kommen hierfür allerdings nur die (wahr-scheinlich eugenisch) Erwählten, die ›chosen ones‹ – die soeben die Raumschiffe besteigen.

[180] Zu den gravierenden Umdeutungen und Akzentwechseln dieses »Neodar-winismus« vgl. die Diskussion bei Gräfrath, Evolutionäre Ethik, 84 ff.

[181] Freilich sind die Grenzen zwischen ›negativer‹ und ›positiver Eugenik‹ fließend, wie Zoglauer mit Recht bemerkt – vgl. ds., Konstruiertes Leben, 104–106.

[182] Vgl. Peter Weingart, Jürgen Kroll, Kurt Bayertz, Rasse, Blut und Gene: Geschichte der Eugenik und Rassenhygiene in Deutschland, Frankfurt/M. 1988, 113.

[183] In den 1960er Jahren hatte sich die ›Bioethik‹ als ideologischer Überbau mächtiger medizinisch-industrieller Interessenmassive herausgebildet; die er-sten ›Bioethiker‹ waren Angestellte US-amerikanischer Pharmaunternehmen. Zu den hauptsächlichen Arbeitsfeldern der ›Bioethik‹ sind später die Transplan-tationsmedizin und das therapeutische Klonen bzw. Überschneidungen beider (Züchtungen von Zellen zur Verpflanzung im Krankheitsfall) geworden. Dies waren in den 1960er Jahren biotechnologisch höchstens Möglichkeiten, in vielen CIBA-Beiträgen aber bereits reale Begehrlichkeiten. Zum neueren Stand der ethischen Diskussion in Deutschland vgl. Jan C. Joerden, Menschenleben. Ethi-sche Grund- und Grenzfragen des Medizinrechts, Stuttgart 2003.

[184] Einen ganzen Komplex bilden solche Anforderungen bei Ernst Tugend-hat. Es sei erst die Geburt, die den Menschen zum Objekt moralischer Pflichten für die bereits Lebenden (Geborenen) macht, da moralische Pflichten sich nur auf eine Gemeinschaft kooperierender Subjekte beziehen und Kleinstkinder zu »sich allmählich entwickelnden Subjekten der moralischen Gemeinschaft« erst heranwachsen, wodurch sie auch Tötungsschutz gewinnen. Die bewußte Identi-tät einer Person, so Tugendhat, reiche nämlich immer nur bis zur Geburt zurück (»Damals begann mein Leben«), und seit der Geburt müsse es ihr – retrospek-tives? – Interesse bilden, nicht getötet worden zu sein (vgl. ds., Vorlesungen über Ethik, Frankfurt/M. 1994, 192–196). »Mancher berühmte Mann trägt mitunter so schwachsinnige Ideen vor, daß wir nicht zu glauben wagen, wir verstünden.« (Nicolás Gómez Dávila, Einsamkeiten, Wien 1987, 60).

¹⁸⁵ Vgl. den Durchgang entsprechender Positionen bei Hans Michael Baum-gartner, Ludger Honnefelder, Wolfgang Wickler, Armin G. Wildfeuer, Men-schenwürde und Lebensschutz: Philosophische Aspekte, in: Günter Rager (Hrsg.), Beginn, Personalität und Würde des Menschen, Freiburg-München ²1998, 161–242, hier: 170 ff., 192 ff.

¹⁸⁶ Eine Entbindung von aller Leiblichkeit charakterisiert das bioethisch in-spirierte Philosophieren vielfach. Sie ist als hervorstechendes Defizit dieses Ar-gumentationstyps herausgearbeitet bei: Andreas Brenner, Bioethik und Biophä-nomen. Den Leib zur Sprache bringen, Würzburg 2006.

¹⁸⁷ In dieser regionalontologisch bedingten Distanz ist das Leben auch sprachlich ›fremd‹ gemacht. Beträchtliche verbale Kraftakte waren erforderlich, um es als restlos verfügbare Stofflichkeit darstellen zu können. Ein Beispiel bietet die in den Kontext der ›Biopolitik‹ gestellte Abtreibungsproblematik. In altfemi-nistischer Sicht erfährt die Frau beim Schwangerschaftsabbruch ihre ureigene Autonomie – ihr ›Selbst‹ behauptet sich gegen einen Eindringling, der Kontexte herstellen würde, die über die Leibesgrenze und ihre Selbstbestimmbarkeit hin-ausreichen. Nicht wenige feministische Autorinnen polemisieren zwar heftig gegen die ideologische Zerstückelung des weiblichen Leibesganzen je durch ›Forschung‹ und ›Kirche‹. Sie tun dies jedoch ihrerseits in einem Vokabular, das der Aufspaltung in Rechtssubjekt und Biomasse entspricht. »Die Definition der embryonalen Stammzelle als autonomes Schutzgebiet beerbt ... eine Trennung von Frau und Embryo, die es bis 1975 nicht im Recht, sondern nur in der ka-tholischen Moraltheologie gab. Irgendwelche historisch gewachsenen oder po-litischen Evidenzen gab es für die Diskussionen der 1970er Jahre nicht, daß der Gebärmutterinhalt einer Frau ein autonomerer Teil ihres Leibes sein sollte als etwa ihre Eierstöcke oder ihr Herz. Es bedurfte des Rechtsakts, die Schwanger-schaft zu biologisieren und den Embryo als gesonderte Substanz zu formatieren. ... Das Schutzobjekt *in vitro* wie *in vivo* war nicht immer schon da. Es wird Mitte der 1970er Jahre und Anfang der 1990er Jahre, exakt zu dem Zeitpunkt, als die Laborvermehrung praktisch möglich wurde, regelrecht aus dem Frauenkörper herausdefiniert. Der Verdacht legt sich nahe, daß gerade durch die Entscheidung von 1993 vor allem eines verhindert wurde, nämlich eine einredefähige Rechts-position der Frauen – ein ›mein Bauch gehört mir‹ gegenüber der Forschung, die in den 1990er Jahren noch hauptsächlich Krankenhausabfälle nutzen wollte und noch auf wenige freiwillige ›Spenderinnen‹ traf. Kirche und Forschung standen hier gegen die Autonomie der Frau.« (Petra Gehring, Was ist Biomacht? Vom zweifelhaften Mehrwert des Lebens, Frankfurt/M.-New York, 78 f.) Ein autono-mes Rechts- und Anspruchssubjekt *besitzt* also seine Körperstoffe, denen erst von außen (Kirche und Forschung) ein spezifischer Wert zugeschrieben wird. Schwangerschaft wäre demzufolge kein Leibesfaktum, sondern ein biologisches Konstrukt. Und Organe hätten denselben Seins- und Rechtsstatus wie ein Em-bryo, denn all dies ist ja Körperstoff im Besitz eines Individuums. In den von Gehring diskutierten Verfahren zur Stammzellgewinnung erscheint der weib-

liche Körper als Opfer eines Angriffs und Eingriffs aggressiver (männlicher?) Technologien, gerichtet gegen das ›leibliche Ganze‹, realisiert als eine ›Technik an der Frau‹ (23, 77), in der Abtreibung dagegen nicht. Bei den Versuchen künstlicher Schwangerschaftsanbahnung erscheint die Frau leiblich gefährdet und seelisch fremdbestimmt (99), im Schwangerschaftsabbruch dagegen findet sie ihre uneingeschränkte Selbstbestimmtheit. Diese ist nur durch eines bedroht – durch »die Logik der partikularen Aufwertung eines technologiegebundenen bioethischen Objekts (des Embryo in seiner biorechtlichen Definition als ›werdendes menschliches Leben‹)« (136). Die Frau als ›leibliches Ganzes‹, das einen werdenden Menschen einschließt, scheint mit dem Autonomie-Gedanken unvereinbar. So schließt sich der Kreis vom 1970er-Jahre-Feminismus zu gegenwärtiger ›Forschungsethik‹ etwa eines Hubert Markl.

[188] Zur Mundstück-Metapher in dieser Funktion vgl. mustergültig Nietzsche, Kritische Studienausgabe, VII, 46.

[189] Vgl. den kritischen Kommentar dazu in: Künzli, Menschenmarkt, 16.

[190] Vgl. die von Baumgartner u. a. diskutierten Positionen in: Menschenwürde und Lebensschutz, in: Rager (Hrsg.), Beginn, Personalität und Würde des Menschen, 196 ff.

[191] Worauf das neuere Interesse an Spinoza zielt, bringt der Titel eines Buches von Yirmiyahu Yovel auf den Punkt: Spinoza. Die Abenteuer der Immanenz, Göttingen 1994.

[192] Vgl. die Beispiele bei Künzli, a. a. O., 27 f.

[193] Vgl. als besonders konsequent ausgeführte Positionen die Beiträge von Philippa Foot, Euthanasie, in: Um Leben und Tod. Moralische Probleme bei Abtreibung, künstlicher Befruchtung, Euthanasie und Selbstmord, hrsg. von Anton Leist, Frankfurt/M. 1990, 285–317, und Richard M. Hare, Abtreibung und Goldene Regel, a. a. O., 132–156.

[194] Die Literatur zur ›Sterbehilfe‹ ist kaum noch überschaubar. Zur Orientierung sei auf das Literaturverzeichnis von Joerden, Menschenleben, verwiesen.

[195] In welcher Freiheit die biophilosophische Angst vor einer möglichen Unverfügbarkeit der Biomasse Leib kulminiert, kündigt sich bereits in manchen Buchtiteln an – vgl. beispielsweise Ursula Baumann, Vom Recht auf den eigenen Tod. Die Geschichte des Suizids vom 18. bis zum 20. Jahrhundert, Weimar 2001.

[196] Ruth Bodden-Heidrich/Thomas Cremer/Karl Decker/Hermann Hepp/Willi Jäger/Günter Rager/Wolfgang Wickler, Beginn und Entwicklung des Menschen: Biologisch-medizinische Grundlagen und ärztlich-klinische Aspekte, in: Rager (Hrsg.), Beginn, Personalität und Würde des Menschen, 15–159, hier: 121.

[197] A. a. O., 124 f.

[198] Vgl. a. a. O., 139.

[199] Vgl. Philippe Ariès, Studien zur Geschichte des Todes im Abendland, München 1976; ds., Geschichte des Todes, dort bes. fünfter Teil: »Der ins Gegenteil verkehrte Tod«, 713 ff.

[200] Vgl. Illich, Tod kontra Tod, a. a. O., 201.

[201] »Seltsamerweise wurde der Tod gerade in dem Augenblick zum Feind erklärt, den es zu besiegen gilt, als der Megatod den Schauplatz betrat. Neu ist nicht nur das Bild eines ›unnötigen Todes‹, sondern auch unsere Vorstellung vom Ende der Welt.« (Illich, Tod kontra Tod, 205) – vgl. Fuchs, Herrschaft und Gewalt, a. a. O., 156.

[202] »Um der Verderblichkeit der Organe entgegenzuwirken, muß der funktionierende Kreislauf oder das schlagende Herz aus der Liste der Lebenskriterien gestrichen werden.« (Thomas Cernay, Anleitungen zum Leblos-Sein. Der biotechnische Zugriff auf das Subjekt, in: Iz3w Nr. 225 (1997), 20–22, hier: 22).

[203] Das also gelernt hat, die wissenschaftlich-technisch vermittelte Perspektive der dritten Person seinen Daseinsvollzügen in der ersten Person zugrunde zu legen, mithin sich zu fragen, ob es sich bestimmte Qualitäten zuschreiben könne, die ihm ›Würde‹, ›Personalität‹ u. ä. und somit vitale Unverletzbarkeit sichern. Derlei Selbst-Disziplinierungen werden dem ›Selbst‹ von naturalistischen ebenso wie von kantianisch-normativistischen, von empiristischen ebenso wie von bewußtseinsphilosophisch orientierten Theoretikern angesonnen. In der Empörung um den biopolitischen Auftritt des Kantianers Julian Nida-Rümelin, der das Lebensrecht von der Selbstachtungspotenz abhängig machen wollte, ist vielfach die Kompatibilität des Kantianismus mit biotechnologischem Optimismus übersehen worden. Doch dessen Operationsfeld umfaßt alles, was ›phänomenal‹ werden kann für ein autonom schaltendes ›intelligibles‹ Ich.

[204] Vgl. Körperpolitik – Biopolitik (Berliner Blätter. Ethnographische und ethnologische Beiträge, Heft 29), Münster 2003, dort: Vera Kalitzkus, »Intime Freunde«: »Organspende« und Organtransplantation im Spannungsfeld von Körper und Leib, 43–51; Sibylle Olbrecht, Das abstoßende Selbst. Die Konstruktion von »Differenz« im Kontext der ersten Herztransplantationen, 52–61.

[205] Vgl. Alfred Tauber, The Immune Self: Theory or Metaphor? Cambridge 1997, als Betroffener hierzu: Jean-Luc Nancy, Der Eindringling, Berlin 2000.

[206] »Wenn wir Leben als Code begreifen und das Immunsystem als Grundlage der Definition von Eigenem und Fremdem verstehen, ist es denkbar, Schafe mit menschlichen Genen auszustatten und Menschen mit Schweineherzen zu versorgen.« (Lemke, Rechtssubjekt oder Biomasse, a. a. O., 166) Vgl. dazu auch Künzli, Menschenmarkt, dort: »Epilog mit Bulgakow«, 184 ff.

[207] Vgl. Baruch Spinoza, Ethica IV, 4–18: Selbstmordmöglichkeit hergeleitet aus einer Störbarkeit des autopoietischen, gleichwohl ideen-, sprich: informationsabhängigen Systems durch ›inadäquate Ideen‹.

[208] Vgl. zur Debatte um Bewußtsein und Personalität den Aufsatz von Hans Michael Baumgartner/Ludger Honnefelder/Wolfgang Wickler/Armin G. Wildfeuer, Menschenwürde und Lebensschutz: Philosophische Aspekte, in: Rager (Hrsg.), Beginn, Personalität und Würde des Menschen, 161–242. Gegen alle empiristischen wie bewußtseinsphilosophischen Definitionen von Personalität wird hier mit Recht auf die Schwierigkeit verwiesen, Subjektivität als Personali-

tätskriterium »der konstatierenden Erkenntnis des anderen« zugänglich zu machen (215). »Es ist also gerade die Unverfügbarkeit des Subjektseins für den anderen, die den Schutz des Subjektseins an das Kriterium der Leiblichkeit bindet.« (217).

[209] »Um keinen Schatten des Rassismus-Verdachts im Sinne Foucaults aufkommen zu lassen, wird zur Zeit versucht, die Schwelle, auf der sich teilende Zellen überhaupt erst ins ›Leben‹ treten, zu erhöhen, um im Vorzimmer die embryonale Stammzellenforschung freigeben zu können.« (Stingelin, Was leben soll und was sterben muß, a. a. O., 19).

[210] Es handelt sich hierbei um eine Grundfigur all jener ›Lebensphilosophien‹ oder neutraler: alles ›Philosophierens über das Leben‹, worin man ethische Probleme mit diesem in Kosten-Nutzen-Kalkulationen zu formalisieren sucht. Die Rede von einem ›intrinsischen Wert des Lebens‹ ist dafür ebenso typisch wie die Quantifikation dieses Wertes in einer Kette von lebenswerten Jetzt-Erlebnissen unausweichlich: »Wert des Lebens – die Summe der Werte aller ihrer Erlebnisse«. Vgl. den einschlägigen Abschnitt in: Wolfgang Lenzen, Liebe, Leben, Tod. Eine moralphilosophische Studie, Stuttgart 1999, 136 ff. Eine Linie von solchen ›Abwägungstechniken‹ bzw. ›Wertungsbilanzen‹ zur ›Verrechnung‹ von ›Lebensrechten‹ gegen die Freiheit von Wissenschaft und Forschung zieht Wolfgang Wieland, Bioethik als Herausforderung, Bonn 2003, 39 f. Dort auch der Hinweis auf frühe Tendenzen dieser Art im Memorandum »Forschungsfreiheit« der DFG von 1966 (a. a. O., 70, Anm. 22).

[211] Vgl. Helga Kuhse, Die Lehre von der ›Heiligkeit des Lebens‹, in: Leist (Hrsg.), Um Leben und Tod, 75–106, hier: 89 ff.; Dieter Birnbacher, Selbstmord und Selbstmordverhütung aus ethischer Sicht, a. a. O., 395–422, hier: 419.

[212] Hubert Thüring, Form und Unform, Wert und Unwert des Lebens bei Nietzsche, in: Stingelin (Hrsg.), Biopolitik und Rassismus, 27–54, hier: 33.

[213] Jürgen Link, Normativität versus Normalität. Kulturelle Aspekte des guten Gewissens im Streit um die Gentechnik, in: Stingelin (Hrsg.), Biopolitik und Rassismus, 184–205.

[214] Vgl. Link, Normativität versus Normalität, a. a. O., 191.

[215] »Wie bei der Nukleartechnik handelt es sich auch bei der Gentechnik nicht um einzelne, individuelle Fälle spektakulärer möglicher Heilungen, sondern um die Installation einer massenhaften und massiven zusätzlichen künstlichen Welt, die zudem noch mit unserer natürlichen Menschenkörperwelt intimer interferiert als jede andere bisherige.« (Link, Normativität versus Normalität, a. a. O., 201 f.).

[216] Vgl. Lemke, Rechtssubjekt oder Biomasse?, in: Stingelin (Hrsg.), Biopolitik und Rassismus, 160–183, hier bes.: 177.

[217] Vgl. zur Kontinuität dieser Motive: Ferdinand Fellmann, Gelebte Philosophie in Deutschland. Denkformen der Lebensweltphänomenologie und der kritischen Theorie, Freiburg-München 1983.

[218] Vgl. Paul Rabinow, Bios Becomes Zoe, in: Tetsuji Yamamoto (Hrsg.),

Philosophical Designs for a Socio-Cultural Transformation, Paris 1998, 180–186.

²¹⁹ Vgl. Lemke, Rechtssubjekt oder Biomasse, a. a. O., 166: Rekonstruktion des Organismus durch Neudefinition des Lebens übers Immunsystem statt über die Artgrenzen. Zur Selbstbearbeitung des lebendigen Körpers vgl. Alexander Görsdorf, Vom Zeichnen, Formen, Implantieren: Körpermodifikation als Gegenstand der Europäischen Ethnologie, in: Körperpolitik, Biopolitik, 62–75.

²²⁰ Wie dies nahegelegt scheint in: Fuchs, Herrschaft und Gewalt, a. a. O., 152 f.

²²¹ Vgl. summarisch: Mauro Bertani, Zur Genealogie der Biomacht, in: Stingelin (Hrsg.), Biopolitik und Rassismus, 228–259, hier: 248.

²²² Das Beispiel der Biowissenschaften und -politik im nationalsozialistischen Deutschland hat den heuristischen Vorzug, daß sich viele Konsequenzen aus der wissenschaftlich-technologisch ermöglichten Theorie des Lebens gleichzeitig als staatlich-gesellschaftliche Machtkämpfe illustrieren – vgl. als Fallstudie: Jörg Marx, »Der Wille zum Kind« und der Streit um die physiologische Unfruchtbarkeit der Frau. Die Geburt der modernen Reproduktionsmedizin im Kriegsjahr 1942, in: Stingelin (Hrsg.), Biopolitik und Rassismus, 112–159. »Das Beispiel des Nazismus demonstriert, was im Bereich des Möglichen liegt, wenn das prekäre Verhältnis von Politik und Biologie, von Wachstum und Vermehrung zur Seite eines sich ständig steigernden, sich selbst optimierenden und alle politischen Maßverhältnisse sprengenden Lebens aufgelöst wird.« (159) Zu den ideologischen Kunststücken der NS-Lebensphilosophie gegenüber älterer Kultur- und Technikkritik gehörte die Umdeutung der Technik aus einem seelentötenden Prinzip zu einem Lebensprinzip des ›gesunden Menschen‹. Die Parallelen zum argumentativen Gestus späterer Biopolitik sind unübersehbar. Funktional bleibt für diese die ›nationalsozialistische Weltanschauung‹ trotz ihres inhaltlichen Eklektizismus vorbildlich. Vgl. Ebrecht, Das individuelle Ganze, 311.

²²³ Bereits zwanzig Jahre vor der Breitendiskussion um Biowissenschaft und -politik hat dieses Staunen seinen gültigen poetischen Ausdruck gefunden – vgl. Udo Lindenberg, »Samenbank«, in: Sündenknall (Polydor, 1985).

²²⁴ Zu derlei Ad-hoc-Metaphysiken, die von Apologeten der biotechnisch-industriellen Expansion verfertigt wurden, vgl. die treffsichere Glosse von Justus Uwe Wenzel, Den Puls fühlen. Volker Gerhardts Biopolitik, in: Neue Zürcher Zeitung, 15. 12. 2001.

²²⁵ Vgl. die entsprechende Abhandlung des Themas bei Ebrecht, »Universalismus, Selbstzerstörung und Zerstörung der anderen: Substitution von Individualität, Freiheit und Leben durch Führer, Blut und Rasse« (Das individuelle Ganze, 300 ff.). Gegenüber dem rassistisch transformierten Lebensbegriff rücken hierbei die naturwissenschaftlich wie die transzendentalidealistisch inspirierte Lebensphilosophie wie folgt zusammen: »Die Vitalisten und Lebensphilosophen hatten eine Ganzheitsauffassung vertreten, deren Fundament das organische Leben bzw. die freie und entwicklungsfähige Individualität war. Die nationalso-

zialistischen Imaginationen einer völkischen Ganzheit unterschieden sich grundlegend von dem psychologistisch-organologischen Fundamentalismus der Lebensphilosophie.« (283) Ähnlich die Polarität auch bei Fellmann: Selbsterfahrung, Individualität, Subjektivität bei einer Lebensphilosophie à la Simmel vs. ›Ideologische Lebensphilosophie‹ nach dem Ersten Weltkrieg (vgl. ds., Lebensphilosophie, 124 ff., 142). Zur Kritik dieser Zuordnung vgl. Große, Revitalisierung der Lebensphilosophie? (1. Teil), a. a. O., 28 f.

[226] Es gibt Ausnahmen, freilich nicht innerhalb des engeren lebensphilosophischen Begriffskosmos. Wenig zimperlich argumentiert z. B. Panajotis Kondylis, Das Politische im 20. Jahrhundert. Von den Utopien zur Globalisierung, Heidelberg 2001, hier besonders: »Technik und die Wandlungen der Humanität«, 213 ff.

[227] Dieser Neu- oder genauer: Vulgärnietzscheanismus empfiehlt ›den‹ verweichlichten Deutschen, ›der‹ politischen Klasse, ›dem‹ friedensseligen Mittelstand der Bundesrepublik usw. ein aufregend-gefährliches Leben inklusive Sterben, um der Banalität der wohlstandsdemokratischen Lebensform zu entgehen. Eine eher politästhetische denn philosophische Position. Ihr eifrigster Verfechter ist seit ca. einem Vierteljahrhundert der Journalist und Literaturprofessor Karl Heinz Bohrer, der in seiner Zeitschrift »Merkur« gleichlautende Stimmen versammelt. Bohrer trägt seine Forderungen im Ton männlich-nüchterner Einsicht in harte Tatsachen vor (der ›Ernstfall‹ einer politisch-militärischen Erpreßbarkeit des Westens ständig drohend; Europa in seiner Kriegsführung immer noch zu zimperlich und von Intellektuellen-Selbsthaß behindert; deutsche Militäreinsätze als Mittel zu neuer Selbstachtung und Weltläufigkeit bislang sträflich verschmäht). Er übersieht den prinzipiell asymmetrischen Charakter etwa des ›Krieges gegen den Terror‹: Bei Ernst Jünger hätte er lesen können, daß buchstäblich nichts einem Menschen imponieren kann, der den Tod nicht fürchtet. Die dem westlichen Menschen – auch seinen Sprechern an Schreibtisch und Katheder? – abgeforderte Opferbereitschaft würde also den Sinn der westlichen Lebensform in Frage stellen.

Charakteristisch für Bohrers Verfahren – er selbst nennt es ›physiognomisch‹ – ist diese systematische Verkennung von Bedingungszusammenhängen zwischen Sinn und Sein des Lebens. So wird als außenpolitische Tat gefordert, was als kulturelle Sinngebung gerade geschmäht wurde: ein Leben, das ausschließlich mit der Sicherung seiner Bedingungen beschäftigt ist. Beispielsweise beobachtet Bohrer, daß und wie der – jüngst biotechnologisch forcierte – Konsumentenkapitalismus unserer Tage (Bohrer nennt ihn nicht so!) ein rein biologisch qualifizierbares Dasein begünstigt, das Bohrer den »neuen Phänotyp des nur noch Aufnehmenden und Ausscheidenden« nennt. Dieser rundum versorgte bzw. sich versorgende Letztmensch sei ästhetisch unerträglich, seine unheroische Lebensform bezeichne einen Würdeverlust. Was empfiehlt Bohrer als Abhilfe? Stolz und Selbstachtung durch kriegerische Verbreitung eben dieser – als Vegetieren, als bloßes Dasein-Wollen charakterisierten – Lebensform zu erlangen, zu der die ganze nicht-westliche Welt wie auch die von Selbsthaß zerfressenen Westintellektuellen neidvoll aufblicken. Das politisch-militärisch aufrechterhaltene Gleichgewicht zwecks Erhalt dieser konsumtiven (F. G. Jünger nannte sie ›verschleißenden‹) Lebensform erscheint bei Bohrer also als eine *Tat*, wozu sich das Leben erst in individueller und individualisierender Anstrengung aufraffen müsse; ein Wollen des Willens zum Leben qua Mehr-als-Leben, Existenz durch Expansion. Als jüngste Probe solcher Kriegsempfehlung zur ästhetischen Kur vgl.»Dekadenz. Kein Wille zur Macht«, »Merkur«-Doppelheft 700 (2007); dort auch der ebenso betitelte Einleitungsessay Bohrers (659–667).

[228] Die Hilflosigkeit der ›individualistischen‹ Antwort gegenüber einem Verlust von »Autonomie, natürlicher Identität und Bedeutung« in der wissenschaftlich-technisch bestimmten Moderne – nämlich eine »phantasierte Weltmächtigkeit des Individuums« im Zeichen individueller Ganzheit – registriert auch Ebrecht, Das individuelle Ganze, 321. Allerdings nicht unterm Aspekt einer solche lebensimmanente Ganzheit des Selbst gerade fordernden Biotechnologie, -ethik, -politik, sondern als Eskapismus- bzw. Kompensationsphänomen.

Systematischer [229] Trotz Neigung zu der einen oder anderen Seite besteht im Selbstverständ-
Rückblick nis von ›Lebensphilosophie‹ durchgehend eine Doppelfront zu ›Metaphysik‹ *und* ›Positivismus‹, zu ›lebensfremder Spekulation‹ *und* ›Szientismus‹. Vielleicht haben sich deshalb prominente Lebensphilosophen immer wieder zugleich als Metaphysikersetzer und als Wissenschaftserneuerer verstehen können. Diesen Doppelaspekt dokumentieren viele Beiträge in: Michael Großheim (Hrsg.), Perspektiven der Lebensphilosophie. Zum 125. Geburtstag von Ludwig Klages, Bonn 1999.

[230] Sehr früh hat – als Vertreter einer lebensphilosophischen Anthropologie – Otto Friedrich Bollnow diesen Unterschied wahrgenommen – vgl. ds., Die Lebensphilosophie, 120.

[231] Als Beispiel sei der perspektivenreiche Überblick von Andreas Bähr/Hans Medick (Hrsg.), Sterben von eigener Hand. Selbsttötung als kulturelle Praxis, Köln-Weimar-Wien 2005, genannt. Er berücksichtigt viele geistesgeschichtliche Aspekte der Selbstmord-Problematik, kommt aber ganz ohne Bezug auf die romantische Todesphilosophie oder die vitalistisch-evolutionistischen Grundlagen von Eugenik und Euthanasie aus.

[232] Vgl. Fellmann, Lebensphilosophie, 142 ff. Der Verfasser leitet das Kapitel »Ideologische Lebensphilosophie« mit der Behauptung ein: »Nach dem Ersten Weltkrieg schlägt die Lebensphilosophie ins Ideologische um. ›Leben‹ wird nicht länger als problematischer Begriff zur Klärung der Strukturen des Erlebens gebraucht, sondern nimmt mehr und mehr den Charakter einer überpersönlichen Macht an, die für die Entwicklung der Kultur verantwortlich sein soll.« (142) Als Beispielautoren sind Spengler, Klages, Lessing angeführt. Fellmanns normativistische Verpflichtung *der* ›Lebensphilosophie‹ auf einen ›problematischen Begriff‹ ist eines, die Tatsache, daß genannte Tendenzen bereits im Vorkriegsschaffen der angeführten Autoren sichtbar sind, ein anderes. Überdies unterschlägt

diese – offenbar als zugleich historisch-systematisch gemeinte – Rubrizierung die Existenz einer ›ideologischen Lebensphilosophie‹ bereits im 19. Jahrhundert, die vitalistischen Kulturtheorien, den biologistischen Rassismus. Was ist mit Gobineau, Chamberlain, Dühring, z. T. Nietzsche? Was mit dem sog. ›Dorfschullehrer-Atheismus‹ der völkischen Bewegung?

[233] Vgl. Richard M. Hare, Freiheit und Vernunft, Düsseldorf 1983, 135 ff., bes. 192; Moralisches Denken, Frankfurt/M. 1992, 242 f.

[234] Die Formel vom Hirntod taucht nicht zufällig auf, sobald die Transplantationsmedizin einen gewissen Stand erreicht hat. Für den Einzelnen sind dies die zwei Extremmöglichkeiten seiner Sorge um sich: Was an mir kann – physisch – sterben, ohne mein Leben als Gesamtperson in Frage zu stellen, wie kann ich sicher sein, daß ich ohne Bewußtsein bin, wenn ich meinen Körper als Lieferanten von Organen für fremdes Überleben freigebe? Über das ›funktionalpraktische Kriterium zur Bestimmung des vollständigen Hirntods‹ informiert unter Einbeziehung der philosophischen und medizinwissenschaftlichen Literatur kompetent B. N. Schumacher, Der Tod in der Philosophie der Gegenwart, 28–30.

[235] Der junge, schopenhauernde, tragisch-heroische Nietzsche hatte auf denselben Gedanken noch einen anderen Akzent gesetzt, der wohl dem Vertrauen auf die Möglichkeit kontemplativer Lebensdistanz entsprach: »jeder Glaube an Wert und Würdigkeit des Lebens beruht auf unreinem Denken« (NW I, 471).

[236] Die Unterschiede im Umgang namentlich mit ›krankem‹, ›nicht lebensfähigem‹, ›-wertem‹, ›-würdigem Leben‹, die zwischen Lebensphilosophie (II) und (IV) bestehen, betreffen vor allem das Verhältnis von Entscheidungs- und Ausführungsinstanz. Wenn es zunächst der Spezialgelehrte, Rassenpolitiker, lebensphilosophische Ideologieproduzent ist, der sich in der Nähe der leben-und-todbringenden Macht hält und doch von deren Entscheidungen zumeist getrennt bleibt, besteht die spätere, gewissermaßen totalitäre Variante darin, daß dem Durchschnittsbürger biopolitische Souveränität angetragen wird: Individuelle Tötungsentscheide anhand ›verinnerlichter‹ Kriterien zum So-Sein(Müssen) des Lebens. Damit wäre der Rassenfanatiker bei Entdeckung seines schlechten Stammbaums prinzipiell in keiner anderen Situation als die genetisch beratene Frau vor ihrer ›selbstbestimmten Entscheidung‹ etwa zur ›Risikoschwangerschaft‹.

Literaturverzeichnis

ABEL, GÜNTER: Nietzsche. Die Dynamik des Willens zur Macht und die ewige Wiederkehr.– Berlin-New York, 1984.

AHRENS, HENNING: John Cowper Powys' Elementalismus. Eine Lebensphilosophie.– Frankfurt/M., 1997.

ALBERT, KARL: Lebensphilosophie. Von den Anfängen bei Nietzsche bis zu ihrer Kritik bei Lukács.– Freiburg–München, 1995.

ALBERT, KARL / JAIN, ELENOR: Philosophie als Form des Lebens. Zur ontologischen Erneuerung der Lebensphilosophie.– Freiburg–München, 2000.

AMERY, CARL: Bileams Esel. Konservative Aufsätze.– München–Leipzig, 1991.

–, Die Botschaft des Jahrtausends. Von Leben, Tod und Würde.– München–Leipzig, 1994.

ANDERS, GÜNTHER: Die Antiquiertheit des Menschen. Über die Seele im Zeitalter der zweiten technischen Revolution.– München, 1956.

–, Die Antiquiertheit des Menschen II. Über die Zerstörung des Lebens im Zeitalter der dritten industriellen Revolution.– München, 1980.

ARIÈS, PHILIPPE: Studien zur Geschichte des Todes im Abendland.– München, 1976.

–, Geschichte des Todes.– München–Wien, 1980.

BÄHR, ANDREAS / MEDICK, HANS (Hrsg.): Sterben von eigener Hand. Selbsttötung als kulturelle Praxis.– Köln–Weimar–Wien, 2005.

BAHRO, RUDOLF: From Red to Green. Interviews with New Left Review.– London, 1984.

–, Logik der Rettung: wer kann die Apokalypse aufhalten? Ein Versuch über die Grundlagen der ökologischen Politik.– Berlin, ²1990.

BAUM, GÜNTHER: Vernunft und Erkenntnis. Die Philosophie F. H. Jacobis.– Bonn, 1969.

BAUMANN, URSULA: Vom Recht auf den eigenen Tod. Die Geschichte des Suizids vom 18. bis zum 20. Jahrhundert.– Weimar, 2001.

BECK-GEMHEIM, ELISABETH: Die soziale Konstruktion des Risikos – das Beispiel Pränataldiagnostik.– In: GEYER, CHRISTIAN (Hrsg.): Biopolitik. Die Positionen.– Frankfurt/M., 2001.– S. 21–40.

BEELMANN, AXEL: Theoretische Philosophiegeschichte. Grundsätzliche Probleme einer philosophischen Geschichte der Philosophie.– Basel, 2001.

BELL, DANIEL: Die kulturellen Widersprüche des Kapitalismus. Deutsch von Inge Presser.– Frankfurt–New York, 1991.

BERGSON, HENRI: Zeit und Freiheit. Eine Abhandlung über die unmittelbaren Bewußtseinstatsachen.– Jena, 1920.

–, Denken und schöpferisches Werden. Aufsätze und Vorträge. Übersetzt von Leonore Kottje.– Frankfurt/M., 1985.

BERTANI, MAURO: Zur Genealogie der Biomacht.– In: STINGELIN, MARTIN (Hrsg.): Biopolitik und Rassismus.– Frankfurt/M., 2003.– S. 228–259.

BIRNBACHER, DIETER: Selbstmord und Selbstmordverhütung aus ethischer Sicht.– In: LEIST, ANTON (Hrsg.): Um Leben und Tod. Moralische Probleme bei Abtreibung, künstlicher Befruchtung, Euthanasie und Selbstmord.– Frankfurt/M., 1990.– S. 395–422.

BODDEN-HEIDRICH, RUTH / CREMER, THOMAS / DECKER, KARL / HEPP, HERMANN / JÄGER, WILLI / RAGER, GÜNTER / WICKLER, WOLFGANG: Beginn und Entwicklung des Menschen: Biologisch-medizinische Grundlagen und ärztlich-klinische Aspekte.– In: RAGER, GÜNTER (Hrsg.): Beginn, Personalität und Würde des Menschen.– Freiburg–München, ²1998.– S. 15–159

BÖHME, GERNOT: Für eine ökologische Naturästhetik.– Frankfurt/M., 1991.

–, Physiognomie als Begriff der Ästhetik.– In: GROSSHEIM, MICHAEL (Hrsg.): Perspektiven der Lebensphilosophie. Zum 125. Geburtstag von Ludwig Klages.– Bonn, 1999.– S. 44–56.

BOHRER, KARL HEINZ: Provinzialismus (II). Ein Psychogramm.– In: Merkur 504 (1991).– S. 254–262.

–, Kein Wille zur Macht.– In: Merkur 700 (2007).– S. 659–667.

BOLLNOW, OTTO FRIEDRICH: Die Lebensphilosophie F. H. Jacobis.– Stuttgart, 1933.

–, Die Lebensphilosophie.– Berlin–Göttingen–Heidelberg, 1958.

–, Dilthey und die Phänomenologie.– In: ORTH, ERNST WOLFGANG (Hrsg.): Dilthey und die Philosophie der Gegenwart.– Freiburg–München, 1985.– S. 31–61.

BOUTERWEK, FRIEDRICH: Aphorismen, den Freunden der Vernunftkritik nach Kantischer Lehre vorgelegt.– Göttingen, 1793.

–, Miscellaneen, oder Gedichte, Philosopheme, Erzählungen, Phantasien und Launen.– Berlin, 1794.

BRENNNER, ANDREAS: Streit um die ökologische Zukunft. Neue Ethik und Kulturalisierungskritik.– Würzburg, 1994.

–, Bioethik und Biophänomen. Den Leib zur Sprache bringen.– Würzburg, 2006.

CERNAY, THOMAS: Anleitungen zum Leblos-Sein. Der biotechnische Zugriff auf das Subjekt.– In: Iz3w 225 (1997).– S. 20–22.

CHORON, JACQUES: Der Tod im abendländischen Denken.– Stuttgart, 1967.

COMTE, AUGUSTE: Soziologie. Deutsch von Valentine Horn.– Drei Bände.– Jena, 1907–1911.

CYSARZ, HERBERT: Geschichtswissenschaft Kunstwissenschaft Lebenswissenschaft.– Wien–Leipzig, 1928.

DÁVILA, NICOLÁS GÓMEZ: Einsamkeiten. Deutsch von Günther Rudolf Sigl.– Wien, 1987.

DILTHEY, WILHELM: Gesammelte Schriften. Hrsg. von BERNHARD GROETHUY-SEN u. a.– Leipzig–Berlin, 1914 ff.

DOMANSKI, JULIUSZ: La philosophie, théorie ou manière de vivre?– Fribourg, 1996.

DRIESCH, HANS: Der Vitalismus als Geschichte und als Lehre.– Leipzig, 1905.

DÜHRING, EUGEN: Der Werth des Lebens, im Sinne einer heroischen Le-bensauffassung.– Leipzig, 1865.

DUVE, FRIEDHELM (Hrsg.): Technologie und Politik.– Hamburg, 1980.

EBRECHT, ANGELIKA: Das individuelle Ganze. Zum Psychologismus der Le-bensphilosophie.– Stuttgart, 1991.

FECHNER, GUSTAV THEODOR: Das Büchlein vom Leben nach dem Tode (1836). Hrsg. von WILHELM WUNDT.– Stuttgart, 1950.

FELLMANN, FERDINAND: Gelebte Philosophie in Deutschland. Denkformen der Lebensweltphänomenologie und der kritischen Theorie.– Freiburg–München, 1983.

–, Lebensphilosophie. Elemente einer Theorie der Selbsterfahrung.– Reinbek bei Hamburg, 1993.

FEUERBACH, LUDWIG: Sämtliche Werke. Hrsg. von WILHELM BOLIN und FRIEDRICH JODL.– Stuttgart, 1903 ff.

FICHTE, JOHANN GOTTLIEB: Sämtliche Werke. Hrsg. von IMMANUEL HER-MANN FICHTE.– Elf Bände.– Berlin, 1971.

–, Ausgewählte Werke. Hrsg. von FRITZ MEDICUS.– Sechs Bände.– Darmstadt, 1962.

–, Die Grundzüge des gegenwärtigen Zeitalters (Neudruck auf der Grundlage der zweiten, von FRITZ MEDICUS herausgegebenen Auflage von 1922).– Ham-burg, 1956.

FOOT, PHILIPPA: Euthanasie.– In: LEIST, ANTON (Hrsg.): Um Leben und Tod. Moralische Probleme bei Abtreibung, künstlicher Befruchtung, Euthanasie und Selbstmord.– Frankfurt/M., 1990.– S. 285–317.

FREUD, SIGMUND: Gesammelte Werke. Hrsg. von MARIE BONAPARTE u. a.– 18 Bände.– London, 1940–1952.

FREYER, HANS: Theorie des objektiven Geistes. Eine Einleitung in die Kultur-philosophie.– Leipzig–Berlin, 1934.

FUCHS, WERNER: Herrschaft und Gewalt.– In: EBELING, HANS (Hrsg.): Der Tod in der Moderne.– Königstein/Ts., 1979.– S. 152–165.

FUNKEN, MICHAEL: Das Spiel des Lebens und sein Sinn. Evolutionäre Metaphy-sik und Praktische Philosophie.– Würzburg, 1994.

GEHRING, PETRA: Was ist Biomacht? Vom zweifelhaften Mehrwert des Le-bens.– Frankfurt/M.–New York, 2006.

GEYER, CHRISTIAN (Hrsg.): Biopolitik. Die Positionen.– Frankfurt/M., 2001.

GOULD, STEPHEN JAY: An Urchin in the Storm: Essays about Books and Ideas.–
Harmondsworth, 1987.

GRÄFRATH, BERND: Evolutionäre Ethik? Philosophische Programme, Probleme
und Perspektiven der Soziobiologie.– Berlin–New York, 1997.

GROSSE, JÜRGEN: Kritik der Geschichte. Probleme und Formen seit 1800.– Tübingen, 2006.

–, Philosophie der Langeweile.– Stuttgart, 2008.

–, Gestalt – Typus – Geschichtlichkeit. Yorck von Wartenburgs Versuch, gegen
die präsenzmetaphysischen Voraussetzungen des Historismus anzudenken.–
In: Philosophisches Jahrbuch 106 (1999).– S. 41–63.

– Nihilismusdiagnosen. Ihr theoretischer und ethischer Status.– In: Dialektik.
Zeitschrift für Kulturphilosophie (2005). Heft 1.– S. 97–122.

– Revitalisierung der Lebensphilosophie? (1. Teil).– In: Philosophische Rundschau 53 (2006).– S. 12–33.

– Revitalisierung der Lebensphilosophie? (2. Teil).– In: Philosophische Rundschau 53 (2006). – S. 108–129.

–, Lebenswert, Lustbilanz, Weltprozeß. Notizen zu Eduard von Hartmann
(1842–1906).– In: Perspektiven der Philosophie. Neues Jahrbuch 33 (2007).–
S. 141–175.

GROSSHEIM, MICHAEL: Zur Aktualität der Lebensphilosophie.– In: ds. (Hrsg.):
Perspektiven der Lebensphilosophie. Zum 125. Geburtstag von Ludwig Klages.– Bonn, 1999.– S. 9–20.

GRÜNDER, KARLFRIED: Zur Philosophie des Grafen Paul Yorck von Wartenburg. Aspekte und neue Quellen.– Göttingen, 1970.

GÜNDERRODE, KAROLINE VON: Der Schatten eines Traumes. Gedichte, Prosa,
Briefe, Zeugnisse von Zeitgenossen. Hrsg. von CHRISTA WOLF.– Darmstadt–
Neuwied, 1979.

GUYAU, JEAN-MARIE: Philosophische Werke in Auswahl. Hrsg. von ERNST
BERGMANN.– Drei Bände.– Leipzig, 1912–1914.

HALDANE, JOHN BURDON S.: Biologische Möglichkeiten für die menschliche
Rasse in den nächsten zehntausend Jahren.– In: JUNGK, ROBERT / MUNDT,
HANS JOSEF (Hrsg.): Das umstrittene Experiment: Der Mensch – 27 Wissen-
schaftler diskutieren die Elemente einer biologischen Revolution – Doku-
mente des CIBA-Symposiums 1962 »Man and his Future«.– München–Wien–
Basel, 1966.– S. 367–391.

HARE, RICHARD M.: Freiheit und Vernunft.– Düsseldorf, 1983.

–, Moralisches Denken.– Frankfurt/M., 1992.

–, Abtreibung und die Goldene Regel.– In: LEIST, ANTON (Hrsg.): Um Leben
und Tod. Moralische Probleme bei Abtreibung, künstlicher Befruchtung, Euthanasie und Selbstmord.– Frankfurt/M., 1990.– S. 132–156.

HARTMANN, EDUARD VON: Philosophie des Unbewussten. 4. unveränderte
Auflage.– Berlin, 1872.

–, Das philosophische Dreigestirn des 19. Jahrhunderts. Eine historisch-kritische Einleitung in die Philosophie des Unbewussten.– Berlin, 1876.

–, Gesammelte Studien und Aufsätze gemeinverständlichen Inhalts.– Leipzig, o. J.

–, Zur Geschichte und Begründung des Pessimismus.– Berlin, 1880.

–, Grundriss der Religionsphilosophie.– Bad Sachsa, 1909.

–, Das Problem des Lebens. Biologische Studien (1906). Hrsg. von FRITZ KERN.– Berlin, ²1925.

HARTMANN, WILFRIED: Die Philosophie Max Schelers in ihren Beziehungen zu Eduard von Hartmann.– Düsseldorf, 1956.

HASSENPFLUG, DIETER: Die Natur der Industrie. Zur Philosophie und Geschichte des industriellen Lebens.– Frankfurt/M.–New York, 1990.

HEGEL, GEORG WILHELM FRIEDRICH: Theorie Werkausgabe in 20 Bänden. Hrsg. von EVA MOLDENHAUER und KARL MARKUS MICHEL.– Frankfurt/M., 1970.

HEIDEGGER, MARTIN: Die Technik und die Kehre.– Pfullingen, 1991.

–, Die Grundbegriffe der Metaphysik: Welt – Endlichkeit – Einsamkeit. In: Gesamtausgabe. Bd. 29/30. Hrsg. von FRIEDRICH-WILHELM VON HERRMANN.– Frankfurt/M., 1992.

HENRY, MICHEL: Die Barbarei. Eine phänomenologische Kulturkritik. Aus dem Französischen übersetzt und eingeleitet von ROLF KÜHN und ISABELLE THIREAU.– Freiburg–München, 1994.

HÜGLI, ANTON: Tod.– In: Historisches Wörterbuch der Philosophie. Hrsg. von JOACHIM RITTER und KARLFRIED GRÜNDER.– Basel–Stuttgart 1971 ff.– Band X.– Sp. 1227–1242.

HUSSERL, EDMUND: Phänomenologische Psychologie. Vorlesungen Sommersemester 1925 (Husserliana IX). Hrsg. von WALTER BIEMEL.– Den Haag, 1962.

HUXLEY, JULIAN: Die Zukunft des Menschen – Aspekte der Evolution.– In: JUNGK, ROBERT / MUNDT, HANS JOSEF (Hrsg.): Das umstrittene Experiment: Der Mensch – 27 Wissenschaftler diskutieren die Elemente einer biologischen Revolution – Dokumente des CIBA-Symposiums 1962 »Man and his Future«.– München–Wien–Basel, 1966.– S. 31–52.

ILLICH, IVAN: Tod kontra Tod.– In: EBELING, HANS (Hrsg.): Der Tod in der Moderne.– Königstein/Ts., 1979.– S. 184–209.

–, Selbstbegrenzung. Eine politische Kritik der Technik. Deutsch von Thomas Lindquist.– Reinbek bei Hamburg, 1980.

–, Die Nemesis der Medizin. Deutsch von Thomas Lindquist.– Reinbek bei Hamburg, 1987.

JACOBI, FRIEDRICH HEINRICH: Werke.– Sechs Bände.– Leipzig, 1812–1825.

JAIN, ELENOR: Das Prinzip Leben. Lebensphilosophie und Ästhetische Erziehung.– Frankfurt/M., 1993.

JANTSCH, ERICH: Die Selbstorganisation des Universums. Vom Urknall bis zum menschlichen Geist (¹1980).– München, 1992.

JOERDEN, JAN C.: Menschenleben. Ethische Grund- und Grenzfragen des Medizinrechts.– Stuttgart, 2003.

JÜNGER, ERNST: Sämtliche Werke.– 18 Bände.– Stuttgart, 1978–1998.

JÜNGER, FRIEDRICH GEORG: Die Perfektion der Technik.– Frankfurt/M., ⁵1968.

–, Die vollkommene Schöpfung. Natur oder Naturwissenschaft?– Frankfurt/M., 1969.

JUNGK, ROBERT / MUNDT, HANS JOSEF (Hrsg.): Das umstrittene Experiment: Der Mensch – 27 Wissenschaftler diskutieren die Elemente einer biologischen Revolution – Dokumente des CIBA-Symposiums 1962 »Man and his Future«.– München–Wien–Basel, 1966.

KALITZKUS, VERA: »Intime Freunde«: »Organspende« und Organtransplantation im Spannungsfeld von Körper und Leib.– In: Berliner Blätter 29.– Münster, 2003.– S. 43–51.

KANT, IMMANUEL: Vorlesung über Ethik. Hrsg. von PAUL MENZER.– Berlin, 1924.

KATHER, REGINE: Was ist Leben? Philosophische Positionen und Perspektiven.– Darmstadt, 2003.

KEYSERLING, HERMANN VON: Prolegomena zur Naturphilosophie.– München, 1910.

–, Das Reisetagebuch eines Philosophen.– Zwei Bände.– Darmstadt, 1919.

–, Unsterblichkeit. Eine Kritik der Beziehungen zwischen Naturgeschehen und menschlicher Vorstellungswelt.– Darmstadt, ³1920.

KIM, JAEGWOM: Mind in a Physical World. An Essay on the Mind-Body Problem and Mental Causation.– Cambridge/Mass.–London, 1998.

KLAGES, LUDWIG: Sämtliche Werke. Hrsg. von ERNST FRAUCHINGER u. a.– 13 Bände.– Bonn, 1964–1975.

–, Der Geist als Widersacher der Seele. Ungekürzte Ausgabe (Paginierung entspricht den »Sämtlichen Werken« I/II). – Bonn, ⁵1972.

KLEIST, HEINRICH VON: Werke. Hrsg. von ERICH SCHMIDT.– Fünf Bände.– Leipzig–Wien, o. J.

KLUGE, THOMAS: Gesellschaft, Natur, Technik. Zur lebensphilosophischen und ökologischen Kritik von Technik und Gesellschaft.– Opladen, 1985.

KOLAKOWSKI, LESZEK: Über die Rationalisierung des Todes.– In: EBELING, HANS (Hrsg.): Der Tod in der Moderne.– Königstein/Ts., 1979.– S. 98–101.

KONDYLIS, PANAJOTIS: Das Politische im 20. Jahrhundert. Von den Utopien zur Globalisierung.– Heidelberg, 2001.

KOYRÉ, ALEXANDER: Descartes und die Scholastik.– Bonn, 1923.

KOZLJANIČ, ROBERT JOSEF: Lebensphilosophie. Eine Einführung.– Stuttgart, 2004.

KÜNZLI, ARNOLD: Menschenmarkt. Die Humangenetik zwischen Utopie, Kommerz und Wissenschaft.– Reinbek bei Hamburg, 2001.

KUHSE, HELGA: Die Lehre von der ›Heiligkeit des Lebens‹.– In: LEIST, ANTON (Hrsg.): Um Leben und Tod. Moralische Probleme bei Abtreibung, künstlicher

Befruchtung, Euthanasie und Selbstmord.– Frankfurt/M., 1990.– S. 75–106.

LEDERBERG, JOSHUA: Die biologische Zukunft des Menschen.– In: JUNGK, ROBERT / MUNDT, HANS JOSEF (Hrsg.): Das umstrittene Experiment: Der Mensch – 27 Wissenschaftler diskutieren die Elemente einer biologischen Revolution – Dokumente des CIBA-Symposiums 1962 »Man and his Future«.– München–Wien–Basel, 1966.– S. 292–301.

LEIMBACHER, JÖRG / SALADIN, PETER: Die Natur – und damit der Boden – als Rechtssubjekt.– Bern, 1988.

LEIST, ANTON (Hrsg.): Um Leben und Tod. Moralische Probleme bei Abtreibung, künstlicher Befruchtung, Euthanasie und Selbstmord.– Frankfurt/M., 1990.

LEMKE, THOMAS: Rechtssubjekt oder Biomasse? Reflexionen zum Verhältnis von Rassismus und Exklusion.– In: STINGELIN, MARTIN (Hrsg.): Biopolitik und Rassismus.– Frankfurt/M., 2003.– S. 160–183.

LENZEN, WOLFGANG: Liebe, Leben, Tod. Eine moralphilosophische Studie.– Stuttgart, 1999.

LESSING, THEODOR: Die verfluchte Kultur. Gedanken über den Gegensatz von Leben und Geist.– München, 1921.

LINDENBERG, UDO: Samenbank.– In: Sündenknall (Langspielplatte, Polydor/Polygram).– Hannover, 1985.

LINK, JÜRGEN: Normativität versus Normalität. Kulturelle Aspekte des guten Gewissens im Streit um die Gentechnik.– In: STINGELIN, MARTIN (Hrsg.): Biopolitik und Rassismus.– Frankfurt/M., 2003.– S. 184–205.

LUHMANN, NIKLAS: Paradigmawechsel in der Systemtheorie – ein Paradigma für den Fortschritt? In: HERZOG, REINHART / KOSELLECK, REINHART (Hrsg.): Epochenschwelle und Epochenbewußtsein (= Poetik und Hermeneutik XII).– München, 1987.– S. 305–322.

LUISI, PIER LUIGI (Hrsg.): Treffpunkt Zukunft. Die Ganzheit des Lebens erfassen: Aspekte aus Naturwissenschaft, Philosophie, Medizin und Psychologie.– Stuttgart–München–Landsberg, 1991.

MAINLÄNDER, PHILIPP: Philosophie der Erlösung.– Band I: Berlin, 1876.– Band II: Frankfurt/M., 1886.

MARKL, HUBERT: Freiheit, Verantwortung, Menschenwürde. Warum Lebenswissenschaften mehr sind als Biologie.– In: GEYER, CHRISTIAN (Hrsg.): Biopolitik. Die Positionen.– Frankfurt/M., 2001.– S. 177–193.

MARX, JÖRG: »Der Wille zum Kind« und der Streit um die physiologische Unfruchtbarkeit der Frau. Die Geburt der modernen Reproduktionsmedizin im Kriegsjahr 1942.– In: STINGELIN, MARTIN (Hrsg.): Biopolitik und Rassismus.– Frankfurt/M., 2003.– S. 112–159.

MEINERS, CHRISTOPH: Allgemeine kritische Geschichte der ältern und neuern Ethik oder Lebenswissenschaft nebst einer Untersuchung der Fragen: Gibt es dann auch wirklich eine Wissenschaft des Lebens? Wie sollte ihr Inhalt, wie ihre Methode beschaffen seyn? Erster Theil.– Göttingen, 1800.

–, Grundriß der Ethik, oder LebensWissenschaft.– Hannover, 1801.

MEYER-ABICH, KLAUS MICHAEL: Wissenschaft für die Zukunft. Holistisches Denken in ökologischer und gesellschaftlicher Verantwortung.– München, 1988.

MISCH, GEORG: Der Aufbau der Logik auf dem Boden der Philosophie des Lebens. Göttinger Vorlesung über Logik und Einleitung in die Theorie des Wissens. Hrsg. von GUDRUN KÜHNE-BERTRAM und FRITHJOF RODI.– Freiburg–München, 1994.

MÜLLER, BURKHARD: Das Glück der Tiere. Einspruch gegen die Evolutionstheorie.– Berlin, 2000.

MULLER, HERMANN J.: Genetischer Fortschritt durch planmäßige Samenwahl.– In: JUNGK, ROBERT / MUNDT, HANS JOSEF (Hrsg.): Das umstrittene Experiment: Der Mensch – 27 Wissenschaftler diskutieren die Elemente einer biologischen Revolution – Dokumente des CIBA-Symposiums 1962 »Man and his Future«.– München–Wien–Basel, 1966.– S. 277–291.

MUMFORD, LEWIS: Mythos der Maschine. Kultur, Technik und Macht.– Wien, 1974.

NANCY, JEAN-LUC: Der Eindringling.– Berlin, 2000.

NIDA-RÜMELIN, JULIAN: Ethische Essays.– Frankfurt/M., 2002.

NIETZSCHE, FRIEDRICH: Werke. Hrsg. von KARL SCHLECHTA.– Drei Bände.– München, 1960.

–, Kritische Studienausgabe. Hrsg. von GIORGIO COLLI und MAZZINO MONTINARI.– 15 Bände.– Berlin–New York, [2]1988.

NOVALIS: Schriften. Die Werke Friedrich von Hardenbergs. Hrsg. von PAUL KLUCKHOHN und RICHARD SAMUEL.– Vier Bände und ein Begleitband.– Stuttgart u. a., 1965–1975.

OLBRECHT, SIBYLLE: Das abstoßende Selbst. Die Konstruktion von »Differenz« im Kontext der ersten Herztransplantationen.– In: Berliner Blätter 29.– Münster, 2003.– S. 52–61.

ORTEGA Y GASSET, JOSÉ: Der Aufstand der Massen.– Hamburg, 1956.

ORTH, ERNST WOLFGANG (Hrsg.): Dilthey und die Philosophie der Gegenwart.– Freiburg–München, 1985.

PAUEN, MICHAEL: Dithyrambiker des Untergangs. Gnostizismus in Ästhetik und Philosophie der Moderne.– Berlin, 1994.

–, Pessimismus. Geschichtsphilosophie, Metaphysik und Moderne von Nietzsche bis Spengler.– Berlin, 1997.

–, Wahlverwandtschaften wider Willen? Rezeptionsgeschichte und Modernität von Ludwig Klages.– In: GROSSHEIM, MICHAEL (Hrsg.): Perspektiven der Lebensphilosophie. Zum 125. Geburtstag von Ludwig Klages.– Bonn, 1999.– S. 21–44.

PFLUG, GÜNTHER: Lebensphilosophie.– In: Historisches Wörterbuch der Philosophie. Hrsg. von JOACHIM RITTER und KARLFRIED GRÜNDER.– Basel–Stuttgart 1971 ff.– Band V.– Sp. 135–140.

Pfürtner, Stephan H. (Hrsg.): Wider den Turmbau zu Babel. Disput mit Ivan Illich.– Reinbek bei Hamburg, 1985.

Plessner, Helmuth: Elemente der Metaphysik (1931/32). Hrsg. von Hans-Ulrich Lessing.– Berlin, 2002.

Prigogine, Ilya / Stengers, Isabelle: Dialog mit der Natur.– München–Zürich, 1986.

Rabinow, Paul: Bios Becomes Zoe.– In: Yamamoto, Tetsuji (Hrsg.): Philosophical Designs for a Socio-Cultural Transformation.– Paris, 1998.– S. 180–186.

Rager, Günter (Hrsg.): Beginn, Personalität und Würde des Menschen.– Freiburg–München, ²1998.

Riedl, Rupert: Die Ordnung des Lebendigen. Systembedingungen der Evolution.– Hamburg u. a., 1975.

Ritter, Johann Wilhelm: Fragmente aus dem Nachlasse eines jungen Physikers. Faksimiledruck nach der Ausgabe von 1810.– Heidelberg, 1969.

Röd, Wolfgang: Die Philosophie der Antike. Bd. 1: Von Thales bis Demokrit.– München, 1976.

Rohkrämer, Thomas: Ludwig Klages und Walter Rathenau. Zivilisationskritik und Technik im Deutschen Kaiserreich.– In: Grossheim, Michael (Hrsg.): Perspektiven der Lebensphilosophie. Zum 125. Geburtstag von Ludwig Klages.– Bonn, 1999.– S. 217–234.

Rohs, Peter: Johann Gottlieb Fichte.– München, 1991.

Ruprecht, Erich und Annemarie (Hrsg.): Tod und Unsterblichkeit. Texte aus Philosophie, Theologie und Dichtung vom Mittelalter bis zur Gegenwart.– Drei Bände.– Stuttgart, 1993.

Sahm, Stephan: Der doppelte Markl. Ein Fall von Anpassungsfähigkeit.– In: Geyer, Christian (Hrsg.): Biopolitik. Die Positionen.– Frankfurt/M., 2001.– S. 200–205.

Sartre, Jean-Paul: Die Transzendenz des Ego (La transcendance de l'ego, 1936/37). Essays 1931–39. Hrsg. von Bernd Schupperer.– Reinbek bei Hamburg, 1982.

Scheler, Max: Gesammelte Werke. Hrsg. von Maria Scheler und Manfred S. Frings.– München, 1954 ff.

Schelling, Friedrich Wilhelm Joseph von: Sämtliche Werke. Hrsg. von Karl Friedrich August Schelling.– 14 Bände.– Stuttgart–Augsburg, 1856–1861.

Scherer, Georg: Das Problem des Todes in der Philosophie.– Darmstadt, 1988.

Schlegel, Friedrich: Kritische Ausgabe. Hrsg. von Ernst Behler u. a.– München–Paderborn–Wien, 1958 ff.

Schmidt, Ina: Vom Leben zum Sein. Der frühe Martin Heidegger und die Lebensphilosophie.– Würzburg, 2005.

Schnädelbach, Herbert: Philosophie in Deutschland 1831–1933.– Frankfurt/M., 1983.

SCHOPENHAUER, ARTHUR: Sämtliche Werke. Hrsg. von WOLFGANG FREIHERR VON LÖHNEYSEN.– Fünf Bände.– Leipzig, 1979.

–, Gesammelte Briefe. Hrsg. von ARTHUR HÜBSCHER. 2., verbesserte und ergänzte Auflage.– Bonn, 1987.

SCHUBERT, HEINRICH VON: Ahndungen einer allgemeinen Geschichte des Lebens.– Leipzig, 1806.

– Ansichten von der Nachtseite der Naturwissenschaft.– Dresden, 1808.

– Die Geschichte der Seele.– Stuttgart–Tübingen, ⁴1850.

SCHUMACHER, BERNARD N.: Der Tod in der Philosophie der Gegenwart.– Darmstadt, 2004.

SCHUMACHER, ERNST FRIEDRICH: Small is beautiful. Die Rückkehr zum menschlichen Maß. Deutsch von Karl A. Klewer.– Reinbek bei Hamburg, 1985.

SCHUMACHER, NICOLE: Friedrich Heinrich Jacobi und Blaise Pascal. Einfluß – Wirkung – Weiterführung.– Würzburg, 2003.

SCHUR, MAX: Sigmund Freud. Leben und Sterben.– Frankfurt/M., 1973.

SEIDEL, ALFRED: Bewußtsein als Verhängnis. Aus dem Nachlaß hrsg. von HANS PRINZHORN.– Bonn, 1927.

SENDLINGER, ANGELA: Lebenspathos und Décadence um 1900.– Frankfurt/M. u. a., 1994.

SIMMEL, GEORG: Philosophische Kultur. Gesammelte Essais.– Leipzig, 1911.

–, Zur Metaphysik des Todes.– In: Logos I (1910/11). S. 57–70.

–, Der Krieg und die geistigen Entscheidungen. Reden und Aufsätze, München–Leipzig, 1917.

–, Lebensanschauung. Vier metaphysische Kapitel. Zweite Auflage.– Berlin, 1922.

SPENGLER, OSWALD: Der Untergang des Abendlandes. Zwei Bände.– München, 1918/1923.

–, Der Mensch und die Technik. Beitrag zu einer Philosophie des Lebens.– München, 1931.

STEPHAN, ACHIM: Emergenz. Von der Unvorhersagbarkeit zur Selbstorganisation.– Dresden, 1999.

STERNBERGER, DOLF: Die Deskription des »Sterbens Anderer«.– In: EBELING, HANS (Hrsg.): Der Tod in der Moderne.– Königstein/Ts., 1979.– S. 71–80.

STIEGLER, BERNARD: Technik und Zeit. Die Schuld des Epimetheus.– Berlin–Zürich, 2007.

STINGELIN, MARTIN (Hrsg.): Biopolitik und Rassismus.– Frankfurt/M., 2003.

STRÖKER, ELISABETH / JANSSEN, PAUL: Phänomenologische Philosophie.– Freiburg–München, 1989.

TAUBER, ALFRED: The Immune Self: Theory or Metaphor?– Cambridge, 1997.

TEILHARD DE CHARDIN, PIERRE: Der Mensch im Kosmos.– Berlin, 1966.

THOMÄ, DIETER: Biopolitik. Ein Wort mit Obertönen.– In: Neue Zürcher Zeitung, 12. 03. 2002.

THÜRING, HUBERT: Form und Unform, Wert und Unwert des Lebens bei Nietzsche.– In: STINGELIN, MARTIN (Hrsg.): Biopolitik und Rassismus.– Frankfurt/M., 2003.– S. 27–54.

TUGENDHAT, ERNST: Vorlesungen über Ethik.– Frankfurt/M., 1994.

VOLLMER, GERHARD: Biophilosophie. Mit einem Geleitwort von Ernst Mayr.– Stuttgart, 1995.

WEINGART, PETER / KROLL, JÜRGEN / BAYERTZ, KURT: Rasse, Blut und Gene: Geschichte der Eugenik und Rassenhygiene in Deutschland.– Frankfurt/M., 1988.

WENZEL, JUSTUS UWE: Den Puls fühlen. Volker Gerhardts Biopolitik.– In: Neue Zürcher Zeitung, 15. 12. 2001.

WIELAND, WOLFGANG: Bioethik als Herausforderung (Bonner Philosophische Vorträge und Studien. Hrsg. von WOLFRAM HOGREBE, Nr. 20).– Bonn, 2003.

WILSON, EDWARD O.: Sociobiology: The New Synthesis.– Cambridge/Massachusetts–London, 1975.

–, On Human Nature.– Cambridge/Massachusetts–London, 1978.

YAMAMOTO, TETSUJI (Hrsg.): Philosophical Designs for a Socio-Cultural Transformation.– Paris, 1998.

YORCK VON WARTENBURG, PAUL GRAF: Bewußtseinsstellung und Geschichte. Ein Fragment aus dem philosophischen Nachlaß. Eingeleitet und hrsg. von IRING FETSCHER.– Tübingen, 1956.

–, Briefwechsel zwischen Wilhelm Dilthey und dem Grafen Paul Yorck von Wartenburg 1877–1897. Hrsg. VON ERICH ROTHACKER.– Halle, 1923.

YOVEL, YIRMIYAHU: Spinoza. Die Abenteuer der Immanenz.– Göttingen, 1994.

ZIEGLER, LEOPOLD: Das Weltbild Hartmanns. Eine Beurteilung.– Leipzig, 1910.

ZOGLAUER, THOMAS: Konstruiertes Leben. Ethische Probleme der Humangentechnik.– Darmstadt, 2002.

Personenregister